송시열과 그들의 나라

송시열과 그들의 나라(전면 개정판)

1판 1쇄 발행 2000. 9. 5.
1판 38쇄 발행 2014. 11. 14.
2판 1쇄 발행 2016. 8. 5.
2판 4쇄 발행 2023. 3. 27.

지은이 이덕일

발행인 고세규
편집 성화현 | 디자인 이경희
발행처 김영사
등록 1979년 5월 17일 (제406-2003-036호)
주소 경기도 파주시 문발로 197(문발동) 우편번호 10881
전화 마케팅부 031)955-3100, 편집부 031)955-3200
팩스 031)955-3111

값은 뒤표지에 있습니다. ISBN 978-89-349-7537-3 03910

홈페이지 www.gimmyoung.com   블로그 blog.naver.com/gybook
인스타그램 instagram.com/gimmyoung   이메일 bestbook@gimmyoung.com

좋은 독자가 좋은 책을 만듭니다.
김영사는 독자 여러분의 의견에 항상 귀 기울이고 있습니다.

한 인간을 둘러싼 300년 신화의 가면 벗기기

송시열과 그들의 나라

이덕일 역사평설

김영사

학문과 사상의 자유

처음 《송시열과 그들의 나라》를 쓰겠다고 했을 때 여러 지인들이 말렸다. 다칠 수 있다는 것이었다. 우암 송시열이 사약을 받고 세상을 떠난 숙종 15년(1689)에서 300년도 더 지난 시점이었다. 17세기 말에 세상을 떠난 인물의 이야기가 21세기 사람을 다치게 할 수 있을까? 정상적인 문명국가라면 상상도 할 수 없는 이런 일들이 우리 사회에서는 현실이었고, 아직도 현실이다. 이는 17세기의 사회 구조가 우리 사회 일각에 그대로 계승되고 있음을 말해주는 것이기도 하다. 이 책 출간 후 지인들의 예상대로 우려했던 여러 일들이 벌어졌다. 이 책이 화형식까지 당했다는 점 하나만으로도 이 책을 둘러싼 여러 사태들이 미루어 짐작될 것이다. 그리고 이 책에서 시작된 필자의 고난은 지금도 현재진행형이다.

《악마의 시》를 쓴 살만 루시디는 신정정치 국가인 이란에서 실질적 사형선고인 파트와(Fatwa : 이슬람 교리에 따른 법적 해석)를 선고받았다. 신성모독이란 이유였다. 필자 역시 기독교 신앙 때문에 월남한 피난민의 후예이기에 유일신 신앙체계가 지닌 신성모독의 의미를 잘 알고 있다. 그러나 유교는 원래 제자백가 중의 한 학파의 사상에 불과했지 종교가 아니었다. 유학이 유교로 변질되면서 여러 비극이 발생했는데,

송시열을 둘러싼 논쟁의 핵심도 사실 이런 이야기이다.

또한 필자가 이 책을 쓰겠다고 마음먹은 것도 이 문제 때문이었다. 유학이 유교로 변질된 것이 우리 역사에, 그리고 현재 우리 사회에 어떤 영향을 끼치고 있는지 살펴보고 싶었다. 자신의 뜻을 펼칠 기회를 얻지 못하고 불우하게 세상을 떠난 공자의 학문이 교리, 즉 도그마로 변질되면서 공자로서는 꿈도 꾸지 못했을 숱한 사건이 발생했다. 더 정확하게 말하면 공자의 사상이 도그마가 된 것이 아니라 공자의 사상을 중세 중국인의 관점에서 해석한 주희(朱熹 : 1130~1200, 주자)의 사상, 즉 주자학이 도그마가 된 것이다. 주희 역시 살아생전에는 뜻을 펼치지 못했던 학자이자 정치가였지만 조선에서 송시열을 필두로 한 주자학자들에 의해 신격화되었다. 송시열이 주희를 신격화시키면서 그 자신도 제자들에 의해 비슷한 존재로 격상되어 갔다. 주자학 유일 사상 체제는 조선 후기 사회를 시대에 동떨어진 신정(神政) 국가로 만들었다. 그리고 여기에서 비롯된 여러 도그마는 여전히 21세기의 한국 사회를 지배하고 있었던 것이다.

필자가 송시열과 그 추종자들이 만든 도그마를 비판적으로 인식한 이유는 사실관계가 다른 내용들이 300년 이상 유지되어 오는 현실에 대한 문제의식 때문이기도 하다. 사실은 사실대로 받아들이고 해석을 다양하게 하는 데서 학문과 사상의 자유는 출발한다. 그러나 효종의 북벌에 가장 조직적으로 반대했던 송시열을 북벌론자로 둔갑시켜 300여 년 이상을 가르쳐온 것처럼 송시열의 후예들은 사실관계 자체를 조작함으로써 송시열을 신화로 만들었다.

솔직히 토로하면 《송시열과 그들의 나라》를 처음 집필할 때만 해도 이 도그마가 가진 현실 규정력이 이렇게 깊고 넓으며, 우리 사회 곳곳에 내면화되어 있는 줄은 미처 알지 못했다. 송시열이 절대화시킨 주자학 유일사상은 양명학과 천주학을 비롯한 다른 사상의 씨를 말렸다. 송시열과 노론은 주자학 세상을 만든다는 빌미로 현실 권력을 쟁취해 주자학을 종교교리로 변질시켰다. 송시열 자신은 이 과정에서 사약을 마시고 생을 마쳐야 했지만 그가 만든 주자학 절대주의 체제, 즉 노론 일당의 장기집권 체제는 국왕까지도 그 범주에 가둬두는 데 성공했다. 권력을 잡지 않으면 모든 것을 잃는 제로섬 게임은 수단과 목적을 혼재시켰고 주자학은 형해만 남았다. 급기야 마지막 노론 당수 이완용이 일제에 나라를 팔아먹는 지경까지 타락했다. 그리고 해방 후 친일 청산에 실패하면서 이들은 여전히 현실의 권력이 되었다.

그러나 송시열이 살아서 여전히 노론의 영수였다면 노론은 일제에 나라를 팔아먹는 지경까지 가지는 못했을 것이다. 송시열에게 일왕은 금수와 같은 오랑캐에 불과했기 때문에 송시열은 주저 않고 위정척사(衛正斥邪)의 깃발을 들었을 것이다. 송시열은 적어도 당파와 가족과 개인의 이익을 위해 자신의 사상을 팔아먹을 생각은 없었다. 이 대목이 송시열과 매국까지 나아간 그 후예들이 다른 점이었다.

이 책을 재출간하기 위해 원고를 다시 보면서 많은 생각이 들었다. 이후로도 필자는 꾸준히 공부를 했기에 그 시대는 물론 현 시대에 대한 인식의 폭과 깊이가 넓어졌다. 그럼에도 불구하고 처음 이 책을 쓰겠다고 마음먹었을 때 가졌던 문제의식을 그대로 유지하는 것이 좋겠다는 생각이 들었다. 첫 출간 이후 꽤 많은 세월이 흘렀지만 필자의 고난이 그치기는커녕 그 정도가 심해지는 작금의 사태는 아직도 우리 사회가 정상에 오르지 못했다는 증거의 하나이기 때문이다. 부디 이 책이 아직도 한국 사회를 짓누르고 있는 여러 도그마를 해체하고, 정상적인 사회로 나아가는 데 작은 역할이나마 계속하기를 바라는 마음뿐이다.

2016년 8월

천고(遷固) 이덕일 기(記)

신화와 금기

우암 송시열에 대해서 한 권의 책을 쓰겠다는 집필 계획에 대한 지인들의 반응은 하나같이 부정적인 것이었다. 쓸 가치가 없다는 뜻은 아니었다. 쓸 가치는 넘칠 만큼 있고 반드시 필요한 책이지만 한마디로 우려된다는 반응이었다.

송시열은 지금으로부터 310여 년 전에 세상을 떠난 사람이다. 무려 310여 년 전에 세상을 뜬 한 선인(先人)에 대해 기술하는 것이 우려된다는 반응은 그 의미가 어떤 것이든 간에 비정상적인 것이 아닐 수 없었다. 몇백 년 전에 죽은 한 선인에 관한 글을 쓰는 자체가 우려되는 일이라면 그 사람은 생물학적으로는 이미 죽었는지 몰라도 현재적 의미에서는 아직도 살아 있는 생명체임에 틀림없는 일이었다. 그리고 그것은 북한에서 김일성이 그런 것처럼 하나의 신화였다.

그렇다! 우암 송시열은 우리 역사에서 하나의 신화이다. 대부분의 신화들이 과장되어 있거나 상당 부분 조작되어 있듯이 송시열도 이 범주에서 자유로울 수 없다는 점도 마찬가지였다. 게다가 송시열은 당쟁의 와중에 사형당한 인물이란 점에서 그 신화는 일종의 신비감마저 띠고 있었다. 오늘날 극심한 당쟁에 기초한 지역감정이 이성적인 접근을 의식적으로 거부하고 있듯이 송시열에 대한 이성적 접근도 인위적으로 거부되어 있었다.

　오늘날 지역감정에 기초한 정당의 지도자들이 그 실체적 진실 여부를 떠나 위인과 악마라는 양극단에 서 있듯이 송시열 역시 지난 세월 동안 성인(聖人)과 악마 사이를 넘나들었다. 문제는 그를 성인으로 추앙했던 당파가 조선이 멸망할 때까지 집권당이었다는 사실이다.

　그를 성인으로 추앙하는 쪽, 즉 노론(老論)에서는 송시열을 성인의 자리에 그래도 두려 했다. 좋든 싫든 한 시대를 책임졌던, 그럼으로써 그 시대에 대한 공과(功過)가 병존하는 일반적 정치가로 끌어내리려는 모든 정치적·학문적 시도에 대해 감정적으로 대응해 왔다. 조선 후기에 성인 송시열을 비판하는 것은 물리적으로 위험한 일이었다. 그 위험 때문에 많은 사람들이 침묵하는 동안 송시열은 하나의 신화가 되어 왔다. 그리고 조선이 멸망한 이후에도 노론은 멸망하지 않았고, 일정 부분 세력을 유지해 왔다. 바로 그 점이 송시열에 대한 책을 쓰겠다는 집필 계획에 지인들로 하여금 우려의 눈을 갖게 한 것이었다.

　그것은 바로 금기였다. 금기가 존재하는 사회는 비문명적인 후진사회일 수밖에 없다. 우리가 지역감정이란 정신병에 냉정하게 대처하지 못하고 양비론으로 심상한 처방만 일삼는 동안 그 정신병은 어느덧

전염병으로 변해 민족이라는 공동체를 파괴의 지경으로 몰아가고 있는 것은 우리가 금기와 어떻게 싸워야 하는가를 잘 보여주는 실례이다. 이런 점에서 모든 금기는 깨어져야 한다.

사람이 하늘과 땅 사이에 존재하는 천지인(天地人)이라는 사실은 그 자체로 사람이 완전하지 못한 존재임을 말해주는 것이다. 그 존재 자체가 완전하지 못할진대 어찌 그런 사람의 행적이 완전할 수 있으랴! 완전하지 못한 사람을 완전한 존재로 만들려는 인위적 조작이 신화이고, 그 신화에 도전하는 것을 거부하는 물리적 힘이 금기이다.

송시열에 대해 기술하겠다는 나의 결심이 송시열이란 신화가 만든 금기에 도전하는 것임을 지인들은 이미 알고 있었기에 우려했던 것이다. 그리고 그 우려는 지금까지 나왔던 송시열에 대한 글들처럼 그를 성인으로 만드는, 그럼으로써 서로가 좋고 좋은 그런 유의 글들이 아니라 그를 인간의 자리, 그리고 그가 살았던 시대의 파탄에 대해 부채를 지녀야 하는 한 정치가의 자리로 그를 끌어내려 분석의 대상으로 삼을 것임을 알고 하는 우려이기도 했다.

사족을 덧붙이자면 나는 송시열이란 인물에 대해 그간 역사 공부를 통해서 얻어진 역사적·학문적 인식 이외에 어떤 예단이나 판단자료를 가질 만한 배경을 갖고 있지 않다. 송시열뿐만 아니라 이 책에 등장하는 모든 인물들은 나와는 학문 도상에서 만난 선인들일 뿐이다. 조선시대의 당쟁에 혈통적으로나 가문적으로 무관하다는 말이다. 바로 이 점이 송시열이란 금기에 대한 나의 기술에 정당성을 줄 수 있다고 변명한다면 나 역시 신화와 금기에서 자유롭지 못함을 자인하는 것일까?

이 책의 발간이 지역감정이나 비이성적 당쟁에 나라의 운명을 결정하기도 하는 현 시대의 저급한 정치인식에 하나의 역사적 반성과 시사의 계기가 된다면 더 이상 바랄 것이 없겠다.

새로운 천년의 앞머리에서

천고(遷固) 이덕일 기(記)

차 례

1부 흔들리는 주자학의 나라에서

어찌 감히 농민들이 사대부를 넘보랴
조선 성리학이 예학으로 간 까닭을 찾아서

2부 인조반정, 그 비극의 뿌리

서인들의 쿠데타, 인조반정이 낳은 비극들
병자호란, 역사적 반동이 가는 길

소현세자, 그 진보성과 개방성의 좌절
한 선각자에 대한 부왕의 저주

논쟁 속으로
들어가다

극단적 찬사와 극단적 저주 사이

우리 역사상 가장 논란의 대상이 되었던 인물을 꼽는다면 단연 송시열이다. 신돈이나 정도전, 혹은 정여립 같은 이들을 꼽기도 하지만 생전에나 죽은 후에 송시열에 집중되었던 논란의 비중에는 비교가 되지 않는다.

일반적으로 송시열은 국보 239호로 지정된 초상화 속의 노인으로 인식되어 있다. 그 초상화 속의 송시열은 노인답지 않은 날카롭고 고집스러운 눈매로 앞을 응시하고 있다. 이름은 전해지지 않지만 초상화의 작자는 송시열이란 한 인간이 그때까지 걸었던 고집스런 생애를 화폭에 담으려고 노력한 것이 분명하다.

"우암(尤庵) 송시열(宋時烈)!"

그는 조선시대 학자이자 정치가이다. 그러나 그를 제대로 표현하려면 '대(大)'자라는 접두사를 붙여, 대학자이자 대정치가라고 호칭해야 마땅하다. 여기에 '대(大)'라는 접두사를 붙이는 이유는 그의 학문이 그만큼 고명하고 그의 정치가 그만큼 고결했다는 뜻은 아니다. '대(大)'라는 접두사를 붙여야 할 만큼 학문적으로나 정치적으로 큰 영향을 끼쳤다는 뜻이다. 하지만 그 영향에 대한 평가의 긍·부정은 일치하지 않는다. 따라서 그에게 '대(大)'라는 접두사를 붙이는 이유는 그 위상이나 역할의 타당성에 대한 것이 아니라 크기에 한한 것이다. 그리고 그 위상과 역할의 크기만큼 컸고 치열했던 논란에 관한 것이기도 하다.

송시열은 오래 살았다. 환갑만 지나면 나라에서 경로잔치를 열어주던 시대에 그는 83세란 기록적인 수명을 누렸다. 27세에 죽은 남이(南怡)에 비교하면 무려 3배 이상을 더 산 셈이다. 그럼에도 불구하고 그는 자연이 준 수명을 다 누리지 못했다. 죽임을 당했기 때문이다.

한 인간의 생애를 가장 잘 보여주는 것이 죽음의 순간이지만 송시열의 죽음만큼 한 인간의 생애를 잘 보여주는 예를 나는 찾아보지 못했다. 그의 나이 83세는 바로 사약을 마시고 사사(賜死)당한 나이인 것이다. 조선에서 숙종 때를 제외하고 역모가 아닌데도 대신을 사형시킨 예는 없었다. 심지어 역모가 아닌 한 대신은 국문도 하지 않을 정도로 대신을 우대한 나라가 조선이었다.

그러나 송시열이 죽임을 당한 이유는 역모가 아니었다. 83세의 노인을 사사(賜死)한 죄목은 '죄인들의 수괴'라는 애매한 것이었다. 여기에서 '죄인들'이란 서인(西人), 보다 좁혀 말하면 노론(老論)이란 한 당파에 소속된 당인(黨人)들을 말한다. 그가 죄인들, 즉 노론의 수괴로 몰려 죽었다는 사실은 그의 죽음이 당쟁과 관련이 있음을 단적으로 말해 준다.

그렇다. 그의 살아생전은 조선 역사상 가장 치열한 당쟁의 시대였고 그는 서슴없이 온몸을 당쟁에 내던졌다. 실로 그는 조선시대 최대의 당쟁가였던 것이다. 송시열은 《조선왕조실록》에 3,000번 이상 언급된 그 이름의 횟수만큼 많은 논란의 대상이었다. 그는 살아생전은 물론 죽은 후에도 끝없는 논란의 대상이 되었다. 그리고 그 논란의 양극단엔 항상 다른 당파들이 있었다. 각 당파들은 서로를 증오했으며 저주했다. 송시열은 이런 증오와 저주 속에서 끝내 당쟁의 파고를 넘지 못하고 쓰러졌다. 83세의 노인을 죽이고서야 만족할 수 있었던 원한은 무엇이었을까?

그를 죽인 쪽은 그를 죽여야 그의 당이 무너진다고 판단했던 것인지도 모른다. 아니면 그를 죽임으로써 그의 모든 것을 땅속에 완전히 묻어버릴 수 있다고 생각했는지도 모른다.

그러나 송시열이 죽은 후 그의 당인 노론이 재집권한 것은 그를 죽인 쪽의 의도가 실패했음을 말해 준다. 송시열의 모든 것이 땅속에 묻히기는커녕, 그는 죽은 후 다시 살아나 유학자로는 최대의 영예인 성균관 문묘(文廟)에 공자(孔子)와 함께 배향되었다. 충청도를 중심으로 전국 각지에 그를 제향하는 서원과 사우가 설립되기도 했다.

또한 공자·맹자(孟子)·주자(朱子)처럼 송자(宋子)로 불리는 영광을 누리기도 했다. 유교국가에서 성(姓) 뒤에 자(子) 자를 붙이는 것은 그 인물을 성현(聖賢)으로 모신다는 의미이다. 그는 성현으로 불렸던 것이다. 율곡 이이(李珥)와 퇴계 이황(李滉)도 한때 이자(李子)라고 불린 적이 있었다. 이도중(李度中)이 이이의 책을 편찬하며 《이자성리서(李子性理書)》라 제목을 붙인 적이 있고, 성호 이익(李瀷)은 퇴계 이황의 책에 《이자수어(李子粹語)》라고 이름 붙인 적이 있었다. 이이와 이황의 이름 뒤에 '자(子)'를 붙인 이유는 만주족의 청나라가 중국을 정복한 후 성현의 도가 중국에서는 사라진 반면 조선으로 이어졌다는 적극적인 의사

표시였다. 하지만 이는 한때뿐이었고 또한 개인 차원의 높임이었다.

그러나 송시열이 '송자(宋子)'로 존숭된 것은 조선 후기 내내 이어졌고 또 국가 차원의 높임이란 점에서 이이나 이황의 경우와는 달랐다. 그의 문집인《송자대전(宋子大全)》이 정조(正祖)의 명에 의해 국비로 간행된 사실이 이를 말해 준다. 사약을 마시고 죽은 송시열은 불사신처럼 국가의 성현으로 다시 살아난 것이다. 그는 또 의리(義理)의 대명사로 여겨지기도 했다. 임헌회(任憲晦)는《오현수언(伍賢粹言)》에서 다섯 사람의 조선 학자를 그 특성에 따라 분류하면서 그를 의리의 인물로 분류했다. 덕치(德治)의 조광조(趙光祖), 도학(道學)의 이황, 학문의 이이, 예학(禮學)의 김장생(金長生)과 함께 의리의 송시열로 분류한 것이다.

그는 이처럼 국가 차원의 성현으로 존숭되고 의리의 인물로 분류되었으나 그런 존숭이 나라 사람 대부분의 가슴속에 자리 잡은 것은 아니었다. 그리고 그가 성현이라는 사실이 전 사대부적·전 당파적 동의를 얻은 것도 아니었다. 그를 성현으로 떠받든 것은 그의 당인 노론뿐이었다. 노론이 집권당이 되면서 국가 차원에서 그를 높였지만 이는 집권당의 힘에 의한 정치행위일 뿐이었다.

그의 반대 당파인 남인(南人)과 소론(少論)은 그를 성현으로 존숭하기는커녕 저주하고 증오해 마지않았다. 그에 대한 반응이 어느 정도로 상반되는지는 그의 죽음을 전하는 두 기록자의 서로 다른 시각에서 잘 드러난다.

노론계 인사로 보이는 김재구(金載久)가 저술한 것으로 알려진《조야회통(朝野會通)》이 전하는 그의 죽음의 장면을 보자.

"우암 송시열은 직령의(直領衣)를 입은 후 사약을 마시고 죽었다. 그 전날 밤 흰 기운이 하늘에 뻗치더니 이날 밤 한 규성(奎星)이 땅에 떨어지고 붉은 빛이 우암이 죽은 지붕 위에 뻗쳤다. 유명(遺命)으로 관

(棺)은 덧붙인 관[附板 : 부판]을 썼다."

'규성'이란 이십팔수(二十八宿)의 별자리 중 하나이다. 백호칠수(白虎七宿)의 첫째 별자리로 문운(文運)을 맡은 별이기도 하다. 즉 그의 죽음으로 천하의 문운이 다했다는 것이다.

'덧붙인 관'을 쓰라는 유언은 효종이 죽었을 때 관이 작아 부득이 덧붙인 널빤지를 사용한 것을 송시열이 죄스럽게 여겨 그런 유언을 남겼다는 뜻이다. 즉 효종에 대한 지극한 충신이었다는 말이다.

하지만 소론 나량좌(羅良佐)가 쓴 《명촌잡록(明村雜錄)》의 기술은 정반대이다.

"정읍에서 사약을 받던 날 도사 권처경(權處經) 앞에 꿇어앉아 말하기를, '이것은 양전(효종과 명성왕후)의 어찰(御札)인데 감히 우러러 바칩니다'라고 하였다. 권처경이 '나는 사사(賜死)하라는 명만 받았으니 어찌 갖다 드리겠소'라고 거부하고 서리(書吏)에게 그 편지를 빼앗게 하여 그 자손에게 주었다. 송시열은 계교가 궁하자 다리를 뻗고 바로 드러누웠다. 도사 권처경이 재촉했으나 종시 마시지 않으므로 약을 든 사람이 손으로 입을 벌리고 약을 부었는데 한 그릇 반이 지나지 못해 죽었다."

송시열이 숙종의 조부(祖父)인 효종과 숙종의 어머니인 명성왕후의 어찰을 빙자해 목숨을 구걸하려다 뜻대로 되지 않자 사약 마시기를 거부하는 추태를 부리다가 추하게 죽고 말았다는 비난이다. '흰 기운이 하늘에 뻗쳤다'는 앞의 내용과 '종시 마시지 않으므로 약을 든 사람이 입을 벌리고 약을 부었다'는 뒷글의 내용적 차이는 하늘과 땅의 그것보다 작지 않다.

도대체 그가 어떤 인물이기에 타의로 죽는 순간에 대한 기록까지도 이처럼 상반되게 나오는 것일까? 이 글은 이런 의문에 대한 필자 자신의 추적이며 나름의 해답이다. 한 가지 밝혀둘 것은 송시열은 내게 호오(好惡)의 대상이 아니라 역사의 탐구 대상일 뿐이라는 점이다. 송시열과 그가 이끌었던 한 시대에 대한 진지한 성찰과 그를 통해 현 시대를 바라보는 것이 이 글의 목적이지 그에 대한 극단적 찬사나 비난이 목적은 아니다. 그가 동지에게 받은 무수한 찬사와 적에게 받은 무수한 저주는 내게 그 시대를 바라보고 평가하게 해 주는 자료이자, 그가 우리 사회에 미치고 있는 현재의 영향을 평가하게 해 주는 자료일 뿐이다. 그는 한 시대를 이끈 인물인 만큼 그 시대에 미친 그의 영향력의 긍·부정은 엄격히 평가받아야 한다. 또한 현 시대는 앞 시대를 이어받아 이루어졌으므로 그가 현재에 미치고 있는 영향력의 긍·부정도 냉정하게 평가받아야 할 것이다.

그는 과연 극단적 찬사의 자리에 합당한 인물이었을까, 아니면 극단적 저주의 자리에 합당한 인물이었을까? 그가 이끌었던 한 시대는 뒤의 세대에게 존경받을 만한 시대였을까, 아니면 부정되어 마땅한 시대였을 뿐일까? 아니면 찬사와 저주의 중간쯤에 위치하는 시대였을까?

이런 의문에 답하기 위해서는 그의 생애와 그의 시대로 여행을 떠나는 수밖에 없다.

1부

흔들리는 주자학의 나라에서

어찌 감히 농민들이
사대부를 넘보랴

조선 성리학이 예학으로 간 까닭을 찾아서

위기 속에서 태어난 송시열

우암 송시열이 태어나고 성장할 무렵, 조선 지배층인 사대부 계급은 개국 이래 최대의 위기에 처해 있었다. 송시열은 선조 40년(1607)에 태어났다. 권좌에서 몰락한 남인 영수 류성룡(柳成龍)이 쓸쓸히 세상을 떠난 그해였다. 그 15년 전에 임진왜란이 발생했다. 조선이 개국한 지 정확히 200년 후인 1592년 발생한 임진왜란은 사대부 중심의 조선 지배체제를 근본적으로 뒤흔들었다. 왜군이 조선을 침범한 것은 선조 25년(1592) 4월 14일이었다. 불과 보름 후인 4월 29일 조선 조정은 서울을 버리고 평양으로 도망가기로 결정했고, 다음 날 새벽 선조는 궁궐을 빠져나갔다. 국왕이 도성 수비에 전력을 다하기보다 왜군이 나타나기도 전에 도망가자 백성들뿐 아니라 양반 사대부들 사이에서도 "나라는 반드시 망할 것이다"라는 소문이 횡행했다. 백성들은 평소에는 얼씬도 못 했던 대궐에 난입해 불을 질렀다. 백성들이 불을 지른 관청이 육조 거리에 있던 장예원이었던 점은 시사하는 바가 크다. 장예원은 바로 노비들을 관장하는 관청이었다. 백성들은 형조의 노비문서도 불태웠는데 이는 봉건적 신분제도에 대한 전면적인 항거였다.

평소에는 백성들을 엄격한 신분제로 옭아매던 국왕과 사대부들이 막상 왜군이 쳐들어오자 대응 한번 변변히 못 하고 무너진 데 대한 민중들의 분노였다. 백성들의 분노는 급기야 임금 선조에게까지 미쳤다. 류성룡·이항복(李恒福)·이산해(李山海) 등 불과 100여 명의 호종을 받던 선조의 어가가 개성에 이르렀을 때, 백성들은 국왕의 일행을 환영하기는커녕 어가를 막고 큰 소리로 비난하고 심지어 돌을 던지기까지 하였다. 이는 연산군이 중종반정으로 폐위당하고 강화도 교동으로 쫓겨날 때도 없던 행위였다. 이제 조선에는 임금에 대한 충성이나 사대부에 대한 복종도 없었다. 심지어 전주에서 함경도 회령으로 귀양 간 국경인(鞠景仁)은 왜란 발발 다음 해 선조의 두 왕자 임해군(臨海君)과 순화군(順和君)이 근왕병을 일으키러 오자 체포해 왜군 장수 가등청정(加藤淸正)에게 넘겨주기까지 했다.

조선 왕조를 타도하기 위한 반란도 잇달았다. 선조 27년 충청도를 중심으로 발생한 송유진(宋儒眞)의 난과 이듬해 역시 충청도에서 거병한 이몽학(李夢鶴)의 난이 대표적이었다. 송유진은 한때 2,000여 명이 넘는 세력을 거느렸던 것으로 알려져 있는데 그가 전주에 보낸 밀서의 내용은 의미심장하다.

"국왕의 악정이 고쳐지지 않고, 붕당(朋黨)은 해소되지 않고 있으며, 부역은 번거롭고 과중해서 민생이 편치 못하여 목야(牧野)에서 무용(武勇)을 떨치기에 이르렀다."

임란 당시 조경남(趙慶男)이 남긴 《난중잡록(亂中雜錄)》에 따르면 이 몽학 세력은 더욱 거셌다. 며칠이 안 되어 1만여 명이 몰려들었고, 이들이 지나가면 농민들은 김을 매다가도 호미를 들고 환호성을 올렸으며, 행상들은 몽둥이를 들고 즐겨 날뛰지 않는 사람이 없었다고 전하고 있다. 다음과 같은 조경남의 목격담은 당시 백성들의 처참한 상황을 잘 보여주고 있다.

"조경남이 성중(城中)에 들어갔을 때 마침 명나라 군인이 술을 잔뜩 먹고 가다가 길 가운데 구토하는 것을 보았는데, 천백의 굶주린 백성들이 한꺼번에 달려와서 머리를 땅에 박고 핥아먹었는데, 약해서 힘이 미치지 못하는 사람은 밀려나서 눈물을 흘리며 울고 있었다."

이보다 심한 상황이 《선조실록(宣祖實錄)》 선조 27년 정월조에 기록되어 있다.

"기근이 극심하여 사람고기를 먹기에 이르렀는데, 아무렇지도 않게 생각해 괴이함을 알지 못한다. …길바닥에 굶어 죽은 사람의 시신을 베어 먹어 완전히 살이 붙어 있는 것이 하나도 없을 뿐 아니라, 혹은 산 사람을 도살하여 장(腸)과 위(胃), 뇌의 골도 함께 씹어 먹는다."

같은 기록 3월조에는 "부자·형제 간에도 서로 잡아먹는 일이 있다"고 했으니 그 참상을 알 만하다. 당시의 학자였던 지봉(芝峯) 이수광(李睟光)은 《지봉유설(芝峯類說)》에서 이렇게 표현했다.

"서울 수구문 밖에 시체가 산처럼 쌓여 성보다 높았다."

임진왜란은 이처럼 백성들에게는 추상같더니 정작 추상같아야 할 외적에게는 허수아비 같았던 사대부 지배체제에 대한 사망선고였다. 이런 상황에서도 사대부들은 수탈을 멈추지 않았다. 전쟁이 소강상태에 접어들자 관리들은 수탈을 재개했다. 《선조실록》 30년 12월조의 기록을 보자.

"난리가 일어난 이래 관호(官號)가 너무 많다. 열 명의 관원이 호칭은 다르지만 관장하는 일은 하나여서 백성 한 사람이 열 관원에게 피해를 받는다."

이런 상황이니 백성들이 더 이상 국왕이나 양반 사대부를 자신들의 지배자로 인정하지 않는 것은 당연했다. 왜란 전 170만 결에 달하던 조선의 농지 면적은 왜란 후 불과 3분의 1 수준인 54만 결로 줄어들었으며 특히 가장 많은 피해를 본 경상도의 농지 면적은 왜란 전에 비해 6분의 1로 줄어들었다.

조선 사회는 비단 왜적의 침입 때문만이 아니라 그 내부에서부터 무너지고 있었다. 후기 조선 사회를 이끌었던 송시열의 인생이 주목받아야 하는 이유가 바로 그가 이런 상황에서 태어났다는 점에 있다. 사대부 송시열은 바로 사대부 지배체제에 대한 민중들의 반감과 도전이 본격화된 선조 40년(1607) 11월 12일에 충청도 옥천군 이원면 구룡촌에서 태어났던 것이다. 구룡촌은 그의 외가였다. 조선에서 남녀차별이 심화된 것은 조선 후기의 일이었고 당시만 해도 외가에서 해산하는 것이 그리 드문 일은 아니었다.

고집스런 가풍

우리나라 위인전에 빠짐없이 등장하는 태몽이 우암에게 빠질 리가 없다. 그의 어머니 곽씨(郭氏)가 꾸었다는 명월주(明月珠)를 삼키는 태몽은 아주 흔한 꿈이다. 그러나 그의 아버지 수옹(睡翁) 송갑조(宋甲祖)가 꾸었다는 태몽은 의도적으로 조작한 것이 아니라면 특이하다. 송갑조의 꿈에 공자가 손수 여러 제자들을 거느리고 그의 처가인 구룡촌에 왔다는 것이다. 송시열의 아명이 성현인 '공자[聖, 성]가 준[賚, 뢰]

아들'이라는 뜻의 성뢰(聖賚)인 것이 이 때문이라고 그의 집안에서는 주장해 왔다. 자는 영보(英甫)라고 했다.

생애 내내 타인과 충돌을 일으킨 그의 경직된 성품은 아마도 그의 아버지에게 받은 것으로 보인다. 광해군 시절 송갑조가 사마시(司馬試)에 급제했을 때의 일화는 그의 성격을 잘 나타내주고 있다. 인조반정으로 정권을 잡은 서인들은 인조 1년 5월 송갑조를 강릉(康陵) 참봉으로 삼았다. 능참봉은 종9품의 미관말직이지만 그나마 이 하위직에 임명된 것도 북인 정권기인 광해군 때의 행위 때문이었다. 당시 서궁(西宮)에 거주하던 인목대비(仁穆大妃)는 광해군 및 북인 정권과 극도로 불편한 사이였다. 송갑조와 함께 합격한 이영구(李榮久) 등이 서궁에 인사하러 들르지 않겠다고 상소하려 하면서 여러 유생들에게 서명을 권하자 송갑조는 "이 상소는 도대체 무슨 의리인가"라고 반대했다. 유생들이 반대자의 이름을 캐묻자 송갑조는 붓으로 이름을 크게 써서 보여주고는 혼자 서궁에 가서 인목대비에게 절했다.

이 일로 유적(儒籍)에서 삭제되는 유벌(儒罰)을 당한 그는 고향으로 돌아가 후학을 가르치다가 인조반정으로 북인들이 쫓겨나고 서인들이 득세하면서 능참봉에 임명되었던 것이다. 그러나 그 후로도 별다른 벼슬길에 오르지 못한 것을 보면 그의 정치적 역량은 그다지 뛰어나지 않았던 것으로 보인다.

송시열의 본관은 은진(恩津)인데, 고려 중기의 판원사(判院事) 송대원(宋大原)을 시조로 삼고 있다. 대원의 3대손인 집서공(執瑞公) 송명의(宋明誼)가 충청도 회덕에 이주한 이후 이곳에 대대로 거주하게 되었다. 송명의가 은진을 떠나 회덕에 이주한 이유는 그의 부인이 회덕 황씨였기 때문이다. 회덕 황씨의 시조 황윤보(黃允寶)가 이 지역인 회천군(懷川君)에 봉해진 데서 알 수 있는 것처럼 송명의의 처가는 이 지역의 유력한 호족이었다. 남녀 동등 상속제였던 고려와 조선에서는 장가잘 간 덕에 부유하게 된 인물이 많은데 그의 조상이 회덕에 눌러앉게되었던 것도 그런 이유로 보인다.

송시열의 집안은 증조부인 송구수(宋龜壽) 때만 해도 두각을 나타내지 못하다가 종증조(從曾祖) 송인수(宋麟壽)가 대사헌을 역임하는 조선인종 무렵에 들어서야 비로소 유력한 벼슬에 이름을 올렸다. 우암의조부 송응기(宋應期)는 도사(都事) 벼슬을 했으며 그의 아버지 송갑조는음직으로 봉사(奉事)까지 올랐으나, 송시열을 회덕이 아니라 처가인 옥천에서 낳은 것은 가세가 그다지 풍족하지 못했음을 시사해 준다.

그러나 송갑조가 송시열에게 가르쳐 주었다는 학문의 순서는 그가단순한 의리에서 서궁에 절한 것이 아니라는 사실을 보여준다.

"주자(朱子)가 있은 후에 공자(孔子)가 있고, 율곡(栗谷)이 있은 후에주자가 있으니 공자를 배우려면 마땅히 율곡으로부터 시작해야 하느니라."

송갑조가 가르친 율곡으로부터 학문을 시작하는 성리학 체제는 바로 서인들의 정치 이념이었던 것이다. 율곡 이이는 서인들이 종주(宗主)로 여기는 인물이다. 송갑조는 인목대비에 대한 북인들의 처사가지나치다고 여긴 점도 있었겠지만 이때 이미 서인들의 정치 이념에깊이 동조하던 서인 당인이었던 것이다.

송시열은 부친 못지않은 서인 당인이었으나 훗날에는 율곡을 통해주자로 나아가는 학문 순서를 주자 위주로 바꾸었다. 송갑조는 율곡을 통해 주자로 나아갈 것을 가르쳤지만 송시열이 학문에서 스스로자립하고 난 이후에는 거꾸로 주자를 통해 율곡을 바라보려 하였다.송시열에게 주자는 처음이자 마지막이었으며 모든 것이었다. 송시열은 이렇게 말한다.

"말씀마다 모두 옳으며 일마다 모두 마땅한 분이 주자이다. 총명과 예지(叡智)가 있어 모든 이(理)를 밝힌 사람이 아니면 이렇게 못 할 것이다. 주자가 바로 성인이 아니겠는가. 이 때문에 주자가 이미 말하고 행한 것은 곧 따라서 행했지 일찍이 의심한 바가 없다."

그는 심지어 주자, 곧 주희가 모든 것을 밝혀 놓았기 때문에 더 이상 책을 저술할 필요가 없다고까지 말한다.

"성현이 되는 것은 주자에서 벗어나지 않는다. 달리 책을 저술해서 세상에 남기려는 것은 망령이고 군더더기다."

그가 남긴 많은 저술이 대부분 주자의 저술에 대한 해설서인 것은 이 때문이다. 조선 후기 누구 못지않은 서인, 노론 당인이었던 송시열이 율곡보다도 주자를 높인 것은 의외로 여겨지기도 한다. 어떤 사람이 송시열에게 물었다.

"퇴계의 학설과 율곡의 학설은 현저하게 달라 선택하기가 어렵습니다. 선생님은 누구를 추종하십니까?"

"나는 퇴계와 율곡을 따지지 않고 주자와 같으면 좇고 주자와 다르면 좇지 않는다."

율곡 이이가 서인의 종주라면 퇴계 이황은 조선 후기 내내 서인과 대립하는 동인과 남인의 종주라는 점에서 '퇴계와 율곡을 따지지 않는다'는 우암의 말은 서인 당인으로서는 이례적인 언급이다.

송시열의 첫 번째 스승은 아버지

송시열의 첫 번째 스승은 부친 송갑조였다. 그런데 송갑조가 어린 송시열의 학문 교재로 삼은 책은 율곡 이이의 《격몽요결(擊蒙要訣)》이었으니 그의 첫 스승은 이이인 셈이다. 비단 송시열뿐만 아니라 서인계 사대부가에서는 글자를 어느 정도 익히고 나면 반드시 이이의《격몽요결》을 가르쳤다. 물론 이이가 서인의 종주이기 때문이다.《격몽요결》은 '무지몽매를 깨뜨려 버리는 데 요긴한 비결'이란 뜻으로, 말하자면 어린 아이 교육용 성리학 교과서이다. 율곡이 쓴 이 책의 서문을 보자.

"학문의 길에 막 들어선 이들이 어느 방향으로 어떻게 공부해야 할지 몰라 방황하고 당혹해하는 것을 보고 그들에게 공부의 바른 길을 인도해 주기 위해 지은 것이다."

우암 송시열도 12세 어린 나이에《격몽요결》을 다 읽고 감탄해 마지않았다고 전해진다.

"이 말씀대로 하지 않는다면 사람이 될 수 없겠습니다."

이 책의 어느 부분이 어린 송시열을 그토록 매료시켰을까?《격몽요결》의 제1장〈입지(立志)〉편의 첫 구절을 보자.

"처음 배우는 사람은 먼저 뜻을 세워야 한다. 그리고 반드시 성인(聖人)이 될 것을 약속해야 한다. 털끝만큼이라도 자신이 남보다 뒤 떨어진다는 생각에 자신을 버려서는 안 된다."

스스로 공자나 맹자, 주자 같은 성인이 되겠다는 자세를 가지고 학문을 하라는 권고이니 꿈 많은 소년의 가슴을 부풀게 만드는 권고가 아닐 수 없다. 송시열은 성인이 되겠다는 부푼 꿈을 안고 학문에 정진했다. 그는《맹자》를 천 번 이상 읽었다고 소문난 사람이기도 했다. 맹자에 대한 그의 술회를 들어보자.

"내 나이 열네 살 때《맹자》를 읽기 시작했는데 처음에는 그 뜻이 쉬워 기뻐하면서 날마다 공부했다. 그런데〈호연(浩然)〉장(章)에 이르자 무슨 말인지 알 수 없었다. 나아가면 나아갈수록 더욱 견고해지는 나무 같았고 때로는 이마에 진땀이 돋기도 했으며 짜증이 나기도 했다. 열일곱 살이 되자, '글이 어렵고 쉬운 것이 아니라 나의 공력(功力)이 이르지 못한 데가 있는 것이다'라고 탄식하고는 문을 걸어 잠그고 읽기를 오륙백 번이나 했는데 비록 글이 입에 쉽게 오르기는 했으나 그 의리는 종내 깨달을 수 없었다."

훗날 제자 박광일(朴光一)이 물었다.

"선생님은 《맹자》를 천 번이나 읽었다고 하던데 정말입니까?"

송시열은 빙그레 웃으며 대답했다.

"내가 《맹자》를 천 번 읽었지만 앞의 두서너 편(篇)은 일생 동안 외웠으니 몇천 번 읽었는지 알 수 없네."

물론 《논어》나 《중용》, 《대학》 같은 다른 경전들도 매일같이 읽었음은 물론이다.

송시열이 최초의 스승 송갑조에게 배운 것은 유교 경전뿐이 아니었다. 송갑조는 그에게 역사관도 가르쳤다. 비단 송갑조뿐만 아니라 우리 선현들은 모두 문·사·철(文史哲)을 하나로 여기는 인생관을 갖고 있었고 이는 곧 전인(全人)을 지향하는 선비관이기도 했다.

그가 아버지에게 배운 역사관은 사림파의 사관이었다. 그의 아버지는 그에게 중종 때 훈구파에게 화를 입은 사림파에 관한 기록인 김정국(金正國)의 《기묘록(己卯錄)》과 허봉(許篈)이 편찬한 《해동야언(海東野言)》을 읽게 했다. 두 권의 책은 모두 사림파가 훈구파에게 화를 당한 사화(士禍)에 관한 기록이다.

수옹(睡翁) 송갑조는 《기묘록》과 《해동야언》을 주면서 이렇게 말했다.

"정암(靜庵) 조광조(趙光祖) 선생을 배우지 않으면 안 된다."

조광조는 중종 때 훈구파에 맞서 개혁을 추진하다 기묘사화로 사형당한 사림파의 영수였으니 송시열은 어릴 때부터 아버지로부터 사림

(士林)에 대한 이념 교육을 받으며 자란 셈이다.

송시열의 외고집적인 성격은 아버지의 고집스런 성격을 이어받은 점과 어린 시절의 이런 편중된 교육 탓이 큰 것으로 보인다. 사물을 폭넓게 경험하고 이해하기보다는 주자와 사림이라는 좁은 세계만이 옳다는 신념을 가지도록 강요당한 셈이다. 수옹은 송시열에게 한 편의 시를 지어주며 그의 좌표로 삼게 했다.

매월당 앞의 맑은 물과 梅月堂前水 매월당전수

도봉산 위의 흰 구름　道峯山上雲 도봉산상운

매월당 김시습(金時習)처럼 맑은 물의 마음과 도봉산 위의 구름처럼 높고 깨끗한 의(義)를 추구하라는 뜻의 시이다. 김시습은 수양대군이 단종의 자리를 뺏은 데 분개해 출사를 거부하고 승려가 되어 한평생 세상을 등지고 산 인물이다. 조선시대에 사대부가 승려가 된다는 것은 간단한 문제가 아니었다. 이는 비유하자면 아랍인으로서 기독교로 개종하는 것과 마찬가지 일인 것이다. 성리학은 스스로를 '정학(正學)'이라 부르고 여타의 학문은 '사학(邪學)'으로 배척했는데 이 당시 불교는 당연히 사학이었다.

조선시대에 사대부로서 불교를 믿는다는 것은 이처럼 심각한 자기 부정이었다. 김시습은 자신을 버리고 자신의 사상을 부정하는 극단적 방법으로 세조를 부인했던 것이다.

조광조와 김시습 같은 인물들을 어린 시절부터 따라야 할 전범(典範)으로 교육받은 송시열이 평생 타인과 대립한 것은 어쩌면 당연한 결과인지도 모른다. 문제는 대립 그 자체가 아니라 타인의 사상이나 처지를 인정하지 않는 자기만의 절대적 자세이다.

송시열의 스승들… 노비 출신이 제창한 예론

비록 남인에게는 경멸을 받았지만 송시열이 서인들, 특히 노론 사이에서 추앙을 받을 수 있었던 결정적 계기는 그의 학통이었다. 심지어 혈연보다도 학연을 더 높이는 우리 사회의 풍토는 이들 조선의 성리학자들에게서 비롯한 것이다.

송시열의 학통은 서인 학자로서는 최고의 계통이었다. 조선 성리학의 학문적 계보는 그대로 정치적 계보가 된다는 독특한 특징이 있다. 크게 동인과 서인으로 나눌 수 있는데 동인의 종주는 퇴계 이황이고 서인의 종주는 율곡 이이이다. 이황을 종주로 삼는 동인은 다시 남인과 북인으로 갈라지는데 서애(西厓) 류성룡(柳成龍)이 남인의 종주이며, 남명(南冥) 조식(曹植)에서 내암(萊庵) 정인홍(鄭仁弘)으로 이어지는 학맥이 곧 북인이 된다. 임진왜란 때 곽재우, 정인홍 같은 의병장을 대거 배출하면서 정권을 잡았던 북인은 서인들이 주도한 인조반정 이후 대거 사형당해 역사의 무대에서 강제로 퇴출되고 다시는 역사의 무대에 등장하지 못했다.

서인의 종주는 율곡 이이지만 그와 동시대에 활동하던 사람들로 우계(牛溪) 성혼(成渾)과 구봉(龜峯) 송익필(宋翼弼)이 있다. 송시열의 스승인 사계(沙溪) 김장생(金長生)은 율곡에게서 기발이승일도설(氣發理乘一途說)을 주축으로 하는 이기일원론(理氣一元論)의 학통을 이은 것으로 평가받지만 사실을 말하면 이이보다는 송익필의 제자라고 보아야 할 인물이다. 송익필은 당대의 거유 이이, 성혼과 나란히 학문을 토론하던 인물로서 이이, 성혼과 논변한 것을 묶은 《현승편(玄繩編)》을 남길 정

♣ 송시열 초상화.

도로 쟁쟁한 거유였다. 조선 성리학자 중 그 누구보다도 흥미로운 이력을 지닌 인물이다. 사대부에서 노비로 전락하는 인생 유전을 겪는 인물인 것이다. 그러나 그가 주목받아야 하는 이유는 특이한 인생 유전 때문이 아니라 그가 조선 성리학의 주류를 율곡의 이기일원론(理氣一元論)에서 예학(禮學)으로 바꾸어놓은 인물이기 때문이다.

송시열의 스승 김장생은 조선 예학의 태두로 불리는데 그에게 예학을 가르친 인물은 이이가 아니라 송익필이었다. 김장생은 송익필에게 사사한 예학을 조선 성리학의 주류로 만들었으며, 바로 이 예학이 훗날 두 차례에 걸친 서인과 남인 사이의 '예송논쟁'을 유발하게 되는 것이다. 송익필은 《현승편》 이외에도 《예문답(禮問答)》, 《가례주설(家禮註說)》 등을 저술했는데, 3권으로 된 《가례주설》은 주자가 지은 《주자가례(朱子家禮)》에 주를 단 책이었다. 《주자가례》는 주희가 부친상(父親喪)을 치르면서 중국 고대 《고례(古禮)》가 미비하다는 생각에서 예학 연구를 계속해 17년 후의 모친상 때 완성한 예법책이었다. 김장생은 율곡에게 기발이승일도설을 주축으로 하는 이기일원론을 배우고 구봉에게는 예학을 배웠다.

20세 때 율곡을 직접 사사한 김장생은 율곡과 구봉 두 스승 중에 율곡의 이기일원론을 변하는 현실에 맞게 발전시키기보다는 구봉의 예학 사상을 전승하기 위해 노력했다. 김장생 자신이 이이보다는 송익필의 제자임을 공공연히 말하기도 했다. 이이에 대한 김장생의 평가를 보자.

"내(김장생)가 볼 때 율곡 선생의 넓은 학문은 최고의 경지이지만 집약하여 실천하는 예[約禮]에는 부족한 바가 있어 보인다."

이처럼 김장생이 천하의 율곡보다도 높이 평가한 구봉 송익필은 과연 어떤 인물일까? 그의 드라마틱한 인생 유전은 과연 어떤 사연을 담고 있는 것일까? 그는 방대한 양의 《주자대전(朱子大全)》을 모두 외웠다고 알려지기도 하는 인물이자 조선 예학의 대가이다. 하지만 그가 예학의 대가였다는 점을 그의 인생 유전에 비추어보면 한편의 희화(戲畵)가 된다. 그는 율곡과 친구 사이로 알려져 있지만 그가 주창한 예법에 따르면 노비 신분의 그가 사대부인 이이와 친구가 될 수 없었다. 그럼에도 둘이 친구로 지낼 수 있었던 것은 그가 날 때부터 노비는 아니었기 때문일 것이다.

《선조실록》 24년 10월에 사헌부는 '사노(私奴)' 송부필(宋富弼)·송익필 등 3형제가 사대부의 집에 드나들면서 일국을 교란시키며 사림(士林)을 모함하는 것을 평생의 능사로 삼고 있다며 추적해 체포할 것을 청하면서, "그 사정을 추궁하여 보니 그들이 본 주인에게 죄를 짓고 온 가족이 도망 나와 권문(權門)에 의탁해 소굴로 삼은 뒤 기필코 세상을 뒤엎어서 옛 주인에게 보복하려 했던 것입니다"라며 "유사에게 명하여 끝까지 수색 체포하여 율대로 죄를 정하소서"라고 주청해 윤허를 받는 기록이 나온다.

사헌부에서 송익필 형제를 '사노'라고 부르는 데에는 이유가 있다. 《선조실록》 32년 2월조에는 송익필의 제자 정엽(鄭曄)이 동부승지로 임명된 데 대한 비난과 함께 송익필의 가계가 나온다.

"송익필은 바로 기묘사화 때 고변한 송사련(宋祀連)의 아들이다. 송사련은 남곤(南袞)·심정(沈貞)의 사주를 받고 선비들을 해쳤으며, 송익필은 종으로서 주인을 배반하여 인륜에 죄를 졌는데 정엽은 무엇 때문에 스승으로 섬겼단 말인가?"

송익필의 아버지 송사련은 기묘사화 2년 후인 중종 16년(1521)에 있었던 신사무옥(辛巳誣獄)의 고변자였다. 송사련은 안돈후(安敦厚)의 여종 출신 첩 중금(重今)의 손자이자 중금이 데리고 들어온 딸 감정(甘丁

丁)의 아들이었고, 송사련의 아버지는 송자근쇠(宋者斤金)로 안돈후의 아들인 안인(安繗)의 추천으로 관상감 주부(主簿)가 된 인물이었다.

송사련 가문은 이처럼 안씨 일문의 덕을 많이 입었으나 주인댁인 안처겸 등이 남곤 등 대신들을 제거하려 한다고 고변하여 안씨 일문의 많은 사람에게 화를 입혔던 것이다. 송사련은 고변의 공으로 당상관에 올라 세력을 떨쳤으나 사후인 선조 19년(1586)에 안처겸 등이 무죄로 밝혀짐에 따라 무고로 판명되었다.

송사련의 고변이 무고로 밝혀지고 관작이 삭탈되었으니, 국법대로라면 그 아들 송익필은 노비로 환천되어야 했다. 사헌부의 주청 중 "사노 송부필·송익필 등 3형제가 사대부의 집에 드나들면서"라는 말은 그가 노비로 환천되지 않기 위해 서인 유력가의 집에 숨어 안씨 일문의 추쇄(推刷)에서 벗어나려 한 사실을 말하는 것이다.《선조실록》32년 2월조는 "대체로 그 은미한 심술이 부정에 근본을 두었기 때문에 기축옥사(己丑獄事) 때 정철(鄭澈) 등의 심복이 되어 없는 죄를 만들어서 한 시대의 청류(淸流)로 하여금 마침내 살아남지 못하게 하였으니, 그 교활한 기교와 수단은 그만한 유례가 없었던 것이다"라고 비난하고 있는데 이는 그가 희천(熙川)에 유배 가 있으면서 정여립을 고변케 한 것을 말하는 것이다.

그의 부친의 고변이 무고로 밝혀진 이상 노비로 환천되어야 했을 송익필이《소학(小學)》으로 몸을 닦고《주자가례》를 생활화하여 사회를 예(禮)로 순화시켜야 한다고 시종일관 주장한 것은 조선 예학의 태두가 벌인 한판 블랙 코미디가 아닐 수 없다.

예학이란 각 신분에 따라 지켜야 할 행동규범을 뜻하는데, 노비인 그에게 예는 주인을 정성껏 섬기는 일이어야 했다. 노비가 사대부의 예를 행하려 하다가는 분수를 벗어났다 하여 매 맞아 죽어야 하는 사회가 조선 사회였고, 이들이 예학을 강조한 이유 자체가 임진왜란 이후 거세게 일었던 백성들의 신분제 철폐 운동을 억압하기 위한 것이었다.

노비의 신분으로 사대부 지배체제를 강화하는 예학을 주창한 송익필과 그의 수제자 김장생, 그리고 그의 아들 신독재(愼獨齋) 김집(金集)은 조선 성리학의 흐름을 예학으로 바꿔놓은 세 인물이었다. 그리고 김장생, 김집의 제자들인 송시열, 송준길에 이르러 예학은 조선 성리학의 주류가 되었다.

이기일원론을 주창한 율곡의 사상이 이들에 이르러 예학으로 변한 것은 조선 성리학이 사회 변화를 저지하는 보수적인 사상으로 퇴화했음을 의미한다. 그리고 이들 당파가 그 종주 율곡의 개혁정신을 저버리고 보수적인 정치당파로 변했음을 시사한다.

율곡은 자신이 살던 시대를 근본적인 변화와 개혁이 필요한 경장(更張)의 시기라고 판단했던 개혁적인 학자이자 정치가였다. 율곡은 전방에 자원입대하는 서자에게는 과거응시자격을, 천인에게는 양인으로 신분상승시키자는 주장을 했다. 그의 '경제사' 창설 주장도 대대적인 개혁을 실시해야 한다는 절박한 시대 인식에서 나왔다. 그는 농민들의 피땀을 쥐어짜는 공납(貢納)의 폐해를 시정하기 위해 잡다한 공물을 쌀로 통일해 납부하는 '대공수미법(代貢收米法)'을 주장하기도 하였다. 정암 조광조가 공납의 폐해 시정을 주장한 데서 알 수 있듯 율곡은 조광조의 맥을 잇는 개혁적 성리학자였다.

그러나 율곡의 학통을 이었다는 김장생과 김집, 그리고 송시열 등이 조선 성리학의 주류로 만든 예학은 개혁이 아니라 수구 사상이었다. 이들은 율곡 사상의 진수인 내적 정신을 계승한 것이 아니라 껍데기 학맥만을 이은 것이다.

예학은 한마디로 말하면 각 신분에 따르는 분수와 예절을 지키라는 주장이다. 이 사상에 따르면 농민은 결코 지배계급인 사대부에게 저항할 수 없다. 사대부는 영원한 지배계급이고 농민은 영원한 피지배계급인 것이다.

이들이 예학을 조선 성리학의 주류로 만든 이유는 당시 그만큼 사대부 계급에 대한 농민들의 반발이 컸기 때문이었다. 농민들은 더 이상 사대부를 특권층으로 생각하지 않았다. 이는 하나의 사회적 추세이자 역사 발전이기도 했는데, 왜냐하면 더 이상 사대부 지배체제로는 사회를 유지할 수 없음을 보여주는 것이었기 때문이다.

그러나 이들은 사대부들에 대한 농민들의 반발을 무력화시키고 사회의 지배계급인 자신들의 기득권을 계속 누리기 위해 예학을 조선 성리학의 주류로 발전시킨 것이다.

2부

인조반정, 그 비극의 뿌리

서인들의 쿠데타,
인조반정이 낳은 비극들

병자호란, 역사적 반동이 가는 길

인조반정에 대한 허위 이데올로기

광해군 15년(1623) 3월 전부사 김류(金瑬), 이귀(李貴), 이괄(李适), 심기원(沈器遠), 최명길(崔鳴吉), 김자점(金自點) 등 서인들이 이끄는 600~700여 명의 병력이 서울 북쪽 홍제원에 모였다. 이들은 광해군과 북인 정권을 무너뜨리려 모인 서인들이었다. 이들에 의해 추대받은 선조의 5남 정원군의 장남 능양군(綾陽君)도 친병을 거느리고 장단부사 이서(李曙)의 병력 700과 합류해 먼저 창의문을 돌파하고 창덕궁으로 향했다.

이때 광해군은 쿠데타에 가담한 김자점이 미리 총애하는 상궁 김개시(金介屎)에게 보낸 술과 안주로 궁인들과 연회를 베풀고 있다가 쿠데타군의 급습을 받고 무력하게 무너졌다. 조선이 개국한 이후 두 번째로 신하들이 임금을 내쫓는 반정이 성공한 것인데, 이를 인조반정이라고 부른다. 반정(反正)은 그른 것[邪]을 바른 것[正]으로 되돌렸다는 의미지만 이는 쿠데타를 일으킨 서인 쪽의 견강부회이고 인조반정은 조선의 운명을 비극으로 이끌어간 시대착오적인 사건이었다.

광해군은 재위 15년 동안 수많은 업적을 남긴 현군이었다. 우선 명나라와 청나라가 교체되는 대륙 정세의 격변기에 탄력적으로 대응함으로써 조선을 전란에서 비켜가게 한 것이 가장 큰 업적이다. 광해군은 한(漢)족의 명나라와 만주족의 후금(後金 : 훗날의 청)이 대립하는 상황에서 등거리 외교정책을 펼침으로써 조선을 전란의 위기에서 구해냈던 것이다. 또한 안으로는 병기를 수리하고 군사를 양성함으로써 만약의 사태에 대비했으며, 임란 때 파괴된 농지를 복구하기 위한 양전(量田) 사업을 전개했다.

그러나 서인들은 오로지 권력을 장악할 야심으로 광해군과 북인 정권을 끌어내리려 했다. 이들은 명과 청 사이에서 조선의 국익을 위한 광해군의 양면외교 정책이 임진왜란 때 구원병을 보내준 명나라에 대한 배신이며 선왕 선조의 계비 인목대비 김씨의 존호를 폐하고 서궁(西宮)이라 칭한 것은 불효라는 명목으로 쿠데타를 일으켰다.

그러나 명나라가 조선에 구원군을 파견한 것은 명나라 정벌의 기치를 내걸었던 왜군과의 전쟁터를 한반도로 국한시키기 위한 것이었으며, 대비 김씨의 존호를 폐한 것은 그간 왕위를 둘러싸고 왕가에서 숱하게 있어 왔던 불상사의 하나에 지나지 않았다. 더구나 대비 김씨는 선조 말엽 친정아버지 김제남(金悌男)과 함께 자신의 소생인 영창대군에게 후사를 잇게 하기 위해 광해군의 즉위를 반대하는 작업을 수행했으므로 일방적으로 광해군의 잘못만도 아니었다. 게다가 광해군은 재위 2년에 선대의 숙원이었던 김굉필(金宏弼)·정여창(鄭汝昌)·조광조(趙光祖)·이언적(李彦迪)·이황(李滉) 등 사림과 오현(伍賢)의 문묘종사를 단행했으니 사림의 처지에서 보아도 쫓겨날 이유가 없었다.

이런 상황에서 발생한 인조반정은 일어나서는 안 될 서인들의 명분 없는 쿠데타에 지나지 않았다. 쿠데타 성공 후 이들은 명나라를 향한 의리란 뜻의 향명대의(向明大義), 또는 명나라를 숭상하는 의리란 뜻의 숭명의리(崇明義理)를 드높였다. 인목대비가 인조의 즉위를 허락하는 교서의 일부를 보자.

"우리나라가 명나라를 섬겨온 것이 200년으로 의리로는 곧 군신이며 은혜로는 부자와 같다. 임진년에 재조(再造)해 준 은혜는 만세토록 잊을 수 없어 선왕(선조)께서는 평생 서쪽을 등지고 앉지도 않으셨다. 광해는 배은망덕하여 천명을 두려워하지 않고 속으로 다른 뜻을 품고 오랑캐(청)에게 성의를 베풀었으며, 황제가 자주 칙서를 내려도 구원병을 파견할 생각을 하지 않아…."

그러나 명나라를 드높이느라 서쪽을 등지고 앉지도 않는 것은 선조 같은 용렬한 군주나 사대주의자들인 서인들뿐이었다. 심지어 일반 백성들은 인조반정에 반발하면서 봉기를 일으키려고까지 했다. 인조반정 일등공신인 이서가 반정 직후 남긴 회고를 보자.

"갑자기 광해군을 폐출하고 새 임금을 세웠다는 소식을 들은 나라 사람들은 새 임금이 성덕이 있는 줄 알지 못했으므로 상하가 놀라 어쩔 줄을 몰랐다. 성패가 확실히 정해지지 않은 터에 위세로써 진압할 수도 없어서 말하기 지극히 어려운 사정이 있었다."

이 회고는 반정에 반대하는 백성들의 조직적 움직임이 있었음을 시사한다. 회고를 계속 들어보자.

"오리 이원익(李元翼)이 전 왕조 때의 원로로서 영상에 제수되어 여주로부터 입조하자 백성들의 마음이 비로소 안정되었다."

영상에 제수된 이원익은 남인이었다. 국가적 이익이 아닌 당파적

이해를 앞세워 쿠데타를 일으킨 서인 정권에 대한 반발이 예상 외로 거세자 이원익에게 영상 자리를 제시하며 반대당파인 남인들을 끌어 들였던 것이다. 이원익에게 제의한 자리가 다름 아닌 인신(人臣)의 최고위직인 영상이라는 점은 이들 서인들의 쿠데타가 얼마나 명분 없는 것이었는지를 잘 보여준다. 이들은 명분 없는 반정 정권에 남인들을 관제 야당으로 끌어들였던 것이다. 이때만 해도 서인들은 훗날 남인들이 관제 야당의 테두리를 벗어나 정권을 장악하겠다고 나서고, 이들과 당운을 건 승부를 걸게 될지는 몰랐을 것이다.

어쨌든 광해군의 현실적인 외교 정책에 반기를 들고 정변을 일으킨 서인들은 반정 후 급격한 친명배청(親明排淸) 정책으로 선회했는데, 이것은 수많은 비극의 시작이었다.

떠오르는 해인 만주족의 후금을 배격하고 지는 해인 명나라를 추종하려는 친명배청 정책을 무리 없이 수행하기 위해서는 후금보다 군사력이 강해야 했다. 그렇지 않은 이상 비극은 불가피한 것이었다. '뜨는 해' 만주족이 중원에 찬란히 떠오르기 위해서는 먼저 조선 문제를 해결해야만 했다. 중원으로 쳐들어간 사이 명나라와 결탁한 조선군이 만주를 공략하면 이른바 두 개의 전선을 유지해야 했기 때문이다. 따라서 후금은 중원에 쳐들어가기 전에 조선을 우호국으로 만들든지 전쟁을 통해 속국으로 만들어야 했다. 우호관계를 수립하지 않는 한 전쟁은 불가피한 것이었다. 인조 5년의 정묘호란(丁卯胡亂 : 1627)은 이런 연유로 발생한 것이다. 정묘호란은 양국이 형제관계를 맺는 정묘조약으로 종결되었으나 이는 미봉책이었다. 당시 후금은 명과 조선 모두를 상대로 전면전을 벌일 형편이 아니었기 때문에 일시적인 수습책으로 조약을 체결한 것이다.

정묘조약 9년 후인 인조 14년(1636 : 병자년)에 후금이 형제관계를 군신관계로 바꾸자고 나선 것은 조선과의 전면전도 불사하겠다는 자신감의 발로였다. 인조와 서인 정권이 군신관계를 거부하려면 정묘조약 이후 병자년까지 9년이란 기간 동안 군사력을 길러야 했다. 하지만 서인정권은 군사력 대신에 친명반청의 명분만 쌓았다.

드디어 인조는 8도에 후금과 싸우자는 선전교서를 내렸다. 조선 백성보다도 '명나라를 향한 의리'를 더 큰 목소리로 주창한 이 선전교서는 명나라와 의리를 지키기 위해 후금과 화(和)를 끊는다는 내용이었다. 이런 허세뿐인 명분론에 대한 후금의 대답은 군사공격이었고 그 결과는 삼전도의 치욕이었다. 인조가 삼궤구고(三跪九叩)의 예를 취해야 했던 삼전도의 치욕은 시대착오적인 인조반정이 낳은 귀결이기도 했다.

병자호란과 송시열

병자호란은 송시열과도 밀접한 관련이 있다. 송시열은 병자호란이 발생하기 3년 전인 인조 11년(1633)에 생원시(生員試)에 급제해 대과를 볼 기회를 얻었다. 그는 이 생원시에 장원을 하여 그해 10월 경릉(慶陵) 참봉(參奉)에 임명되었으나 곧 사면했다. 그는 2년 후에 대군사부(大君師傅)로 임명됨으로써 관직에 모습을 드러낸다. 임금의 적자(嫡子)인 대군(大君)을 가르치는 대군사부는 학문이 높은 인물에게 주어지는 영예로운 관직이기는 했으나 그 품계는 종9품의 미관말직에 불과했다. 세자를 가르치는 세자시강원(世子侍講院)의 사부(師傅)가 정1품이고 세손(世孫)을 가르치는 세손시강원의 사부가 종1품인 것과 비교해보면 그 비중을 알 만하다. 그만큼 왕위를 이을 세자나 세손을 중요시한 것이다. 그나마 대군사부는 임시직에 지나지 않았다.

그나마 이 자리도 최명길(崔鳴吉)의 추천으로 얻은 자리였다. 최명길은 인조 14년 6월 차자(箚子)를 올려 송시열과 송준길(宋浚吉) 등을 추천한다. 그런데 이 추천사는 송시열이 자신의 고향을 확실히 장악하고 있음을 보여준다.

"송준길·송시열은 모두 김장생의 문인인데, 신은 비록 서로 만나보지는 못했으나 그들이 살고 있는 지방의 사람들은 감히 멋대로 그른 짓을 하지 못한다고 합니다."

송시열은 이처럼 율곡의 학통을 이은 김장생의 문인이라는 점과 지방을 장악하고 있는 유학자라는 점을 인정받아 대군사부가 되어 조정에 진출하는데, 이때 그의 인생에 결정적인 영향을 끼치는 한 사람을 만나게 된다. 바로 그가 가르쳤던 대군인 봉림대군이었다. 인조의 둘째아들인 봉림대군은 훗날 인조의 뒤를 이어 임금이 되는데 그가 곧 효종이다. 송시열은 봉림대군을 가르치는 대군사부로 관직에 첫발을 내디뎠던 것이다. 송시열의 나이는 만 28세였고 봉림대군의 나이 만 16세였다.

이 당시는 소현세자가 이미 세자의 자리에 있었기 때문에 송시열이나 봉림대군 그 누구도 봉림대군이 훗날 인조의 뒤를 이어 임금이 되리라고는 예상할 수 없었다. 그리고 우암이 봉림대군을 가르친 기간도 불과 6개월에 지나지 않았다. 훗날 당쟁이 격화하면서 우암의 당파인 서인과 노론은 두 사람의 인연을 과대포장해 송시열이 효종의 충성스런 신하임을 강조했다. 뒤에 서술하겠지만 우암을 효종의 충성스런 신하로 포장해야 했다는 사실은 둘의 관계에 그만큼 문제가 많았음을 역설적으로 말해주는 것이다.

그런데 이 짧은 기간에 송시열은 바로 병자호란을 맞이하게 된다. 송시열은 인조의 몽진 행렬을 따라 강화도로 피하려 하였으나 청나라 군사가 길을 끊는 바람에 실패하고 인조와 함께 남한산성으로 들어갔다. 봉림대군은 인조의 비빈(妃嬪)들과 함께 미리 강화도로 피신한 터였다. 조선 왕실이 남한산성과 강화도로 갈라지는 이산가족이 된 것이다.

이때 강화도로 피신한 인물 중에 송시열의 동문인 미촌(美村) 윤선거(尹宣擧)란 인물이 있다. 윤선거는 그의 아들 윤증(尹拯)과 강화도로 피신해 살아남는데, 남한산성에서 살아남은 송시열이 훗날 이를 격렬히 비난함으로써 윤증과 치열하게 다투게 된다. 후술하겠지만 이것이 바로 회니논쟁이다.

인조가 남한산성으로 들어간 것은 1636년 12월이었다. 청나라 군

🌲 남한산성 서문인 첨화루. 병자호란 당시 인조가 이 문으로 나와 삼전도로 가서 청 태종에게 항복했다.

사는 남한산성을 포위해 일체의 보급을 끊었다. 강화도는 몽고 침입 때 고려 왕실이 장기간 천도했던 데서 알 수 있듯이 농성의 적지(適地)지만 남한산성은 농성할 장소가 아니었다. 더구나 한겨울에 산성 꼭대기에서 농성한다는 것은 한반도의 일기상 불가능한 일이었다.

남한산성에서 농성하던 시절의 참상을 한 궁녀가 남긴《산성일기(山城日記)》에서 살펴보자.

12월 24일에 큰비 내려, 성벽을 지키는 군사들이 다 젖고 얼어 죽은 이 많으니 상(上 : 인조)이 세자(소현)와 함께 뜰 가운데 서서 하늘에 빌어 가라사대, "금일 이에 이르기는 우리 부자 득죄(得罪)함 때문이니, 성 안의 군민(軍民)들이야 무슨 죄가 있으리까. 천도(天道)는 우리 부자에게 화를 내리시고 원컨대 만민을 살리소서." 군신들이 안으로 드시기를 청하되 허락하지 아니하시더니, 오래지 않아 비 그치고 날씨 차지 아니하니, 성중인(城中人)이 감읍하지 않은 이 없더라.

하늘은 이때 겨울비는 멈추어 주었는지 모르지만 청나라 군사의 포위까지 풀어준 것은 아니어서 고통은 계속되었다. 이런 상황의 고립된 산중에서 45일을 버틴 것은 그야말로 목숨을 건 고군분투였다. 산성의 인조가 믿는 유일한 희망은 구원군이었다. 하지만 다음 해 1월 산성에 당도한 것은 구원군이 아니라 강화도가 함락되어 비빈들이 청군의 포로가 되었다는 비보(悲報)였다. 인조는 할 수 없이 삼전도로 나와 청 태종에게 삼궤구복이란 신하의 예를 취하며 항복할 수밖에 없었다. 현실은 향명대의의 목청 큰 서인 정권의 것이 아니라 오랑캐 청나라의 것이었다. 송시열은 이 고난과 치욕의 현장을 똑똑히 목격했다.

송시열은 병자호란 당시 다른 유생들처럼 척화론(斥和論)을 소리 높여 외치지는 않았다. 물론 종9품 미관말직으로서 척화론을 주창할 처지가 아니기는 했지만 관직이 없는 유생들도 외치던 척화론을 그는 주창하지 않았다.

대신 그는 병자호란이 끝난 후 속리산 복천사(福泉寺)에서 백호(白湖) 윤휴를 만나 서로 통곡하며 약속했다.

"혹시 우리가 정치를 하게 된다면, 결코 오늘의 치욕을 잊지 말자."

그러나 훗날 송시열은 정치를 하게 되면서 윤휴를 사문난적으로 몰아 죽이는 데 앞장선다. 이때만 해도 훗날 두 사람이 서로 죽이고 죽는 정적 관계가 될 줄은 몰랐을 것이다.

낙향한 송시열은 벼슬에 뜻을 잃어 더 이상 과거를 보지 않았다. 병자호란의 충격이 그만큼 컸던 것이다. 그는 향리(鄕里)에서 학문에만 몰두했다. 인조 17년(1639)에는 용담현령(龍潭縣令)에 임명되었으나 사양하고 나가지 않았으며, 21년 12월 세자시강원의 익위사좌우익위(翊衛司左右翊衛)로 삼았으나 출사를 거부했다. 이런 송시열에게 인조는 계속 관직을 제수했다. 병자호란으로 권위가 땅에 떨어진 인조로서는 산림(山林)의 지지를 얻기 위해 율곡의 학통을 이은 기호유림(畿湖儒林)의 계승자인 송시열과 송준길을 거듭 불렀던 것이다.

재위 22년(1644)과 23년 인조는 송시열과 송준길에게 정5품인 사헌부 지평을 제수하며 계속 불렀으나 모두 송씨라 하여 양송(兩宋)으로 불리던 이들은 역시 출사를 거부했다.

송시열이 거듭 출사를 거부하자 그에게 제수되는 벼슬은 계속 올라갔다. 그러면서 그의 정치적 비중은 더욱 높아갔다. 종9품 한직인 대군사부를 제수받았을 때도 사양하지 않고 나왔던 그가 정5품 사헌부 지평을 제수해도 거부한 이유는 분명하지 않다. 《인조실록》 23년 10월 조는 "처음에 대군(大君)의 사부가 되었으나 병자호란 이후로 벼슬길에 뜻을 끊어서, 누차 벼슬을 주었으나 거절하고 부임하지 않았다"고 하여 병자호란이 직접적인 원인임을 밝히고 있다. 그러나 출사를 거듭 거부하는 은둔정치는 그의 정치적·학문적 위상을 높여 주었다. 과장에 사람이 구름같이 몰리던 시절에 대간(臺諫)직인 사헌부 지평을 제수해도 거절한 사실은 내외의 주목을 받기에 충분했던 것이다.

그러나 그가 제수된 벼슬들을 거듭 거부하며 명분과 실리를 모두 챙기는 동안 청의 수도 심양에서는 소현세자 부처가 볼모로 곤욕을 치르고 있었다. 그리고 소현세자의 볼모 생활 도중의 처신은 훗날 발생할 거대한 비극적 사건을 잉태하고 있었다. 바로 예송논쟁의 뿌리였다.

소현세자,
그 진보성과 개방성의 좌절

한 선각자에 대한 부왕의 저주

볼모를 자청하는 소현세자

인조의 남한산성 농성은 절망적인 상황이었다. 백성들은 정유재란이 끝난 지 불과 40여 년도 안 된 상황에서 다시 발생한 호란에 분개해 의병도 거의 일으키지 않았다. 조선은 청군의 포위로 일체의 보급이 끊어진 겨울 산성에서 더 이상 버티지 못하고 항복해야 했다.

조선은 청나라의 강화 사절로 가짜 왕자와 가짜 대신을 보냈다가 말썽이 되기도 했다. 최명길이 적지에 들어가 강화 조건을 묻자 청군은 왕의 동생과 대신을 인질로 삼겠다고 말했다. 이에 조선은 주사대장(舟師大將) 구인후의 누이의 아들인 능봉군을 인조의 동생이라 속이고 판서 심집(沈諿)을 대신의 직함으로 가칭해 보냈다. 이때 청군이 심집에게 "그대 나라는 지난 정묘년에도 가짜 왕자로 우리를 속였는데, 이 사람은 진짜 왕제(王弟)인가?"라고 묻자 대답하지 못했다.

"그대는 진짜 대신인가?"

심집이 또 대답하지 못하자 박난영(朴蘭英)에게 물었다. 박난영은 광해군 시절 강홍립과 함께 명나라의 요청으로 나가 싸웠던 무장이었다. 박난영은 태연히 대답했다.

"이는 진짜 왕제이고 심집은 진짜 대신이오."

이에 화가 난 청군은 박난영을 죽이고 나서 말했다.

"세자를 보내온 뒤에야 강화를 의논할 수 있을 것이다."

그러나 왕 다음가는 이군(貳君)이었던 세자를 보낼 수는 없었다. 이럴 수도 저럴 수도 없는 상황에서, 진퇴양난의 난국에 물꼬를 튼 사람은 소현세자 자신이었다. 소현세자는 비변사에 봉서를 내려 이렇게 말했다.

"태산(泰山)이 이미 새알(鳥卵) 위에 드리워졌는데, 국가의 운명을 누가 주춧돌처럼 굳건하게 하겠는가. 일이 너무도 급박해졌다. 나에게는 일단 동생이 있고 또 아들도 하나 있으니, 역시 종사(宗社)를 받들수 있다. 내가 적에게 죽는다 하더라도 무슨 유감이 있겠는가. 내가 성에서 나가겠다는 뜻을 말하라."

소현세자는 살신성인의 자세로 난국을 타개하고 조선 역사상 최초로 볼모가 되어 청나라로 끌려가게 되었다. 동생인 봉림대군, 인평대군과 함께였다. 이들이 끌려간 곳은 당시 만주에 있던 청나라 수도 심양이었다. 소현세자와 봉림대군은 이곳에 심양관소(瀋陽館所)를 지어서 머물렀는데, 당시 조선에서는 이곳을 심관(瀋館), 또는 심양관(瀋陽館)이라고 불렀다. 소현세자는 봉림과 인평 두 동생을 비롯한 판서 남이웅, 좌부빈객 박황(朴潢), 우부빈객 박노, 보덕 이명웅, 필선 민응협 등 300여 명의 수행원들과 함께 심양관에 머물렀으므로 서울의 동궁(東宮)이 심양으로 이주한 셈이었다.

🌲 중국으로 끌려간 소현세자가 있던 심양관 자리 입구. 지금은 심양시 소년아동도서관이 들어
서 있다.

소현세자는 이 심양관을 중심으로 청과 조선 사이의 모든 일을 처
리했으므로 사실상 주청(駐淸) 조선 대사였으며 심양관은 조선 대사관
이었던 셈이다. 청은 심양관을 통해 조선에 관한 일들을 처리하려 하
였고, 인조 또한 청과 직접 상대하는 것이 껄끄러웠으므로 심양관의
소현세자에게 청에 관한 일들을 미루었다.

심양 생활은 소현세자에게 미래가 불투명한 위기였으나 역으로 기
회가 될 수도 있었다. 비단 소현세자 개인뿐만 아니라 활용하기에 따
라서는 조선의 기회로 삼을 수도 있었다. 당시 중국에서조차 끝나가
는 성리학과 명분론을 금지옥엽으로 붙들고 있는 조선이 얼마나 우물
안 개구리였던가를 깨닫고, 국제 정세는 명분이 아니라 힘에 의해 좌

우된다는 현실을 깨우치는 계기가 될 수도 있었던 것이다.

소현세자가 심양에서 처리해야 할 일 중에 가장 중요하면서도 곤혹스러운 일은 청의 파병 요구였다. 청은 당시 명과 최우의 일전을 앞두고 있던 때였으므로 명과의 전투에 사용할 조정군(助征軍) 파견을 요구했다. 숭명대의(崇明大義)를 명분으로 쿠데타를 일으킨 인조와 서인 정권에 이는 심각한 자기부정이었으나 전쟁에서 패배한 이상 따르지 않을 수 없었다.

인조는 청의 요구에 쫓겨 재위 18년 4월에 주사상장(舟師上將) 임경업(林慶業), 부장 이완(李浣)이 이끄는 조선 수군 6,000명을 파병했다. 임경업은 병자호란 때 청군이 서울을 점령한 틈을 타서 역으로 청의 수도 심양을 점령하겠다는 작전을 제안할 정도로 반청인사였으므로 그가 이끄는 조선 수군이 제대로 싸울 리가 없었다. 임경업의 수군은 전진하라고 해도 전진하지 않고 명의 전선을 만나도 발포하지 않았다. 발포하더라도 엉뚱한 곳을 향해 쏘고 배를 일부러 부수고 일부 군사를 투항시키는 등 노골적인 사보타주를 일으켜 청나라의 분노를 샀다.

청나라는 이를 조선의 배신행위로 규정짓고 청나라 장수 용골대(龍骨大) 등을 조사단으로 삼아 의주에 파견했다. 조선은 병자호란 때 용골대에게 호되게 당했기 때문에 용골대라는 이름만 들어도 떠는 형편이었다. 이때 세자는 용골대의 동향을 미리 조선 조정에 알려주고 용골대에게는 조선의 처지를 설득하는 등 양자의 충돌을 막기 위해 부단히 노력했다.

조선 대신들이 벌벌 떠는 존재인 용골대가 한 번은 "청과 다른 의논을 하는 자가 누구냐"라며 세자를 협박하자 세자는 벌컥 화를 냈다.

"내가 비록 이역에 와 있지만 한 나라의 세자이다. 네가 어찌 감히 이토록 협박하는가? 죽고 사는 것은 천명에 달려 있는 것이니 그 따위로 나를 협박하지 말라."

이에 용골대가 웃으면서 사과한 적이 있었을 정도로 소현세자는 배짱도 있는 인물이었다.

인조 20년에는 조선에 출몰한 명나라 배에 부사 이계(李烓)가 감사 정태화의 명을 받아 몰래 쌀과 음식을 제공해 문제가 된 적이 있었다. 이때 용골대는 이계 등을 만주의 봉황성(鳳凰城)으로 불러 세자와 함께 관계자들을 심문했다. 이 자리에서 세자는 시종일관 조선 관리들을 옹호했다. 이에 용골대가 세자를 힐난했다.

"세자가 감사를 이처럼 비호해 주니 그와 한마음이라는 것을 알 수 있습니다."

세자가 웃으면서 답했다.

"이렇게까지 의심하니 뭐라고 해야 좋을지 모르겠습니다."

이처럼 세자는 청과 조선 사이에 분쟁이 생길 때마다 사건을 무마하기 위해 애썼다. 세자는 이런 과정을 통해 중요한 것은 성리학이 제공하는 명분이 아니라 국가를 위한 현실 인식이라는 것을 알게 되었다. 소현세자는 심양과 북경에서 이런 현실 인식을 갖게 되었다. 물론 이런 현실 인식은 청이 아니라 조선을 위한 것이었다.

세자는 심양에 오기 전부터 새로운 것에 관심이 많았다. 그는 이미 병자호란 5년 전인 인조 9년(1631)에 견명사(遣明使) 정두원(鄭斗源)이 가져온 서양의 화포와 천리경(千里鏡 : 망원경), 자명종(自鳴鐘 : 시계) 등을 보고 서양 문물에 대해 깊은 인상을 가졌다. 심양에 와서 세자는 세상을 움직이는 것은 더 이상 성리학이 아니라 변화하는 문물과 그것을 만들어 내는 힘이라는 사실을 깨닫게 되었다.

심양에서 소현세자는 중원의 대세가 이미 청으로 기울었음을 깨달았다. 만주에서 흥기한 청이 아니더라도 명나라는 이미 종말로 치달고 있었다. 국가 생명의 사이클로 따지면 이미 쇠퇴기를 지나 소멸기에 접어든 국가가 명나라였던 것이다.

명의 마지막 황제인 의종(毅宗 : 1611~1644) 즉위 후 가뭄과 흉년이 계속되자 굶주림을 견디지 못한 각지의 농민들이 반란을 일으켰다. 이들 중 비교적 큰 세력은 유적(流賊)이 되어 명을 위협했다. 명을 망하게 한 존재는 사실상 청이라기보다는 이들 농민반란군이었다. 농민반란군 중 가장 세력이 컸던 역졸(驛卒) 출신의 이자성(李自成)이 명을 멸망시켰던 것이다. 출신을 따지지 않고 세력이 있으면 황제를 자칭하는 것이 중국 역사의 한 특징인데, 이자성 또한 세력이 커지자 스스로를 대순황제(大順皇帝)라 칭하고 명의 수도 북경을 공략해 함락시켰다. 북경이 함락되는 날, 황제의 외척이나 귀족, 재상 들은 땅바닥에 꿇어앉아 유적의 흙발에 차이면서도 농민 출신 이자성을 성천자(聖天子)로 받들고 자결한 의종 숭정제를 저주함으로써 목숨을 구걸했다. 조선의 사대주의자들이 받들어 모시는 명나라는 이미 명나라 황손들도 버린 나라였다. 아마 청이 없었다면 이자성의 순(順)나라가 명을 대신해 중원을 지배했을지도 모른다. 명을 세운 주원장이 농민 출신이었으므로 이는 별로 이상할 것도 없는 행위였다.

북경이 함락되었을 때 명의 유일한 정예군은 오삼계(吳三桂)가 이끄는 부대였다. 청군을 치기 위해 요동으로 진격하여 산해관(山海關)을 돌파하던 그는 북경이 이자성에게 함락되었다는 소식을 듣자 군사를 돌리기로 결심하고 청나라 진영에 편지를 보냈다.

"우리의 황제는 유적 이자성에게 돌아가셨다. 지금부터 나는 황제의 원수를 갚기 위해 급히 북경으로 향하는 바, 차제에 귀국의 병력을 빌렸으면 좋겠다."

청과 연합전선을 결성해 북경으로 가자는 제안이었으나 자신이 그간 내쫓겠다던 청나라의 군사를 빌려달라는 이 말은 사실상 항복선언이었다. 소현세자를 볼모로 데려왔던 청의 구왕(九王) 다이곤(多爾袞)은 즉각 이 제의를 받아들였다. 다이곤은 당시 태종의 뒤를 이은 어린 청 세조(世祖)를 대신해 사실상 섭정하는 중이었다.

"인의(仁義)의 군대를 동원하여 유적 이자성을 멸하고, 중국 백성을 구원한다."

명목은 명·청 연합군이었으나 사실상 청군이 명군을 흡수한 것이었다. 소현세자가 심양에 잡혀온 지 7년째인 1644년(인조 22) 4월의 일이었다. 이때 구왕 다이곤은 자국의 왕과 장수뿐만 아니라 소현세자를 대동하고 남정(南征) 길에 올랐다. 소현세자의 대동은 구왕의 의도적인 행위였다. 남정군을 따라간 소현세자는 명나라의 마지막 정예군인 오삼계군단이 청나라에 항복하는 장면을 똑똑히 목격했다. 다이곤도 이 장면을 보여주기 위해서 소현세자를 산해관에 데리고 갔던 것이다. 하지만 이 장면을 보여주지 않았더라도 소현세자는 중원의 정세가 이미 청으로 기울었다는 사실을 알고 있었다. 명은 도처에서 무너지고 있었던 반면 청은 욱일승천(旭日昇天)하는 기세였다. 거기에다 목격한 오삼계군단의 항복 장면은 조선이 취할 외교정책이 숭명대의가 아니라 청나라 중심의 현실 외교라는 확신을 갖게 해주었다.

소현세자는 청군이 산해관을 넘어 파죽지세로 중원을 점령하는 것을 목격했다. 청군이 남진을 시작한 것은 4월인데 한 달도 안 되어 북경에 입성했던 것이다. 그야말로 군마가 달리는 속도가 청의 점령 속도였다. 청의 대군이 밀려온다는 소식을 들은 이자성은 항전을 포기하고 남쪽으로 도망갔다. 이로써 청은 명의 수도였던 북경에 무혈입성할 수 있었다. 이자성은 북경을 청에 갖다 바치기 위해 애써 함락한 셈이었다.

청의 파죽지세를 지켜본 소현세자의 심정은 담담했다. 그는 이미 7년간의 볼모 생활을 통해 이런 사태를 예견할 수 있었다. 세자는 볼모 생활을 통해 현실적인 국제 정세 인식을 갖게 되었다. 하지만 세자의 이런 현실 인식은 조선의 인조와 서인 정권에게는 위험한 이데올로기로 비쳤다.

천주교를 받아들이는 소현세자

소현세자는 인조 22년(1644) 4월 청의 구왕(九王 : 睿親王)이 이끄는 청나라군과 함께 북경으로 향했다. 하루 평균 120~130리에 달하는 빠른 속도였다. 세자는 구왕이 이끄는 청군이 파죽지세로 북경을 손에 넣는 장면을 똑똑히 지켜보았다. 북경을 청이 차지한 것은 대세가 결정되었음을 의미했다. 세자는 북경에서 문연각(文淵閣)이라 불리던 명 목종(穆宗)의 부마 후씨(候氏) 집에 거처하게 되었다. 그러나 식량이

♣ 심양시 소년아동도서관 내부.

극도로 부족해 20여 일 만에 심양으로 되돌아 왔다가 그해 9월 청나라 황제를 따라 다시 북경에 들어가 약 70일 동안 머물렀다. 청나라 황제는 북경을 청의 수도로 결정하는 모습을 보여주기 위해 소현세자를 대동한 것이었다. 이때 소현세자는 아주 중요한 한 인물을 만나 새로운 사상과 문물의 세례를 받게 된다.

바로 예수회 선교사 아담 샬(Adam Schall : 1591~1666)이었다. 아담 샬은 1628년(인조 6) 32번째의 예수회 신부로 북경에 부임해 해박한 과학지식을 바탕으로 명나라 신종(神宗)의 신임을 받았다. 그는 북경 동안문(東安門) 내에 거주하면서 역서(曆書)와 대포를 제작하는 일을 맡았다. 청의 세조는 북경 점령 후 자신의 과학지식을 이용하기 위해 지금의 천문대장격인 흠천감정(欽天監正)을 삼고 대청시헌력(大淸時憲曆)을 짓게 하였다. 아담 샬은 북경 남문인 선무문(宣武門) 내에 선교사 마테오 리치(Matteo Ricci)가 세운 남천주당(南天主當)에 자주 머물렀는데, 소현세자는 동안문 내 아담 샬의 거주처와 남천주당을 자주 찾아 이 벽안의 선교사와 많은 이야기를 나누었다. 소현세자의 북경 숙소인 문연각은 아담 샬의 숙소와 가까운 동화문(東華門) 안에 있었으므로 두 사람은 더 자주 만날 수 있었다.

두 사람은 서로 오가며 우정을 쌓았다. 아담 샬에게 소현세자와의 만남은 조선에 천주교를 전교할 수 있는 호기였고, 소현세자에게 아담 샬은 서양의 문명과 천주교 사상을 접할 수 있는 절호의 기회였다. 머나먼 이국에서 온 푸른 눈의 선교사와 볼모로 잡혀온 남다른 처지의 불행한 세자는 서로에게 이색적인 감회를 불러 일으켰을 것이다.

이 만남을 지켜봤던 당시 남천주당의 신부 황비묵(黃斐默)은 《정교봉포(正敎奉褒)》에서 이 만남을 기록했다.

"순치 원년(順治元年 : 청 세조의 연호, 1644)에 조선 국왕 인조의 세자는 북경에 볼모로 와서 아담 샬 신부의 명성을 듣고, 때때로 남천주당을 찾아와 천문학 등에 대해서 살펴 물었다. 샬 신부도 자주 세자 관사를 찾아가 오래 이야기를 나누고 서로 깊이 사귀었다. 샬 신부는 거듭 천주교가 정도(正道)임을 말하였는데 세자도 자못 듣기를 좋아하며 자세히 물었다. 세자가 귀국하자 샬 신부는 자신이 지은 천문·산학(算學)·성교정도(聖敎正道)의 여러 서적, 여지구(지구의)와 천주상을 선물로 보냈다."

소현세자는 곧 아담 샬에게 편지를 보내 감사의 뜻을 전했다.

"귀하가 주신 여지구와 과학에 관한 서적은 정말 반갑고 고마웠습니다. 그중 몇 권의 책을 보았는데 그 속에서 덕행을 실천하는 데 적합한 최상의 교리를 발견했습니다. 천문학에 관한 책은 귀국하면 곧 간행하여 널리 읽히고자 합니다. 이것들은 조선인이 서구과학을 습득하는 데 큰 도움이 될 것입니다. 서로 멀리 떨어진 나라에서 태어난 우리들이 이국 땅에서 상봉하여 형제와 같이 서로 사랑하여 왔으니 하늘이 우리를 이끌어준 것 같습니다."

인조가 세자에 대한 증오를 키우고 있을 때 세자는 왕조가 교체되는 도시 북경에서 '하늘이 이끌어준 만남'에 대해 감사하고 있었다. 이 '증오'와 '감사'의 차이가 이후 두 사람의 운명뿐만 아니라 조선의 운명을 극단으로 끌고 가게 된다. 세자가 아담 샬과 교류한 때는 서기 1644년으로, 조선이 일본의 무력에 의해 개국하기 232년 전이었다. 일본이 미국의 페리 제독에 의해 개국한 것은 이보다 211년 후였다. 소현세자의 개방적인 이 사고는 그야말로 조선과 일본 두 나라의 운명을 뒤바꿔 놓을 수도 있었던 것이다. 9년간의 볼모 생활은 소현세자의 사고를 개방적으로 바꾸어 놓았다. 그는 아담 샬이 조선에 천주교가 전파되기를 희망한다고 말하자 신부를 대동하고 귀국할 수 있게 해달라고 요청해 아담 샬을 놀라게 했을 정도로 새로운 사상을 받아들이는 데 적극적인 인물이었다. 하지만 당시는 중국도 신부가 부족한 형편이어서 아담 샬은 신부 대신에 천주교 신자인 중국인 환관과 궁녀 들을 데려가라고 제의했다. 이방송(李邦訟), 장삼외(張三畏), 유중림(劉中林), 곡풍등(谷豊登) 같은 중국인 환관들과 궁녀들이 소현세자와 함께 귀국했던 것은 이런 이유 때문이었다. 이들은 아마 임란 때 천주교 신자 소서행장(小西行長)이 조선 땅을 밟은 이래 조선을 방문한 최초의 천주교 신자들일 것이다.

1644년 11월 1일 청의 세조는 북경의 천단(天壇)에 제사하고 등극을 반포했다. 천하의 주인이 자신임을 선포한 것이다. 세자와 대군도 이 행사에 따라가 참여했다. 그달 11일 구왕은 용골대를 시켜 말을 전했다. 세자가 꿈에도 그리던 말이었다.

"북경을 얻기 이전에는 우리 두 나라가 서로 의심하여 꺼리는 마음이 없지 않았으나, 지금은 대사(大事)가 이미 정해졌으니 피차가 서로를 신의로써 믿어야 할 것이다. 또 세자는 동국의 왕세자로서 여기에 오래 머물 수 없으니 지금 의당 본국으로 영원히 보낼 것이다."

드디어 멀고 길었던 볼모 생활이 끝나는 순간이었다. 청에서 세자를 귀국시키는 이유는 구왕의 말대로 '북경을 얻어 대사가 이미 정해졌기 때문'이었다. 더 이상 세자를 붙잡아 둘 필요성이 없어진 것이다. 꿈에 그리던 귀국이었다.

비운의 소현세자 일가

그러나 귀국길에 오른 세자의 앞에는 볼모 생활보다 더한 난관이 기다리고 있었다. 바로 부왕 인조의 의심과 저주였다. 소현세자가 청나라를 인정하는 현실적인 세계관을 가진 만큼 인조와 서인 정권은 소현세자를 의심했다. 인조는 청나라가 자신을 폐하고 소현세자를 세우지 않을까 하는 의구심에 소현세자를 의심했다. 청나라의 실제 의도를 떠나 이런 인조의 의심에 근거가 전혀 없는 것은 아니었다. 인조 18년 인조의 병환이 심각하자 소현세자는 장남 석철(石鐵)을 대신 볼모로 와 있게 하는 조건으로 귀국한 적이 있었다.

일시 귀국하는 소현세자를 위해 청의 구왕뿐만 아니라 청 황제 태종이 직접 송별연을 열어 주었는데, 봉림대군도 함께 한 이 자리에서 용골대는 세자에게 안장을 한 말과 대홍망룡의(大紅蟒龍衣)를 주었다. 이를 본 세자는 깜짝 놀라 사양했다.

"이것은 국왕이 입는 장복(章服)입니다."

세자의 사양을 받아들여 청 태종은 대홍망룡의를 입지 않도록 허용했으나 이 사건의 파문은 여기에서 끝나지 않고 조선까지 미쳤다. 세자 빈객 신득연(申得淵)이 이 상황을 자세히 적어 인조에게 보고했던 것이다. 이후 인조와 서인 정권은 소현세자를 의심하기 시작했다. 인조 21년 10월 역관 정명수가 청에서 세자를 귀국시키려 한다고 전했을 때도 인조와 서인 정권은 그 의도에 의혹을 품었다.

인조가 이 문제를 비국 당상에게 논의하자 정태화(鄭太和)는, "청에서 먼저 말을 꺼냈는데 우리가 (세자의 귀국을) 청하지 않으면 저들이 우리를 의심할 것입니다"라면서 받아들일 것을 주청하는데 이는 이미 세자를 보는 인조와 조신들의 마음이 달라져 있음을 뜻한다. 이때 인조는 이렇게 말한다.

"청인이 내게 입조(入朝)를 요구한 것은 전한(前汗 : 청 태종) 때부터였으나 내가 병이 있다고 이해시켰기 때문에 저들이 강요하지 못하였다. 이제 듣건대 구왕은 나이가 젊고 강퍅(剛愎)하다고 하니 그 뜻을 어찌 헤아릴 수 있겠는가. 전일에는 세자를 지나치게 박하게 대하다가 이제는 오히려 지나치게 후하게 대하니 나는 의심이 없을 수 없다."

인조는 구왕 다이곤과 세자가 결탁해 자신을 볼모로 불러들이고 세자를 조선의 국왕으로 봉하지 않을까 근심한 것이었다. 인조는 세자의 귀국에는 '반드시 예측하지 못할 내막이 있을 것'이라며 전전긍긍했다. 인조의 이런 의심에 김자점이 "세자께서 나온 뒤에 만약 뜻밖의 변이 있다면 군신 상하가 어찌 손을 묶어두고 그들이 하는 대로 놓아둘 수 있겠습니까?"라고 답한 데서 짐작할 수 있는 것처럼 '뜻밖의 변'이란 청에서 인조를 폐위하고 세자를 세우는 것을 말한다.

인조 21년(1643) 6월 세자빈 강씨의 부친인 영중추부사 강석기(姜碩期)가 사망하여 세자 부부는 왕곡(往哭)하기 위해 귀국해야 했다. 인조 22년 1월 세자 부부는 원손 석철을 비롯한 다른 아들들을 볼모로 불러들이고 대신 귀국했다.

볼모 생활 중에 부친이 사망했으므로 세자빈의 한은 컸으나 원손과 다른 아들들을 볼모로 잡히고 귀국한 세자빈은 부친의 빈소에서 곡도할 수 없었다. 곡하기 위해 수천 리 길을 달려온 며느리의 왕곡을 인조가 허락하지 않았기 때문이다.

의심 많은 부왕의 이 가혹한 조치에 삼공(三公)이 모두 왕곡의 허락을 청했다.

"세자께서 귀국을 청할 때 세자빈의 부친은 죽고 모친은 병중에 있다는 것을 아울러 이유로 삼았는데 이제 찾아가 곡하고 모친을 살펴보는 절차가 없으면 저쪽 나라가 그 말을 들을 때 반드시 의아해할 것입니다."

그러나 장남과 며느리에 대한 증오를 이미 돌이킬 수 없었던 인조는 끝내 허락하지 않았다. 세자빈 강씨는 곡도 하지 못하고, 병중인 모친을 만나지도 못한 채 심양으로 돌아가야 했다. 인조 22년 2월 초순이었다. 인조는 이때 세자 부부를 감시하기 위한 간자(間者)로 환관 김언겸(金彦謙)을 동행하도록 명령했다.

인조의 이런 소견 좁은 냉혹한 처사는 사대부들의 많은 불만을 낳았다. 광해군이 법적인 모후 인목대비에게 불효했다는 것을 반정 명분으로 삼은 인조가 며느리 강씨의 친부(親父) 상에 왕곡을 막은 것은 심각한 자기부정이었다. 며느리 강빈의 왕곡을 끝내 허락 않은 인조의 처사는 급기야 인조를 끌어내리고 소현세자를 추대하려는 사건을 야기한다. 그 주모자가 인조반정 일등공신인 청원부원군 심기원(沈器遠)이란 데서 인조에 대한 당시 사대부들의 감정을 볼 수 있다. 심기원은 소현세자를 추대하려다가 효자인 소현세자가 추대를 받아들일 리 없다는 생각에 대신 회은군(懷恩君) 이덕인(李德仁)을 추대하려 하였다. 세자가 영구 귀국하기 1년 전인 인조 22년 3월 발생한 심기원 모반 사건이 그것이다.

귀국한 세자의 급서

인조 23년 2월 소현세자는 장장 9년간의 볼모 생활을 마치고 그토록 그리던 귀국길에 올랐다. 이전의 두 번에 걸친 귀국처럼 일시적인 것이 아니라 영구 귀국이었다. 인조 23년(1645) 2월 이십대 초반의 나이로 심양에 잡혀갔던 세자는 삼십대 중반의 연부역강한 나이로 귀국했다. 인생의 황금기를 타국의 볼모로 보낸 34세의 비운의 왕세자였다. 그는 이제 자신의 비운이 끝나는 줄 알았으나 그 귀국은 비운의 끝이 아니라 시작이었다.

그 비운은 9년간의 볼모 생활을 지혜롭게 보낸 데서 온 것이었다.

그는 치욕의 볼모 기간을 세상에 대한 저주의 나날로 보내지 않았다. 오히려 이 기간을 새로운 국제 정세와 사상, 그리고 새로운 문물을 받아들여 체화시키는 기간으로 삼았다. 명나라를 죽도록 사모하는 것이 얼마나 허무한 행위인지를 깨달았고, 성리학 이념 체계라는 것이 얼마나 덧없는 사상인지도 깨달았다. 세상에는 성리학뿐 아니라 천주교라는 새로운 사상이 있다는 것도 깨달았다. 성리학은 절대 진리가 아니라 이 세상의 수많은 사상 중의 하나에 지나지 않음을 느꼈던 것이다.

수많은 서양 물품을 휴대한 채 귀국하는 소현세자의 뇌리에는 조선을 새로운 나라로 만들려는 이상이 가득했다. 하지만 그를 기다리고 있는 것은 이상을 펼치기 위한 공간으로서의 조선이 아니라 상상 못할 비극의 현장으로서의 조선이었다.

비극의 조짐은 인조가 귀국한 세자에 대한 신하들의 진하(進賀)를 막은 것이었다. 의심 많고 용렬한 부왕 인조에게는 세자의 귀국 자체가 의혹의 대상이었다. 명나라가 멸망했기에 더 이상 소현세자를 볼모로 잡아둘 필요가 없기 때문이라는 합리적 사고는 멀리했다. 소현세자가 휴대한 수많은 서양 서적과 물품들도 새로운 세상에 대한 적극적이고 긍정적 몸짓이 아니라 오랑캐에게 정신을 팔아먹은 증거물로 보았다.

인조는 시종 세자에게 냉담했고, 부왕의 이러한 냉대에 상심했다. 이런 상심 때문인지 세자는 귀국 두 달 만에 병에 걸려 누웠다. 세자가 병에 걸린 것은 귀국한 해 4월 23일로 어의 박군(朴頵)은 세자의 증세를 학질이라고 진단했다. 그다지 중병이라고 볼 수 없는 세자의 학질을 치료하는 데 중요한 한 인물이 등장한다. 의관 이형익(李馨益)이었다. 약방은 다음 날 새벽에 인조에게 이형익을 시켜 침을 놓아서 학질의 열을 내리게 주청했고 인조는 여기 따랐다. 그날 《인조실록》은

"화성이 적시성(積屍星)을 범했다"고 기록하고 있다.

이형익은 인조의 명에 따라 세자의 발병 다음 날인 24일부터 침을 놓았다. 다음 날인 25일에도 세자는 침을 맞았는데 그다음 날인 26일에 세상을 떠나버리고 말았다. 한 나라의 세자가 그야말로 약 한 첩 못 써보고 세상을 떠난 것이다.

소현세자의 급서와 문제 많은 장례 절차

세자의 갑작스런 죽음은 당연히 수많은 의혹을 불러일으켰고, 세자에게 침을 놓은 의관 이형익에게 의혹이 집중되었다. 이형익은 원래 인조의 후궁 소용(昭容) 조씨의 사가에 출입하던 의원으로 불과 3개월 전에 의관에 특채된 인물이란 점에서 의혹은 더했다. 그의 특채 시점이 세자의 귀국 시점이란 것과 그의 특채에 결정적 역할을 한 인물이 바로 소용 조씨라는 점이 의심을 증폭시켰다. 소용 조씨와 세자 부부가 불편한 사이였음을 모르는 궁중 사람은 없었다.

세자가 죽은 후 인조가 시종일관 이형익을 옹호하고 나서자 의혹은 당연히 인조에게 쏠렸다. 왕이나 세자가 승하하면 잘못의 유무를 떠나 시의(侍醫)들을 국문(鞠問)하는 것이 관례였다. 소현세자 같은 경우에는 말할 것도 없었다. 그러므로 양사에서 이형익을 탄핵하고 나선 것은 당연했다.

"의원 이형익은 사람됨이 망령되어 허탄한 의술을 스스로 믿어서 세자의 증세도 판단하지 못하고 날마다 침만 놓았으니 그를 잡아다 국문하여 죄를 정하도록 하소서."

학질 걸린 세자에게 침만 놓다가 사흘 만에 사망케 한 것은 분명 문제가 있었다. 그러나 인조는 국문을 반대하며 이형익을 옹호하고 나섰다. 양사에서 재차 국문을 청했으나 인조는 결코 따르지 않았다. 소현세자의 죽음에 인조가 관련되었다는 유력한 증거의 하나가 바로 이 점이다.

소현세자가 독살되었다는 증거는 정사인 《인조실록》 23년 6월 27일자에도 나온다.

"세자는 본국에 돌아온 지 얼마 안 되어 병을 얻었고 병이 난 지 수일 만에 죽었는데, 온 몸이 전부 검은빛이었고 얼굴의 일곱 구멍에서는 모두 선혈(鮮血)이 흘러나오므로 검은 천으로 그 얼굴 반쪽만 덮어놓았으나 곁에 있는 사람도 알아볼 수 없어서 마치 약물에 중독되어 죽은 사람과 같았다."

시신이 까맣게 변하거나 얼굴의 눈, 코, 귀 등 구멍에서 피가 나오는 것은 독약을 먹고 죽은 사람의 시신에 나타나는 현상이다. 이 목격담은 소현세자의 생모 인열왕후(仁烈王后)의 서제(庶弟)인 진원군(珍原君) 이세완(李世完)의 아내가 내척(內戚)의 자격으로 세자의 염습에 참여했다가 시신의 상태를 보고 사람들에게 말한 내용이다.

인조가 세자를 죽인 주범이라는 사실은 장례 절차에서도 나타난다. 인조는 시신을 담은 관의 명칭에 '재궁(梓宮 : 임금·세자의 관)'이란 호칭을 못 쓰게 하고 대신 대부나 일반 사서들이 쓰던 널 '구(柩)' 자를 쓰도록 했다. 세자시강원의 보덕 서상리(徐祥履)의 주장처럼 세자는 살아서는 동궁(東宮)이요 죽어서는 빈궁(殯宮)이 되므로 재궁이라 쓰는 것이 예법에 맞는 것이었다.

무덤의 이름도 원(園) 자 대신에 묘(墓) 자를 쓰도록 한 것도 마찬가지였다. 원(園) 자는 태자묘를 일컫는 것이기 때문에 중국의 태자만 쓸수 있다는 논리였으나 황제의 무덤을 일컫는 능(陵) 자를 역대 임금의무덤에 써왔다는 점에서 이 또한 용렬하고 저주에 가득 찬 인조의 명분 없는 억지였다.

상복 착용 기간도 마찬가지였다. 고례(古禮)에 따르면 장자(長子)의 상(喪)에는 부모가 참최복, 즉 3년복을 입는 것이 예법이었다. 그러나 영상 김류(金瑬), 좌상 홍서봉 등 서인 중신들은 인조와 왕비의 복제를 기년복, 즉 1년복으로 의정해 올렸다. 이 자체로도 문제가 있었는데 인조는 여기에서 한발 더 나아가 한 달을 하루로 계산하는 역월법(易月法)을 적용해 12일 만에 복제를 마치려 했다. 역월법은 연산군이 할머니인 인수대비가 세상을 떠났을 때 사용했던, 성리학 사회에서는 패륜적인 예법이었다. 그나마 인조는 12일을 한 등급 더 감해 7일 만에 상례를 마쳤다. 3년 상이 7일상이 된 것이다.

최소한 재최 1년복을 입어야 할 백관의 복제도 3개월 단상(短喪)으로 결정했다. 옥당에서 3개월 단상은 부당하다는 차자를 올렸으나 인조는 받아들이지 않았다. 그러자 지평 송준길이 병을 이유로 벼슬을 사양하는 상소에서 이를 조목조목 비판하고 나섰다. 유신(儒臣) 송준길의 이 비판은 인조에게 뼈아픈 것이어서 인조는 상소에 대한 비답도 없이 그를 체직하라고 명했다.

원손 대신 동생을 후사로 세우는 인조

그러나 이보다 더 큰 문제는 소현세자의 후사 문제였다. 당시 종법에 따르면 당연히 소현세자의 맏아들 석철이 뒤를 이어 세손이 되어야 했다.

세자시강원의 필선 안시현(安市縣)이 "원손을 세손으로 세우자"라는 상소를 올린 데서 알 수 있는 것처럼 당시 석철은 원손으로 불리고 있었다. 인조는 이 상소를 즉각 물리치면서 "이러한 소인의 행태는 내가 차마 똑바로 볼 수 없다"라면서 안시현을 파직시켜 버렸다.

원손이 뒤를 잇게 하지 않으려는 인조의 속셈은 소현세자가 비명에 급서한 석 달 후인 재위 23년 윤6월 2일 드러난다. 인조는 대신 및 정부의 당상·육경·판윤과 양사의 장관 16명을 인접한 자리에서 폭탄선언을 한다.

"내게 오래 묵은 병이 있는데 원손이 저렇게 미약하니 성장하기를 기다릴 수 없다. 경들은 어떻게 생각하는가?"

이는 원손이 아닌 다른 인물, 즉 대군을 후사로 삼겠다는 충격발언이었다. 자칫하다가는 훗날 조정에 피바람이 불 수 있는 민감한 사안이었다. 이럴 때의 가장 좋은 처신은 법과 원칙에 따르는 것이었다. 법과 원칙에 따르면 원손이 세손이 되어야 했으므로 당연히 반대가 잇달았다. 좌의정 홍서봉이 나섰다.

"옛 역사를 상고해보면 태자가 없으면 태손(太孫)이 뒤를 이었으니 이것이 바꿀 수 없는 떳떳한 법입니다. 상도(常道)를 어기고 권도(權道)를 행하는 것은 국가의 복이 아닐 듯합니다."

영중추부사 심열, 판중추부사 이경여, 원손 사부 김육 등도 모두 반대하고 나섰다. 그러자 인조는 영의정 김류를 끌어들였다.

"이 일은 오로지 영상에게 달려 있으니, 경이 결단하라."

후사를 정하는 일은 영의정의 권한이 아니라는 점에서 이는 인조와 반정 주역 김류 사이에 밀약이 있었음을 말해주는 것이다. 김류는 미리 계획한 대로 세조의 둘째 아들로서 보위를 이은 예종과 덕종의 둘째 아들 성종이 왕위를 이은 예를 들었다. 둘째 아들이 보위를 이은 예를 듦으로써 원손을 폐하고 대군을 세우려는 인조의 의중을 지지하고 나선 것이다.

우찬성 이덕형, 병조판서 구인후, 공조판서 이시백, 이조판서 이경석 등이 모두 반대함에도 불구하고 인조는 원손을 폐하려는 의사를 굽히지 않았다. 대다수 신하들이 반대하는 가운데 인조와 사전 밀약한 또 한 인물 낙흥부원군 김자점이 인조의 의중을 지지하고 나섰다.

"이 일은 성상의 깊고 원대한 생각에서 나온 것이니, 의당 속히 결정해야 할 일인데, 어찌 우물쭈물 미룰 필요가 있겠습니까?"

인조가 기뻐하며 말했다.

"그 말이 옳다."

드디어 김류가 김자점과 한편임을 실토한다.

"지금은 신민들의 기대가 모두 원손에게 있는데도 전하께서 이러시는 것은 반드시 바깥사람이 알 수 없는 궁중의 일입니다. 그런 성상의 뜻이 이미 정해졌다면 신이 어찌 감히 다른 말을 할 수 있겠습니까?"

인조가 드디어 자신의 본뜻을 밝혔다.

"원손은 자질이 밝지 못하여 결코 나라를 감당할 만한 재목이 아니다."

원손 사부 이식이 이 말을 반박했다.

"진강(進講)할 때 보니 원손의 재기(才氣)가 뛰어났습니다."

그러나 인조의 의사는 이미 결정된 것이었다. 우찬성 이덕형이 인조의 눈치를 보는 여러 신하들을 비판하고 나섰다.

"오늘 성상께서는 비록 종사를 위해서라고 말씀하시지만 갑자기 하루아침에 이미 바로잡힌 원손의 명호를 바꾸려고 하시는데 뭇 신하들이 모두 바람에 쏠리듯이 따라 버린다면 장차 저런 신하들을 어디에 쓰겠습니까."

인조가 한참 동안 묵묵히 있다가 물었다.

"대신들의 뜻이 모두 일치하였는가?"

김류가 대답했다.

"이의가 없는 듯합니다."

원손을 폐하고 대군을 세우자는 말이었다. 인조가 물었다.

"자식이 둘이 남아 있으니 대신이 그중에 나은 사람을 결정하라."

봉림대군과 인평대군 중에서 고르라는 말이었다. 신하들에게 다음 왕이 될 사람을 고르라는 이 한심한 하교에 홍서봉이 아뢰었다.

"대군은 조신들과 서로 접한 일이 없는데, 어떻게 그 우열을 가릴 수 있겠습니까. 이는 성상의 간택에 달려 있을 뿐입니다."

"두 사람은 다 용렬하니 취하고 버릴 것도 없다. 나는 그중에 장자를 세우고자 하는데 어떤가?"

김류가 맞장구쳤다.

"장자로 적통을 세우는 것이 사리에 합당합니다."

"봉림대군(鳳林大君 : 효종)을 세자로 삼노라."

이에 원손 석철이 폐위되고 봉림대군이 세자로 결정되었다. 그러나 이는 단순히 원손의 자리를 대군으로 바꾸는 데 국한되는 문제가 아니었다. 이미 나라 사람들이 후사로 믿고 있던 원손이 폐립된다면 이는 자리를 빼앗기는 데서 국한되지 않고 목숨까지 빼앗길 것이 분명한 일이었다.

며느리와 손자들을 죽이는 인조

원손의 지위를 빼앗았음에도 세자 일가에 대한 인조의 분노와 저주는 끝나지 않았다. 인조의 저주는 이제 세자빈 강씨에게 향했다. 인조는 강빈을 얽어 넣기 위해 강빈 소속의 궁녀들을 고문하고 강빈을 고립시키기 위해 오라비를 귀양 보내는 등 공세를 멈추지 않았다.

남편을 잃고 상심해 있는 며느리에 대한 인조의 저주는 급기야 인조 24년 정월 임금에게 올린 전복 구이에 독이 묻은 사건이 발생하면서 절정에 달하게 된다. 인조는 이번에도 강빈에게 혐의를 돌려 궁인들을 내사옥(內司獄)에 하옥해 국문했으며 강빈을 후원 별당에 감금했다. 강빈의 일거수일투족을 인조의 수하들이 지켜보는 상황에서 강빈이 독을 넣었다는 것은 불가능한 일이었다. 인조가 이미 "감히 강씨와 말하는 자는 죄를 주겠다"라고 엄명하여 강빈의 수족을 완전히 묶어 놓은 상태였다는 점에서 이 사건도 인조의 자작극이었다.

이번에도 강빈의 궁녀들인 정렬과 유덕이 하옥되어 압슬(壓膝)과 낙형(烙刑 : 인두로 지지는 것) 같은 심한 고문을 받았다. 그러나 그녀들도 조작된 시나리오를 승인하기를 거부하고 고문 속에 죽어갔다. 그러나 인조는 연일 무고한 궁녀들이 죽어감에도 며느리의 목숨을 끊어 놓으려는 집요한 공세를 멈추지 않았다. 전복 구이에 독을 넣은 사건도 오리무중에 빠진 후 인조는 비망기(備忘記)를 내리는데, 그 내용은 그 자신이 소현세자를 죽인 범인이며 저주 사건과 독약 사건을 자작한 범인이라는 자백이나 다름없었다.

"강빈이 심양에 있을 때 은밀히 왕위를 바꾸려고 도모하면서 미리 홍금(紅錦) 적의(翟衣)를 만들어 놓고 내전(內殿)의 칭호를 외람되이 사용하였다. 지난해 가을에 매우 가까운 곳에 와서 분한 마음 때문에 시끄럽게 성내는가 하면 사람을 보내 문안하는 예까지 폐한 지가 이미 여러 날이 되었다. 이런 짓도 하는데 어떤 짓인들 못 하겠는가. 이것으로 미루어 헤아려 본다면 흉한 물건을 파 놓아 저주하고 음식에 독을 넣은 것은 모두 다른 사람이 한 것이 아니다. 예부터 난신적자가 어느 시대나 없었겠는가만 그 흉악함이 이 역적처럼 극심한 자는 없었다. 군부(君父)를 해치고자 하는 자는 천지에서 하루도 목숨을 부지하게 할 수 없으니 해당 부서로 하여금 품의해 처리하게 하라."

강빈이 역적이라는 이 비망기는 그러나 인조 자신이 이 모든 비극의 주범임을 실토하는 자백서나 마찬가지였다. 저주에 눈이 어두워 자신의 죄가 비망기에 적나라하게 드러나는 것도 잊고 말았다.

신하들은 물론 인조가 주범이고 강빈이 무죄라고 생각했으므로 그녀를 역적죄로 품의해 올리라는 인조의 명을 거부했다. 그러자 인조는 목적을 달성하기 위해 위기의식을 조장했다. 병조판서를 궁중에 머무르게 하고 김자점을 호위청에 입직시켰으며 포도대장에게 궁궐의 엄중한 경비를 명했다. 이런 공포 분위기를 조성한 후 강빈을 처형하라고 명했다.

강빈을 처형하려는 이 명령에 대해 대사헌 홍무적(洪茂績) 등 많은 신하들이 반대했으나 인조는 요지부동이었다. 드디어 인조는 재위 24년 2월 강빈을 폐출하고 사사(賜死)하라고 명했다. 이 명을 거두어 달라는 상소가 빗발쳤으나 인조는 끝내 자신에 의해 과부가 된 며느리에 대한 증오를 거두지 않았다. 그녀는 결국 사저로 쫓겨난 후 사약을 마셔야 했고 교명 죽책(竹冊) 등은 거두어 불태워졌다. 인조는 여기서 멈추지 않고 강빈의 형제들에게도 죄를 씌워 장살(杖殺)시켰다.

소현세자에 이어 강빈마저 세상을 떠난 것으로 세자 일가의 불행은 끝나지 않았다. 강빈을 죽인 후 인조는 이전의 저주 사건을 재심해 궁녀들을 고문함으로써 강빈의 친정어머니에게까지 옥사를 확대시켰다. 결국 강빈의 어머니마저 처형당했다.

인조는 여기에서 그치지 않고 석철을 비롯한 세자의 세 아들을 제주도로 유배 보냈다. 인조는 봉림대군의 세자 책봉을 반대해 제주도로 귀양 갔던 이경여와 강빈을 죽이는 데 반발해 제주도로 유배 당한 홍무적을 각각 남해현과 북쪽 변경으로 옮긴 후 세자의 아들들을 제주도로 유배 보낸 것이다.

소현세자의 뒤를 이어 조선의 임금이 되어야 했던 석철은 인조 25년 7월 죄수의 몸으로 제주도에 도착했다. 이제 겨우 12세의 어린 나이였다. 이날 사관(史官)은 인조의 이런 처사를 개탄하는 글을 《인조실록》에 덧붙였다.

"지금 석철 등이 국법으로 따지면 연좌되어야 하나 조그만 어린아이가 무슨 아는 것이 있겠는가. 그를 독한 안개와 풍토병이 있는 큰 바다 외로운 섬 가운데 버려두었다가 하루아침에 병에 걸려 죽기라도 하면 소현세자의 영혼이 깜깜한 지하에서 원통함을 품지 않겠는가."

이 사관의 우려대로 석철은 과연 다음 해 9월 제주도에서 사망하고 말았다. 석철이 사망하자 사관은 인조를 직접 비난하는 기록을 남겼다.

"석철이 역강(歷降 : 강빈)의 아들이기는 하지만 성상의 손자가 아닌가. 할아버지와 손자 사이의 지친으로서 아무것도 모르는 어린아이를 풍토병이 있는 제주도에 귀양 보내어 결국 죽게 하였으니, 그 유골을 아버지의 묘 곁에다 장사지낸들 무슨 소용이 있겠는가. 슬플 뿐이다."

《인조실록》은 석철의 죽음을 풍토병 때문이라고 기록했으나 이 또한 독살의 혐의가 분분하다. 당시 지각 있는 사람들은 인조가 석철을 반드시 죽일 것이라고 예상했다. 소현세자가 죽은 후 청나라 장수 용골대가 석철을 데려가 기르겠다고 말한 적이 있었기 때문이었다. 용골대가 석철을 키운 후 자신을 폐위시키고 그에게 왕위를 줄 것을 우려한 인조가 석철을 그냥 둘 리 없었다. 청의 사신들은 돌아갈 때는 꼭 소현세자의 묘에 들려 참배하는 등 소현세자의 죽음을 슬퍼했으므로 인조는 석철이 더욱 두려웠던 것이다. 비록 석철이 독살이 아닌 풍토병으로 죽었다 해도 이는 어린 손자를 사지로 몰아넣은 인조에 의한 타살과 다름없다. 그리고 세자의 둘째 아들 석린도 석 달 후 형을 따라 세상을 떠났다.

사관이 이런 기록을 남겼을 정도이니 당시 사람들의 비난이 어느 정도였을지 짐작하기는 어렵지 않다. 그러자 인조는 그 책임을 나인 옥진(玉眞)에게 돌려 여러 차례 고문한 끝에 죽게 만들었다. 석철과 석린을 잘 모시지 못했다는 이유였다.

그러나 인조는 강빈을 사사한 지 3년 만인 인조 27년(1649)에 세상을 떠나고 봉림대군이 뒤를 이었으니 이가 바로 효종이었다.

효종과 그 비(妃)의 죽음을 둘러싼 예송논쟁이 단순히 상복 착용기간을 둘러싼 이론논쟁이 아니라 정권의 정통성을 묻는 예각의 정치논쟁이었던 이유가 바로 인조의 종법을 무시한 이러한 후사책봉에 있었다. 소현세자의 뒤를 이을 적통(嫡統)은 봉림대군이 아니라 원손 석철이었다. 소현세자처럼 성인이 된 후 죽었을 경우엔 말할 필요도 없었다. 그러나 인조가 무리해가며 봉림대군을 후사로 결정했기 때문에 두 차례에 걸친 예송논쟁은 효종의 승통이 정당한 것이냐는 극도로 민감한 정치 문제가 되었던 것이다.

소현세자 가족의 핏빛 참사 위에서 즉위한 임금이 효종이었기에 그와 그의 부인의 죽음을 둘러싼 상복 문제는 첨예한 당쟁의 소재가 될 수밖에 없었다. 인조가 강행한 효종의 승통이 정당한 것이냐에 대한 논란이 예송논쟁의 배후에 있었기 때문이다. 어떤 측면에서 조선 말 당쟁을 말기적 증상으로 몰고 갔던 왕위계승에 대한 논란은 인조와 서인 정권이 자초한 것이었다. 증오에 휩싸여 종법을 무시한 왕위계승이 왕위계승의 적법성 논란을 불러일으킨 근본 원인이었다.

당시 송시열을 비롯한 산림은 소현세자와 강빈의 불행 뒤에는 조귀인과 낙당(洛黨)의 영수인 김자점(金自點)이 있다고 믿었다. 조귀인과 김자점은 사돈지간이었다. 조귀인 소생이자 인조의 외딸인 효명옹주(孝

明翁主)의 남편 김세룡(金世龍)이 김자점의 아들이었던 것이다. 김자점의 낙당 또한 서인의 한 갈래지만 김집·송시열·송준길 등이 주도하던 산림은 당시만 해도 이런 정치 공작에 반대했다. 이때만 해도 정국을 주도할 수 있는 위치에 있지 않았기 때문이기도 할 것이다. 강빈이 억울하게 죽었다는 사실을 모르는 사람은 아무도 없었고 선명성이 무기였던 산림은 강빈의 한을 풀어주는 '강빈의 신원(伸寃)'을 당론(黨論)으로 삼았다. 효종과의 한판 격돌이 불가피했던 것이다.

3부

북벌의 시대, 대동법의 시대

북벌,
말인가 실천인가?

<u>송시열 북벌의 300년 신화 벗기기</u>

송시열, 드디어 출사하다

인조가 세상을 떠난 다음 달인 효종 즉위년 6월, 송시열은 드디어 출사길에 올랐다. 김집(金集), 송준길(宋浚吉), 권시(權諰) 등과 함께였다. 효종은 "송시열은 지난날 나의 사부(師傅)였으므로 그리운 생각이 마음속에 간절하니 이런 내용을 갖추어 서술하여 부르라"면서 대군 시절 사부였던 최온(崔蘊)을 함께 불렀던 것이다.

효종은 출사(出仕)한 송시열과 송준길에게 세자시강원 진선을 임명하였으나 사양하자 3일 만인 효종 즉위년 6월 19일에 정4품인 사헌부 장령(掌令)을 제수할 정도로 그들을 우대했다. 송준길과 송시열, 양송(兩宋)에게는 율곡의 학통을 이은 산림의 적자라는 무게가 실려 있었다. 송시열의 나이 만 42세 때였다.

그러나 병자호란 이후 무려 12년 만에 출사한 송시열은 불과 20일도 안 된 6월 26일 벼슬을 내던지고 떠나고 말았다.

《효종실록(孝宗實錄)》은 송시열이 입대(入對)를 청했는데 "이때 마침 상께 병이 있어 접견하지 않으니 시열은 대청(臺廳)에서 조복(朝服)을 벗고 곧장 국문(國門)으로 나아가 상소하고서 떠났다"고 적고 있다. 송시열 문집인 《송자대전(宋子大全)》의 〈연보(年譜)〉에서 지적하고 있는 것처럼 효종은 송시열이 유계(兪棨) 등이 이미 논란을 벌였던 인조의 묘호(廟號) 문제를 다시 거론할 것을 우려해 병을 핑계로 인견을 거부한 것이었다. 인조의 묘호에 어질 인(仁) 자를 쓰려 하자 부수찬 유계가 이미 제12대 임금 인종(仁宗)이 있다는 이유로 반대해 논란이 일었던 것이다.

효종은 이 문제를 인종의 종(宗) 대신에 조(祖)를 씀으로써 해결하려 하였는데, '공(功)은 조(祖)', '덕(德)은 종(宗)'이란 말처럼 '조' 자는 왕실의 시조나 나라를 위기에서 구한 큰 공로가 있는 임금에게 내리는 시호였으므로, 유계 등이 '혐의를 분별하는 뜻'이 있어야 한다며 논란을 벌였던 것이다. 송시열이 사직하고 떠나자 효종은 평소 우암과 친한 동부승지 김익희(金益熙)를 보내 다시 불렀으나 송시열은 상소 한 장을 봉입한 채 떠나고 말았다. 이 상소에서 송시열은 "군사를 닦고 준비하여 외적으로부터 수모를 막을 것" 등 13개 조목을 역설했다. 나중에 다시 출사하여 이 13개 조목을 부연 설명한 것이 바로 유명한 '기축봉사(己丑封事)'이다.

효종이 인견하지 않는다 해서 조복(朝服)을 팽개치고 내려간 사건으로 송시열은 비난을 받게 되었다. 《효종실록(孝宗實錄)》에도 그 비난이 기록되어 있다.

"임금이 시열을 알아주어 특별히 융숭한 대우를 받았음에도 인견을 허락하지 않는다는 이유 하나로 관직을 박차고 귀향하니 듣는 사람이 다 지나치다고 여겼다."

사실 과거 급제자도 아닌 그에게 정4품인 사헌부 장령을 제수한 것은 파격적인 배려였다. 그럼에도 임금이 인견을 허락하지 않는다고 벼슬을 팽개치고 돌아간 것은 지나치게 거만한 처사가 아니냐는 비난이 일었던 것이다.

이런 비난에 대해 그의 당인 산당(山黨)에서 그를 옹호하고 나섰다. 그의 친구 이유태(李惟泰)가 그를 변호한 데 이어 산당의 영수인 김집(金集)도 송시열을 거들고 나섰다.

"시열이 잠저(潛邸 : 임금이 되기 전에 거처하던 사저)에서 오래 모셨으니 이 사람의 성품이 강하고 행동이 과감한 것을 전하께서 어찌 모르시겠습니까. 그러나 좌우에 두고 다듬어 쓰시면 반드시 보탬이 될 것입니다."

공조 좌랑 송시열의 동문인 이유태가 상소하고, 교리 유계·조복양(趙復陽) 등이 옥당에서 거듭 상차를 올려 송시열을 다시 부를 것을 주청하자 효종은 다시 그를 부를 수밖에 없었다. 송시열은 효종의 거듭된 권고를 받고 조정에 다시 나와 효종을 만났다.

효종 즉위년 10월 6일이었다. 출사를 둘러싼 효종과의 한판 승부에서 송시열이 승리를 거두었던 것이다. 대군사부로 봉림대군을 교도(教導)한 이후 실로 13년 만의 만남이었다. 만 17세의 소년 봉림대군은 만 30세의 효종이 되어 있었다. 만 29세의 청년 송시열은 만 42세의 장년이 되어 있었다.

다시 조정에 나온 송시열은 그러나 어머니의 병으로 다시 돌아가기를 청하면서 '봉사(封事)'를 올려 자신의 소회를 피력했다. 효종 즉위년인 1649년이 기축년(己丑年)이므로 〈기축봉사〉라고 부르는 글이다. 봉사란 비밀이 누설되지 않도록 밀봉하여 임금에게 바치는 글을 뜻한다. 송시열이 군이 봉사의 형식을 띤 것은 '정자(程子)와 주자(朱子)의 소장(疏章)이 황색으로 밀봉(貼黃 : 첩황)해 올렸기' 때문에 이를 본뜬 것이었다. 송시열은 〈봉사〉를 올리는 이유를 "다른 사람이 알아서는 안 될 것이 매우 많기 때문"이라며 정자와 주자는 모두 황첩(黃貼)을 썼지만 효종이 상중이기 때문에 백첩(白貼)으로 올린다고 말했다. 과연 〈기축봉사〉에는 무슨 내용이 담겨 있을까?

명나라의 은혜를 갚는 것이 북벌

흔히 송시열을 극단적인 북벌론자로 많이 이해한다. 사실상 그는 청나라를 오랑캐의 나라로 증오했다. 그는 청나라가 명나라를 대신한 것을 '갓 대신 신을 머리에 쓴 것'으로 여겼다. 그가 청나라에 저항한 많은 인사들의 전기를 쓴 것도 그의 숭명의리(崇明義理)의 표현이다. 그는 끝까지 척화론을 주장해 청나라에 끌려간 홍익한·윤집·오달제의 전기인 《삼학사전(三學士傳)》을 비롯해 《임경업 장군전》을 썼으며, 임진왜란 때 순절한 《부호군 김종윤전》, 의병장인 《증(贈)병조참판 장윤전》 등 대의를 지킨 많은 인물들을 기렸다. 이순신 장군 전승비인 〈남해노량 충무공 묘비〉를 쓴 인물도 바로 송시열이다.

이는 그의 춘추대일통(春秋大一統) 사상을 구체적인 인물 속에서 기린 글들이다. 그가 이처럼 의리를 강조하고 또 북벌을 주장한 것은 사실이지만 그 실제 행적을 고찰해보면 송시열이 실제로 북벌을 추진할 의사가 있었는지 의문이 가는 대목이 한두 군데가 아니다.

한자(漢子) 2만여 자에 달하는 〈기축봉사〉에는 북벌에 대한 송시열의 의중이 잘 드러나 있다. 〈기축봉사〉에서 송시열은 시종일관 주희(朱熹), 즉 주자(朱子)를 칭송한다. 그중 몇 구절을 보자.

"예전에 주자가 행궁(行宮)에 나가는 길에 한 사람을 만났더니 그가 경계하기를, '마음을 바르게 하고 뜻을 정성스럽게 한다[正心誠意 : 정심성의]는 말은 임금께서 듣기 싫어하는 바이니 말하지 마시오'라고 하자 주자는, '내 평생에 배운 것이라고는 정심성의(正心聖意) 네 글자뿐인데 어찌 감히 간사하게 말을 돌려 우리 임금을 속이겠소'라고 거절했습니다. 이제 신(臣)도 감히 다른 말로 고명하고 순수한 성학(聖學 : 성리학·주자학)을 저버리지 못하겠으므로, 감히 다음과 같은 말씀을 드립니다."

송시열에게 주희의 한마디 한 움직임은 그대로 전범(典範)이었다. 송시열은 이런 기조 위에서 북벌을 피력했다.

"'정치를 바르게 닦아 오랑캐를 물리쳐야 한다[수정사이양이적(修政事以壤夷狄)]'는 사실은 공자가 《춘추(春秋)》에서 대일통(大一統)의 의리로 천하 후세에 밝힌 바이므로 무릇 혈기 있는 사람치고 중국을 높이고 오랑캐를 추하게 여겨야 마땅하다는 사실을 모르는 사람은 없습니다. …또 주자는 '인(仁)은 부자보다 큰 것이 없고 의(義)는 군신보다 큰 것이 없으니 이것이 삼강(三綱)의 요점이요' '군부(君父)의 원수와는 한 하늘 밑에 살 수 없다'고 하였습니다."

《효종실록》은 송시열이 봉사란 비밀 상소문 형식을 띤 상소문을 올린 것은 〈기축봉사〉를 일관하는 대일통 사상 때문이라고 적고 있다.

공자의 '대일통'은 주(周)나라를 중심에 놓은 사고, 다른 나라와 민족은 주(周)를 따라야 한다는 사상이었다.

송시열의 〈기축봉사〉는 그 내용이나 형식에서 모두 주희가 남송의 효종에게 올린 '임오응조봉사(壬吾應詔封事)'를 본뜬 것이었다. 주희는 '임오응조봉사'에서 이렇게 말했다.

"천하국가를 다스리는 데에는 한번 정하면 결코 바꾸지 못할 계책이 있는데, 그것은 바로 정치를 바르게 닦아 오랑캐를 물리친다[修政事以壤夷狄]는 것입니다. …오랑캐 금나라는 우리와는 한 하늘 밑에 살 수 없는 원수입니다."

'봉사(封事)'라는 상소 형식과 "정치를 바르게 닦아 오랑캐를 물리친다"는 주장은 주희의 말에서 그대로 따온 것임을 알 수 있다. 주희와 송시열은 수백 년의 세월과 수천 리의 거리가 떨어져 있었으나 기본 사상은 완전히 같았던 인물들이었다.

문제는 주희에게 대일통은 그대로 남송 자신이 천하의 주인이라는 자기 중심적 사상이지만 송시열에게는 대일통은 조선 자신이 아니라 명나라를 높이는 타인 중심적 사상이라는 점이다. 사상 면에서 볼 때 송시열의 북벌론에서 가장 큰 문제는 바로 명나라를 따르자는 대일통 사상이다. 송시열이 말한 군신의 의리는 인조의 삼전도 치욕만을 말하는 것이 아니다. 명나라는 천자의 나라요 조선은 제후의 나라이므로 제후의 나라인 조선이 임금인 명나라의 원수를 갚아야 한다는 것이 송시열의 대일통 사상이다.

"우리 태조 고황제(高皇帝 : 명나라 시조 주원장)께서는 우리 태조 강헌대왕(康獻大王 : 이성계)과 같은 시기에 창업하시고 즉시 군신절개를 지킨 지 3백 년이나 되었습니다. 불행히 지난번에 추한 오랑캐가 방자하게 온 나라를 삼켜서 당당한 예의의 나라가 다 비린내 나는 더러운 것에 더럽혀졌으니 그때의 일을 어찌 차마 말하겠습니까?"

조선 태조 이성계가 신하로서 명 태조 주원장을 임금으로 섬긴 것이 변할 수 없는 군신의 의리라는 주장이 송시열의 의리론이다. 즉 그에게는 조선이 명나라를 임금의 나라로 섬기는 것이 삼강(三綱)의 의리였다.

"우리나라는 실로 신종황제(神宗皇帝 : 임진왜란 때 원군을 보낸 명나라 임금)의 은혜를 입어 거의 빈 터가 된 종묘사직이 다시 있게 되고 생민(生民)이 다 죽었다가 다시 살아났으니 우리나라의 풀 한 포기 나무 한 그루와 생민의 털 한 터럭에 황은(皇恩)이 미치지 않은 바 없습니다. 그런즉 오늘날 온 천하에서 명나라가 망한 것이 우리만큼 억울하고 분한 자가 또 있겠습니까.

그런데도 광해군이 이런 분함을 잊고 강홍립을 시켜 전군(全軍)을 포로로 만들어서, 천하 사람들이 우리나라도 오랑캐가 되어버렸다고 조롱하게 되었습니다. 이에 우리 대행대왕(인조)께서 의를 주창하시고 반정(反正)하셔서 대의를 밝히시니 세상이 해와 달같이 밝게 되어, 온 나라 사람들이 후세에 할 말이 있게 되었습니다. 여기에 거듭 대행대 왕께서 지성으로 위(명나라)를 섬기셔서 매양 은총과 칭찬을 받음이 종 시 변함이 없었습니다.

그러나 정묘호란 이후 갑자기 북쪽 오랑캐의 협박을 당해 충성된 절개를 밝히지 못했으니 그 이후의 일은 신자(臣子)로서 차마 말할 수 조차 없게 되었습니다."

송시열은 이처럼 우리나라가 치욕을 받은 사실보다 명나라의 은혜 에 보답하지 못하는 것을 구구절절 더 슬프게 생각하고 있었다. 송시 열에게 있어 북벌은 청나라를 물리쳐 명에 대한 은혜를 갚는 것이었 다. 그에게 대일통, 즉 북벌은 청나라를 물리쳐 명나라에 대한 은혜를 갚는 구체적인 수단이었다.

송시열의 북벌론과 효종의 북벌론

그가 명나라에 대한 사대주의자임은 분명하다. 하지만 그는 명이 망한 후에도 명의 그림자만을 잡고 있지는 않았다. 그는 명이 망한 후 중화(中華)가 바뀌었다고 생각했다. 《잡저(雜著)》에 실린 그의 글을 보자.

"중국인들은 우리를 동이(東夷 : 동쪽 오랑캐)라고 불렀는데, 그 이름이 비록 아름답지는 못하지만 또한 이유가 있다. 맹자는 '순(舜)은 동이 사람이며, 문왕(文王)은 서이(西夷) 사람이다'라고 말했다. 순 또한 성인 이므로 공자와 맹자가 우리나라에서 태어나지 않았음을 근심할 것은 없다. 옛날 칠민(七閩 : 현 중국 남부 복건성)은 남이(南夷)의 지역이었는데 주 자가 이 땅에서 일어난 후에 뒤바뀌게 되었다. 땅으로 말하면 예전에

▲ 화양계곡 바위에 새겨져 있는 송시열의 친필. "창오산의 구름이 끊어지고 무이산이 비어 있
　다"는 시구는 명이 망하고 청이 중원을 정복한 상황을 한탄한 것이다.

는 이(夷)가 살던 지역이지만 지금은 (조선이) 중국[夏 : 하]으로 변한 것이다."

그는 중국[夏]이란 고정된 특정 지역이 아니라 도(道)가 행해지는 지역을 뜻한다는 사상을 갖고 있었다. 여기에서 조선 후기 사대부들이 가졌던 이른바 '소중화(小中華) 사상'이 나오는 것이다. 송시열이 사대주의자인 점은 분명하지만 '소중화 사상'은 그를 단순히 맹목적인 사대주의자로 보는 시각에 무리가 있음을 보여준다.

송시열의 '소중화 사상'이 중요한 것은 바로 이 점이 그가 효종 같은 군사적 북벌론자들과 사상적으로 갈라지는 부분이기 때문이다. 송시열은 군사적인 북벌에는 반대하는 견해를 가지고 있었다. 좋게 말하면 소중화 사상이지만 나쁘게 말하면 세치 혀로만 북벌을 높인 것이었다. 그는 군사를 동원하는 실질적 북벌에는 반대하고 있었다. 북벌에 대한 그의 실제 생각을 〈기축봉사〉에서 보자.

"오늘날 시세를 따지지 않고 강한 오랑캐를 가벼이 끊으면 원수를 갚기도 전에 화가 미칠 것이니 이는 역시 선왕(인조)께서 수치를 참고 몸을 낮추시어 굴복하심으로써 종묘사직을 연장시키신 본의가 아닙니다. …이런 독한 마음을 잊지 마시고 그 원한을 차곡차곡 쌓으셔서 평소의 온화한 말 가운데에도 그 깊은 곳에는 분노가 더욱 쌓이게 하십시오. 또한 부귀한 가운데 있을지라도 언제나 원수를 갚아야 한다는 뜻을 결코 잊지 마십시오. …그리고 이러한 굳은 뜻을 5년, 7년, 10년, 20년이 지나도록 결코 풀어서는 안 됩니다.

이렇게 우리 힘의 강약을 살피고 저 오랑캐 세력의 성하고 쇠함을 엿본다면, 비록 창을 들고 저들의 죄를 따지면서 중원(中原)을 깨끗이 쓸어 신종황제의 망극하신 은혜를 갚지는 못한다 할지라도 혹시 오랑캐와 국교를 끊고 이름을 바르게 하고 이치를 밝혀서 우리의 의리를 지킬 수는 있을지 모릅니다."

〈기축봉사〉에서 송시열이 말하는 북벌은 조선이 힘을 길러 청나라를 정벌하는 것이 아니었다. 송시열은 이미 그것이 불가능한 일이라고 생각하고 있었다. 따라서 그에게 가능한 북벌 의리는 청을 정벌하는 것이 아니라 청과 국교를 단절하고 명을 임금의 나라로 섬기는 의리를 지키는 것이었다. 그것을 하기 위해, 즉 청과 국교를 끊고 명을 섬길 수 있는 정도의 군사력이 송시열이 바랐던 조선의 군사력이었다.

결국 송시열의 북벌론은 실제 무력으로 청나라를 정벌하는 무력 북벌론이 아니라 명나라의 은혜를 잊지 말고 우리의 힘을 길러 청나라

♣ 북벌을 꿈꾼 효종의 글씨.

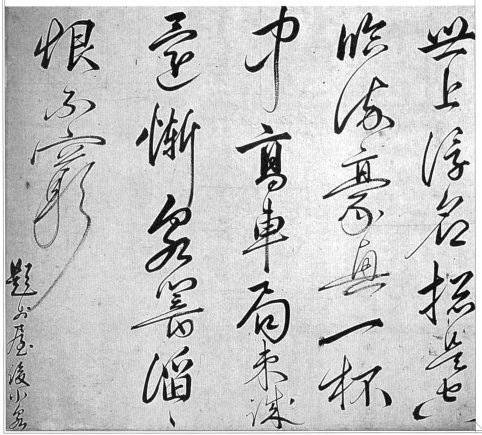

와 국교를 단절하자는 명분적 북벌론, 제한적 북벌론이었다. 말하자면 청나라가 중원을 지배하는 현실을 뒤바꾸지는 못할지라도 나의 정체성만은 끝내 지키자는 자기 정체성론이었던 셈이다.

이것은 인조반정을 주도한 서인 정권의 이론가로서 불가피한 선택이었을지도 모른다. 광해군의 현실 외교를 무도(無道)라고 비판하며 반정한 결과 삼전도의 치욕을 자초한 서인 정권으로서 청나라의 실체를 인정할 수는 없었다. 하지만 청을 무력으로 정벌할 수도 없었다. 말하자면 진퇴양난이었다. 그 진퇴양난이 만든 묘수가 말하자면 '소중화 사상'이요 '대일통 사상'이었다.

하지만 효종은 달랐다. 효종은 명분론자가 아니라 현실론자였다. 효종에게는 송시열처럼 국력을 길러 청과 국교를 끊고 이미 망해버린 명을 섬기는 따위의 명분적 북벌론, 허구적 북벌론은 아무 의미가 없었다. 효종에게 북벌은 군사력으로 청나라를 정벌하는 글자 그대로 '북벌(北伐)'이었다. 효종은 명분만의 허구적 북벌이 아니라 실제적 북벌을 추구했다. 북벌의 수행만이 소현세자와 그 아들 대신 자신이 왕위에 오른 명분이 정당화될 수 있다고 믿었다. 그래서 그는 군사력을 키웠다.

산림(山林)이란 정치세력

효종이 즉위할 무렵 조선에는 특이한 성격의 정치 세력 하나가 존재했다. '산림(山林)'이라 불리는 정치 세력이었다. 시골의 서원 등에서 강학(講學)하는 도학자(道學者)를 '산림학자', 또는 '산림양덕지사(山林養德之士)'라고 일컬은 데서 비롯된 말이 산림이었다. 이들은 과거를 통한 출사는 포기한 채 학문만을 닦았다. 인조반정 이후 정국에 미치는 이들의 영향이 증대하면서 하나의 정치 세력을 이루게 되었다. 어떤 측면에서 이들은 벼슬에 뜻이 없어서 과거를 보지 않았다기보다는 과거를 통하지 않고도 벼슬길에 나갈 수 있기 때문에 과거를 보지 않은 측면이 강했다. 조선 후기 들어 그만큼 이들 산림의 세력이 강했기 때문에 가능해진 일들이었다.

산림의 의견이 중요하게 된 이유는 이들이 율곡 이이의 학통을 계승한 정통 서인 세력이기 때문이다. 앞에서 말했듯이 인조반정은 이이의 제자들이 주도한 정변이었다. 학파가 정파가 되는 조선 정치의 특성상 반정 주도 세력으로서는 이이의 학통을 이은 산림 세력의 지지 여부가 중요할 수밖에 없었다.

반정 직후 집권 세력들이 비밀리에 두 가지의 국정 운영 원칙을 정해 놓았다는 소문이 조야(朝野)에 나돌았다. 그 하나는 '국혼물실(國婚勿失)'이고 다른 하나는 '숭용산림(崇用山林)'이라는 것이었다. '국혼물실'은 글자 그대로 '국혼(國婚)'은 빼앗기지 않겠다[勿失], 즉 왕비는 서인 집안에서만 내겠다는 뜻이었고, '숭용산림'은 산림을 높여 등용하겠다는 뜻이었다. 바로 '숭용산림'이란 쿠데타 정권의 국정 운영 원칙 덕택에 이들 산림들은 과거를 통하지 않고도 벼슬길에 나갈 수 있었던 것이다.

산림의 종주인 사계(沙溪) 김장생(金長生)은 과거를 보지 않았으나 인조반정 후 사헌부 장령(掌令), 집의(執義) 등 대간직을 제수 받았으며 그의 아들 신독재(慎獨齋) 김집(金集)도 과거를 보지 않은 몸으로 대사헌을 역임한 데서 알 수 있듯이 이들 산림은 이미 중요한 정치 세력으로 성장해 있었다.

효종 때 산림의 영수였던 김집 휘하에는 양송(兩宋)으로 불리던 송시열·송준길과 초려(草廬) 이유태(李惟泰), 유계(兪棨), 윤선거(尹宣擧) 같은 쟁쟁한 제자들이 포진하고 있었다. 그중에서도 송시열과 송준길은 쌍청공(雙淸公) 송유(宋愉)의 자손으로 친척간이었다. 송시열은 여덟 살 때 한 살 위인 송준길의 아버지 송이창(宋爾昌)에게 사사하기도 했었다. 훗날 송시열과 함께 사사(賜死)되는 김수항의 아들이자 양송의 제자였던 김창흡(金昌翕)이 말하는 이들의 학문 태도를 보자.

"우암(송시열)과 동춘(송준길)과 초려(이유태)가 함께 강론할 때 우암은 5일 밤낮을 자지 않고도 정신이 여전하여 자세가 흐트러지지 않았다. 동춘은 3일 밤낮 후에는 반드시 하룻밤씩 실컷 자고 일어나는데 그러고 나면 자세가 흐트러지지 않았다. 초려는 억지로 잠을 자지 않고 공부에 열중하지만 낮이면 때로 손으로 턱을 괴고 꾸벅꾸벅 졸았으니, 여기에서 선배들의 정력과 학문의 깊고 얕음을 볼 수 있다."

인조반정 이후 인조와 효종은 이들 산림 세력에게 거듭해서 관직을 제수했다. 김집이나 송준길도 그랬지만 그 대표적인 인물이 송시열을 예로 들면 첫 관직에 나서는 인조 11년(1633) 27세 때부터 사망하는 숙종 15년(1689) 83세 때까지 56년간에 걸쳐 네 임금이 그를 부른 횟수는 무려 167회였다. 그러나 송시열이 이에 응한 것은 37회에 불과했다. 그는 제수되는 벼슬을 거듭 거부함으로써 그 자신의 정치적 위상을 한껏 높일 수 있었다. 벼슬에 뜻이 없어서 출사를 거부한 것은 아니었다.

송시열을 조선 역사상 최대의 당쟁가라고 하지만 그가 조정에서 벼슬한 기간은 불과 몇 년에 지나지 않았던 것이다. 우상과 좌상에 세 번 제수되었으나 그가 조정에 출사해 정승의 임무를 수행한 날은 49일에 불과하였다. 나머지 기간은 고향에서 학문을 닦고 문인들을 길렀다. 그리고 배후에서 집권당인 서인과 노론을 조종했던 것이다.

병자호란으로 결정적 타격을 입은 인조, 그리고 둘째 아들로서 소현세자의 장남 석철의 자리를 차지한 효종으로서는 산림의 지지 여부가 왕권을 유지하는 데 중요한 지주가 되므로 이들에게 자주 벼슬을 제수한 것이다.

이런 정치적 필요 이외에 실제로 이들 산림을 현자(賢者)로 여겨 적극적으로 천거한 조정 대신들도 있었다. 인조 때의 우의정 이경석(李景奭)이 그런 인물이었다. 이경석은 이조판서와 정승을 역임하면서 숨은 인재를 찾아 등용하는 데 심혈을 기울였던 명재상이었다. 송시열이 거듭 관직을 사양하고 나오지 않자 우의정으로 있던 이경석은 인조 23년 10월 이렇게 주청한다.

"김집은 일생 동안 성리학에 몰두하였고 송준길과 송시열 역시 학문과 품행으로 이름난 지 오래입니다. 이 두세 신하는 늙거나 병들었지만, 정성을 들여서 찾고 예의를 갖추어서 부른다면 분수나 의리로 보아 어찌 감히 나오지 않겠습니까?"

송시열도 초야에 있을 때는 이런 이경석을 고맙게 생각했으나 훗날 집권당의 배후 영수가 되면서 현종의 온양 온궁 행차를 계기로 이경석과 치열하게 다투게 된다.

성리학의 나라 조선에서 명분의 하자를 안고 즉위한 효종에게 산림의 지지는 중요한 것이었다. 효종이 즉위하자 당시의 실권자들인 김자점(金自點)과 원두표(元斗杓), 이후원(李厚源) 등이 앞 다투어 산림 인사들의 중용을 권유한 것도 자파 세력을 강화하기 위해서였다. 효종 즉위 초의 정국은 낙흥부원군(洛興府院君) 김자점의 낙당(洛黨)과 원성부원군(原性府院君) 원두표의 원당(原黨)으로 나뉘어 있었다. 원당과 낙당은 산림의 지지가 자신들의 세력을 확장하는 데 도움이 되기 때문에 경쟁적으로 산림을 추천한 것이다.

이런 이유들이 중첩되어 효종은 김집과 송시열, 송준길 등 산림을 대거 불렀고 이들은 드디어 사양하는 자세를 버리고 영수 김집을 필두로 대거 출사해 조정에 나왔다. 그러나 산당(山黨)은 낙당이나 원당은 물론 국왕 효종의 들러리나 서기에는 이미 너무 커져버렸을 뿐만 아니라 당 자체의 정치적 야심도 이들보다 작지 않은 정치 세력이었다. 그리고 이들은 성리학적 명분론으로 무장된 학자적 정객이기도 했다.

　김자점의 낙당과 원두표의 원당은 모두 산림을 자파로 끌어들이려 했지만 막상 산림은 낙당과 원당 모두를 부패 정치 세력으로 바라보고 있었다. 김집과 송준길은 사헌부, 사간원 등 자파의 대간(臺諫)을 동원하여 당대의 실세인 김자점과 그 당인(黨人)들을 탄핵했다. "나라를 미혹케 하고 조정을 잘못 이끌었다[迷國誤朝]"는 이유였다. 이들은 김자점과 그 당인들인 전라감사 이시만(李時萬) 등을 몰아냈다.

　산림은 김자점의 낙당뿐만 아니라 원두표의 원당에 속한 예의(禮議) 이행진(李行進)과 승지 이시해(李時楷) 등을 탄핵하여 파직시켰다. 원두표의 집을 출입하면서 압객(狎客 : 서로 예의를 차리지 않는 친밀한 사이)으로 불려도 부끄러움을 모른다는 이유에서였다. 이처럼 출사한 산당은 마치 중종 때의 조광조를 중심으로 한 사림파가 그랬던 것처럼 거침없는 공세를 취했다. 초야에 있었다는 선명성과 이이의 학통을 이었다는 정당성을 무기로 산림이란 정치 세력이 조정에 등장한 것이었다. 산림의 등장은 역사에 어떤 의미가 있을까?

농민을 잃을지언정
사대부를 잃을 수는 없다

송시열의 정적들—대동법의 경세가 김육

백성들의 등골을 빼먹는 공납의 문제점

효종 때는 대외적으로는 북벌의 시기지만 대내적으로는 대동법(大同法)의 시기이기도 하다. 그만큼 대동법 시행을 둘러싼 논란이 많았던 시기였다. 대동법은 공납(貢納)을 대신해 시행되었던 세법의 일종이다. 조선의 세법은 크게 세 가지가 있었다. 토지세인 전세(田稅)와 노동력을 제공하는 신역(身役), 그리고 그 지방의 특산물을 바치는 공납(貢納)이 그것이었다. 이중 공납을 대신하는 세법이 대동법이었다. 공납은 원래 임금에게 그 지방의 특산물을 바친다는 소박한 충성 개념에서 나온 것이지만 조선시대에는 공납이 토지세인 전세보다 훨씬 큰 부담으로 백성들을 괴롭혔다.

공납의 문제는 한둘이 아니었다. 중앙의 각 관청에서 필요로 하는 물품을 모두 납품하게 하다 보니 우선 종류가 수천 가지에 달했다. 또

한 시기가 정해져 있는 상공(常貢) 외에 임금이나 대비의 생일 등에 바
치는 별공(別貢) 등 부과 시기도 일정하지 않았다. 때로는 그 지방에서
나지 않는 물품을 납부하도록 요구받기도 했다. 공납의 문제점 중에
방납(防納)의 폐단은 그야말로 농민들의 피땀을 쥐어짜는 주범이었다.
'놓을 방(放)' 자가 아닌 '막을 방(防)' 자를 쓰는 이유가 글자 그대로 공
납을 막는다는 뜻이기 때문이다. 농민들이 힘겹게 공물을 마련하면
점퇴(點退)라는 심사 과정을 거쳐야 했는데, 점퇴를 맡은 관리들이 공
물을 대납(代納)하는 방납업자(防納業者)들과 짜고 농민들이 직접 준비
해 온 공물들을 퇴짜 놓는 것이었다. 공납을 납부하지 않으면 처벌을
받기 때문에 농민들은 울며 겨자 먹기로 방납업자들의 물품을 사서
납부할 수밖에 없었다. 문제는 방납업자들의 중간 수수료가 물품 값

을 훨씬 웃돈다는 점이었다.

인조 23년 사헌부에서 방납의 폐단 시정을 주청한 글을 보자.

"여러 궁가(宮家)와 세가(勢家)들은 법을 무시하고 방납을 하되, 관리를 으르고 억제하여 강제로 관리에게 징수하도록 하고 있으니, 매우 해괴합니다. 이들을 엄하게 징계하지 않으면 이 폐단을 끝내 금할 수 없을 것입니다. 심지어는 각 영과 각 진에서도 군포를 퇴짜 놓고 형벌을 마구 쓰는 실정입니다. 서울은 이러하고 외방은 저리하니, 불쌍한 우리 백성들이 어떻게 목숨을 부지하겠습니까. 해사로 하여금 조사하여 죄를 다스리게 하고, 농간을 부리는 하리들에게도 무거운 형률을 쓰도록 하소서."

궁가와 세도가에서 관리까지 윽박질러 강제로 방납한다는 것이었다. 관리들이 고통을 겪을 정도면 일반 농민들의 고통은 말할 나위가 없었다. 인조 27년(1649) 홍문관에서는 방납업자들이 심지어 물품 값의 100배를 받고 있다고 상소했을 정도로 방납은 힘없는 농민들의 등골을 빼먹는 폐단이었다. 방납업자들은 말하자면 조선판 정경유착의 표본인 셈이다.

더구나 공납의 부과세액은 형평에도 맞지 않았다. 부과 단위 그 자체가 문제였다. 읍 단위로 부과되는 공납은 대읍(大邑)과 소읍(小邑)을 구분하지 않고 같은 액수의 세금을 부과했다. 인구가 많은 대읍과 인구가 적은 소읍에 같은 액수의 세금을 부과한다면 소읍의 백성이 더 큰 부담을 지게 됨은 두말할 필요가 없었다. 오히려 소읍이 대읍보다 많은 공납을 요구받는 경우가 종종 있었다. 물론 공납 배정 과정에서 뇌물이 건네지기 때문이었다. 같은 읍내에서도 뇌물을 쓸 수 있는 부호는 조금 부과받고 가난한 농민인 소민(小民)은 더 많은 공납을 부과받기도 했다.

조세정의란 부자는 많이 내고 빈자는 적게 내거나 면제받는 것이다. 그러나 공납은 반대로 빈자는 많이 내고 부자는 적게 내는 모순된 세법이었으니 당연히 문제가 없을 수 없었다. 공납을 견디지 못한 농민들은 도망가기도 했다. 그러나 도망간다고 해결될 문제도 아니었다.

도망갈 경우 도망한 사람의 몫을 그 가족에게 대신 부담 지웠기 때문이다. '일족에게 징수하다'는 뜻의 족징(族徵)은 이런 연유로 생긴 것이다. 한 사람이 도망가면 일족에게 대신 부담지우니 이를 피하기 위해 일족이 모두 도망가기도 했는데, 이 경우 관에서는 그 이웃에게 대신 전가시켰다. '이웃에게 징수하다'는 뜻의 인징(隣徵)이 생긴 연유이다. 이렇게 되자 한 사람이 도망가면 일족과 이웃 모두가 도망가 마을 전체가 폐허가 되는 경우도 적지 않았다. 선조 16년 황해도 순무어사(巡撫御史) 김성일(金誠一)의 보고서는 이런 폐단을 적나라하게 보여준다.

"신(臣)이 황해도의 유망자 수를 알기 위해 각 읍에 영(令)을 내려 살펴보니 큰 읍은 도망자가 수백 명에 이르고 작은 읍 또한 팔구십 명을 내려가지 않으니 도 전체를 합하면 유망자의 수가 얼마인지 알 수 없습니다. 한 읍에 팔구십 명이라는 숫자도 적은 것은 아니지만 각 사람마다 다 구족(九族 : 친척)이 있으니 그 피해를 당하는 자는 몇백 명인지 알 수 없습니다."

공납폐는 이처럼 오랑캐보다도 더 무서운 폐해였다.

공납폐 해결을 위한 대동법

이런 공납폐 시정을 주장한 진보적 정치가는 여러 명이 있었다. 개혁정치가 조광조와 이이, 그리고 이원익도 한때 공납폐를 해결할 것을 주장했다. 한때는 송시열도 공납폐 해결을 주장했다. 그의 〈기축봉사〉를 보자.

"공납을 바르게 하여 백성의 힘을 바르게 펴야 합니다. …열읍(列邑)의 토산물은 예전에는 있다가 지금은 없는 것이 있으며 예전에는 싸다가 지금은 비싼 것이 있는데 조정에서는 그런 것은 고려하지 않고 오직 준엄한 법으로 엄하게 독촉할 뿐입니다. 이는 귀하고 세력 있는 간활한 아전이 방납하는 자료가 될 뿐입니다."

송시열의 말대로 공납 중에는 '예전에는 있다가 지금은 없는 것'도 있으며, '예전에는 싸다가 지금은 비싼 것'도 있었다. 송시열의 지적처럼 공납의 문제는 그 기준이 일정하지 않다는 데 있었다. 따라서 공납폐를 해결하는 가장 좋은 방법은 그 기준을 일정하게 하는 것이었다. 이런 필요성에 따라 나온 법이 대동법, 혹은 선혜법(宣惠法)이다.

대동법은 간단하게 말해 부과 기준을 일정하게 하자는 법이었다. 즉 부과 단위를 애매하게 읍과 호(戶)가 아니라 전세처럼 토지 소유의 많고 적음으로 바꾸자는 법이 대동법이었다. 토지 소유의 많고 적음을 부과 단위로 삼으면 토지를 많이 소유한 부자는 많이 내고 적게 소유한 빈자는 적게 내며, 소유 토지가 없는 극빈자는 내지 않는, 그야말로 조세정의에 걸맞는 합리적인 세제가 되는 방법이었다.

대동법은 바로 토지 소유의 많고 적음을 기준으로 공납액을 내게 하자는 법이었다. 또한 공납의 잡다한 가짓수를 모두 없애고 쌀이나 베[布], 또는 돈으로 통일해 내게 하자는 법이었다. 그러나 이런 편리한 대동법은 시행 과정에서 격렬한 저항을 받았다. 대동법이 시행되면 세금을 많이 내게 될 것을 우려한 양반 부호들이 일제히 반대하고 나섰기 때문이다. 반면 가난한 백성들은 쌍수(雙手)를 들어 환영했다.

대동법 문제로 나뉘는 서인

　대동법 실시를 둘러싼 서인의 분당은 이 문제가 얼마나 민감한 문제였는지를 말해 준다. 대동법을 둘러싸고 서인이 한당(漢黨)과 산당(山黨)으로 갈라진 것이다. 한당이 대동법 실시를 적극 주장한 반면 산당은 격렬하게 반대하는 당이었다. 한당의 중심 인물은 잠곡(潛谷) 김육(金堉)과 조익(趙翼) 등이었고 산당의 중심 인물은 김집·송시열·송준길 등이었다. 한당의 영수 김육이 한강 이북에 살았기 때문에 한당으로 불렸고 산당의 김집·송시열·송준길 등이 회덕(懷德)·연산(連山) 같은 산림에 살았으므로 산당으로 불렸다. 뿌리는 같은 서인이지만 대동법에 대한 입장 차이를 둘러싸고 분당된 것이다.

　한당의 당수인 김육은 대동법의 경세가(經世家)라고 불릴 정도로 대동법 시행에 자신의 정치적 운명을 건 진보적 관료였다. 반면 김집과 송시열은 대동법을 기를 쓰고 반대했다. 효종 초기 대동법 논쟁은 김육의 한당과 김집의 산당 사이의 논쟁이었다. 그 계기는 우의정에 제수된 김육이 효종 즉위년 11월 올린 소차(疏箚)에서 비롯되었다. 대동법은 광해군 즉위년(1608)에 경기 지역에 실시되고 강원도에 확대된 이래 양반 지주들의 반대로 확대 실시되지 못했는데 김육은 이를 양호(兩湖 : 충청·전라)지역으로 확대하자고 주장한 것이었다.

　"왕자(王者)의 정사는 백성을 편안하게 하는 것보다 우선할 일이 없으니 백성이 편안한 연후에야 나라가 안정될 수 있습니다. …대동법은 역(役)을 고르게 하여 백성을 편안케 하기 위한 것이니 실로 시대를 구할 수 있는 좋은 계책입니다. 비록 여러 도(道)에 두루 행하지는 못하더라도 기전(畿甸 : 경기)과 관동(關東 : 강원)에 이미 시행하여 힘을 얻었으니 만약 또 양호 지방에서 시행하면 백성을 편안케 하고 나라에 도움이 되는 방도로 이것보다 더 큰 것이 없습니다."

효종이 이를 이조판서 김집에게 묻자 김집이 반대하고 나섬으로써 대동법을 둘러싼 산당과 한당의 논쟁이 촉발된 것이었다. 그러자 효종 즉위년 12월 좌의정 조익이 대동법 논쟁에 가세했다.

"왕정(王政) 가운데서 큰 것으로는 대동법보다 큰 것이 없는데 어찌 한두 가지 일이 불편하다 하여 행하지 않겠습니까."

우의정 김육은 더욱 강경한 자세를 보였다.

"대동법은 지금 조례(條例)를 올렸으니, 전하께서 옳다고 여기시면 행하시고 불가하면 신을 죄 주소서."

김육의 이런 강경한 자세는 조정에 파란을 일으켰다. '대동법을 실시하지 않으려면 죄를 내리라'는 말이 임금을 협박한 죄에 해당한다며 산당에서 김육을 공격하고 나선 것이다. 하지만 이는 구실에 지나지 않았고 그 본심은 대동법에 반대함으로써 양반 전주(田主)들의 이익을 대변하는 데 있었다. 산당 소속인 송시열·송준길·김경여(金慶餘) 등은 일제히 김육을 공격하고 나섰다. 하지만 두 당의 대립이 격화되기 전 송시열은 대동법 실시를 주장한 김육을 옹호하기도 했다. 〈기축봉사〉의 다음 구절을 보자.

"지난해 충청감사 김육이 지방에도 대동법을 관장하는 선혜청을 세우면 방납의 폐단이 없어질 것이라며 조정에 청하여 실행하려 했습니다. 그러나 아전들이 우르르 모여 말을 에워싸고, '왜 우리의 명맥을 끊으려 하시오'라고 반대해 실행하지 못했다 합니다. 일찍이 남명(南冥) 조식(曺植)이, '우리나라는 아전 때문에 망한다'라고 말한 것이 이치 있는 말입니다. 그러나 아전들도 역시 토색당하기 때문에 할 수 없이 그렇게 하는 것입니다. 그런즉 금일의 폐단은 머리 꼭대기에서부터 크게 정돈하여야 구할 수 있습니다."

송시열은 이뿐만 아니라 효종 즉위년 11월 10일에도 모친의 병을 이유로 사직하면서 올린 상소 중에 방납의 폐단을 지적하기도 했다.

"방납이 오늘날의 큰 폐단이 되고 있는데, 사대부들이 흔히 이 때문에 염치를 잃게 됩니다. 근래에는 또 들건대 대궐 안에서 공상(供上)받은 종이를 방납한다고 합니다. …만약 참으로 그런 일이 있다면 이 얼마나 성덕(聖德)에 누(累)가 되겠습니까."

송시열이 대궐 안의 방납을 예로 든 것은 임금부터 솔선해야 한다는 뜻이었다. 효종이 "어찌 그런 일이 있겠는가. 이는 혹시 하사받은 집에서 빙자하여 그런 것이 아닌가"라며 놀라자, 송시열은 "법은 귀(貴)하고 가까운 곳에서부터 무너지니, 마땅히 엄금하여야 합니다"라고 말했다.

이처럼 송시열은 방납의 폐단을 대궐 안의 일까지 거론하며 비판했다. 이를 바로잡는 방법은 송시열의 말대로 '머리 꼭대기부터 크게 정돈'하는 것인데, 그것이 바로 대동법이었다. 그러나 막상 대동법이 공론화되자 송시열은 대동법 시행을 반대했다. 보다 정확히 말하면 대동법 시행을 주장하는 김육을 공박했다. 김육과 싸우던 김집이 조정을 떠나자 집의(執義) 송시열은 효종에게 사직을 청하며 이렇게 말했다.

"이조판서 김집은 신의 스승입니다. 이번에 우상(김육)의 배척을 받아 창황히 떠나갔는데도 신은 힘을 다해 분명하게 분별하여 거취를 함께하지 못하였으니 부끄럽기 그지없습니다. …사우(師友)의 의리상 거취를 달리할 수 없게 되었으니 같이 물러가는 이외에 별다른 도리가 없습니다. 신의 직을 파척하도록 명하소서."

송시열은 이처럼 대동법을 국가의 공적 법률이란 차원이 아니라 사제지간이라는 개인적 차원에서 접근했다. 학연과 당파적 이익이란 소리(小利)를 국가와 백성의 이익이란 대의(大義)보다 앞세운 자세란 비난을 받기에 마땅한 처신이 아닐 수 없다.

송시열은 나아가 이렇게까지 비난했다.

"우상 김육이 한 나라의 정권을 잡고 있으면서 김집의 시대인 것처럼 말하는 까닭을 알 수 없습니다."

하지만 당시 공박받은 것은 김집이 아니라 김육이었다. 김집은 염치를 중시하는 산당 특유의 정치 행위의 소산으로 조정을 떠난 것뿐이었다. 김육에 대한 산당의 공격은 매우 심해 지평(持平) 김시진(金始振)이 경연에서 다음과 같이 말할 정도였다.

"송준길과 송시열 등이 악을 미워하고 선을 선양하는 행동을 하였기 때문에 헐뜯는 말이 많은데, 혹 그를 좋아하지 않는 자가 이런 기회를 노릴까 염려됩니다. 이번에 우상(김육)을 공박하여 배척함이 너무 지나쳤습니다. 우상도 사류(士類)인데 어찌 그 지경에 이르렀는지 모르겠습니다."

김자점의 옥사와 관련되어 심문을 받던 중 자살한 신면(申冕)도 한당이자 대동법을 찬성했기 때문에 죽었다는 소문이 돌기도 했다. 역관 이형장이 끝까지 신면은 아무 관련이 없다고 주장했음에도 그를 죽인 까닭은 대동법 실시를 둘러싼 논쟁의 여파라는 시각이다. 여기에는 일화가 있다. 산당이 출사의 결심을 굳히고 이런 뜻을 밝혔을 때 신면이 물었다.

"조정에 나와서 무슨 일을 하려고 합니까?"

"오랑캐에게 복수하는 일과 강빈의 원통함을 푸는 것이 먼저 할 일입니다."

이 말을 들은 신면이 말했다.

"가서 내 말을 산당에게 전하시오. 그대들은 마치 봉황과 같아서 사람들이 그 소리만 듣고도 저절로 사모하고 있소. 조정에 나와서 뜻을

펴는 것이야 나쁠 것이 없지만 내려와서 닭이나 오리처럼 바삐 몰려
다니며 아녀자들의 웃음거리가 되는 일이 있지 않을까 걱정이오."

산당이 신면의 이 조롱에 원한을 품어 김자점의 옥사에 얽어 죽였
다는 소문이었다. 또한 그 실상은 대동법에 반대했기 때문이라는 소
문이 돌 정도로 산당의 대동법 반대는 격렬했다.

송시열은 당시 누구나 심각함을 인정하던 방납의 폐단에 대해서 말
로는 시정하자 하면서도 실제 법제화란 행동으로 옮기는 데는 결사반
대하는 이중적 태도를 보였던 것이다. 대동법 반대가 소신이었는지
아니면 스승 김집이 반대하기 때문에 따라서 반대했는지는 분명하지
않지만 송시열이 방납의 폐단을 시정할 수 있는 대동법 시행을 반대
한 것은 분명하다. 김육은 효종 즉위년 11월 이렇게 말한다.

"대동법은… 먼저 경기·강원 두 도에서 실시하고 호서에는 미처
시행하지 못하였습니다. 지금 마땅히 먼저 이 도에서 시험해야 하는
데, 삼남(三南)에는 부호(富戶)가 많습니다. 이 법의 시행을 부호들이 좋
아하지 않습니다. 국가에서 영(令)을 시행하는 데 있어서 마땅히 소민
(小民)들의 바람을 따라야 합니다. 어찌 부호들을 꺼려서 백성들에게
편리한 법을 시행하지 않아서야 되겠습니까."

찬반이 격렬하게 전개되자 효종이 물었다.

"대동법을 시행하면 대호(大戶)가 원망하고, 시행하지 않으면 소민
이 원망한다고 하는데, 원망하는 대소가 어떠한가?"

여러 신하들이 모두 대답했다.

"소민의 원망이 큽니다."

그러자 효종이 답했다.

"대소를 참작하여 시행하라."

이는 대동법을 시행하라는 말이었으나 이 지시 후에도 대동법은 즉

▲ 경기도 평택시에 있는 대동법 시행비.

각 실시되지 못했다. 반대론이 그만큼 거셌기 때문이다.

하지만 반대가 아무리 거세다 해도 대동법 실시는 그 누구도 거스를 수 없는 시대의 조류였다. 대동법은 양반 전주들과 산당의 반대를 무릅쓰고 계속 그 실시 지역을 확대해 나갔다. 반대파들의 논리는 점점 궁색해져 갔다. 호서, 즉 충청도에 대동법을 실시한 결과 방납의 폐단이 줄어들어 농민 생활이 안정되었을 뿐만 아니라 국가 재정도 충실하게 되었다는 사실이 객관적으로 입증되었기 때문이다.

효종 9년 인평대군의 상사(喪事)에 몸이 약해져 병석에 있던 효종은 행호군 송시열이 올라오자 성리학에 대해 대화를 나누던 중 이렇게 물었다.

"호서의 대동법은 백성들이 어떻게 생각하고 있던가?"

송시열이 대답했다.

"편리하게 여기는 사람이 많으니, 좋은 법이라고 하겠습니다."

송시열로서도 대동법의 효과를 인정하지 않을 수 없을 정도로 효과가 컸던 것이다. 송시열은 어쩌면 내심으로는 대동법을 찬성했을지도 모른다. 그러나 스승 김집이 반대하자 그 옳고 그름을 떠나 무조건 스승을 지지한 결과 대동법을 반대했는지도 모른다. 만약 그렇다면 송시열은 국익과 민생보다 사연(私緣)이나 학연(學緣)을 더 앞세운 인물이란 비판을 면할 도리가 없다. 또한 대동법 반대가 신념이었다면 그는 민생을 저버리고 지주들인 사대부 계급의 이해만을 대변한 수구적 정치가란 비난을 받아야 할 것이다.

효종의 북벌 추진에 대한 송시열을 비롯한 산당의 반대 근거는 민생 우선이었다. 그러나 대동법 논쟁에서 이들 산당의 반대 논리는 민생과는 거리가 먼 집단 이기주의, 당파 이기주의의 표현이었다. 대동법의 민생과 북벌의 민생이 다를 수가 없다면 각 사안에 대한 이들의 전혀 다른 주장은 이율배반이라 하지 않을 수 없다. 이들의 정치의식은 대동법에 국한해서 말하면 백성이라는 공(公)보다는 산당이라는 사(私)를 우선한 집단 이기주의라는 비판을 받지 않을 수 없다.

송시열이 효종 9년 대동법의 효과를 인정했듯 대동법은 하나의 도도한 역사의 흐름이어서, 현종 7년(1666)에 함경도에서 확대 실시된 데 이어 숙종 3년(1677)에는 경상도, 동왕 34년(1708)에는 황해도에서 실시됨으로써 광해군 즉위년(1608) 경기도에 처음 실시된 이후 꼭 100년 만에 전국에 확대 실시되었다.

대동법이 가져온 변화들

대동법이 가져온 변화는 단순한 세법 개정에 그치지 않았다. 대동법은 조선의 경제는 물론 신분제의 변화에도 영향을 미쳤다. 대동법으로 잡다한 명목의 공물이 쌀과 포, 화폐 등으로 통일됨에 따라 조정에서 필요한 물품을 공급할 새로운 공급·유통 체계가 필요했다. 이런 필요성에 따라 등장한 직종이 공인(貢人)이다.

공인은 요즘말로 하면 정부물자 납품업자들이다. 바로 이 공인들이 조선 후기 사회경제 발전에 큰 몫을 한 인물들이다. 대동법 실시 후 나타난 공인들은 조정으로부터 물품 값을 먼저 받은 후 물건을 사 납품하는 선(先) 지급 후(後) 납품 방식으로 물자를 조달했다. 그야말로 땅 짚고 헤엄치기 장사였던 것이다.

부를 축적한 일부 공인들은 수공업자에게 재료값과 임금을 대주어 물품을 제작케 하는 선대제(先貸制)를 시행하기도 했다. 즉, 공인들이 상업자본화하여 수공업자를 지배했다는 말이다. 이는 자본주의 발달사의 초기적 형태인 상업자본주의의 원초적 모습이었다.

이는 일본이 우리나라를 점령한 후 우리 역사를 부정하기 위해 펼쳤던 정체성론(停滯性論)을 부정하는 주요한 근거의 하나가 된다. 정체성론이란 한국 역사가 고대부터 조선말까지 뒤처진 봉건체제로 정체되어 있었다는 이론이다. 하지만 공인들이 수공업자를 선대제로 지배했다는 사실은 조선 사회 내부에 자본주의로 향하는 내재적 움직임이 있었다는 증거의 하나다. 즉 근대화를 향한 자발적인 움직임이 있었다는 내재적 발전론의 한 근거가 되는 것이다.

대동법은 이처럼 김집과 송시열·송준길의 학연을 뛰어넘는 역사성이 있다. 그러므로 대동법에 대한 산당의 반대는 이런 역사성을 학연에 의해, 또는 기득권층인 사대부들의 이해에 의해 무시한 몰역사성의 표출이었던 것이다.

숭무주의자 효종과
숭문주의자 송시열

북벌대의의 겉뜻과 속뜻

효종의 숭무주의(崇武主義)

효종은 조선시대 그 어느 군주보다 군사력의 중요성을 깊이 깨달은 임금이었다. 그가 8년간 심양에서 볼모 노릇을 한 이유는 학문이 모자라서가 아니었다. 바로 힘이 없기 때문이었다. 효종은 이 사실을 너무나 잘 알고 있었기에 문(文)보다 무(武)를 더 중시했다. 효종은 재위 3년 군정의 문란에 대해 이야기하는 도중 이렇게 말했다.

"옛 사람은 '밭갈이는 남자종에게 묻고 길쌈일은 여자종에게 물어야 한다'고 말했는데, 노비에 관한 말을 비록 문무지사(文武之士)에 대한 비유로 취할 수 있는 것은 아니지만 문(文)이라 이름하였으면 글을 읽고 학문을 강론할 뿐이며, 무(武)라 이름하였으면 병법(兵法)을 익히면 될 뿐이다. 무인을 등용하는 도는 차라리 거칠고 사나운 데 지나칠지언정 나약하고 옹졸해서는 안 되는데, 오늘날 비변사의 낭청이 슬기로운 힘을 지닌 자를 뽑지 아니하고 단지 글자나 아는 영리한 자를 뽑다 보니 모두가 서생(書生)들 뿐이다. 그러나 급한 상황에 적을 상대할 때에 서생을 쓸 수 있겠는가. 이는 우리나라 풍습이 추구하는 하나의 커다란 병폐이다."

효종은 문약해진 군사체제를 강하게 비판했다.

"문관은 문(文)을 숭상해야 하고, 무관은 무(武)를 숭상해야 하는 법인데, 오늘날은 그렇지 못하여 문관이 무관처럼 생기면 경멸을 받지만 서생(書生)처럼 생긴 무관은 세상에서 용납하게 되었다. 만일 무관이 말 달리기를 좋아하면 광패(狂悖)하다고 지목하니 참으로 부끄럽다. 지금의 무관은 선비와 같으니 어찌 싸움터에서 힘을 얻을 수 있겠는가."

효종은 자신을 즉위시킨 부왕과 하늘의 뜻은 바로 북벌에 있다고 믿어 의심치 않았다. 송시열에게 주자가 시작이자 끝이라면 그에게는 북벌이 시작이자 끝이었다. 김자점의 옥사가 마무리되자마자 효종은 북벌을 추진했다. 군사력 강화를 위해 그가 취한 첫 번째 조치는 문무의 구분이었다. 효종은 이렇게 말했다.

"전시에 일개 서생들이 군사를 지휘하는 것이 우리나라의 큰 폐단이다."

효종이 재위 2년 8월 박서(朴遾)를 병조판서에 임명한 것은 군비확장의 신호탄이었다. 효종의 군비확장 계획에 대다수 신하들이 반대하는 동안, 박서는 비록 문신출신이었으나 〈수륙군환정사목(水陸軍換定事目)〉 등 군정 개혁 5개조를 내놓아 군사력의 정비를 주장하여 효종을 흡족하게 만들었다. 박서는 영장제도를 부활하자고 주장하는 등 효종과 발맞추어 군사력 강화에 힘썼다. 문의 나라 조선에서 병조판서 박서의 존재는 효종에게 소중한 것이었다. 그러나 둘의 결합은 그리 오래가지 못했다. 박서가 효종 4년 6월 과음으로 급서했기 때문이다. 효종에게 박서의 죽음은 청천벽력이었다. 박서의 죽음을 들은 효종의 하교를 보자.

"박서는 나라를 위하여 직무를 극진히 수행한 결과 성취된 일이 있어 내가 일찍이 가상하게 여겼다. 그런데 불행하게도 늙지도 않은 나이에 죽었으니, 내가 매우 애통하게 여긴다. 해조로 하여금 특별히 관재(棺材)와 상수(喪需)를 하사하게 하라."

박서에 대한《효종실록》사관의 평가는 그의 업적을 한마디로 보여준다.

"박서는 병조판서를 오래 역임하면서, 몸가짐이 상당히 검소하였고 군국(軍國)의 계책도 임금의 뜻의 합치되도록 힘썼다. 그리하여 상이 총애하고 신임했기 때문에 이 하교가 있게 된 것이다."

효종은 박서의 죽음에 상심했으나 좌절하지는 않았다. 효종은 박서가 사망한 다음 달 원두표(元斗杓)를 병조판서에 임명해 북벌의 대임을 맡겼다. 원두표를 병판에 임명한 것도 효종의 탁월한 용병술이었다. 여러 신하들이 민생 안정을 구실로 군비확장에 반대할 때 효종의 군비 증강을 지지한 드문 신하 중의 한 명이 원두표였다. 그는 원당(原黨)의 당수였으므로 당의 정책적 지원을 받을 수도 있는 군비 증강의 적임자였다. 원두표도 전임 박서처럼 지방관에게 영장을 겸임시키지 말고 따로 뽑아 보내자고 주장하는 등 군비 강화에 힘썼다.

효종은 재위 4년 10월 무장인 이완(李浣)을 훈련대장으로 삼아 그 실행을 맡게 하였다. 원두표에게는 국방 정책을, 이완에게는 그 실행을 맡긴 인사였다. 실로 원두표·이완 이 두 사람이 효종의 북벌 계획과 실행을 뒷받침한 문무(文武) 신하였다. 효종은 또 실제적인 군주로서 실사구시(實事求是)를 실행한 임금이었다. 재위 7년 12월 임금이 직접 실시하는 인사행정인 친정(親政)을 실시하며 담당자인 이조판서 홍명하(洪命夏)와 병조판서 원두표에게 서북인의 등용을 명령한 점이 이를 말해준다.

"처음 벼슬길에 오르는 사람은 서울의 권세 있는 집안 자제로 보충할 필요 없이 충신과 효자의 자손을 재능에 따라 참작하여 기용하고 서북지방의 사람들도 의당 기용하여 그들의 마음을 위로하라."

그는 이성계가 맹호출림(猛虎出林)이라고 불렀던 서북인의 등용이 북벌에 필수적임을 인식한 현실론자였다. 그에게 필요한 것은 서북인 차별이 아니라 북벌에 사용할 인재였다.

한강변의 군사 퍼레이드

효종은 이런 비상시기에 필요한 인재는 문관이 아니라 무관이라고 생각했다. 효종이 무사들을 적극적으로 등용하기 위해 활용한 것이 관무재(觀武才)였다. 관무재란 조선시대 무과 시험의 하나로서 임금이 친히 열병(閱兵)한 뒤에 치르는 시험을 말한다. 병자호란 뒤인 인조 18년 임금은 관무재를 실시해 수석합격자 두 사람을 6품으로 올려 변장(邊將)을 제수하고, 그 나머지 합격자 91명에게는 물품을 준 적이 있듯 관무재 합격자에게는 변장을 상으로 주어왔다. 그런데 효종은 재위 4년 9월 관무재 합격자에게 지방 수령을 제수하려 하였다. 그러자 영의정 정태화가 반대하고 나섰다.

"수령은 상으로 줄 벼슬이 아니니 다른 상을 주는 것이 좋겠습니다."

영상의 반대를 무시할 수 없었던 효종은 첨사를 제수할 수밖에 없었다. 효종이 관무재의 상으로 수령 벼슬을 주려 했던 것은 문신 일색인 지방 수령을 무신으로 바꾸어 임전체제를 구축하려는 의도였다.

문신들은 관무재 자체를 탐탁지 않게 여겼다. 효종 3년 7월 효종이 관무재를 실시하려 하자 대사헌 민응형(閔應亨)은 "또 국토가 천 리나 되는 나라로서 스스로 강해질 방책을 어찌 조금이라도 늦출 수 있겠습니까만, 관무재 같은 것은 그 명목은 있으나 실속은 없을 듯합니다"라고 관무재 자체를 반대했다. 봉교 이단상(李端相)은 한술 더 떠 "관무재가 있는 날이 대비가 목욕하는 날"이라며 반대하고 나섰다. 바깥 의논이 혹 대비가 성에 올라 구경할지 모른다며 소문이 날까 두려우니 관무재를 '그만둘 수는 없더라도 날짜를 고쳐 잡아야 한다'고 주장했던 것이다.

임진·병자의 난을 겪고서도 대비의 목욕을 핑계로 관무재를 반대하는 것을 보고 효종은 얼마나 한심했던지 답하지 않는 것으로 의중을 드러냈다. 문신들의 제지로 무장을 수령으로 보내려는 계획이 좌절되자 효종은 이듬해 영장(營將)제도를 부활했다. 이들을 지방에 보내 군사 문제를 관할하게 한 것이다. 이들이 관할할 군사 문제란 두말할 것도 없이 북벌 준비사업이었다. 당하(堂下) 첨사 이화악(李華岳)과 전 경력 이인하(李仁夏) 등이 영장에 제수된 것은 이 때문이었다. 그러나 여기에도 문신들의 반대가 뒤따랐다. 효종 5년 4월 병조판서 원두표가 영장의 품계가 낮으면 군사들을 통솔할 수 없으니 그 자급을 올려달라고 주청한 것이 논란의 시작이었다.

"영장(營將)이 여러 고을들을 통제하는데 품계가 낮고 사람이 미천하면 누가 기꺼이 명령을 따르겠습니까. 여론이 비록 갑자기 승진하는 것으로써 비방하지만 그 자급을 올려주지 않을 수 없습니다."

그러자 대사헌 채유후가 반대했다.

"자급은 매우 중요하니 헛되이 줄 수 없습니다. 경력이 없는 데다 또 공로도 없는데 하루아침에 영장으로 발탁하여 임명하는 것이 옳은

지 모르겠습니다."

이에 여러 신하들이 다투어 의견이 분분해지자 효종이 말을 잘랐다.

"많은 말 할 것 없다. 나이가 젊고 기운이 날랜 사람을 지금 우선 시험해 보다가, 만일 그 효력이 없으면 자급을 빼앗는 것도 늦지 않다."

효종은 재위 5년 12월 파격적으로 무장 출신 유혁연(柳赫然)을 승지로 임명하기도 했다. 유혁연이 수원 부사로 있으면서 병사들의 훈련과 병기 수리를 잘하자 유능하다고 여겨 특별히 승지를 제수한 것이다. 물론 여기에도 문신들의 반대가 잇달았다. 사헌부에서는 즉각 '국조 이래 전례가 없는 일'이라며 명을 도로 거두라고 청했다. 그러나 효종은 승지 임명을 강행했다. 그를 승지로 임명한 것은 이유가 있었는데, 바로 유혁연에게 병조의 일을 맡기기 위해서였다. 효종은 지방관을 파견할 때 특별히 군사관계 일은 병조판서에게 직보하고 병조판서는 무신 승지 유혁연에게 이를 전달하게 하였다. 요즘으로 치면 무신 승지 유혁연은 외교안보 수석비서관인 셈이었다.

이런 다각도에 걸친 노력 끝에 효종은 재위 6년 가을 상당한 군사력을 갖출 수 있었다. 효종 즉위 초 왜구의 준동을 막는다는 명목으로 성과 무기를 수리하려다가 강화조약 위반이란 이유로 청의 사신 6명이 한꺼번에 조선에 와 엄중한 조사를 벌인 시절에 비하면 비약할 만한 발전이었다. 이런 자신감을 바탕으로 효종은 재위 6년 9월 세자와 함께 장릉(張陵)을 참배하고 돌아오는 길에 노량진에서 관병식(觀兵式)을 거행하게 했다. 군사 퍼레이드를 개최하려 한 것이다. 그러나 여기에 대해서도 승정원은 반대하고 나섰다.

"신들이 삼가 듣건대, 능에서 환궁할 때 강가에서 열무(閱武)하는 일이 있다는데, 삼가 온당하지 못하다고 생각되며 또 크게 불편한 바가 있을까 염려됩니다. 능을 참배하여 제사 지내고 나서 감회가 아직 그대로 남아 있을 것이니, 관병하는 일을 같은 날 아울러 행하는 것은 부당합니다."

그러나 효종은 이런 반대를 무릅쓰고 관병식을 거행했다. 병자호란의 참패를 당한 지 19년 만에 드디어 조선군은 그 위용을 문무대신과 일반 백성들에게도 과시할 수 있었던 것이다. 노량진 백사장에서 거행한 관병식에는 효종이 온갖 방법으로 길러온 1만 3,000여 명의 조선군이 당당한 위용을 드러냈다. 이날의 《효종실록》은 "이시백 및 훈련대장 이완 등을 명소하여, 군병을 지휘하면서 한참이 지날 때까지 훈련을 하니, 서울의 남녀들이 와서 구경하는 자가 매우 많았다"고 적고 있다. 병자호란의 고초를 겪은 백성들이 이런 모습에 환호했을 것은 당연하다.

그러나 문신들은 이런 모든 군사적 행위에 반대하고 나섰다. 심지어 어떤 신하들은, "청과 분쟁거리가 됩니다"라며 말리기도 했다. 청과의 강화조약 위반이라는 말이었다. 효종이 이 말에 분개한 것은 당연했다.

"지금 명색이 관리란 인물이 열병식이 청나라와 분쟁거리가 된다고 말하면 내 마음이 움직일 것으로 생각하는 모양인데, 이것이 어찌 북쪽 오랑캐의 주구가 아니겠는가?"

효종은 자신의 친위군인 금군(禁軍)을 늘리고 창덕궁 후원의 담장을 헐어 기사장(騎士將)을 만들어 주었다. 지형이 험준한 우리나라는 기병이 그다지 필요하지 않다는 사실을 효종이 모를 리는 없었다. 즉 효종은 방어용이 아니라 광활한 만주와 중원을 공격할 때 사용할 목적으로 금군을 기마병으로 키우려 한 것이다. 효종 4년 제주도에 표류되어 온 네덜란드 사람 하멜(Hamel)을 훈련도감에 배속시켜 그들의 조총

(鳥銃)을 모방한 새로운 조총을 제작한 것도 북벌에 대한 효종의 강력한 의지였다. 효종은 자신이 직접 활을 쏘고 칼을 휘두르며 군사들과 어울리기도 했다.

효종은 재위 6년 3월에도 강릉(康陵)에 전알(展謁)하러 가면서 석현(石峴)에서 거가(車駕)를 멈추고 군사들에게 무술 시범을 보이게 하면서 직접 활시위를 튕기고 검을 매만졌다. 이에 대해서도 문신들은 시비를 걸고 나섰다. 도승지 이행진(李行進)이 그런 인물이었다.

"성상께서 능침에 전알하기 위해 재계(齋戒) 중에 계신데 문득 말을 달리게 하여 기예를 견주고 심지어 활시위를 튕기고 검을 만지시기까지 하시어 마치 용맹을 뽐내는 듯이 하시니, 신은 온당치 못하게 여깁니다."

효종의 군사력 증강은 이처럼 사사건건 문신 사대부들의 제지를 받고 있었다. 효종은 10만의 정예군만 있으면 북벌이 가능하다고 보고 있었다. 그러나 10만의 군사를 기르는 것은 쉽지 않았다. 두 차례의 전란으로 황폐화된 조선에서 10만의 상비군을 유지하는 일은 쉽지 않은 난제였다. 먼저 그만한 인력의 모집 자체가 어려웠다.

효종은 농민들로 충당하려 하다가 이것이 어렵게 되자 노비들을 이용하려 하기도 했다. 당시 각 관청 노비대장에 등록된 19만여 명의 노비 중 실제 납공(納貢)하는 노비는 2만 7,000여 명뿐이었다. 누락된 16만여 명을 추쇄해 군사로 충당하려 한 것이었다. 효종은 실제로 이들 누락 노비들을 잡는 노비추쇄도감(奴婢推刷都監)을 설치해 남부 5도에 추쇄어사(推刷御史)를 파견해 내려 보내기도 하였다. 효종은 재위 6년 1월 노비를 잡기 위한 추쇄어사를 파견하면서 "19만이 되는 원수(元數)에는 다 차지 않을지라도 반드시 10여 만을 얻어야만 어사와 수령이 벌을 면할 수 있을 것이다"라는 강력한 의지를 보였다.

하지만 당시는 신분제가 해체되어 가는 시기였다. 누락 노비들의 상당수는 농업에 종사하고 있었다. 사실상 이들도 농민이었던 것이다. 노비 추쇄 계획은 현실적으로 중단될 수밖에 없었다.

문신들의 반발

북벌정책 추진에는 두 가지의 애로사항이 있었다. 농민들의 경제적 어려움과 문신들의 반대가 그것이었다. 농민들은 농사를 짓는 한편 군사훈련을 받고 성 쌓기, 병장기 제조 등의 부역에 동원되어 이중의 곤란을 겪어야 했다. 당연히 불평의 소리가 터져 나왔다.

문제는 대부분의 문신들이 농민 생활의 어려움을 북벌 반대의 구실로 삼는다는 점이었다. 문신들은 효종의 무신 중용 자체에 반발했다. 특히 훈련대장 이완이 문신들의 집중적인 공격 대상이었다. 이완이 갑자기 훈련대장으로 임명되자 우상 김육이 혼란스럽다며 이의를 제기하고 나섰다. 이완이 비난을 이기지 못해 병을 핑계로 나오지 않자 효종은 "열무하는 날 대장이 없어서는 안 된다"며 나올 것을 명했다. 겨우 조정에 나온 이완이 체직시켜 달라고 청하자 효종이 타일렀다.

"나는 임금인데도 가끔 비방하는 말을 들음을 면치 못하는데, 경은 어찌 굳이 사직하려 함이 이 지경에 이르는가."

이완이 병부의 밀부(密符)를 풀어서 주상 앞에 놓고서, "신은 결코 감히 이것을 차고서 공무를 집행하지 못하겠습니다"라면서 물러나 뜰 아래에 엎드리자 효종은 환관에게 일러 정전으로 올라오게 했다. 이런 행위를 두고 여러 문신들이 논박하자 효종은 이완을 두둔했다.

"군신은 부자와 같은데 어찌 숨기는 바가 있겠는가. 들자하니 이완에게는 지나치게 강직한 병통이 있다고들 한다."

이 사건에 대한 사관의 비판은 신랄하다.

"이때에 이완의 말씨가 교만하고 오만하되 주상이 끝내 따뜻한 말로써 그를 일깨웠고, 모든 신하들도 또한 감히 그의 불공스러움을 탄핵하는 사람이 없었다. 무부(武夫)가 교만하고 횡포함이 이로부터 심해졌다."

이 사관의 비판이 말해 주듯이 효종의 이러한 무신 우대정책은 문치주의(文治主義) 국가 조선에서는 전례가 없는 일이었다. 당연히 문신들의 견제가 심할 수밖에 없었다. 다시 말해 이는 강력한 왕권추구에 대한 반발이었다. 중국이 조선을, '임금은 약하고 신하는 강하다'는 뜻의 '군약신강(君弱臣强)'의 나라라고 일컬었듯, 조선은 재상 우위의 국가, 요즘으로 말하자면 내각책임제 국가였다. 조선은 그 정치 구조상 임금이 아무리 강력한 왕권을 구축하려 해도 사대부들이 따라주지 않으면 성공할 수 없는 나라였다. 이런 나라에서 효종이 추진한 군비확장 정책은 기득권에 안주하는 문신들의 강한 반발을 살 수밖에 없었다. 조선의 문신들은 임진왜란과 병자호란이란 국난에서 아무런 교훈을 얻지 못했다. 어떤 교훈을 얻기에는 이미 정치구조가 고질적인 문치주의로 고착화된 것이다.

효종 8년이 되자 그의 강력한 숭무(崇武)정책에 대한 반발이 여기저기에서 터져 나왔다. 여기에 이중부역에 시달리는 백성들의 불만까지 작용해 효종이 고립되기에 이르렀다.

이조판서 홍명하가 효종 8년 2월 "문관(文官)과 음관(蔭官) 가운데 쓸 만한 자는 그 관질(官秩)의 고하를 따지지 말고 등용하라"고 주장한 것을 필두로 전 영돈녕부사 이경석(李景奭)이 "염초를 굽는 일이 크게 민력을 허비한다"며 화약 제조를 반대하고 나섰으며, 그 외에도 영중추부사 이경여(李敬興), 대사헌 민응형(閔應亨), 응교(應敎) 이경억(李慶億)

등이 줄줄이 나서 효종의 군비확장책을 비판했다. 물론 이들은 백성들의 생활을 안정시키라는 안민책(安民策)을 명분으로 삼았으니 전혀 타당성이 없다고는 할 수 없다. 그러나 앞의 대동법 논쟁에서 보았듯이 당시 백성들의 가장 큰 괴로움은 양반 사대부들의 가렴주구였지 국왕의 군사력 강화가 아니었다. 어떤 측면에서 이들의 안민책은 양반 사대부들의 기득권을 지키기 위한 명분론에 불과했다.

군비확장 비판에 나서는 송시열

문신들의 이런 반발은 효종의 통치기반을 흔들리게 했다. 그 와중에 효종 8년 송시열이 가세함으로써 새로운 국면에 접어들게 되었다. 송시열은 이때도 밀봉한 상소인 〈정유봉사(丁酉封事)〉를 올려 시국을 논평했는데, 그 신랄함이 다른 문신들의 상소에 비할 바가 아니었다.

"…그런데도 전하께서 즉위하신 지 8년이나 되었으나 그럭저럭 세월만 보내어 위로는 하늘과 성고(聖考 : 인조)의 뜻에 보답할 수 있고 아래로는 뭇 신하와 만백성들의 기대에 부응할 만한 조그마한 공효도 전혀 없었고, 오늘날에 이르러서는 사람들이 원망하고 하

▲ 서울시 송파구 삼전동에 있는 삼전도비. 이경석이 이 비문을 썼다고 해서 훗날 송시열로부터 공격을 받기도 했다.

늘이 노하여 안에서는 소요가 일어나고 밖에서는 공갈과 협박을 하고 있어 위태로운 화가 조석 사이에 임박했습니다."

이는 효종의 재위 8년에 대한 전면적인 부정이었다. 원래 〈봉사〉는 송시열이 효종 즉위년의 〈기축봉사〉를 올리며 설명했듯이 '현저하게 드러나지 않은 임금의 과실(過失)을 논할 경우'나 '국가의 기밀(機密)에 관계될 경우' 등에 올리는 비밀상소 형식이지만, 송시열의 장기이기도 했다.

〈정유봉사〉에는 '명나라에 밀사를 보낼 것'이나 '기밀을 누설한 자들을 처벌할 것' 등의 민감한 내용이 담겨 있기도 했지만 '대신들의 안일함을 아뢰는 것'이나 '오락을 삼가고 검속할 것'을 권고하는 등의 많은 내용들은 굳이 〈봉사〉라는 요란한 형식을 띠지 않아도 괜찮은 것들이었다.

송시열은 〈정유봉사〉에서 19개 항목에 걸쳐 여러 문제를 논의하고 있으나 그 핵심은 북벌보다는 양민(養民)에 힘쓰라는 것과 사대부를 우대하는 왕도(王道)를 기르라는 것이었다. 여기서 그는 '백성을 기르고 병사를 양성할 것'에 대해서도 말했지만 이 경우에도 결론은 효종이 왕실의 재산을 아껴서 병사를 길러야 한다는 것이었다.

"그러므로 주자가 일찍이 말하기를 '태조(太祖 : 송의 조광윤)는 내탕고의 재물을 풀어서 호인(胡人)의 머리와 바꾸었다'고 했습니다. 지금 만일 전하께서 한 푼의 돈이나 한 자의 베라도 모두 아껴서 병사를 양성시킨다면, 지방 관아에 맡겨 아전들의 주머니에 들어가게 하는 것보다 어찌 낫지 않겠습니까."

〈정유봉사〉에서 송시열은 사실상 북벌의 포기를 종용한다. 그 논리 역시 주희에게서 따온 것이다.

"신은 살펴보건대, 주자가 처음에는 효종(孝宗 : 남송의 효종)에게 금(金)

나라를 쳐서 중국 장토를 회복하는 의리에 대해 말씀드렸으나 20년 후에는 다시 이러한 말씀을 드리지 않고, 다만 '오직 원컨대 폐하께서는 먼저 동남 방면이 다스려지지 못한 것을 걱정하시면서 마음을 바루고 사욕을 극복하여 조정을 바로잡으소서. 그러면 거의 진실한 공효가 차츰차츰 이뤄질 것이고 엉뚱한 걱정거리가 생겨 원대한 계획에 해가 되는 지경에는 이르지 않을 것입니다. 대개《주역(周易)》에 정통한 사람은 주역을 말하지 않는 것이며, 참으로 강토 회복에 뜻을 둔 자는 결코 손뼉을 치고 칼을 어루만지는 데에 뜻을 두지 않았습니다' 라고 말했습니다. 대개 그때 효종이 이미 측근의 신하들에게 잘못 이끌려가고 있는 데다가 안일에 젖어 있어 근본이 매우 염려되었기 때문에 주자가 이와 같이 말하였던 것입니다. 이것이 어찌 주자가 당초에 가졌던 마음이었겠습니까. 또한 슬픈 일입니다."

이는 자신이 북벌을 돕지 않는 모든 책임을 효종에게 전가하는 말이다. '그때 효종이 이미 측근의 신하들에게 잘못 이끌려가고 있는 데다가 안일에 젖어 있어 근본이 매우 염려되었기 때문에 주자가 이와 같이 말했다'는 부분은 그가 〈정유봉사〉의 다른 항목에서 말한 '오락을 삼가고 검속할 것', '왕실의 사치가 부당함', '덕업을 쌓을 것', '음식을 쌓을 것' 등과 같은 내용으로 효종을 비판하는 것이었다. 그러나 이는 남송의 효종에게는 해당될지 몰라도 조선의 효종에게는 해당되지 않는 말이었다. 조선의 효종은 직접 말 타고 활을 쏘며 군사들과 어울리는 임금이므로 '오락을 삼가고 검속할 것' 등 남송의 효종에게나 어울리는 말은 할 필요가 없었다. 그렇지 않아도 효종은 안일에 젖어 있기에는 북벌의 의지가 너무 강한 임금이었다. 염려할 것은 효종의 안일이 아니라 말로만 '북벌'과 '춘추대의'를 외치는 송시열 자신의 의지였다.

효종이 사대부를 우대하지 않는 데 대한 비판은 더욱 신랄하다.

"전하께서 대신을 공격하여 예법으로 부리는 도리를 아시지 못함은 아니지만 지난번에 심하게 대신을 꾸짖으시고 돼지처럼 여러 관원을 꾸짖었다 하는데 그것은 주자가 매우 놀라 탄식할 바입니다."

효종이 홍문관 부제학 윤강(尹絳)에게 태형을 가한 데 대한 송시열의 비판이었다.

"윤강은 홍문관 부제학으로서 경연을 이끄니 전하와 가까운 자인데 비록 실수한 바가 있다 하여도 어찌 졸지에 끌어내어 볼기를 때려서 여러 백관에게 보이셨습니까."

송시열은 노골적으로 효종이 반성해야 한다고 충고한다.

"이제부터는 깊이 성의(聖意)를 여기에 두시어 반성하시고 살피시는 공부를 더하셔서 희노(喜怒)에 의해서 움직이지 마시고 신민들을 햇볕처럼 사랑하고 하늘처럼 두려워하십시오."

결국 송시열은 효종이 군사력 강화를 통해 강력한 왕권을 구축함으로써 사대부들의 위에 있으려는 의도가 아닌가 하고 의심한 것이었다. 송시열은 나라는 임금의 것이 아니고 천하의 것이라고 주장했는데, 여기에서 천하란 만백성이 아니고 사대부를 뜻한다는 데 문제가 있다.

"관작(官爵)은 전하의 관작이 아니고 천하의 관작이오니 전하가 그렇지 못한 자를 벼슬시키면서 하늘이 기뻐하고 백성이 기뻐하기를 바라는 것이 어찌 어렵지 않겠습니까."

'관작은 천하의 것', '하늘', '백성' 등의 표현을 썼지만 그 속에는 모두 사대부란 뜻이 함축되어 있다. 그는 비록 임금일지라도 사대부를 초월하는 위치에 있다는 사실을 인정하지 않았다. 천하를 다스리는 것은 자신들 사대부이고 임금은 다만 사대부 중에서 제1사대부라는 것이 그와 서인들의 생각이었다.

송시열이 이처럼 자신의 8년 치세 전부를 부정하고 나섰으나 효종은 송시열을 벌하지 못했다. 벌하기는커녕 송시열에게 서울로 올라올 것을 권해야 했다.

"한 통의 상소는 늠름하고 정대하여 옛날 성인의 말과 서로 표리(表裏)를 이룰 만하다. 이것이 내가 정성을 쏟아가며 잊지 못하고 찬선(宋時烈)을 낮이나 밤이나 조정으로 나오게 하려는 뜻이다. 모름지기 나의 지극한 정성을 체득하여 조용히 올라오도록 하라."

송시열이 효종을 격렬하게 비난했음에도 불구하고 이런 비답을 내릴 수밖에 없었던 이유는 이즈음 들어 효종의 군비확장 정책이 여기저기에서 파열음을 내고 있었기 때문이다. 사대부들은 효종의 군비강화책, 즉 왕권강화책에 반발해 집단적으로 저항할 움직임을 보이고 있었다. 그리고 그 중심에 송시열과 송준길의 산당이 위치해 있었다. 선왕 인조가 바로 신하들의 쿠데타에 의해서 임금이 된 인물이었다. 더구나 서인들은 소현세자의 아들이 아닌 효종이 왕위를 이은 점을 내심 문제로 생각하고 있었다. 효종 3년 부교리 민정중(閔鼎重)이 강화 교동에 유배 중인 소현의 셋째 아들 문제를 제기한 데 이어 효종 5년에는 부수찬 홍우원(洪宇遠)이 상소해 소현의 아들을 석방할 것을 요청하고, 이어 같은 해 7월에는 황해 감사 김홍욱(金弘郁)이 소현세자 부인인 강빈의 억울한 죽음을 상소하고 나서 파란을 일으켰다. 이는 효종의 구언(求言)에 응한 응지상소이므로 벌할 수 없었지만 효종은 이를 자신의 정통성에 대한 문제 제기로 받아들여 그를 때려죽이고 말았는데, 이 처사는 사대부들의 커다란 불만을 샀다.

이런 저런 요인들이 겹쳐서 사대부들의 지지를 상실하게 된 효종은 결국 그들에게 양보할 수밖에 없었다.

송준길의 출사와 사직

효종은 산림에 상당한 정치적 양보를 하기로 마음먹었다. 물론 그전에도 효종은 여러 차례 송시열과 송준길 등에게 벼슬을 제수했다. 그때마다 산림은 병을 칭탁하며 오지 않았다. 효종은 이들이 출사하지 않자 재위 5년 이렇게까지 말했다.

"김집은 연로한 데다가 병까지 있고, 송준길 등은 비록 젊지만 그들의 뜻이 나의 조정에 벼슬하고 싶어 하지 않으니 개탄스러울 뿐이다."

이 말을 들은 우의정 심지원(沈之源)은 이렇게 말했다.

"성상께서 지성으로 간곡히 부르시면 오지 않을 도리가 없을 것입니다."

이듬해에도 효종은 송준길에게 동부승지를 제수했으나 사직하자 이렇게 말했다.

"너의 굳은 사양이 이 지경에 이르다니, 이것은 나의 정성이 미진한 바가 있어서 그런 것이므로 진실로 낯이 부끄럽다. 너는 나의 지극한 뜻을 깊이 인식하고 부디 빨리 올라오라."

재위 7년에도 시독관 민정중 등은 효종에게 이렇게 권고한다.

"지금 송준길 등을 불러 세자를 돕게 하는 것은 매우 훌륭한 일입니다. 그러나 만약 예에 따라 부르면 아마도 오게 하기 어려울 듯합니다."

송시열과 송준길 등을 부르려면 보통의 예가 아니라 특별한 예를 써야 한다는 말이다.

"준길이 매번 병을 이유로 오지 않으니 어찌하겠는가."

효종의 이 말에 대한 민정중의 답은 이렇다.

"준길은 실로 병이 많습니다만 만약 성심으로 부르면 어찌 감히 오지 않겠습니까."

그러나 이때만 해도 효종은 이들을 특례를 써가며 부르고 싶지는 않았다. 다만 일반적인 예를 써서 벼슬을 제수하고 이들이 거부하면 그것으로 족했던 것이다.

재위 8년이 되자 효종은 송준길 등에게 여러 차례 벼슬을 제수했다. 그해 4월 정3품 요직인 이조참의를 제수했으나 거부하자 8월에 다시 제수했으며, 같은 달에는 찬선을 제수했다. 그런데 이때 송준길은 이미 서울에 올라와 있었다. 드디어 같은 달 19일 효종은 우여곡절 끝에 송준길을 만날 수 있었다. 무려 7년 만의 만남이었다. 효종은 송준길에게 간곡한 마음을 표시했다.

"몇 해 전에 내려간 뒤로 마음에 늘 그리워하였으나 연이어 국가에 일이 많아 겨를을 낼 수 없었는데 오늘 다행히 올라오니 기쁜 마음을 금할 수 없구나."

이에 대해 몇 마디 의례적 대답을 한 후 피력한 송준길의 시국관은 싸늘한 것이었다.

"신이 물러나 향리로 돌아간 지 이미 10년 가까이 되었으므로 마음에 국사가 점점 진전되었으리라고 여겼었는데 걱정이 이와 같으니 참으로 그 까닭을 모르겠습니다. …지금에 와서 국사가 이 지경에 빠져 천재와 시변(時變)이 일어나고 백성과 군사들이 시름하고 원망하는 등 그 단서가 한두 가지뿐만 아니니, 신으로서는 무엇 때문에 이렇게 되었는지 모르겠습니다."

효종은 그러나 송준길을 꾸짖지 못한다.

"이는 과인이 재주가 없는 소치이다. 어찌 다른 것이 있겠는가."

이렇게 나오자 송준길도 한발 물러섰다.

"옛날 역사책들을 두루 보아도 전하처럼 정신을 가다듬고 치세를 구현해 보려는 분은 참으로 드뭅니다. 그런데도 국사가 이와 같이 되었으니 애석하기 그지없습니다."

효종은 출사한 송준길을 극진하게 대했다. 그렇지 않아도 대신을 함부로 대한다는 송시열의 비판이 있던 차였다. 정3품의 송준길에게 경연과 입시석상에서 다른 신하들보다 앞줄에 앉는 특전을 준 것은 이런 비판을 의식한 의도적 행위였다. 자신이 입던 담비 갖옷인 초구를 하사하기도 하였다.

이는 자신이 산림을 우대한다는 모습을 보여 군비확장에 대한 사대부의 반발을 무마하려는 처사였다. 효종은 사실 송준길을 부르고 싶지 않았을 것이다. 산림이 자신의 군비확장 정책에 반기를 들고 나설 것이 분명하기 때문이다.

효종의 생각대로 출사한 송준길은 군비확장을 반대했다. 송준길은 '군사[治兵]'와 안민(安民)' 중에서 백성을 편안하게 하는 인연이 더 중요하다고 주장했기 때문에 군비확장을 반대한 명분 자체는 타당했다. 송준길은 효종에게 군비확장을 중지할 것을 요청했다.

"군사와 안민은 마땅히 병행해야 할 것이지만 지금의 사세로서는 백성을 얻는 것이 근본이기 때문에 본말이 전도된 것입니다. 이는 비단 신의 의사일 뿐만 아니라 향곡(鄕曲)의 부로(父老)들도 이렇게 생각하는 바입니다."

송준길의 말에 일리가 없는 것은 아니다. 백성들의 삶이 먼저라는 안민론은 맞는 말이었다. 군비확장 정책은 백성들에게는 이중부역으로 나타나기 때문이다. 그러나 백성들의 삶을 먼저 살피자는 대동법을 극력 반대한 것은 다름 아닌 자신이 속한 산당이었다. 송준길은 또 효종이 정력적으로 추진한 영장(營將)제도의 혁파를 요구하기도 했다. 효종은 이를 받아들일 수 없었다.

"영장을 혁파하는 것은 쉽지만 다시 설치하기는 어려우니 어찌 혁파하겠는가."

출사한 송준길의 정책을 통해 본 산림당의 당론은 군비확장 반대였다. 이는 곧 북벌 반대에 다름 아니었다. 송준길은 나아가 인조의 묘호에 조(祖) 자가 아닌 종(宗) 자를 쓸 것을 주장하다가 파직된 유계(兪棨), 심대부(沈大孚) 등의 복직도 건의했다. 하지만 효종은 이런 주청에 답하지 않으며 침묵으로 거부했다. 그러나 호서에 대동미(大同米) 2만 석을 감해 달라는 송준길의 주청은 들어주어 충청도의 대동미 2만 석을 감해 주었다. 그러나 산림이 진정으로 바라는 바는 이런 것들이 아니었다. 산림은 효종이 군비확장책, 즉 북벌을 포기하기를 바라고 있었다.

산림이 포진한 홍문관에서는 차자를 올려 송준길의 건의를 들어 달라고 청했다.

"전하께서 현사(賢士)를 초빙하셨으면 예(禮)로만 극진히 대할 것이 아니라 반드시 그의 말을 써주어 도(道)를 실행되도록 해야 할 것입니다."

그러나 효종은 송준길의 말을 써주어 그의 도(道)를 실행하지 않았다. 아니 효종으로서는 실행할 수 없었다. 이는 곧 북벌의 포기를 의미했기 때문이다. 효종에게 북벌의 포기는 송준길·송시열에게 주자를 포기하라는 말과 다를 바 없었다.

이런 신경전 끝에 효종 9년 2월 송준길은 조정을 떠났다. 병을 평계한 귀향이었다. 효종은 특별히 술잔을 베풀고 자신이 입던 초피 갖옷을 다시 하사했는데, 이때 송준길은 다시 송시열을 부를 것을 권고했다.

"만약 성의를 다하여 권면한다면 반드시 부름에 응하고 나와서 제

포부를 펼 것입니다."

말하자면 자신과 송시열의 역할 교체였다.

드디어 출사하는 송시열

흔히 효종의 재위 10년 내내 송시열이 효종과 함께 북벌을 추진한
것으로 오해하지만 효종 때 송시열이 출사한 기간은 불과 1년 남짓한
짧은 기간이었다. 나머지 기간 동안 송시열은 고향에 은거해 학문을
닦으며 후학을 길렀다. 효종은 자신의 군비확장에 비판적인 산당을
탐탁지 않게 생각하여 자신이 정치적 위기에 봉착했을 때만 타개책으
로 산당을 불렀다. 효종이 송시열을 다시 부른 것도 이런 정치적 위기
를 타개하기 위한 것이었다.

재위 9년여 동안 강력한 군비확장 정책을 펼치면서 효종은 이들 사
대부의 지지를 받지 않고서는 북벌이고 내치(內治)고 아무것도 할 수
없음을 깨달았다. 사대부들의 지지를 받기 위해서는 산당 영수인 송
시열의 출사가 선결조건이었다. 양송의 스승 김집은 효종 7년 윤5월
사망했으므로 이제 송시열이 명실상부한 산당의 영수였다.

효종은 재위 9년 3월 송시열에게 특별히 예조참판을 제수했다. 참
판은 종2품이었으니 파격적인 대우였다. 드디어 송시열은 효종 9년
7월 행호군(行護軍)으로 조정에 들어왔다. 효종은 침을 맞는 등 몸을
조섭(調攝)하는 와중에 있었으나 당일로 송시열을 불러 인견했다. 8년
만에 출사한 송시열이 소회가 많을 것은 당연했다.

"지금 신이 구구한 소회가 있습니다만, 조섭하시는 중에 응수하는
수고로움이 없지 않겠습니까?"

"아무튼 말해 보라."

송시열은 환자 효종 앞에서 예전의 성리학 강의를 다시 시작했다.

"선유(先儒)가 말하기를 '경(敬)이란 것은 성학(聖學)의 전부이다' 하였고, 또 이르기를 '한걸음을 걸을 때도 한걸음 걷는 데다 마음을 쓰고, 두 걸음을 걸을 때도 두 걸음 걷는 데다 마음을 쓰는 것이 경이다' 라고 하였는데, 전하의 학문이 높고 밝지만 이 공부에는 미진한 점이 있지 않은가 여겨집니다. 선왕의 중요한 부탁을 받아 한 나라 백성의 주인이 되셨는데, 스스로 경솔하게 해서야 되겠습니까."

초장부터 '미진'하고 '경솔'하다고 꾸짖는 송시열이었으나 효종은 화를 낼 수 없었다.

"경의 말이 지극하다. 삼가 마음속에 새겨 두고 잊지 않겠다."

효종은 9년간의 치세를 통해 이들을 회유할 수밖에 없다는 사실은 뼈저리게 깨달았다. 조선은 임금의 나라가 아니라 사대부의 나라였던 것이다. 송시열이 조정에 들어온 지 약 보름 후인 효종 9년 7월 26일 송준길도 부호군으로 조정에 들어왔다. 이 소식을 들은 효종이 하교했다.

"지금 내가 기력이 편치 못하여 곧바로 인견하지 못하니 마음이 매우 섭섭하다. 조금 나으면 불러 볼 것이다. 이 뜻을 송준길에게 말하라."

드디어 양송(兩宋)이 모두 조정에 나온 것이었다. 당시 효종은 하나뿐인 동생 인평대군을 잃어 상심한 데다 몸에는 병까지 있어 심각한 상황이었다. 하지만 정치는 비정한 것, 효종의 심신이 고달프다 해서 양송이 효종의 군비확장 정책을 선뜻 지지하고 나서지는 않았다. 효종이 인평대군의 죽음을 그토록 슬퍼한 것은 자신을 무조건 지지해줄 수 있는 신하가 없는 외로움 때문이었는지도 모른다.

효종은 어떤 방법으로든 이들 산림의 지지를 끌어내야 했다. 하지만 양송으로 대표되는 산림은 임금이 원한다고 해서 무조건 따라오지는 않았다. 이들은 자신들의 세계관과 이익이 맞을 때만 지지하고 따르는 인물들이었다.

따라서 당연히 문제는 효종과 양송의 근본 철학이 다른 데에 있었다. 효종이 치안을 중시한 데 비해 양송은 시급한 것은 치안이 아니라 군주가 몸을 닦는 '수신(修身)'이라 하였으며, 효종이 군비확장을 주장한 데 비해 양송은 '안민(安民)'이 먼저라고 주장했다.

효종은 경연에서 산림의 수신론을 비판하기도 했다. 그 자리에 없던 송시열은 나중에 이 말을 듣고 효종에게 따졌다.

"신이 듣기에 지난번 경연에서, '오늘날 씻기 어려운 치욕을 당했는데 여러 신하들은 이런 생각은 하지 않고 매번 나에게 수신(修身)하라고만 권하고 있으니 이런 치욕을 씻지 못한 채 수신만 하면 무슨 소용이 있겠는가'라고 말씀하셨다는데 과연 이 말이 사실이라면 신은 전하께서 성학(聖學 : 주자학)에 미진한 데가 있음을 두려워합니다."

효종의 일차적 관심이 군사적 북벌에 있었다면 송시열의 일차적 관심은 다른 데 있었다. 좋게 말하면 도(道)의 실현에 있었다고 말할 수 있을 것이다. 송시열의 관심은 주자가 주인이 되는 주자의 나라를 만드는 데 있었다.

효종과 양송은 군비확장 자체에 대한 의견이 달랐다. 효종은 북벌에 대한 꿈을 버리지 않고 있었다. 비록 민생이 어렵다 해도 효종에게 군비축소는 있을 수 없는 일이었다. 훈련도감 포수병을 늘리려는 효종의 계획도 양송의 반대에 부딪쳤다. 송시열은 모든 반대에 있어 주자의 입을 빌렸다.

"주자가 말하기를 병사를 늘리는 것이 어려운 것이 아니라 군사를 기르는 것이 어렵다고 했는데, 병사를 늘린 연후에 무엇으로 군량(軍

糧)을 마련하시겠습니까."

효종은 이들을 설득하는 수밖에 없었다.

"훈련도감의 병사는 이제 겨우 4,000여 명이니 5,000여 명으로 늘리려 하오."

송준길은 백성을 진휼(賑恤)한다는 명목으로 반대했다.

"흉년이 매우 심하니 양병(養兵)에 쓸 곡식으로 굶주린 백성을 진휼하는 데 사용하기 바랍니다."

양송은 군비확장을 '스스로 화를 부르는 것[自焚之禍]'이라고 반대하기도 하였다. 군사가 과다하면 군사정변 같은 내부의 화나 부를 뿐이란 말이었다. 효종은 이들을 설득하지 않고서는 군비확장이고 북벌이고 모두 소용없음을 알았다.

효종은 송시열에게 중대한 정치적 양보를 하기로 결심했다. 이들에게 사실상 정권을 내주는 대신 이들에게 책임지고 북벌을 준비하게 하는 것이 효종이 결심한 정치적 양보였다. 효종은 재위 9년 9월 드디어 송시열에게 인사권을 주었다. 그를 이조판서로 제수한 것이다. 송준길은 대사헌으로 임명해 탄핵을 맡게 했다. 이는 수세에 몰린 효종의 불가피한 선택이었다.

송시열이 자나 깨나 북벌을 꿈꾸어 효종이 그를 이조판서에 임명했다는 세간의 인식은 훗날 송시열의 당인 산당과 노론이 자가 발전시킨 논리에 불과하다. 송시열의 산당은 북벌은커녕 사사건건 군비확장의 발목을 잡았다. 사대부의 나라 조선에서 효종은 이들이 북벌을 반대하는 한 북벌은 불가능하다는 사실을 깨닫게 되었다. 효종은 양송에게 권력을 주는 대신 이들에게 북벌을 추진하게 하는 방식을 택함으로써 이전과는 전혀 새로운 국면으로 접어들게 되었다.

송시열의 산림, 정권을 장악하다

송시열과 송준길이 각각 이조판서와 대사헌으로 인사권과 탄핵권을 장악한 효종 9년 9월 이후 조정은 사실상 양송의 것이었다. 양송은 이를 이용해 자당(自黨)인 산당 인사들을 대거 출사시켰다. 효종 10년 1월에는 인조의 시호 문제로 쫓겨난 유계를 병조참지로 임명한 데 이어 이유태를 찬선으로 임명했다. 효종 10년 3월에는 채유후(蔡裕後)에게 송준길의 대사헌 자리를 맡기고 송준길을 병조판서로 임명했다. 드디어 양송이 인사권과 군사권을 모두 장악한 것이었다. 병조판서 정치화(鄭致和)가 병으로 면직된 자리를 이은 것이었으나《효종실록》에 "특별히 제수하였다"라고 기록되어 있듯이 항상 병을 칭탁하며 사직하던 송준길에게 병조를 맡긴 것은 심상한 일이 아니었다. 양송이 인사·군사의 대권을 장악함에 따라 효종 초 북벌을 함께 추진했던 원두표·이완 등 북벌인사들은 정권에서 소외되었다. 명목상은 원두표가 우의정, 이완이 형조판서가 됨으로써 자급은 올라갔으나 군사권에서는 소외된 것이었다. 양송은 직위는 판서지만 실제로는 정승의 위에 있었다. 효종은 송시열에게 정승들에 대해 불평을 하기도 했다.

"오늘날 대신들이 국사를 담당하지 않고 일없이 세월만 보내고 있으니 진실로 한심스럽다."

송시열은 여기에 대해서도 효종에게 책임을 넘겼다.

"전하께서 먼저 스스로 힘쓰고 삼공을 깨우쳐 격려하신다면 자연히 효과가 있을 것입니다. 전하께서 만일 날마다 이른 아침에 나오셔서 승지로 하여금 각각 맡은 문서를 가지고 탑전에서 아뢰어 처리하도록 하면 누가 감히 태만한 마음을 가지겠습니까."

양송으로 대표되는 산당은 국왕과 이런 대화를 나눌 수 있을 만큼 정권을 잡았지만 여기에는 분명한 조건이 걸려 있었다. 그 조건이란 두말할 것도 없이 '북벌 추진'이었다. 강력한 성격의 효종이 굴욕을 감수하고 양송에게 정권을 내어준 이유는 단 하나, 이들에게 북벌을 추진하게 하기 위함이었다. 이를 위해 효종은 인사권과 군사권을 양송에게 주는 중대한 정치적 양보를 한 것이었다.

효종의 비밀서신과 송시열의 답신

효종은 비록 중대한 정치적 양보를 했지만 양송이 마음대로 문치정책을 펼치게 내버려두지는 않았음은 당연했다. 효종이 송시열에게 비밀서신을 보낸 이유도 그를 북벌로 유도하기 위한 것으로, 비밀서신의 내용은 물론 북벌을 하자는 내용이었다.

송시열이라고 효종이 자신들에게 정권을 준 이유가 북벌에 있음을 모르지는 않았다. 효종의 비밀서신에 대한 답신으로 송시열이 올린 〈상영릉문(上寧陵文)〉에 제시한 몇 가지 대책은 효종의 이런 의도에 대한 나름대로의 화답이었다. 송시열은 〈상영릉문〉에서 조정에 믿을 만한 사람이 없어 걱정이라면서 조정의 몇몇 신하들에게 북벌의 의사를 타진해 본 결과를 보고했다.

"허적(許積)은 큰일(북벌)에 대해서 힘을 낼 것을 다짐했습니다. 허적은 용감하지만 침착한 맛은 적으니 그의 의사를 명백히 알아야 합니다. 유계에게 말했더니 어려운 일이지만 마땅히 힘을 다해 죽음을 각오할 뿐이라고 말했으나 다만 기밀이 누설되어 화근이 닥칠까 두렵다고 했습니다. 송준길은 국내 정치가 견고하지 못한데 힘을 나누어 밖의 일(북벌)을 하다가 크게 실패할까 두려워한다면서 우리의 힘을 서서히 길러 적의 틈을 기다리면 안 될 이치가 없다고 했습니다. 이유태는 전하의 뜻이 굳지 않을까 두려워하면서 전하의 뜻이 굳으면 순차적으로 일을 하는 방법이 생긴다고 말했습니다."

〈상영릉문〉의 내용은 대단히 모호한 것이었다. 북벌을 하자는 것인지 말자는 것인지 그 본심을 알 수 없는 내용이었다. 〈상영릉문〉에서 송시열이 제기한 유일한 군사력 증강책은 약 17만여 명에 이르는 승려들을 군사로 차출하자는 것이었다. 이는 불교를 허무의 도로 배척하는 유학자로서 군사력도 증강하고 불교도 억압하는 일거양득의 계책이었으나 이상론일 뿐, 효종이 납공하지 않는 노비를 차출하기 위해 추쇄어사까지 파견했으나 실패한 데서 알 수 있듯이 현실적으로는 불가능한 방안이었다.

〈상영릉문〉을 읽은 효종이 당연히 그 모호성을 모를 리가 없었다. 효종은 송시열에게 북벌에 대한 산당의 분명한 당론을 확인할 필요가 있었다. 효종은 이를 위해 송시열과 독대해 그의 의중을 정확히 듣기로 결심했다. 이른바 기해독대(己亥獨對)였다. 효종 10년 3월 11일이었다.

스러진
북벌의 꿈

기해독대 뒤에 생긴 일들

기해독대… 효종과 송시열의 담판

효종 10년(1659) 3월 11일은 태백이 낮에 나타난 날이었다. 이날은 효종과 송시열이 그 유명한 기해독대를 한 날이었는데, 사실상 이날 독대를 먼저 요구한 것은 송시열이었다. 효종이 바라던 바를 송시열이 먼저 제기한 것이었다. 송시열은 효종과 시사를 논하던 도중 효종에게 전가의 보도인 남송 효종의 예를 들며 독대를 요구한 것이었다.

"송 효종이 당초에 큰일(중원 수복)을 하려는 뜻을 품고 장남헌[張南軒 : 남송의 장식(張栻)]을 부를 때에, 만일 전상(戰上)에서 만나보면 혹시 엿듣는 자가 있을까 싶어서 뜰 가운데다 장막을 설치하고 그를 보았는데 좌우에는 아무도 없었습니다. 임금과 신하 사이가 이와 같아야만 큰일을 도모할 수 있는 것입니다."

그러자 효종이 말했다.

"근래에 경의 병으로 인하여 오랫동안 서로 만나보지 못해 늘 매우 답답하였다. 오늘은 자못 조용한 듯하니 경은 나가지 말라."

효종은 승지 이경억(李慶億)에게 일렀다.

"오늘은 승지가 먼저 물러가라."

그리고 사관(史官)과 환관도 모두 물러가라고 분부했다.《효종실록》은 이때의 풍경을 이렇게 묘사하고 있다.

"그러고 나서 송시열 혼자 입시하였는데, 외조(外朝)에 있는 신하들은 송시열이 어떤 일을 말씀드렸는지 몰랐다."

효종은 이날 내관(內官 : 내시)에게 문을 열어 놓은 다음 나가게 했다. 엿듣는 사람이 없게 하려는 조치였다. 독대의 완벽한 조건을 갖춘 것이다. 그러나 이날의 대화를 송시열이 기록해 놓았으므로 무슨 대화가 오고 갔는지 알 수 있으니 재현해보자.

홍정당에는 효종과 송시열, 두 군신(君臣)만이 남아 있었다. 임금과 신하가 단 둘이 마주하는 것, 바로 독대(獨對)였다. 독대는 조선에서 극히 이례적인 일이었다. 조선 500년 역사를 통틀어서 독대는 이때의 기해독대와 선조 때 유영경과의 독대, 그리고 숙종 때 이이명(李頤命)과의 정유독대(1717) 등 손에 꼽을 정도이다. 조선에서 독대는 엄격히 금지되어 있었다.

정치는 떳떳하게 공개된 상태에서 수행하는 공기(公器)이지 남이 볼까 두려워서 밀실에서 은밀히 진행되는 사기(私器)가 아니라는 정치철학의 소산이었다.

독대가 금지되는 정치원칙은 공작정치의 씨앗 자체가 자랄 수 없는 토대이다. 해방 후 한국정치에 독대가 횡행하고 공작정치가 거리낌 없이 자행된 것은 '오야붕'이 '꼬붕'을 불러 신임을 과시하는 일제의 무사풍토에서 나온 일제 무단통치의 유산에 불과할 뿐 조선에서는 엄격히 금지되어 있던 일이었다.

효종과 송시열, 두 사람 사이엔 긴장이 흘렀다. 비상한 상황임을 둘은 잘 알고 있었다. 효종이 입을 열었다.

"경(卿)과 조용히 대화를 하고 싶어 여러 달을 기다렸지만 끝내 기회가 없었다. 오늘은 내가 마음먹고 이 자리를 만든 것이다. 오늘은 나도 다행히 기운이 회복되었으니 내 뜻을 다 말할 수 있을 것이다."

잠시 말을 끊은 효종은 긴 한숨을 내쉬었다.

"오늘 이 자리를 마련한 이유는 현재의 대사(大事 : 북벌)를 논의하기 위함이다. 저 오랑캐(청나라)는 반드시 망하게 될 형편에 처해 있다. 예전의 한(汗 : 청나라 황제 세조를 낮춰 부르는 말)은 그 형제들이 매우 번성했었는데 지금은 점점 줄어들었으며, 예전의 한은 인재가 매우 많았는데 지금은 모두 용렬하다. 예전의 한은 오로지 무예와 전쟁을 숭상했는데 지금은 점점 무사(武士)를 폐하고 중국의 문물을 본받고 있다."

송시열 자신이 독대를 요구한 명분인 '큰일'이 북벌임을 잘 알고 있었다. 효종은 계속 말을 이었다.

"오랑캐의 지금 상황은 경이 언젠가 주자(朱子)의 말을 빌어 말한 '오랑캐가 중원의 인재를 얻어 중국의 제도를 배우면 점점 쇠약해진다'는 것과 같은 것이다. 지금의 한이 비록 영웅이라고 하나 주색(酒色)에 깊이 빠져 있어 그 형세가 오래가지 못할 것이다. 신하들은 모두 내가 군사(軍事)를 다스리지 않기를 바라지만 나는 그들의 말을 듣지 않고 있다. 왜냐하면 천시(天時)와 인사(人事)가 언제 맞을지 모르기 때문이다."

효종은 신하들의 반대에도 불구하고 군사권을 병조(兵曹)나 비변사(備邊司)에 맡기지 않고 직접 지휘하려 했는데, 그 목적도 물론 때가 되면 북벌을 단행하기 위함이었다.

효종의 계획… 조선군이 들어가면 한족이 일어선다

"오랑캐의 일은 내가 잘 알고 있다. 정예 포병(砲兵) 10만을 길러 자식처럼 사랑하고 위무하여 모두 결사적으로 싸우는 용감한 병사로 만든 다음, 기회를 봐서 오랑캐들이 예기치 못했을 때 곧장 관(關 : 산해관)으로 쳐들어갈 계획이다. 그러면 중원의 의사(義士)와 호걸 중에 어찌 호응하는 자가 없겠는가."

효종의 북벌계획은 군사 전략상으론 허황한 것이 아니었다. 포병 10만은 보병 몇십만보다 훨씬 위력이 있었다. 청나라는 겉으론 견고해 보여도 구조상 치명적인 약점을 가지고 있는 나라였다. 지배층은 만주족이지만 중하위 관료를 비롯한 대부분의 백성들은 한족(漢族)이었다. 지배층인 만주족은 피지배층인 한족에 비해 수적으로 절대적인 열세에 놓여 있었다. 현재의 인구비율로 따지면 약 170분의 1에 불과하다. 중화사상을 지닌 피지배층 한족이 만주족에 대해 민족감정이 없을 수 없었다. 10만의 조선 포병이 기세를 올리며 선전하면 중국 각지에서 한족들이 들고 일어날 수 있었다. 그러면 소수의 만주족으로서는 조선군에 맞서 싸우는 동시에 한족을 상대하기에는 인원이 부족할 수밖에 없다. 효종의 전략은 바로 이것이었다.

실제로 기해독대 15년 후인 현종 15년(1674)에 한족 오삼계(吳三桂)가 군사를 일으켜 중국 남방이 혼란에 빠지는 일이 발생하자 유생 나석좌(羅碩佐) 등이 북벌하자는 상소를 올렸을 정도로 효종의 이 계획은 조선군이 힘을 갖추고 있으면 가능한 일이었다. 효종의 설명은 계속된다.

"저들은 방비에 힘쓰지 않아 요동(遼東)과 심양(瀋陽)의 천 리 길에 활을 잡고 말을 타는 자가 전혀 없으니, 우리가 쳐들어가면 무인지경에 들어가듯 할 수 있을 것이다. 또 저들이 우리나라의 조공품을 모두 요동과 심양에 쌓아두고 있다. 이는 이 물건들을 다시 우리의 것이 되게 하려는 하늘의 뜻인 듯하다. 게다가 우리나라에서 붙잡혀 간 수만 명의 포로가 그곳에 억류되어 있으니, 어찌 내응(內應)하는 자가 없겠는가."

효종은 확신에 차서 말했다.

"오늘의 대사는 과감하게 시작하지 못하는 것을 걱정할 뿐이니 성공하기 어렵다는 점을 걱정할 필요는 없다."

효종은 흉중에 감추었던 모든 계획을 말했다는 듯이 입을 다물었다. 이제 송시열이 답할 차례였다.

"전하의 뜻이 이와 같으시니 이는 우리나라뿐만 아니라 실로 천하 만대의 다행입니다. 하나 제갈량(諸葛亮)도 뜻대로 되지 않자 '마음대로 하기 어려운 것이 세상사이다'라고 말했습니다. 만에 하나 차질이 생겨 오랑캐에게 나라가 망하게 된다면 그때는 어찌 하시렵니까?"

효종은 빙그레 웃었다.

"그것은 경이 나를 시험하는 말이다. 나는 내 능력이 대사를 수행하는 데 충분하다고 말하는 것은 아니다. 다만 천리(天理)나 인심으로 보아 그만둘 수 없는데, 어찌 능력이 미치지 못한다 하여 스스로 포기할 수 있겠는가. 하늘의 뜻이 우리에게 있으니 나는 나라가 망하는 불행한 일은 없으리라고 생각한다. 하늘이 내게 부여해 준 자질이 그리 용렬하지 않은 데다가, 나로 하여금 일찍이 환란을 당하게 하여 부족한 면을 채워주었고, 나로 하여금 일찍이 궁마(弓馬)와 진법(陣法)을 익히게 하였으며, 나로 하여금 저들 속에 들어가 저들의 형세와 산천 지리를 익히 알게 하였고, 나로 하여금 적지에 오랫동안 있게 하여 두려워하는 마음이 없게 하였다. 나의 어리석은 생각으로는 하늘이 나에게 이러한 시련을 겪게 한 뜻이 우연이 아니라고 스스로 생각하고 있다."

소현세자의 심양 볼모 생활이 청나라가 주도하는 세상에 대한 화해 기간이었다면 봉림대군(효종)의 심양 생활은 청나라에게 복수할 정보를 수집하는 기간이었다. 봉림대군은 어떻게 하면 현실의 치욕을 씻을 수 있을까를 연구하며 궁마와 진법을 익히고 요동의 지리를 익혔다. 북벌은 이런 노력의 소산이 확신으로 승화된 신념이었다.

"나는 이 일을 성사시키기 위해 10년을 기한으로 삼고 있는데, 앞으로 10년이면 내 나이 50이 된다. 10년 안에 이 일을 이루지 못하면 나의 지기(志氣)가 점점 쇠하여 다시는 가망이 없을 것이다. 그렇게 되면 나도 경이 물러가기를 허락할 것이다. 그때엔 경이 물러가도 괜찮을 것이다."

효종은 신념을 현실로 만들기 위한 자기 노력을 게을리 하지 않는 임금이었다. 그는 북벌을 위해 다른 모든 것을 희생할 줄 아는 사람이었다. 심지어 그는 몸의 기력을 빼앗기지 않기 위해 여자 관계도 삼가는 인물이었다.

"내가 내전(內殿)에 들어가는 날은 혈기가 손상될 뿐만 아니라, 지기(志氣) 또한 해이해져서 일을 처리하는 데 온당치 못할 일이 많아진다. 옛 사람들이 요절(夭折)하는 경우를 보면 대부분 여색(女色)과 관계가 있으니 진실로 무일(無逸)의 경계와 같다고 할 수 있을 것이다. 그리하여 나는 주색을 끊고 경계하여 가까이 하지 않은 결과 늘 정신이 맑고 몸도 건강해졌으니 어찌 앞으로 10년을 보장할 수 없겠는가."

효종은 실제로 인선왕후 이외에 안빈(安嬪) 이씨라는 한 명의 후궁을 두었을 뿐이다. 효종은 대의를 위해 일상의 즐거움을 버릴 줄 아는 지사(志士)였다.

"하늘이 나에게 10년의 기간을 허용해 준다면 성패와 관계없이 한

번 거사해 볼 계획이니, 경이 은밀히 동지들과 의논해 보도록 하라."

효종은 각 신하들의 성향을 물었다.

"내가 보기에 송준길은 함께할 의사가 없는 것 같은데 어떻게 생각하는가?"

"함께할 뜻이 없지는 않습니다. 다만 그 사람은 기질이 약하기 때문에 그런 것입니다."

"내 생각에 허적은 굳세고 용감하여 일을 맡길 수 있겠으나, 주색에 빠져 자못 행실이 좋지 않다고 하니, 매우 애석한 일이다. 내 일찍이 생각하기를 나와 이 일을 함께할 수 있는 자는 오랑캐의 손에 죽은 집안의 자제들뿐이고 그 밖의 사람들은 어렵다고 여기고 있었다."

이는 송시열의 종형 송시형(宋時瑩)이 강화도에서 순절한 것을 염두에 둔 말이었다. 효종은 송시열에게 다른 신하들이 북벌에 무관심하거나 북벌을 두려워하는 것을 질타했다.

"내가 만수전(萬壽殿)을 지을 때 터 잡는 일을 핑계로 몇 명을 만나 은밀히 시험해 보았는데, 모두 무관심하여 깊이 생각하는 자가 없으니, 이처럼 통탄할 일이 어디 있겠는가. 신하들이 모두 눈앞의 부귀만을 도모하면서 북벌을 하면 나라가 망하게 되는 듯이 두려워하고 있기 때문에 이 일을 말하면 모두 간담이 서늘해져서 놀라기만 하니, 나 혼자 부질없이 탄식할 뿐이다. 저들이 모두 자기 자손들을 위한 계획만 세우고 나를 도우려 하지 않고 있다."

신하들에 대한 효종의 질타에 송시열은 정면에서 반박했다.

"예로부터 제왕들은 먼저 자신을 닦고 가정을 다스린 뒤에야 법도와 기강을 세웠는데 이것이 일의 순서입니다. 지금 전하께서는 혼잡하고 자질구레한 일들을 떨쳐버리지 못하시니 지기(志氣)가 있는 선비들의 마음이 게을러지지 않을 것이라고 어떻게 장담할 수 있으며, 뭇 신하들이 제 집안을 살찌우는 데에만 힘쓰는 것도 전하를 보고 배운 것이 아니라고 어찌 말할 수 있겠습니까? 전하께서 진실로 심신(心身)을 깨끗이 하시어 잡다한 모든 일들을 일체 제거하시고 마음과 생각에 한결같이 이 일만을 위주로 하신다면, 신하들도 어찌 감히 나라를 위해 제 몸을 바치려 하지 않겠습니까?"

송시열은 신하들의 부패와 안일을 효종의 책임으로 돌렸다. 효종으로서 이는 모욕에 가까운 말이었다. 그러나 효종은 송시열의 이런 말까지도 받아들였다. 북벌을 위해서는 송시열의 지지가 필수적이었기 때문이다.

"경의 말이 옳다."

효종은 이렇게까지 양보했다. 하지만 송시열이 제시하는 대안은 그저 치자(治者)의 근본도리는 '몸을 닦고 집안을 다스린다'는 뜻의 '수기형가(修己刑家)'이며 이것이 북벌의 선결조건이라는 말뿐이었다. 훗날 송시열이 반대당파로부터 '수기형가' 네 자로 북벌의 책임을 때우려 했다는 비난을 받은 이유도 이 때문이었다.

강빈은 과연 역적이었는가

송시열을 비롯한 산당이 출사하며 명분으로 삼았던 것은 소현세자빈 강빈에 대한 신원이었다. 강빈이 역모로 몰린 것은 억울한 일이니 신원해야 한다는 것이었다. 송시열은 이 문제를 정면에서 거론했다.

"강빈(姜嬪)의 옥사 때문에 사람들의 마음에 불평이 있는 것을 어떻게 생각하십니까?"

하지만 효종으로서는 강빈이 무고하다고 인정할 수는 없었다. 이 경우 자신의 왕통이 문제가 되기 때문이다. 그리고 이미 이 문제는 여러 차례 해명한 터였다. 효종 3년 4월에 부교리 민정중(閔鼎重)에게 설명했으며, 5월에도 여러 신하들에게 해명한 터였다. 물론 강빈이 역적이라는 해명이었다. 이때 효종은 "지금 역강(逆姜 : 역적 강씨라는 뜻)을 구하려 하는 자들은 어찌 반역을 꾀한 자와 동등한 자가 아니겠는가"라며 화를 내 '여러 신하들이 모두 겁을 먹고 대답하지 못했다'라고 《효종실록》은 기록하고 있는데, 그 7년 후에 송시열이 다시 거론한 것이다. 이때 효종은 송시열에게는 화를 내지 못했다.

"내가 늘 경과 그 일에 대해 말하려 했는데 틈이 없어서 말하지 못했을 뿐이다."

효종은 강빈을 악녀로 만들기 위해 자신이 알고 있는 비화(秘話) 하나를 공개했다.

"강씨의 못된 짓을 어떻게 한 입으로 말할 수 있겠는가. 내 한 예를 들을 테니 한번 들어보라. 자식을 사랑하는 마음은 짐승들도 가지고 있다. 그런데 강씨는 그렇지 않았다. 소현세자가 돌아가셨을 때 대조(大朝 : 인조)께서 애통해하시며, '이는 잠자리를 조심하지 않았기 때문이다'라고 책망하시자, 강씨는 즉각, '모월(某月) 이후로는 가까이 하지 않았습니다'라고 발악했다. 그 후 자식을 낳게 되자 모월 이후로는 가까이 하지 않았다는 말을 실증하기 위해 곧 자식을 죽이고 그 사실을 은닉하였다."

강빈은 인조가 소현세자를 죽였음을 짐작하고 있었던 듯하다. 인조가 소현세자를 죽여 놓고 그 책임을 자신에게 돌리자 반발하고 나선 것이다. 효종은 나아가 강빈이 역모를 꾸몄다고 주장했다.

"강씨의 성품이 이렇듯 악독하니 그가 역모를 꾸민 것이 어찌 괴이하다 하겠는가. 역모를 꾸민 것은 궁내에서만 알고 있는 것이니 밖의 사람들이 어찌 알겠는가. 이 일은 확연히 드러나 의심할 것이 전혀 없는데도 밖의 사람들이 지금까지 원통해하고 있으니 내 가슴이 실로 아프다."

송시열은 강빈이 억울하게 죽은 증거로 인조의 전교(傳敎)를 들었다.

"선왕의 전교에, '흉한 것을 땅에 묻어 저주하고 독약을 넣은 것은 〈필시(必是)〉 강씨의 소행일 것이다'라고 쓴 것을 기억하고 있습니다. '필시'라는 두 글자는 분명한 증거가 없는 것을 억지로 단정하는 말입니다. 분명한 증거가 없는 사람을 대역죄로 몰아 죽였는데 사람들이 원통해하지 않을 리 있습니까? 지금 이 '필시'라는 두 글자 때문에 사람들이 입을 다물지 않고 있습니다."

인조의 후궁 귀인 조씨의 자작극으로 의심받는 저주 사건을 담은 전교의 허점을 송시열이 파고 든 것이다. 전교 자체가 강빈을 죄 없이 죽였음을 시인하고 있었던 것이다. 효종은 깜짝 놀라는 척했다.

"그 점은 내가 아직 생각하지 못했는데, 과연 경의 말이 맞는 것 같다. 하지만 강씨가 역모를 꾀한 일은 의심할 것이 없다."

효종으로서는 애매하게 말을 맺는 수밖에 없었다. 만약 강빈이 무고라고 말하면 종통은 자신이 아니라 아직 살아 있는 그녀의 아들, 즉 소현세자의 아들에게 돌아가야 하기 때문이었다.

송시열의 진퇴양난과 의문의 효종 급서

독대라는 파격적 대우도 송시열을 북벌론자로 만들 수는 없었다. 하지만 송시열로서도 고민은 있었다. 효종이 이토록 북벌을 호소하는데 정권을 위임받은 신하로서 북벌 자체를 반대할 수는 없었기 때문이다. 효종이 그에게 중대한 정치적 양보를 한 이유도 여기 있었다. 기해독대 때 효종은 심지어, "조만간 경에게 큰 임무를 맡기고 양전(兩

全 : 이조판서와 병조판서)을 겸직하게 하려 한다"라고 말하기도 했다. 이런 파격적 대우에는 조건이 있었다. 두말할 것도 없이 북벌을 수행하라는 조건이었다.

송시열이 북벌 자체를 반대한다면 효종은 어떤 위기가 닥치더라도 미련 없이 그를 버릴 것이었다. 송시열의 고민이 바로 여기에 있었다. 실권을 계속 유지하려면 북벌을 소리 높이 드높여야 했다. 하지만 송시열의 속마음에 북벌은 먼 이야기일 뿐만 아니라 불가능한 일이었다.

송시열이 영의정 정태화(鄭太和)를 찾은 것은 이런 모순된 처지에서 벗어나기 위한 고육지책이었다. 송시열은 며칠 후 실제 군사를 이끌고 북벌에 나설 것처럼·호언장담했다. 한참 호언하더니 말미에 지나가는 말처럼 정태화의 의견을 물었다. 정태화를 끌어들여 북벌의 책임을 지우려 한 것이다.

하지만 정태화는 송시열보다 처세에 능수능란한 인물이었다. 효종 10년 3월 제수된 영상을 사양하려 한 것도 북벌의 시기에 영의정을 맡지 않으려는 의도에서였는지 모른다. 정태화는 송시열이 자신을 끌어들여 북벌의 책임을 지우고자 하는 의도를 간파했다. 정태화의 대답은 이런 의도에서 나온 것이었다.

"공(公 : 송시열)의 지략이 성상(聖上)의 위임을 받아 천하의 대의(大義)인 대사(大事 : 북벌)를 경영하시니 무슨 일인들 못 하겠소. 나는 이미 늙고 무능하여 아무것도 도와드리지 못하지만 이 세상에 조금이라도 더 살아서 대감이 비상한 공을 세우고 천하에 대의를 펴는 것을 한 번 보고 죽는 것이 소원이오."

정태화의 이 말은 물론 거절이었다. 송시열이 실망한 낯빛이 되어 돌아가자 정태화의 아들이 물었다.

"아버님은 지금 국제 정세가 어느 때인데 북벌을 할 수 있다고 그런 말씀을 하셨습니까?"

이 말에 정태화가 웃으며 말했다.

"내가 언제 북벌한다고 말했더냐. 송 대감이 북벌을 임무로 삼아 성상에게 무한한 위임을 받았으나, 시간이 흘러도 성공할 묘책이 없으니 진퇴양난에 빠질 것이다. 그의 생각에 내가 북벌이 가망 없다고 하면 그 한마디를 구실 삼아 나에게 죄를 돌리고 자기의 발을 빼려는 것인데 내가 왜 남에게 팔린단 말인가. 그가 나에게 권모술수로 대하니 나 또한 권모술수로 답한 것이다. 우리 속담에 '뛰는 놈 위에 나는 놈 있다'고 하지 않더냐."

정태화와 그 아들의 대화는 북벌에 대한 조선 지배층의 인식을 잘 보여준다. 이들은 북벌을 효종 혼자만이 꾸는 꿈으로 여겼다. 청을 건국한 만주족이 조선보다도 인구가 적다는 사실은 안중에도 없었다. 효종처럼 청의 취약한 구조에 대한 분석도 없었다. 그저 북벌은 안 된다는 것이 이들의 보편적 생각이었다. 송시열도 정태화와 마찬가지 생각이었으나 처지가 달랐다. 정태화는 북벌을 모른 척하면 되지만 송시열은 북벌을 할 수도 안 할 수도 없는 상황이었다. 송시열은 대일통을 기치로 북벌을 소리 높이 외쳤지만 북벌은 불가능하다고 여기고 있었다. 그렇다고 해서 북벌이 불가능하다고 말할 수는 없었다. 작은 것 하나까지 직접 챙기는 효종이 인사권과 행정권, 그리고 군사권까지 위임하며 맡긴 대임(大任)을 방기할 수는 없었다. 말 그대로 진퇴양난이었던 것이다. 이때 송시열을 위기에서 구해 주는 급박한 사태가 발생한다.

북벌의 군주 효종, 급서하다

효종이 급서한 것이다. 효종 10년 5월 4일, 송시열과 독대한 지 두 달이 채 안 된 시점이었다. 불과 두 달 전의 독대 때 최소한 10년은 살 자신이 있다고 호언하던 효종이었다. 그때 효종의 나이 만 40세의 장년이었으니 허언(虛言)은 아니었다.

처음 효종의 발병 증세는 사소한 것이었다. 머리 위의 작은 종기가 원인이었던 것이다. 《효종실록》에 병세가 처음 기록된 날은 그해 4월 27일이었다. 종기의 독이 점점 퍼져 얼굴에까지 번졌으나 '의원들이 그저 심상한 처방만 일삼고 있다'고 효종이 불평할 정도로 큰 병은 아니었다. 효종은 산침(散鍼)을 놓아 독기를 배설시켜야 한다는 처방에 따라 산침을 맞았다.

이때 한 인물이 등장한다. 문제의 어의 신가귀(申可貴)였다. 당시 병으로 집에 있던 그는 효종이 아프다는 말을 듣고 입궐해 처방을 내린다.

"종기의 독이 얼굴로 흘러내리면서 농증(膿症)을 이루려 하니 반드시 침을 놓아 나쁜 피를 뽑아낸 뒤에야 효과를 거둘 수 있습니다."

다른 어의 유후성(柳厚聖)이 말리고 나섰으나 효종이 침을 맞을 것을 결정했는데 신가귀가 침을 놓자 잠시 후 침구멍으로 피가 나왔다. 효종은 "가귀가 아니었다면 병이 위태로울 뻔했다"며 안도했다. 그러나 피가 그치지 않고 계속 나왔으며 《효종실록》에는 침이 혈락(血絡)을 범한 탓이라고 기록되어 있다. 결국 효종은 침 맞은 자리에서 피가 계속 솟아 나와 세상을 떠나고 말았다.

그런데 종기에 침을 놓은 신가귀는 수전증, 즉 손이 떨리는 증세가 있는 의원이었다. 이 부분에서 많은 의혹이 제기되었는데, 신가귀가 일부러 효종의 혈락을 범했는지는 알 수 없으나 수전증이 있는 어의가 옥체에 침을 놓는다는 것은 왕조 국가에서 납득할 수 없는 일이기 때문이다. 북벌군주 효종은 이렇게 손 한번 제대로 못 써보고 세상을 떠나고 말았다. 허무한 노릇이었다. 그 누구도 예견 못 한 급박한 사태였다. 훈련대장 이완이 훈련도감의 군병을 거느리고 궁성을 호위해야 할 만큼 급박한 상황이었다. 문제는 여기에서 끝나지 않았다. 천추의 한을 남기고 떠나서인지 효종 사후에도 문제가 잇달았다. 첫 번째 문제는 효종의 시신에 부기(浮氣)가 있는 것이었다. 깜짝 놀란 효종의 비 인선왕후(仁宣王后) 장씨가 송시열을 불러 전교했다.

"옥체에 부기가 있으니 어찌하리오."

그녀는 신풍부원군(新豊府院君) 장유(張維)의 딸로서 당시 효종보다 한 살 위인 만 41세였다.

"이는 염려할 바가 아닙니다. 보통 초상에 부기가 극도로 되면 도로 빠집니다. 이제 대렴(大斂)할 날이 아직 멀었으니 그 전에 반드시 바로 될 것입니다."

과연 다음 날 저녁에 부기는 빠졌다.

이때 국상의 예법은 송익필→김장생→김집으로 이어지는 조선 예학의 계보를 이은 송시열의 자문을 받았다. 송시열은 소렴 때의 예법에 대해 이렇게 말했다.

"소렴할 때 끈을 매되 조르지 않고 그 얼굴은 덮지 않는 법입니다. 이는 효자가 다시 살아나기를 기다릴 뿐만 아니라, 수시로 그 얼굴을 보고자 하는 것입니다. 사가(私家)에서 끈을 졸라매는 것은 염을 마치고 나서야 비로소 시신의 대소·장단을 재어 관을 맞추기 때문입니다. 국상(國喪)의 경우는 관이 예비되어 있으니 전례에 따라 졸라매지 말아야 합니다."

영상 정태화와 송준길이 상의해서 끈을 졸라매되 단지 한두 마디를 빼어서 효의 뜻을 표시하고자 절충해 그대로 시행했으나 문제는 끈을 졸라매느냐 아니냐가 아니었다. 송시열의 말대로 국상이므로 '관이 예비'되어 있었으나 그 관의 폭이 염한 시신보다 작은 문제가 발생했다. 두 번째 문제였다. 깜짝 놀란 송시열이 내시를 불러 말했다.

"이 관에는 옥체가 들어가지 않을 듯하니 가는 댓조각을 가지고 시신을 재어오라."

내시가 재어 온 바로는 과연 시신이 관턱을 걸치고도 남았다. 임금의 관이 시신보다 작은 초유의 사태가 발생한 것이었다. 송시열이 영의정 정태화에게 알리니 여러 신하들이 서로 돌아보며 놀랐다. 도저히 있을 수 없는 일이었던 것이다.

염한 옷이 너무 두터운 때문인지 모른다고 생각해 손으로 만져보았으나 아주 얇았다. 시신이 썩기 쉬운 한여름에 두꺼운 옷을 입힐 까닭이 없었던 것이다. 어깨가 관보다 넓었다. 정태화가 세자에게 말했다.

"망극한 가운데 더욱 망극한 일이 생겼습니다."

망극하다는 말밖에 달리 할 말이 없었다. 결국 급한 대로 널판을 구해 잇대어 관을 크게 하는 수밖에 없었다. 연성군(延城君) 이시방이 널판을 이어 이 문제를 겨우 해결했다. 국왕의 관을 재궁(梓宮)이라고 부른다. 관 자체가 궁이라는 뜻이다. 이런 재궁을 너덜너덜하게 잇는 일이 성리학과 예학의 나라 조선에서 발생한 것이다. 훗날 송시열은 죽을 때 자신의 관도 덧붙인 널판을 이용하라고 유언했다. 효종의 관에 덧붙인 널판을 사용한 것이 미안하다는 뜻이었으나 그간 이 문제로 수많은 공격을 당한 결과이기도 했다. 뒤이어 벌어진 예송논쟁 때 남인 윤선도(尹善道)는 효종의 시신보다 관이 작은 연유나 시신에 부기가 있었던 까닭을 송시열 때문이라고 주장하기도 하였다. 즉 송시열이 효종 시신의 염(斂)을 빨리 못 하게 했기 때문이라는 것이다. 바로 이런 공격들을 뼈아프게 생각한 송시열이 자신의 관도 널판을 사용하게 했다는 주장이다.

그러나 효종의 죽음이 가져온 파문은 시신의 부기와 시신보다 작은 재궁에 그치지 않았다. 그의 장지(葬地)도 문제가 되었다. 이 세상에서 못다 한 일이 많은 효종의 한이 거듭 문제를 일으키는지도 몰랐다. 처음 효종의 장지를 결정한 인물은 풍수에 능한 전 참의 윤선도였는데, 그는 수원부 청사 뒷산 등성이를 명당이라고 지목했다.

"수원 호장(戶長) 집 뒷산이 용혈(龍穴)로서 앞산과 물이 모두 좋아서 천 리 안에는 없는 명당(明堂)이므로 영릉(英陵 : 세종의 능) 다음가는 곳이니 주자가 말한 바, 종묘의 제사를 영구하게 하는 계책은 실로 여기에 있습니다."

다른 지관들도 그곳이 길지(吉地)라고 호응했다. 이에 따라 세자는 이곳을 장지로 삼기로 마음먹었으나 다른 대신들과 삼사에서 반대하고 나섰다. 영중추부사 이경석도 반대한 대신 중의 한 명이었다.

"살아서 남에게 이익을 주지 못하는 사람은 죽어서도 남에게 해를 끼치지 않습니다. 이러므로 농사 짓지 못할 땅을 선택해서 장사 지내는 것이 인인(仁人)과 군자(君子)의 마음입니다."

수원을 장지로 정하면 수원부를 옮겨야 하므로 군사들과 백성들의 고통이 클 것이라는 이유였다. 장지를 결정하는 데 풍수설을 좇을 것은 없고 그 땅이 길이 되거나 집터가 되거나 수해가 있는 등의 문제를 뜻하는 오환(伍患)만 없으면 된다는 송나라 사마광(司馬光)의 이론을 딴 반대였다.

판의금부사 송시열도 반대하고 나섰다.

"대행왕은 마음이 지극히 어질고 넓어서 두루 사랑이 미치지 않는 곳이 없었으나 그중에서도 군사에 대해서는 특별했습니다. 그러므로 수원을 7천 병력의 주둔지로 만들어 가장 훌륭한 장수와 군사를 뽑아 보냈던 것입니다. 그런데 이제 그 고을을 철거하고 그 농토와 가산을 파괴하여 그곳 사람들을 슬피 한탄하게 함은 결코 대행왕의 뜻이 아닙니다."

효종의 장지 문제에 대한 송시열 등 서인들의 반대는 근거가 있는 것이었다. 군비확장에 안민론으로 맞섰던 것처럼 송시열은 효종의 장지 역시 백성들의 생활을 명분으로 수원으로 정하는 데 반대했다. 이 자리에는 공교롭게도 약 100여 년 후 정조에 의해 효종의 현손인 사도세자의 현륭원이 조성된다. 이때 정조가 내탕금으로 이주 비용을 마련해 주자 백성들이 기뻐했다고 기록되어 있음을 볼 때 이는 시행

♠ 화양동계곡의 옛 화양서원 터에 있는 만동묘 묘정비. 임진왜란 때 구원군을 파견한 명나라 신종황제를 기리는 비이다.

의지의 문제이지 민생의 문제만은 아니었다. 더구나 정조가 현릉원을 이곳으로 옮긴 후 수원은 더욱 발전된 행정·군사의 중심지가 되었음을 볼 때 군사를 빗댄 반대론도 근거가 있는 반대는 아니었다. 손 떨리는 어의가 침통을 잡는 것 하나 막지 못해 비명에 가게 하고 임금의 관 하나 제대로 마련 못 한 신하들이 벌떼같이 일어나 반대할 일은 아니었던 것이다. 그러나 당시는 서인의 세상이어서 효종의 능은 건원릉(健元陵) 오른쪽 산등성이로 정했다. 윤선도는 또 한 번 정치적 패배를 당한 것이었다.

그러나 15년 후인 현종 14년(1673)에 효종의 능인 영릉(寧陵)의 석물에 틈이 생겨 빗물이 스며들 우려가 있다 하여 세종의 능 옆으로 옮겼다. 이때 남인들은 이 모든 원인을 송시열의 탓으로 몰아 공격하기도 했다. 그리고 바로 그다음 해 송시열이 무너지는 제2차 예송논쟁이 일어났으니 송시열과 효종은 좋든 나쁘든 죽어서도 끊어지지 않는 깊은 인연이 있었던 것이다.

문제의 어의 이기선과 송시열

그런데 효종 사망 다음 달에 이기선이란 의관이 갑자기 엄형(嚴刑)을 받은 일은 특기할 만하다. 문제를 제기한 인물이 다름 아닌 효종의 뒤를 이은 현종이란 점에서 더욱 그러하다.

"지난달 초삼일 밤 입진(入診) 때, 의관 이기선이 많이 부어 있는 것을 보고는 감히 꽁무니를 뺄 생각으로 진맥할 줄을 모른다고 아뢰었는데, 만약 그의 말대로라면 작년 편찮으셨을 때는 어떻게 맥을 논했다는 말인가? 그의 정상이 매우 흉측 교묘하여 엄히 징벌하지 않을 수 없으니, 그를 잡아들여 국문 처리하라."

현종은 효종의 갑작스런 죽음이 분명 문제가 있다고 생각했다. 효종의 비 인선왕후 장씨도 마찬가지였을 것이다. 어의 이기선이 갑자기 발을 뺀 것이 효종의 갑작스런 죽음과 관련이 있을지 모른다고 여긴 후왕 현종은 이기선이 원래 맥 짚는 법을 모른다고 발뺌하자 화를 냈다.

"맥 짚는 법을 모른다면 어떻게 의원이 되었느냐?"

현종은 엄형을 가하도록 특명을 내렸다. 최고의 실력을 지닌 어의가 맥 짚는 법도 모를 리 없다고 여긴 것이다. 맥을 짚을 줄 모른다는 이기선의 말은 누가 들어도 어불성설의 변명이었다. 현종이 어의 이기선을 추궁한 것은 바로 이런 의혹이 있었기 때문이다.

그러나 이때 이기선을 옹호하고 나서는 인물이 송시열이었다. 이들은 현종 즉위년 6월 11일 정반대의 주장을 한다. 송시열과 정유성이 "이기선은 사실 맥 짚는 법을 모르는 사람"이라며 옹호하고 나서서 그를 사지(死地)에서 구했다.

이기선은 송시열의 말대로 맥을 짚을 줄 모르는 의원이었는지도 모른다. 하지만 그렇다면 현종의 말대로 맥도 짚을 줄 모르는 인물이 어떻게 의원, 그것도 어의가 되었는지 의문이다. 이런 숱한 의혹들을 남긴 채 군사강국을 지향했던 효종은 세상을 떠났고 조선은 다시 송시열 등이 주도하는 극심한 문치(文治)의 나라로 돌아갔던 것이다.

4부

왕위에 올랐다고 가통까지 이은 것은 아니다
-예송논쟁

임금이라도
차자가 아닌가?

효종의 국상에는 3년복을 입을 수 없다

아들이 죽었을 때 어머니의 상복은?

효종의 시신을 둘러싼 이런 소동들은 모두 전례가 없는 일이었다.
그러나 이런 소동을 겪고도 효종의 시신은 조용히 땅속에 묻히지 못
했다. 그가 세상에 남긴 북벌의 한(恨)이 너무 커서 그를 조용히 떠나
지 못하게 하는 것인지도 몰랐다. 그의 죽음을 계기로 장장 전후 15년
에 걸친 예송논쟁이 일어나는데, 그의 사후 15년째는 중국 남쪽에서
오삼계가 청나라 타도를 기치로 군사를 일으킨 해란 점에서 의미심장
하다.

효종의 뒤를 이은 인물은 만 18세의 외아들 현종이었다. 그는 효종
사후 4일 만에 예조(禮曹)에서 새 왕의 즉위절목(卽位節目)을 올리니 화
를 내며 물리쳤다.

"지금이 어떤 때이고 이것이 어떠한 거조인데 분명히 계품하지 않

은 채 감히 택일(擇日)하여 들인단 말인가."

백관과 삼사(三司)에서 "성복(成服)하는 날 뒤를 잇는 것은 조종(祖宗)께서 이미 행해온 예법"이라고 주청하자 다시 사양했다.

"예법이 중대하기는 하지만 정(情) 또한 폐할 수 없는 것이다. 경들은 어찌하여 나의 망극한 회포를 돌아보지 않는가. 결코 억지로 정리(情理)를 억제하면서 이를 거행할 수는 없다."

이런 실랑이를 거쳐 세자는 드디어 즉위하지만 그가 정작 싸워야 할 일은 선왕의 빈전 앞에서 즉위할 수 있느냐 여부가 아니라 예송논쟁(禮訟論爭)이란 거대한 암운이라는 사실은 몰랐을 것이다. 효종이 승하했을 때 효종의 계모(繼母)인 자의대비(慈懿大妃) 조씨가 살아 있었던 것이 제1차 예송논쟁의 시발이었다. 그녀의 상복 착용 기간이 문제가 된 사건이 바로 제1차 예송논쟁이다.

인조는 반정을 일으키기 13년 전인 1610년 영돈녕부사 한준겸(韓浚謙)의 딸과 결혼했으니 그녀가 인열왕후 한씨였다. 그녀는 소현·봉림·인평·용성 대군 등 4남을 낳고 인조 13년(1635) 사망했고 인조는 3년 후에 영돈녕부사 양주(楊州) 조씨 창원(昌原)의 딸과 재혼했다. 그녀가 바로 장렬왕후(莊烈王后) 조씨이다. 인조의 나이는 만 43세였고 그녀의 나이는 만 14세였다. 인조가 사망함으로써 대비가 된 그녀는 효종 2년 자의(慈懿)라는 존호(尊號)를 받아 자의대비가 되었다.

자의대비는 효종보다 5살이나 어렸다. 만 30세의 효종이 즉위했을 때 그녀의 나이는 만 25세였다. 10년을 재위한 효종이 죽었을 때 겨우 만 35세였다. 나이는 어렸지만 그녀는 인조와 국혼을 올렸으니 효종에게 법적인 어머니였다. 이 법적인 어머니 자의대비 조씨가 아들인 효종의 국상 때 얼마 동안 상복을 입어야 하는가를 둘러싸고 벌어진 논쟁이 제1차 예송논쟁이었다. 1659년인 기해년에 벌어졌다 해서 기해예송(己亥禮訟), 상복 문제로 논쟁했다 하여 기해복제(己亥服制)라 부르기도 한다.

현재 이 예송논쟁 자체에 대해 냉소적 인식을 갖고 있는 현대인들이 적지 않을 것이다. 여기에는 여러 가지 이유가 있겠지만 식민지 시대 일인(日人) 학자들이 이를 당파싸움 망국론의 중요한 전거로 사용한 데 큰 요인이 있다. 현재의 잣대로 보아 상복을 얼마 동안 입든 무슨 상관이냐고 생각할 수도 있다. 물론 그런 요인이 없는 것은 아니다. 조선 사회에서 종법(宗法)은 현대 국가의 헌법과 같고, 예(禮)는 현대 국가의 공법(公法)과 같은 것이라고 해도, 예송논쟁이 국가의 부강이나 백성들의 민생을 둘러싼 논쟁은 아니기 때문이다.

그러나 당시 예론이 정원을 좌우할 만큼 중요하게 대두한 데는 두 가지 의미가 있었다. 하나는 임진·병자 양란 이후 신분제에 대한 농민들의 저항에 위기감을 느낀 사대부들이 수구적인 예론으로 지배질서를 계속 유지하려 했다는 점이다. 다른 하나는 억울하게 비명에 간 소현세자를 어떻게 대우할 것인가 하는 문제이다. 그리고 그 근저에는 왕가의 왕통은 일반 사대부가의 종통과 다른 차원의 질서인가 아니면 같은 성격의 질서인가 하는 서인과 남인의 시각차가 있었는데, 바로 이 점에서 예송을 정권 차원의 논쟁으로 격상시킨 주된 요인이기도 하다.

예송논쟁이 지닌 정치적 폭발력

조선의 예법은 조선의 《경국대전(經國大典)》과 《국조오례의(國朝伍禮儀)》, 그리고 중국의 《주례(周禮)》,《주자가례(朱子家禮)》 등 중국의 예론을 복합해 만든 것이었다. 이에 따르면 상복에는 다섯 종류가 있는데

3년복인 참최(斬衰)와 3년 또는 1년복인 재최(齊衰), 9개월복인 대공(大功), 5개월복인 소공(小功), 그리고 3개월복인 시마(緦麻)가 그것이었다.

부모상에 자식은 장자(長子 : 맏아들), 중자(衆子 : 맏아들 이외의 여러 아들)를 막론하고 무조건 3년복이었으므로 논쟁의 여지가 없다. 그러나 자식이 죽었을 때 부모가 상복을 입는 기간은 장자와 중자의 경우가 달랐고, 바로 이 점이 논쟁의 발단이었다. 맏아들인 장자상(長子喪)에는 부모도 3년복을 입게 되어 있었으나 차자(次子) 이하는 1년복을 입게 되어 있었던 것이다. 가통을 잇는 장자를 그만큼 우대한 것이다. 며느리의 경우도 마찬가지였다. 장자부(長子婦 : 맏며느리)의 상에는 9개월복을 입는 것이 예법이다. 퇴계(退溪) 이황(李滉)이 《퇴계가훈》에서 이 문제를 간단히 정리해 놓은 것이 있으니 이를 보자.

"아내가 세상을 떠났을 때는 상장을 짚고 한 해 동안 재최복(1년복)을 입고, 맏아들의 경우는 참최 3년을 입고, 맏며느리의 복은 한 해 동안 재최복을 입으며, 다른 아들의 경우는 1년복, 다른 며느리의 경우 9개월복을 입는다.(室人之服 齊衰杖基 長子之服 斬衰三年 長婦之服 齊衰期年 衆子之服朞年 衆婦九月)"

여기에서 알 수 있는 것처럼 제1차 예송논쟁은 간단하게 말해 효종이 승하했을 때 모후 자의대비가 장자의 예를 따라 3년복을 입어야 하는지 아니면 차자의 예를 따라 1년복을 입어야 하는지에 관한 논쟁이었다. 15년 후의 제2차 예송논쟁은 효종의 비 인선왕후가 승하했을 때 역시 당시까지 생존해 있던 자의대비가 장자부의 예에 따라 1년복을 입어야 하는지 차자부의 예에 따라 9개월복을 입어야 하는지에 관한 논쟁이었던 것이다.

임금이지만 장자가 아니니

효종이 승하했을 때 장례를 주관하는 예조판서 윤강(尹絳)과 참판 윤순지(尹順之)는 현종에게 자의대비의 복제 기간에 대해서 물었다. 그는 이 물음이 장장 15년간에 걸친 예송논쟁의 시발이 될 줄은 꿈에도 몰랐을 것이다. 그의 질문은 소박한 데서 나온 것이다.

"자의대비의 상복 착용 기간에 대해《국조오례의》에 자세한 내용이 실려 있지 않습니다. 혹은 3년복이라고 하고 혹은 1년복이라고 하는데, 결정할 만한 예문이 없으니, 대신과 유신(儒臣) 들에게도 의논케 하는 것이 어떻겠습니까?"

당시 만 열여덟 살의 현종으로서는 갑작스런 부왕의 죽음에 경황이 없었을 뿐만 아니라 자신의 주장을 내세울 만큼 예론에 대한 지식도 없었다. 그래서 그는 대신들과 유신들에게 의논해 아뢰라고 명할 수밖에 없었다. 이 명령에 따라 영의정 정태화, 좌의정 심지원(沈之源), 영돈녕부사 이경석, 연양부원군(延陽府院君) 이시백, 완남부원군(完南府院君) 이후원, 영중추(領中樞) 원두표 등의 대신들이 복제 문제를 상의한 후 헌의했다.

"신 등이 옛 예법에 능통하지는 못하지만 시왕(時王)의 제도로 상고해 보니 대왕대비께서는 1년복을 입으시는 것이 마땅할 것 같습니다."

자의대비의 복제는 3년이 아니라 1년복이 맞다는 주장이었다. 현종은 국왕이 승하했는데 3년복이 아니라 1년복을 입어야 한다는 대신들의 헌의에 불만을 가졌다. 왕조 국가에서 임금이 승하했는데 어째서 3년복이 아니라 1년복이냐는 생각이었다. 현종이 1년복으로 결정하기 전에 송시열과 송준길에게 다시 의논하게 한 것은 이런 불만 때문이었다. 현종이 생각하기에 양송은 유학으로 발탁된 유신이자 예학의 계승자로서의 학문적 권위가 있을 뿐만 아니라 선왕부터 지극한 총애를 받은 인물들이기 때문에 3년설을 지지할까 해서 묻게 한 것이었다. 그러나 이는 양송에 대한 현종의 소박한 믿음일 뿐이었다.

송시열과 송준길은 현종의 하문에 이렇게 답변했다.

"여러 대신들이 이미 시왕(時王)의 제도로 결정하기로 의논했으니 신 등은 감히 다른 말을 할 수는 없습니다."

그러면서 이들은 1년복에 대한 이론적 근거를 제시했다.

"《의례(儀禮)》의 〈상복소(喪服疏)〉에 '비록 승중(承重)한 아들이라도 그 아들이 죽었을 때 3년복을 입을 수 없다'는 구절이 있습니다. 따라서 대행대왕(효종)이 비록 왕통(王統)을 이었으나 다음 적자(嫡子) 서열이니 이번 국상에 대왕대비께서 입으실 복제는 1년을 넘을 수 없습니다."

승중(承重)이란 조상의 제사 받드는 중임을 이어받거나 장손(長孫)으로서의 아버지와 할아버지를 대신하여 조상의 제사를 받드는 사람을 말하는데, 양송이 여기에서 쓴 승중이란 적자를 뜻한다. 즉 효종이 소현세자의 뒤를 이은 차자(次子)지만 역대 선왕 등 조상의 제사를 받드는 중임을 이어받은 임금이란 뜻이다. 그러나 결국 장자가 아니니 아무리 임금이라 해도 자의대비 복제는 3년복이 아닌 1년복이라는 의미였다.

송시열·송준길의 견해는 비록 임금이라 해도 예법을 초월할 수는 없다는 것이었다. 이는 왕가의 특수성을 인정하지 않겠다는 뜻이었다.

남인들의 공세와 송시열의 사종지설

서인 대신들은 물론 양송 같은 유신들도 1년설을 주장하자 자의대비의 복제는 1년으로 결정되는 분위기였다. 대신들의 견해에 예학의 정통 대가들이 가세했으니 그 견해를 반박하기 어려웠던 것이다. 그러나 쟁쟁한 대신들과 양송의 견해를 정면에서 반박하는 인물이 있었다. 남인의 논객 전 지평 윤휴(尹鑴)였다. 그는 《의례주소(儀禮註疏)》의 〈상복참최장(喪服斬衰章)〉의 '아버지가 장자를 위해 상복 입는 기간'에 대한 가씨(賈氏)의 주(注)를 인용해 송시열의 논리를 반박하고 나섰다. 이를 가소(賈疏)라 하는데 이는 《의례》 정현(鄭玄)의 주(注)에 붙인 당나라 가공언(賈公彦)의 소(疏)를 말한다.

윤휴는 처음부터 상소로 의견을 제시한 것이 아니라 서인(西人) 이시백에게 편지를 보내 1년설을 반박했다.

"가씨 주에 '장자가 죽으면 적처(嫡妻) 소생의 둘째 아들을 대신 세워 역시 장자라 부른다'고 했습니다. 따라서 대왕대비께서는 당연히 3년복을 입으셔야 마땅합니다."

이 소식을 들은 영상 정태화는 송시열을 불러 의논했다. 송시열은 역시 윤휴가 인용한 《의례주소》 〈상복참최장〉의 가씨 주를 들어 윤휴의 논의를 반박했다.

"《의례주소》에 그런 말이 있는 것은 사실이오. 하지만 그 아래에 '적처(嫡妻)가 낳은 둘째 아들도 역시 서자(庶子)라고 칭한다'는 말이 있소. 즉 '서자'란 첩의 아들만을 뜻하는 것이 아니라 장자가 아닌 모든 아들을 뜻하는 말이오."

송시열은 이어서 '부모가 3년복을 입지 못하는 네 가지 경우(四種之 設 : 사종지설)'가 있다고 말했다. 그 유명한 사종지설로서 훗날 두고두고 문제가 되는 구절이다.

"첫 번째는 정체(正體)이나 승중(承重 : 제사를 받드는 것)할 수 없는 경우입니다. 즉 장자가 병이 있어 제사를 받들 수 없는 경우입니다."

장자가 병이나 기타 사유로 제사를 받들지 못하고 차자나 손자가

제사를 승중했을 경우 장자가 죽었어도 부모는 3년복을 입지 않는다
는 말이었다. 여기에서 '정(正)'이란 적자(嫡子)와 적손(嫡孫)을 뜻하는
말이고 '체(體)'란 직접 혈통을 이은 것을 뜻하는 말이다.

"두 번째는 승중하였으나 정체가 아닌 경우를 말합니다. 서손(庶孫)
이 후사를 이은 경우가 이에 해당됩니다."

송시열은 문제의 세 번째 경우에 대해서 설명했다.

"세 번째는 체이부정(體而不正)이니 서자를 내세워 후사를 삼은 경우
입니다."

바로 이 체이부정이 효종을 말하는 것으로 해석될 수 있었다. 선왕
이자 현왕의 아버지인 효종을 '서자'나 '부정(不正)'으로 표현하는 것
은 왕조 국가에서 지극히 민감한 문제이고 그만큼 위험한 일일 수밖
에 없었다. 실제로 남인들은 바로 이 체이부정을 문제 삼아 송시열을
공격하게 된다.

송시열이 서슴없이 '체이부정'이란 말을 입에 담는 데 정태화는 경
악했다. 이런 정태화의 놀람을 아는지 모르는지 송시열은 3년복을 입
을 수 없는 네 번째 경우에 대해 설명했다.

"네 번째는 '정이불체(正而不體)'로서 적손이 후사를 이은 경우를 뜻
합니다. 즉 할아버지가 손자의 상에 3년복을 입지는 않는다는 말이
지요."

남인들이 편찬한 《현종실록》은 이때 송시열이 이런 말까지 했다고
기록하고 있다.

"인조의 입장에서 말하자면 소현의 아들은 바로 '정이불체'이고 대
행대왕(효종)은 '체이부정'인 셈입니다."

그러자 정태화가 깜짝 놀라 손을 흔들며 말을 못 하게 하고 말한다.

"예는 비록 그렇다 하더라도 지금 소현에게 아들이 있는데, 누가 감

히 그 설을 인용하여 지금 논의하는 예의 증거로 삼겠습니까?《예경(禮經)》의 깊은 뜻은 나는 깜깜합니다만, 국조 이래로는 아버지가 아들 상에 모두 1년을 입었다고 들었습니다. 내 뜻은《국제(國制)》를 쓰고 싶습니다."

정태화가 손사래를 치는 것은 어찌 보면 당연한 일이었다. 또 다른 기록에는 정태화가 이렇게 말했다고 전한다.

"예로부터 왕가의 일은 처음에는 아주 작은 데서 비롯되더라도 나중에는 큰 화를 이룬 것이 한둘이 아니오. 만일 훗날에 간사한 자가 나타나 '체이부정'이란 말을 가지고 화단(禍端)을 만든다면, 우리는 말할 것도 없거니와 우리가 화를 당한 후에도 나라 일이 어디에 이를지 알 수 없소."

예송논쟁의 폭발성이 바로 소현세자의 아들과 효종의 관계에 있었기 때문이다. 송시열이 기해독대 때 소현세자 빈 강빈의 신원 문제를 강력하게 요구한 데서 알 수 있듯이 이 문제는 아직 끝나지 않은 진행형 사건이었다. 이 당시 소현세자의 셋째 아들 석견(石堅)이 살아 있었기 때문이다.

조선의 종법에는 장자가 죽었을 경우 동생이 아닌 장손이 종통을 잇게 되어 있었다. 적장손을 낳지 못하고 죽었을 경우에도 적장자의 동생이 종통을 잇지 않고 양자(養子)를 들여 종통을 잇는 것이 조선의 종법이었다. 이는 비단 일반 사대부가만이 아니라 왕가에도 적용되는 왕위 계승의 법칙이기도 했다.

이에 따르면 소현세자가 죽었을 때 동생인 봉림대군이 아니라 소현의 맏아들인 석철이 종통을 이었어야 했다. 하지만 인조는 소현세자를 죽인 지 6개월도 안 된 1645년(인조 23) 9월 봉림대군을 세자로 책봉했다. 그리고 그 4년 후인 인조 27년(1649)에는 봉림대군의 아들을 왕세손(王世孫)으로 책봉했다. 이는 자신이 죽은 후 종통 시비가 일어날 것에 대비한 사전 포석이었으나 그만큼 봉림대군의 종통 계승이 궁색했음을 말해 주는 증거이기도 하다.

송시열과 송준길이 대표하는 산림은 이를 받아들일 수 없었다. 더구나 이 뒤에 벌어진 강빈 사건은 산림이 볼 때 명백한 위법이었다. 송준길이 인조 23년 사헌부 지평(持平)에 제수되었을 때 병을 칭탁해 나아가지는 않으면서 상소를 올려 소현세자와 원손(元孫) 석철의 문제를 거론한 이유도 이 때문이었다.

"소현세자의 장례는 예법에 어긋났습니다. 또한 원손을 보양(輔養)하여 나라의 근본을 튼튼하게 해야 합니다."

이는 인조의 후사는 봉림대군이 아니라 소현세자의 큰아들인 석철이 이어야 한다는 말이었다. 인조는 이 상소에 격분해 송준길에게 제수한 관직을 거두어들였을 뿐만 아니라 다시는 그를 부르지 않았다. 아마 송준길이 산림의 영수가 아니었으면 호되게 처벌당했을 것이다. 앞서 소현세자의 사망을 이야기하면서 이미 설명했듯이 인조는 소현세자 상사 때 대신들이 1년으로 의정한 것을 역월법(易月法)을 적용해 12일 만에 복제를 마치려 하다가 한 등급 더 감해 7일 만에 상례를 마침으로써 송준길에게 뼈아픈 상소를 받았다.

송시열이 예로 든 인조의 입장에서 말하자면 소현세자의 아들은 '정이불체'이고 효종은 '체이부정'이라는 말은 민감하기 그지없는 사안이었다. 남인 장령 허목(許穆)이 현종 1년 3월 올린 상소문에서 말한 대로 "서자를 후사로 세운 경우가 '체이부정'이고, 적손을 후사로 세운 경우가 '정이불체'였으니, 이 논리대로라면 체이부정인 효종과 정이불체인 소현세자의 아들 석견 중 누가 정통인가 하는 문제가 대두될 수 있었던 것이다. 만약 정이불체인 석견이 정통이라면 현 임금인 현종의 계위(繼位)는 부당한 것이 될 수밖에 없었다.

이 때문에 예송논쟁은 효종뿐만 아니라 현종의 왕위 계승이 정당한 가라는, 핵폭발에 버금갈 폭발력을 지닌 민감한 문제였던 것이다. 예송논쟁은 단순하게 생각하면 전례(典禮) 문제에 지나지 않지만 내부적으로는 변칙적으로 왕위를 계승한 효종의 종통이 정당한가 하는 문제이자, 당시 신분제 사회가 붕괴하기 시작하면서 현안으로 등장한 서얼허통(庶孽許通) 문제나 노비종모법(奴婢從母法) 문제 등 여러 가지 사회 개혁 현안에 하나의 이정표가 될 수 있는 문제이기도 했다.

송시열의 '체이부정', '정이불체'에 놀란 정태화가 《국제(國制)》를 쓰고 싶다'고 말한 것은 정태화 특유의 절충안이었다. 《국제》, 즉 《경국대전》에는 장자와 차자의 구별 없이 아들의 상사에는 부모가 모두 1년복을 입게 되어 있었기 때문이다. 정태화는 소현세자의 아들이 살아 있는데 '체이부정' 따위의 말을 쓸 수 없다는 뜻이었다. 그러자 송시열도 한발 물러섰다.

"사종지설을 인용하는 것이 불가하다면 그렇게 하지요. 《국제》뿐만 아니라 명나라의 《대명률(大明律)》도 장자·차자를 막론하고 모두 기년(朞年 : 1년)복을 입게 되어 있소. 이를 인용해 기년복으로 결정하면 근거도 있고 성인(聖人)이 주(周)나라를 따른 뜻에도 합당하지 않겠소."

즉 속마음은 효종이 인조의 적장자가 아니라는 '체이부정'을 들어 1년복을 주장하고 싶지만 이는 효종의 종통을 부인했다는 역공을 받을 우려가 있기 때문에 장자·차자를 구분 않고 1년복으로 정한 《대명률》과 《국제(경국대전)》를 인용하자는 말이었다. 말하자면 일종의 편법으로 자의대비에게 1년복을 입히려는 목적을 달성하기로 한 것이다. 송시열은 이 편법이 15년 후에 자신의 발목을 잡는 족쇄가 될 줄은 몰랐을 것이다.

'성인이 주나라를 따른 뜻'이란 말은 공자가, "주나라의 문물이 하(夏)나라나 은(殷)나라보다 빛나므로 나는 주나라를 따르겠다"는 《논어》의 구절을 인용한 것이다. 문물이 높은 명(明)나라의 《대명률》을 따르겠다는 뜻으로서 친명 사대주의자다운 발상이었다.

정태화와 송시열이 합의한 사실은 곧 서인의 당론으로 확정되었다. 새로 즉위한 현종도 《대명률》과 《국제》에 1년복으로 되어 있다는 말을 듣고, 또 집권당인 서인들이 모두 1년설을 주장하므로 그대로 따르게 했다.

그러나 남인 윤휴는 송시열 못지않은 자기 이론이 있는 인물이었다. 게다가 유학의 경전 해석 문제를 두고 송시열과 사문난적 논쟁을 벌인 구원(舊怨)이 있던 터였다. 그는 이시백을 통해 송시열의 논리를 듣고 다시 자신의 논리를 가다듬었다. 윤휴는 《의례주소》의 〈내종은 외종과 같다(內宗猶外宗 : 내종유외종)〉는 소(疏)를 인용하며 재차 반론을 펼쳤다.

"내종(內宗)은 모두 참최복(3년복)을 입으니 대비(大妃)의 복은 마땅히 3년복이어야 합니다."

송시열도 물러서지 않았다.

"내종의 부녀는 모두 신하이다. 따라서 임금에게 감히 촌수(寸數)를 계산하지 못하고 모두 3년복을 입는 것이다. 하지만 지금의 대왕대비는 선대왕(효종)께서 신하로서 섬기던 분이다. 어찌 신하인 내종의 다른 부녀들처럼 참최복을 입는단 말인가? 당연히 1년복을 입어야 한다."

윤휴의 반박도 계속되었다.

"주나라 무왕(武王)은 어머니이자 문왕의 비인 문모(文母)를 신하로 삼았다."

주 무왕이 어머니를 신하로 삼은 전례가 있다는 말이었다. 이 말은 해석하기에 따라 논란의 여지가 있는 말이었다.

주나라 무왕은, "나는 열 명의 어진 신하가 있다"라고 말한 적이 있으며 공자는 이에 대해 "그중에 부인이 한 사람 있다"고 평했다. 하지만 무왕이나 공자는 그 부인이 누구인지 정확히 밝히지 않아 후세의 학자들은 그 부인을 어머니인 문모로 보기도 하고 무왕의 아내인 읍강(邑姜)으로 보기도 하는 등 논란이 있던 조항이었다. 박학한 송시열이 이를 모를 리가 없었다. 송시열은 주자의 말을 인용해 반박에 나섰다.

"주자가 이미 유시독(劉侍讀)의 말을 인용해 '아들이 어머니를 신하로 삼는 의리는 없다'면서 '옛글에 있는 그 말은 어머니인 문모가 아니라 자기 처인 읍강을 뜻한 것이다'라고 말했으니 후세 사람이 어찌 감히 주자의 이 말을 부인할 수 있겠는가."

윤휴 또한 지지 않았다.

"임금의 예는 일반 사대부나 서민과 다르다.(王者不同禮士庶)"

논란이 격화되면서 곤혹스런 처지에 빠진 인물은 현종이었다. 그는 속으로 3년복이 맞다고 여겼겠지만 이 논란이 계속될 경우 왕실의 권위에 치명적 상처를 입을 수 있다고 여겼다. 논란이 계속되고 논쟁이 효종의 정통성 여부에까지 확대될 조짐을 보이자 우선《국제》에 의거해 1년복으로 결정한 것은 이 때문이었다. 또한《국제》에 따른 1년복의 결정이 현종으로서도 크게 불리할 바 없다는 계산이 작용했다. 현종은《국제》에 장자와 차자의 구별이 없으므로 효종이 적통과 종통을 이은 인물로서 1년복을 입는 것이라고 해석할 수 있었다. 즉, 적통에 따라 1년복을 입는 것이라고 자위했던 것이다. 내심으로는 미심쩍은 부분이 있었음도 사실이다.

그러나 송시열 등 서인은 효종이 차자이기 때문에 1년복을 입는 것이라고 여겼다. 즉, 현종은 명실상부하게 《국제》대로 한 것이라고 믿은 반면 서인은 겉으로는 《국제》를 인용했으나 속마음으로는 차자의 복인 《고례(古禮)》를 적용했다고 생각한 것이다. 같은 1년복을 놓고 서로 달리 생각한 이 계산법의 충돌이 15년 후의 제2차 예송논쟁이었다. 그러나 제2차 예송은 15년 후의 일이고 당장 제1차 예송논쟁도 끝난 것이 아니었다.

적자라는 호칭은
임금에게는 해당되지 않는다

송시열의 정적들-예론의 대가 허목

자의대비의 복제가 서인들의 주장대로 1년으로 결정되어 시행되고 있던 현종 1년 3월 한 남인 논객이 논쟁에 뛰어들어 예송논쟁을 재연시켰다. 정4품인 사헌부 장령(掌令) 미수(眉叟) 허목(許穆)이었다.

허목은 특이한 경력의 소유자였다. 그는 나이 50이 넘도록 세상에 알려지지 않았던 인물로, 초야에 묻혀 제자백가(諸子百家)에 대해 연구하다가 다시 예학(禮學)에 몰두하여 이 방면의 일가를 이루었다. 그가 학문의 고명함을 인정받아 조정에 나온 것은 효종 8년(1657), 그의 나이 만 62세 때였다. 자신의 호(號)대로 눈썹이 긴[眉] 늙은이(叟)일 때 조정에 나온 것이었다. 그는 처음 정5품 사헌부 지평(持平)을 제수받았다가 이듬해 장령으로 승진했다. 그가 현종 3년 3월 고향에서 올린 상소문이 논쟁을 재연시켰다.

"신이 국상 성복(成服)의 예에 있어, '예관(禮官)이 맡은 일이고, 당연히 예로부터 내려온 국가 전례가 있겠지'라고 여겨, 다만 동료들과 함께 국상(國喪)의 잘못만을 논했었는데, 시골로 돌아온 후 본현을 통하여 대신들이 의논하여 정한 이어시(移御時 : 새 임금이 즉위하는 시기)의 절목을 보고 나서야 비로소 대왕대비께서 기년복제를 입으시게 되었음을 알았습니다. 초상 때라서 너무 황급한 나머지 예를 의논한 제신들이 혹 자세히 살피지 못하여 그러한 실수가 있었던 것인지요?"

자의대비의 1년복이 당황한 대신들의 실수가 아니냐는 대단한 자신감이었다.

허목의 논의는 크게 보아 두 가지였다. 하나는 왕가의 예법은 일반 사대부와 다르다는 것이고 다른 하나는 장자가 죽으면 본처 소생의 차자가 장자가 된다는 것이었다.

"《의례》주소에서 정현(鄭玄)은 '장자는 위아래로 통하는 호칭이다. 적자라는 호칭은 오직 대부(大夫)·사(士)에게만 해당되지 천자(天子)와 제후(諸侯)에게는 통하지 않고 또 태자(太子)라고 말하여도 위아래로 통하지 않는다. 장자로 적통(嫡統)을 세운다고 한 것은 적처(嫡妻)가 낳은 자식은 모두가 적자로서, 만약 첫째 아들이 죽으면 적처가 낳은 둘째 아들을 세우고 역시 장자로 명명한다는 것을 보여주기 위해서이다. 만약 적자라고 말하면 이는 오직 첫째 아들에게만 해당되지만, 장자라고 말하면 적통을 장자로 세운다는 것을 통칭할 수 있기 때문이다'라고 말했습니다."

'장자는 위아래로 통하는 호칭이다'라는 말은 장자가 맏아들만을 의미하는 것이 아니라 후사를 이은 사람을 뜻한다는 말이다. 더구나 적자라는 칭호는 사대부에게나 통하는 말이지 임금에게는 통하지 않는 말이니 장자와 서자, 또는 적자의 구별 자체가 무의미하다는 말이었다. 자의대비의 1년복이 원칙적으로 잘못되었다는 지적이다.

"적자에서 적자로 이어졌을 때 그를 일러 '정체(正體)'라 하여 3년복을 입을 수 있고, 중자(衆子)로서 계통을 이은 자도 같습니다. 서자(庶子)를 세워 후사를 삼았을 때는 그를 일러 '체이부정(體而不正)'이라 하고 따라서 3년을 입을 수 없는데, 그는 첩이 낳은 자식이기 때문입니다. …'장자'이기는 일반인데 장자로 적통을 세웠을 때는 3년, 서자를 세워 후사를 삼았을 때는 1년을 입는 것은 적자에서 적자로 이어지는 것을 소중히 여기는 뜻입니다."

허목은 송시열 등 1년복으로 정한 서인들의 아픈 곳을 찔렀다.

"소현이 세상을 일찍 뜨고 효종이 인조의 둘째 장자로서 이미 종묘를 이었으니, 대왕대비께서 효종을 위하여 재최 3년을 입어야 할 것은 예제로 보아 의심할 것이 없는 일인데, 지금 강등을 하여 기년복제로 한 것입니다. 대체로 3년의 복은 아버지를 위하여 입는데 아버지는 지극히 높기 때문이고, 임금을 위하여 입는데 임금도 지극히 높기 때문이며, 장자를 위하여 입는데 그가 할아버지 아버지의 정통을 이을 사람이고 또 앞으로 자기를 대신하여 종묘를 맡을 사람이므로, 그것을 중히 여겨 그런 것입니다. 지금 효종으로 말하면 대왕대비에게는 이미 적자이고 또 조계(祖階)를 밟아 왕위에 올라 존엄한 '정체'인데, 그의 복제에 있어서는 '체이부정'으로 3년을 입을 수 없는 자와 동등하게 되었으니, 어디에 근거를 두고 한 일인지 신으로서는 모를 일입니다."

그의 논리는 본처 자식과 첩의 자식을 구분하는 말이 적자, 서자이고, 맏아들이 죽어 둘째 아들이 승중하면 그가 장자라는 것이었다. 따라서 효종은 당연히 장자이고 또 임금이니 당연히 자의대비는 3년복을 입어야 한다는 논리였다.

"국가의 큰 상사는 사체가 중하고 예제도 엄하니, 비록 말절에 불과

한 의식일지라도 그를 문란하게 행할 수 없는 것인데, 하물며 3년을 규정하는 예제이겠습니까. …바라건대 예관과 유신들로 하여금 예에 어긋난 복제에 대하여 그를 뒤쫓아 바로잡게 하소서. 지금 대상사의 연제(練祭 : 1년 후에 지내는 소상)가 다가오고 있는데, 연제를 마치고 나면 기년복은 끝나는데 그때 가서는 비록 후회한들 어쩔 수가 없을 것입니다."

다음 달이면 효종이 승하한 지 1년이 되는 소상을 지낸 후 자의대비가 탈상을 하게 되어 있었다. 막판에 다시 이의가 제기되자 서인들은 당황했다. 더구나 자의대비의 기년복은 효종을 '체이부정'으로 본 것이라는 허목의 지적은 서인으로서는 뼈아픈 것이었다.

송시열이 정태화와 나눈 대화는 왕통은 비록 효종에게 있을지라도 종통은 소현세자에게 돌리려는 시도로 해석될 수 있었다. 송시열은 분명 효종을 인조의 서자, 즉 체이부정으로 본 것이다.

현종은 대신과 유신들에게 이 문제를 의논하게 했는데, 기년복을 주장한 송시열이 반박에 나서야 했으나 그때 향리에 있었으므

🌲 강원도 삼척시 정라동에 있는 척주동해비. 허목이 삼척부사로 있을 때 세웠다. 바닷물이 고을까지 들어와 난리가 나자 이 비를 세웠더니 잠잠해졌다는 이야기가 전한다.

로 좌참찬 송준길이 나서서 허목의 이론을 반박했다.

"이번에 장령 허목이 상소문에 경전을 인용하고 의리에 입각하여 매우 장황한 논설을 하였습니다. 신이 그의 논설에 대하여 비록 감히 할 말을 다해 가면서 서로 힐난할 수는 없으나, 의심되는 곳이 없지 않습니다.《의례》에서, '아버지가 장자를 위하여'라고 한 것은 위아래를 통틀어 한 말입니다. 만약 허목의 말대로라면 가령 사대부의 적처 소생이 10여 명인데, 첫째 아들이 죽어 그 아비가 그를 위하여 3년복을 입었습니다. 그런데 둘째가 죽으면 그 아비가 또 3년을 입고 불행히 셋째가 죽고 넷째, 다섯째, 여섯째가 차례로 죽을 경우 그 아비가 다 3년을 입어야 하는데, 아마 예의 뜻이 결코 그렇지는 않을 것입니다."

이 소식을 들은 허목은 다시 상소를 올렸다. 허목은 한술 더 떠《의례주소》의 〈장자를 위한 상복도(喪服圖)〉를 첨부하여 올렸다. 그는 여기에서 3년복을 입지 못하는 4가지 경우[사종지설 : 四種之設]를 비롯한 여러 복제에 대해서 자세히 설명했다.

《의례주소》의 상복도까지 첨부한 허목의 상소를 본 현종은 현재의 1년복이 무언가 문제가 있음을 느꼈다. 현종은 송준길이 면대를 청해 시사를 말하자 이렇게 물었다.

"좌참찬이 헌의한 후에 허목이 또 상소를 하였는데 그 소문을 보았는가?"

"신은 미처 보지 못했습니다."

우승지 이은상이 "허목 상소문부터 먼저 아뢸까요"라고 하자 현종은 그러라고 하여 송준길은 허목이 올린 상소문과 상복도를 보았다. 송준길이 입을 열었다.

"신 등의 주장은 비록 적처 소생이라도 둘째부터 '서자'라는 것이고, 허목의 주장은 서자는 '첩자(妾子)'라고 하기 때문에 말이 그렇게 서로 상반되고 있는데, 신과 시열은 둘째아들이 비록 왕통을 계승하였더라도 3년의 복을 입어서는 안 된다고 주장하는 것입니다."

"같은《의례》주소가 보는 견해에 따라 그렇게 틀리다는 말인가?"

"지금 허목이 그의 상소문에서 항목을 조목조목 다 나열해 놓았지만… 체이면서 정이 아닌[체이부정 : 體而不正] 것은 적처 소생의 둘째아들을 이름이며, 정이면서 체가 아닌[正而不體 : 정이불체] 것은 비록 적손이기는 해도 체는 될 수 없음을 말합니다. 그리고《의례》에서 말하고 있는 것은, 사대부의 사이의 일뿐만이 아니고 제왕의 집까지 통틀어서 말한 것입니다."

자의대비 복제가 뒤늦게 문제되자 예조판서 윤강은 당황했다. 그는 '체이부정', '정이불체' 같은 엄청난 말들이 횡행하자 등골이 오싹해졌다. 이 논쟁에 잘못 끼어들다간 자칫 목숨을 부지하기 어렵다고 느꼈던 것이다. 윤강은 복제를 재론하는 데 송시열이 빠질 수는 없다고 생각하여 그를 다시 끌어들었다.

"당초에 예법을 의논할 때 우찬성 송시열이 대신들과 함께 의논했습니다. 지금 그가 밖에 나가 있지만 묻지 않을 수 없을 것입니다."

현종은 "그렇게 하라"고 대답했다.

이처럼 자의대비의 복제 문제는 다시 살아났다. 허목이 상복도까지 첨부해 거듭 상소를 올리자 기년복을 주장했던 서인들도 당초 주장에서 한발 물러섰다. 영돈녕 이경석(李景奭)은 "다시 널리 묻고 알아보셔서 행하심이 좋을 것입니다"라고 물러섰다. 판중추 원두표는 아예 당초의 기년복이 잘못되었다고 인정했다.

"신이 원래 예법에 어두우므로 여러 대신과 함께 전례에 따라 헌의했던 것인데 지금 허목의 상소를 보면 모두 경전에 분명한 근거가 있는 글이니 어찌 다른 의논을 하겠습니까. 신은 당초 잘못된 주장을 고집해서 두 번 다시 막중한 예법을 그르칠 수 없습니다.”

영의정 정태화도 한발 물러섰다.

“당초에 신은 다만 《국제》를 들어 말씀드렸던 것뿐입니다. 신이 어찌 감히 스스로 옳다고 주장하겠습니까. 오직 다시 예법에 밝은 신하에게 물어 처리하심이 마땅할 것입니다. 다만 예종이 돌아가셨을 때 정희왕후가, 또 인종이 돌아가셨을 때 문정왕후가 입으신 상복제도를 아울러 자세히 살펴서 정하심이 마땅할 것입니다.”

정태화도 1년복이 문제가 있음을 인정한 것이었다. 예종은 효종처럼 세조의 차자였고, 문정왕후는 자의대비처럼 인종의 계모였으므로 이 두 경우를 아울러 참조하도록 권한 것이었다.

이경석과 원두표, 정태화 등이 이처럼 자의대비의 복제에 문제가 있음을 순순히 인정하고 나선 것은 이들이 ‘체이부정설’이 갖는 위험성을 감지한 까닭도 있었지만 이때만 해도 허목의 문제제기를 정치 공세라기보다는 학문적 견해의 차이로 여겼기 때문이기도 했다. 경전 해석이 3년설이 옳다면 굳이 1년설을 고집하지는 않겠다는 뜻이었다.

영의정 정태화마저 기년복이 문제가 있음을 인정하자 복제 변경 여부는 송시열에게 달려 있게 되었다. 송시열이 다른 신하들처럼 “예법에 어두워 잘못 헌의했습니다”라고 말하게 되면 자의대비의 기년복은 참최복, 즉 3년복으로 다시 결정 나는 것이고 곧 상복을 벗을 예정이던 자의대비는 늘어난 기간 동안 더 상복을 입어야 하는 것이었다.

하지만 조선 예학의 정통을 이었다고 자부하는 송시열이 예법에 어두워 기년복으로 의정했다고 자인할 수는 없었다. 우찬성 송시열이 헌의했다.

“허목은 상소에서 많은 말을 했으나 중요한 것은 두 가지입니다. 하나는 장자가 죽으면 제2장자를 세워서 역시 장자라 이름하여 부모가 그 제2장자에게 3년복을 입는다는 것이고, 다른 하나는 서자를 세워서 후사를 삼으면 3년복을 입을 수 없는데 이것은 첩의 아들이기 때문이란 것입니다."

송시열은 일개 장령이 자신이 틀렸음을 공박하고 나온 데 자존심이 상했는지도 모른다.

"신이 일찍부터 의심하여 알고자 하던 것도 바로 이 조목에 있었습니다. 허목이 이 조목에 분명한 근거를 댔으니 지금이야말로 신이 의혹을 풀고 알아낼 수 있을 것입니다. 어찌 다행한 일이 아닐 수 있겠습니까."

이 말이 자신의 잘못을 자인한 것이 아니라 허목에 대한 조롱임을 다음 구절을 보면 명확해진다.

"'장자가 죽으면'이라고 했으나 언제 죽은 것인지 알 수 없습니다. 이미 성인이 되어서 죽은 것이라면 그 아버지가 이미 참최복 3년을 입었을 것입니다. 그런 후 다음 적자[次適子 : 차적자]를 세워 장자라 하였는데, 그 차적자가 죽으면 또 참최복을 입어야 합니까? 그렇게 되면 '두 정통(正統)이 없고 두 번 참최복을 입지 않는다'는 예의 원칙은 어떻게 됩니까? 아마도 그것은 장자가 어릴 때 죽어서 아버지가 복을 입지 않아 적통을 이루지 못한 경우일 것입니다."

송시열의 반론은 역시 만만치 않았다. 허목의 말대로 한다면 두 번 참최복을 입어야 하지 않겠느냐는 반론이었다. 송시열은 참최복을 두 번 입을 수 없다는 자신의 견해를 예를 들어 설명했다.

"만약 장자가 성인으로 죽었는데 차자를 장자로 이름하여 3년복을 입는다면 적통이 엄하지 못할 뿐만 아니라 아버지 된 자로서는 한 몸에 참최복이 너무 많지 않겠습니까. 만약 세종대왕이 오래 사셔서 문종이 먼저 세상을 떠났으면 세종이 3년복을 입고, 제1대군을 세워서 후사를 삼았을 것인데 제1대군이 또 불행히 세상을 떠나면 또 참최복을 입고 제2대군을 세우고, 이렇게 해서 제8대군에 이르기까지 모두 참최복 3년을 입는다면 이것은 문종을 포함해 27년이 되는 것입니다. 비록 평민이라도 이렇게 할 수 없는 것인데 하물며 존귀한 제왕이 이렇게 할 수 있겠습니까?"

결국 문제는 장자가 죽었을 경우 뒤를 이은 차자에게 장자라는 이름을 붙일 수 있느냐 하는 것이었다. 예송논쟁 1백여 년쯤 후에 남인 학자인 다산(茶山) 정약용(丁若鏞)이 이 문제를 정리한 것을 보자. 정약용은 〈상례외편(喪禮外篇)〉에서 이렇게 말했다.

"태자로 책봉한 장자가 죽으면 부모는 부득이 3년복을 입는다. 그후 차자를 세워 태자로 삼는다면 적자라 이름하는 것은 괜찮지만 장자라고 이름할 수는 없다."

정약용은 송시열이 영수인 노론에 의해 축출당한 남인 정치가이자 학자였다. 그는 송시열과 허목이 논란을 벌였던 《의례주소》〈가씨소〉에 대해서도 객관적인 주장을 펼쳤다.

"〈가씨소〉는 원래 양면성이 있다. 하나는 장자의 이름으로서 차자나 삼자(三子)도 가(可)하다고 한 것이고, 다른 하나는 서자(庶子)가 전중(傳重)한 것을 체이부정이라고 한 것이다. 이는 모순으로서 양자는 반드시 서로 통할 수 없다. 우암 송시열은 뒤의 설을 취한 것이고, 미수 허목은 앞의 설을 취한 것이다."

소현세자의 비상한 죽음이란 특수한 상황을 감안하더라도 이는 특정한 정치적 의도를 배제하면 그리 다툴 문제가 아니었는지도 모른다. 둘이 싸운 내용은 정약용의 말대로 같은 책의 서로 다른 조항이었기 때문이다.

하지만 이는 한 세기 후의 해석이고 당시는 송시열과 허목, 그 누구도 물러설 수 없었다. 송시열은 첩의 아들이기 때문에 3년복을 입을 수 없다는 허목의 주장에도 강하게 반박했다.

"소위 서자가 후사가 되면 3년복을 입을 수 없는 것은 첩의 아들이기 때문이라고 하는데, 이것은 본래《의례소(儀禮疏)》에 나오는 말입니다. 하지만 여기에서 '첩의 아들이기 때문'이란 말은 허목 자신이 붙인 것으로서 의례소에 나오는 말이 아닙니다.《의례소》에는 '서자는 첩의 아들이나, 적자의 제2자도 같은 서자라 이름한다'고 했습니다. 따라서 효종대왕을 인조대왕의 서자라고 해도 틀리지 않습니다. 서(庶)라는 것은 천한 칭호가 아니라 여럿을 의미하는 중(衆)의 뜻입니다. 이는 대저 신이 의심하면서 결단하지 못했던 것입니다."

송시열의 말에도 분명한 논리가 있었다. 서자란 말은 첩의 아들이란 뜻과 장자 이외의 모든 아들이란 두 가지 의미로 쓰이는데 자신은 후자를 말한 것이라는 반론이었다.

"대개 제왕가(帝王家)는 사직을 중히 여기기 때문에 옛날에도 장자를 버리고 서자를 세우는 경우가 있었습니다. 그러나 예법을 만들 때에는 장자와 차자의 구별에 주의했습니다. 주나라 문왕(文王)이 장자인 백읍고(伯邑考)를 버리고 무왕(武王)을 세웠지만 주공(周公)이 예법을 세울 때는 반드시 장자와 차자의 구별에 힘썼습니다. 오늘 논란이 된 것도 바로 이 예문인데 주공이 예법을 정한 의사를 생각해야 할 것입니다."

송시열은 소현세자에 대한 직접적 언급은 없었지만 소현세자가 인조의 적장자임을 비유로 설명했다.

"《의례》가씨의 소는 제1자가 죽은 경우만을 말하고 제1자가 후손 없이 죽은 경우는 말하지 않았으니, 이것은 아마도 제1자가 미성년으로 죽었을 경우를 말하는 것이라 생각됩니다. 허목은 소의 본뜻을 자세히 생각하지 않고 자기의 주장만을 내세운 것 같습니다. 그렇다면 《예기(禮記)》에 나오는 단궁(檀弓)의 문(免)도 다시 생각해야 하지 않겠습니까?"

'단궁의 문'은 공의중자(公儀仲子)라는 사람이 장자가 죽었을 때 장손이 있음에도 차자를 세운 것을 비난한 것이다. 곧 인조가 소현세자의 아들 석철을 두고 효종을 세운 것이 잘못이라는 비유였다. 송시열은 후세 예가들의 심판을 기다리자는 휴전 제의로 상소를 마쳤다.

"옛날 이황(李滉)이 군신(君臣)의 복제를 수숙(嫂叔)으로 하였다가 기대승(奇大升)의 반박을 듣고 놀라 소견을 고치면서 '만일 기대승이 아니었더라면 천고의 죄인이 될 뻔했다'고 말했습니다. 오늘날 신이 허목에게 바라는 것도 이와 같습니다. 대저 시비(是非)가 엇갈리는 곳은 정주(程朱 : 장자와 주자)와 같은 큰 안목과 역량이 없이 한때의 의견만으로 결단하기는 어려운 것입니다. 의심나는 곳은 그대로 남겨 후세의 예가(禮家)들이 바로잡기를 기다리고, 우선은 명백하여 의심이 없는 곳을 따라야 할 것입니다."

사관은 현종에게 실록을 참조해 덕종·예종·인종·순회세자(順懷世子 : 13세에 죽은 명종의 세자)의 장례 때 복제를 적어 바쳤다. 조선은 원래 아들의 장례 때 3년복을 입는 제도가 없었다. 따라서 모두 1년복을 입었던 것이다.

정태화, 심지원 등은 모두 의논에 더 이상 참여하지 않고 실록에 실린 대로 따르자고 말했다. 현종은 "여러 대신의 의논대로 시행하라"고 명할 수밖에 없었다. 송시열이 나름대로 근거를 세워 3년설을 반박했으므로 서인 대신들은 다시 송시열의 의견에 따라 1년복이 맞다는 쪽으로 돌아서기 시작했다.

현종은 드디어 논란에 종지부를 찍고 자의대비의 복제를 원래대로 기년복으로 결정하였다. 서인은 이것으로 예송논쟁이 종지부를 찍은 것으로 알고 안도의 한숨을 내쉬었다.

하지만 이는 착각이었다. 가장 중요한 문제, 즉 왕가는 사가와 다르다는 윤휴와 허목의 주장에 대해 정확한 결론을 내지 못하고 지나갔기 때문이다.

이 점에 주목해 윤휴, 허목에 이어 예송논쟁에 뛰어든 또 한 명의 남인 논객이 있었던 것이다. 바로 고산(孤山) 윤선도였다.

종통과 적통이
어찌 다르랴

송시열의 정적들—시인 정객 윤선도

허목과 송준길이 기년복을 놓고 논란하던 무렵인 현종 1년 4월 남인 논객 고산 윤선도가 이 논쟁에 뛰어들어 파란이 재연된다. 윤선도는 효종의 장지를 수원으로 주장했다가 서인 송시열 등의 반대로 좌절되었을 뿐만 아니라 이에 대한 항의의 뜻으로 병을 칭탁하고 집으로 돌아간 것이 무엄하다며 파직까지 당한 원한이 씻기지 않은 상황이었다. 그나마 국문해야 한다는 서인들의 거듭된 주장을 현종이 거부해 파직에 그친 것이었다. 이런 그가 마음먹고 올린 상소인 만큼 조정에 파란을 일으킬 수밖에 없었다.

"적통을 이어받은 아들은 할아버지와 체(體)가 되는데, 아버지가 적자의 상에 복제를 꼭 참최 3년으로 한 것은 자식을 위해서가 아니라 바로 조종(祖宗) 적통을 이어받을 것이기 때문입니다. 이는 사가(私家)에서도 그렇게 하는데 하물며 국가이겠으며… 신이 선왕의 상사를 들고 대왕대비 복제에 대하여《예경》을 상고하였더니… 성인이 예를 만든 사실은 천리에 근원을 두고 종통을 정하자는 뜻이어서, 당연히 재최 3년으로 하는 것이 너무나 분명한 일이요, 의심할 것도 없는 일이었습니다."

윤선도의 논리는 서자가 첩자냐 중자냐를 넘어 그 초점을 조종(祖宗)에 맞춘 것이었다. 아들이 장자이기 때문에 3년복을 입는 것이 아니라 그가 조종(祖宗)의 계통을 이었기 때문에 3년복을 입는다는 논리였다. 즉 효종이 조종의 계통을 이었으므로 3년복이 마땅하다는 말이었다.

"전하께서 송시열에게 하문(下問)하신 것은 유신을 우대하려는 뜻이었습니다. 시열은 마땅히 이황이 기대승의 말을 듣고 놀라 깨달은 것처럼 자신의 의견을 고쳐야 했습니다. 그러나 시열은 도리어 잘못을 우기며 허물을 꾸미려《예경》의 여러 구절을 주워 모으고 거기에 자신의 의견을 덧붙여 번거로운 말을 만들어 냈습니다."

윤선도는 송시열을 직접 지목해 공격했다. "초상 때 당황하여 이런 실수가 있었던 것으로 생각된다"며 허목이 보인 최소한의 여유도 윤선도에겐 없었다. 그는 그만큼 송시열에게 숙원(宿怨)이 많았다.

그 뿌리는 선조 21년(1589) 발생한 정여립의 난[己丑鞫獄]까지 소급된다. 동인 정여립의 난 때 위관은 서인 정철(鄭澈)이었는데, 이때 죽음을 당한 이발(李潑)은 윤선도의 할아버지인 윤의중(尹毅中)의 사위였다.

이런 집안 내력 외에도 서인에 의해 여러 번 가로막힌 정치적 야망도 송시열에 대한 윤선도의 원한을 크게 했다. 윤선도는 송시열이 그랬던 것처럼 광해군 때 이이첨을 탄핵하다가 유배를 간 일이 있었다. 송시열은 이이첨이 실각한 후 그 공로를 높이 인정받았으나 윤선도는 유명수(柳命壽)의 사주를 받고 한 일로 폄하되어 공으로 인정받지도 못했던 것이다.

윤선도도 송시열처럼 효종이 봉림대군이었을 때 사부(師傅)로 있던 효종의 스승이었다. 자신이 보도(輔導)한 왕자가 임금이 되면 그 사부는 중용되는 것이 관례이자 사람 사는 세상의 인지상정이지만 윤선도는 효종이 즉위한 후에도 별로 중용되지 못했다. 윤선도는 그 이유를 송시열을 비롯한 서인의 방해 때문이라고 생각했다. 그런 만큼 서인을 겨냥한 그의 상소는 과격할 수밖에 없었다. 윤선도는 해석하기에 따라서 송시열을 역적으로 모는 내용으로도 여겨질 수 있는 주장을 펼쳤다.

"아, 고공(古公 : 고공단보, 주 문왕의 할아버지)이 비록 계력(季歷)을 후계자로 세웠지만, 태백(泰伯 : 고공단보의 장자)이 자손이 있으면 고공의 적통은 그래도 태백의 자손에게 있어야 할 것입니까? 만약 그렇다면 나라 안 백성들 마음이 일정치 못할 것인데 계력의 자손들이 어떻게 배겨나겠습니까? 문왕이 비록 무왕을 세웠으나 백읍고가 후사가 있었으면 문왕의 적통이 그래도 백읍고 자손에게 있어야 할 것입니까? 그리되면 천하의 마음들이 헷갈려서 무왕의 자손들이 어떻게 배겨날 것입니까? 시열은, 종통은 종묘사직을 맡은 임금에게로 돌리고 적통은 이미 죽은 장자가 가져야 한다는 것입니까? 그렇다면 적통·종통이 둘로 갈리게 되는데 그러한 이치가 또 어디 있겠습니까?"

고공과 계력의 고사는 중국 고대 주(周)나라의 태왕(太王)이 첫째 아들 태백(泰伯)과 둘째 아들 우중(虞仲)을 제쳐두고 막내아들 계력에게 왕위를 물려준 고사(故事)로서, 차자의 왕위 승계가 정당함을 주장할 때 자주 인용되는 기사이다. 즉 효종이 소현세자의 아우로서 임금이 된 데 대한 정당함의 표명이다. '계력을 후계자로 세웠지만, 태백이 자손이 있으면 고공의 적통은 그래도 태백의 자손에게 있어야 할 것

🌲 전남 해남읍 연동리에 있는 고산 윤선도의 녹우당. 윤선도는 예송논쟁 때 송시열을 거세게 몰아붙여 큰 파문을 일으켰다.

입니까?'라는 말은 효종을 후계자로 세웠지만 소현세자가 자손이 있으면 인조의 적통은 소현의 자손에게 있어야 하느냐는 물음이었다.

'그렇다면 나라 안 백성들 마음이 일정치 못할 것인데 계력의 자손들이 어떻게 배겨나가겠습니까'라는 말은 그렇다면 효종의 자손, 즉 현종이 어떻게 배겨나겠느냐는 무서운 말이었던 것이다.

윤선도의 논리대로라면 송시열의 1년복설은 효종의 종통과 정통성을 부인한 역적의 의논이었다. 효종을 적통으로 인정하지 않는다면 이것은 '이미 죽은 장자의 자손', 즉 소현세자의 살아 있는 3남 석견을 적통으로 인정하는 것이 아니냐는 주장이었다. 서인들은 효종이 아니라 석견을 임금으로 여기고 있다는 주장이었으니 이는 서인들이 역적이라는 말과 마찬가지였다.

이 상소의 과격한 주장에 송시열은 두말할 것도 없고 서인 전체가 크게 놀랐다. 이는 송시열을 역적으로 처단하라는 상소와 마찬가지였기 때문이다. 송시열이 역적이라면 그와 같은 당으로서 1년설을 주장한 대신과 유신들 모두가 역적이 되는 것이었다. 윤선도는 송시열과 송준길의 여럿인 아들이 계속 죽으면 아버지는 계속 참최복을 입어야 하느냐는 논리도 거칠게 반박했다.

"시열은, '아비 된 자 한 몸에다 너무나 많은 참최복을 지고 있지 않은가'라고 하면서, 심지어 세종조의 여덟 대군을 들어 변증을 하였는데, 신의 어리석은 생각에는 세종의 수명이 비록 끝이 없고 여덟 대군 모두가 비록 대명했다고 하더라도, 어찌 여덟 대군 모두가 각기 3년 복이 되게 불행해질 이치가 있으며, 게다가 문종·세조 두 대왕까지 합쳐 3년짜리 아홉이 될 이치가 있겠습니까? 그것은 있을 수 없는 일로서 비록 소진(蘇秦 : 변설가)의 궤변으로도 틀림없이 그러한 말로 감히 남을 꺾으려고 하지는 않을 것입니다. 송준길이 차자에서 '가령 사대부 집의 적처 소생이 10여 명 되는데, 맏이가 죽어 그 아버지가 그를 위해 3년을 입고 둘째가 죽어 그 아비가 또 3년을 입고, 불행히 셋째가 죽고 넷째가 죽고 다섯째가 죽으면 모두 3년씩 입을 것인가?' 한 그 말과 함께 모두 있을 수 없는 이치인 것입니다. 그들 말이 그렇게 딱 들어맞는 것도 이상한 일이지만 그 두 사람 견해야말로 진짜 형제 지간이라고 하겠습니다."

효종의 장지 문제로 서인과 송시열에게 벼르던 윤선도가 예송논쟁을 맞아 올린 상소는 과격할 수밖에 없었다.

"대저 적(嫡)이라는 것은 형제 중에 그 이상의 맏이나 대등한 사람이 없음을 말하는 호칭이고, 통(統)이라는 것은 왕위를 받아서 모든 백성의 위에서 위로 계승하여 아래로 전하는 것입니다. 차장자(次長子)가 왕위를 이었다 해서 어찌 별도로 적통을 다른 곳에서 찾을 수 있겠습니까?

차장자가 아버지의 명[父命]과 하늘의 명, 천명(天命)을 받아 왕위를 계승했는데도 적통은 다른 사람(이미 죽은 장자)에게 있다면, 이는 가짜 세자란 말입니까? 섭정황제(攝政皇帝)란 말입니까?

또 왕위에 오른 차장자는 이미 죽은 장자의 자손에게는 임금 노릇을 못 하며 이미 죽은 장자의 자손 역시 왕위에 오른 차장자에게 신하 노릇을 못 한다는 말입니까?"

이는 송시열이 효종을 적통으로 인정하지 않고 있다는 말이나 마찬가지였다. 그야말로 '송시열은 효종의 종통을 부인한 역적입니다'라는 말이었던 것이다.

"아! 고공(古公)이 비록 태백(泰伯)이 아닌 계력(季歷)을 세웠더라도 적통은 오히려 태백의 후손에게 있다는 말입니까? 그렇다면 한 나라의 인심이 안정되지 못할 것이니, 계력의 후손을 어떻게 보존하겠습니까?"

계력은 중국 고대 주(周) 임금 고공(古公)단보의 막내아들이었다. 고공은 큰아들 태백이 아니라 막내아들 계력에게 왕위를 물려주었다. 이 고사는 동아시아에서 장남이 아닌 다른 아들이 후사를 이었을 경우 정통성을 입증하는 사료로 많이 사용되어 왔다. 윤선도의 상소에서는 고공의 큰아들 태백은 인조의 장자 소현세자를, 막내아들 계력은 효종을 뜻한다. "왕위에 오른 차장자는 이미 죽은 장자의 자손에게는 임금 노릇을 못 하며"란 말은 송시열의 말대로라면 효종은 소현세자의 아들 석견 등에게는 임금 노릇을 못 하며, 이들 또한 효종의 신하 노릇을 할 수 없지 않느냐는 물음이다. 나아가 "계력의 자손을 어떻게 보존할 것입니까?"라는 말은 효종의 자손, 즉 현 임금인 현종과 그 자손을 어떻게 보존할 것이냐는 물음이었다.

　장자가 아닌 다른 아들이 후사를 이었을 경우 이는 적장자가 아니니 그는 가짜 세자이며 가짜 임금에 지나지 않으므로 어떻게 나라 사람들이 충성을 바칠 것이며 정통이 아니니 그 자손을 어찌 보존할 것이냐는 반문이었다.

　"시열이 종통은 종묘사직을 계승한 임금에게 돌리고, 적통은 이미 죽은 장자에게 돌리려는 것입니까? 그렇다면 종통과 적통이 갈라져서 둘이 되는 것이니 어찌 이런 이치가 있겠습니까?"

　종통과 적통을 둘로 나누려고 한다는 말은 결국 효종의 종통에 대한 부인이니 어찌 역적이 아니냐는 물음이었다.

　"시열이 또, '효종 대왕이 대왕대비에 대하여는 군신의 뜻이 있는데, 대왕대비가 도리어 신하가 임금을 위하여 입는 복으로 대왕의복을 입을 것인가?' 하였는데, 그것은 더욱 터무니없는 말입니다. 참으로 그 말대로라면 성인이 예를 만들면서 아버지가 장자를 위하여 참최를 입게 했는데 그것은 자식이 아버지를 위하여 입는 복이 아니며, 임금이 세자를 위하여 참최를 입게 했는데 그것은 신하가 임금을 위하여 입는 복이 아니랍니까? 어쩌면 그의 말이 이렇게도 사리에 당찮습니까."

　조선 후기 이건창(李建昌)의《당의통략(黨議通略)》에는 윤선도의 상소에 "아버지의 명을 이어 천명을 받았음에도 오히려 정통이 아니라고 한다면 이것은 가짜 세자란 말입니까? 가짜 황제[攝皇帝 : 섭황제]란 말입니까?"라고 말했다고 기록되어 있다.

　"아, 선왕조 시절부터 믿고 소중히 여겨 모든 것을 맡겼던 자로 양송(兩宋)만 한 자가 없었습니다. …조정에서도 그들을 유현(儒賢)으로 쳐주었고, 그 두 사람 역시 그 이름을 마다하지 않았던 것입니다. 그러나 조야의 공론은 그들을 현자로 여기지 않으며, 신과 같이 어리석은 자도 그들을 현자라고 생각지 않습니다. 왜냐하면 맹자(孟子)가 이르기를, '군자가 그 나라에 있을 경우 임금이 써주면 그만큼 안부존영(安富尊榮)을 누린다' 하였는데, 이들 두 사람이야말로 임금의 신임을 그렇게 독차지했고 그리고 또 상당히 오랜 기간을 그리하였으나, 자기 자신들 안부존영은 최고를 누렸다 할 수 있지만 임금을 안부존영하게 만들었다고는 듣지 못했습니다. …재궁(梓宮 : 임금의 관)을 제대로 쓰지 못했던 일 같은 것은 국가를 가진 이로서는 만고에 없었던 이변으로서 그러한 일들을 볼 때 편안했다고 할 수 있겠습니까?"

양송 자신들은 효종 밑에서 안부존영을 누리고도 정작 효종은 안부존영을 누리지 못했다는 비판이었다.

"신은 오직 군부와 종묘사직이 있음을 알고 자신이 있음을 생각지 않았기에 시대의 저촉을 범해 가면서 바른말을 올리는 것이니, 엎드려 바라건대 성상께서는 사람으로 하여 말까지 폐기하지는 마소서. 신은 이 상소가 받아들여지느냐 그렇지 않느냐와, 이 말대로 실현이 되느냐 안 되느냐로 주세(主勢)가 굳건하고 못 하는 여부와, 국조(國祚)가 연장되고 안 되는 여부를 점칠 것입니다."

이 상소를 본 서인들은 깜짝 놀랐다. 승지 김수항(金壽恒)·이은상(李殷相)·오정위(吳挺緯) 등은 상소 내용이 "예를 논한다는 핑계로 마음 씀씀이가 음흉하였고, 어지러울 정도로 남을 속이고 허풍을 치면서 조금도 거리낌이 없었다"면서 호되게 물리치라고 주청했다.

현종은 상소문을 도로 내주라면서 이렇게 말했다.

"중한 법으로 다스려야 마땅하겠으나 죄 주지 못할 사정이 있으니, 그냥 가벼운 법을 적용하여 관작을 삭탈하고 시골로 내쫓으라."

서인들은 윤선도의 삭탈관작과 문외출송에 그친 데 반발했다. 이 상소문을 서인의 영수 송시열을 역적으로 모는 고변서로 해석했기 때문이다.

윤선도에 대한 서인의 공세

이 상소를 보고 서인은 비로소 1년설을 거듭 물고 늘어지는 남인의 속셈을 확실히 읽게 되었다. 남인의 의도가 예론을 바로잡자는 학문적인 차원이 아니라 이를 이용해 송시열을 죽이고 서인 정권을 몰아내는 데 있음을 명확히 알게 된 것이다. 즉 학문논쟁이 아니라 정치공세임을 알게 된 것이었다.

예송논쟁을 제기하는 남인의 속뜻이 서인 정권의 타도에 있음을 안 서인은 일제히 들고 일어나 윤선도를 공격했다. 부제학 유계, 교리 안준(安俊)은 현종을 면대하여 윤선도에 대한 강한 처벌을 주청했다.

"돌려준 윤선도의 상소를 가져다 조정에 보여서 그 죄상을 밝힌 후 상소를 불사르고 먼 변방으로 귀양 보내야 합니다."

현종이 이를 받아들여 윤선도의 상소는 불살라지고 그 몸은 삼수(三水)로 귀양 보내졌다. 그러나 귀양으로도 파문은 가라앉지 않았다. 젊은 만큼 더 과격했던 성균관과 사학(四學)의 서인 유생들은 윤선도에게 더욱 엄한 국법의 적용, 즉 사형을 요청했다. 사간원(司諫院)의 대사간 이경억(李慶億)과 사간 박세모(朴世模), 그리고 사헌부 정언 권격(權格) 등은 합계(合啓)하여 유생들 편에 가담했다.

"윤선도의 상소는 예법을 논한 상소가 아니라 고변서이니 엄하게 국문하여 법대로 처리할 것을 청합니다."

조선의 법은 남을 무고하면 무고한 그 죄를 대신 받게 되어 있었다. 이를 반좌율(反坐律)이라고 하는데 이 경우 송시열을 역적으로 무고한 죄가 인정되면 반좌율로 그 자신이 사형당하게 되어 있었다.

윤선도를 지원하는 우윤 권시

윤선도가 반좌의 위기에 몰렸을 때 그를 구원하고 나선 인물이 있었으니 우윤(右尹) 권시(權諰)였다.

"지금 윤선도의 상소문을 보면 식은땀이 등을 적시는 것을 모를 정도입니다. 송시열·송준길을 국가를 쇠망으로부터 부흥시키고 난리를 평정할 수 있는 재목으로서 선왕의 뜻을 이어 무엇인가 해내려는 성상의 마음에 틀림없이 부응할 수 있는 인물들이라고 한다면 신이 감히 믿지 못하겠지만, 요컨대 내리 잡더라도 누구나 친근하고 싶어 하는 선인(善人)임에는 틀림없고, 또 옛사람들 학문하는 요령을 이미 터득하였으며, 인자하고 진실하며 충성스럽고 알찬 마음씨는 이미 조야(朝野)의 미쁨을 사고 있습니다."

권시의 상소는 양송에 대한 비꼼으로 시작되었다. 양송을 "선왕의 뜻을 이미 무엇인가 해내려는 성상의 마음에 틀림없이 부응할 수 있는 인물들이라고 한다면 신이 감히 믿지 못하겠지만"이라는 말은 양송이 북벌에는 정작 뜻이 없는 인물이라는 비유이기 때문이다. 그도 3년복이 맞다는 데 가세했다.

"신이 언젠가 말했듯이, 대왕대비 복제가 당연히 3년이어야 함은 의심의 여지가 없는 것으로, 1백 세를 두고 질정할 수 있는 일입니다. 애석하게도 시열·준길·유계가 그렇게 현자이면서도 당연히 3년으로 해야 한다는 그 사리를 살피지 못했기 때문에, 거리에서도 말들을 하고 시골 마을에서도 논의가 분분하여 마음에 불쾌함을 느끼고 있는지 이미 오래 되었던 것입니다.

오늘에 와서는 그 논의가 이미 조정 위에서 발발하였는데도 여러 사람들이 아직까지 미궁에 빠져 돌아오지 않고 있는데, 시열의 '선왕(효종)이 (인조의) 서자가 되어 해로울 것 없다'는 말은 매우 잘못된 말이라는 것을 온 세상이 다 알고 있으면서도 그를 말하는 자 없어, 그게 바로 선도의 참소를 부른 원인이 된 것입니다. 선도가 현자를 헐뜯고 시기한 점은 매우 나쁜 짓임에 틀림없으나, 자기 신상에 틀림없이 화가 닥치리라는 것도 계산하지 않고 남들이 감히 말하지 못하고 있는 것을 말한 점으로는, 역시 할 말은 하는 선비입니다. …조정 논의가 너무 과격하여 이 극한 상황까지 오게 되어 권세가 아래로 옮겨갔다는 참소를 사실화하고 말았으니, 까닭 없이 선비를 죽인다는 그 말에 불행히도 가깝게 되었습니다.

하물며 선도는 일찍이 선왕의 용잠(龍潛: 임금이 되기 전의 사저) 시절 사부였던 옛 은의가 있어, 비록 그가 착하지 못함을 아시고서도 그의 장점만을 취하여 잊지 않고 계속 생각하여 작위도 중대부(中大夫)에까지 이르렀으니, 가볍게 죽여서 안 될 것은 분명한 사실입니다."

현종은 윤선도를 지원하는 이 상소에 대해 좋은 뜻으로 비답한 뒤 면대하여 유시하겠다는 유지를 내렸는데, 이는 현종도 권시의 말을 지지한다는 뜻이었다.

권시가 윤선도를 구원하고 나서자 서인의 예봉이 이번에는 권시에게 향해졌다. 대사간 이경억과 사헌부 장령 윤비경(尹飛卿) 등이 권시를 탄핵하고 홍문관 유계 등이 가세했으며 사헌부 정언(正言) 권격은 권시를 파직하자고 청했다. 모든 대간들이 권시의 파직을 청하자 현종은 그 말을 좇지 않을 수 없었다. 그러나 현종은 권시를 아꼈다. 권시가 도성 밖으로 나가자 현종은 사관을 보내어 유시(諭示)했다.

"이런 선비들이 자꾸 조정을 버리고 나가니 내 마음의 아쉬움을 금할 길이 없다. …지금 형편으로는 가지 않을 수 없겠지만 곧 마음을 돌려서 돌아오기 바란다."

이는 현종이 속마음으로는 3년설을 지지하고 있음을 뜻하는 것이었다. 하지만 승정원에서 유시의 환수를 거듭 청하여 권시에게 전달되지 못했다. 현종은 승지를 가둔 후에야 사관을 보내 유시를 전달할 수 있었다.

권시는 이처럼 윤선도를 옹호한 까닭에 서인의 공박을 받았지만 사실상 그는 남인이라고 볼 수도 없었다. 그는 서인 윤선거와 사돈 사이였던 데다 윤휴와 허목의 공격을 당한 송시열이 조정을 떠나자 송시열을 만류하기도 했던 인물이다. 또 권시는 송준길에게도 조정을 떠나는 것을 만류하는 편지를 보내기도 했다. 하지만 송시열과 송준길의 자존심으로 조정에 남아 있을 수는 없었다. 조선의 관료들, 특히 유신들은 옳든 그르든 공박을 받으면 사직하고 떠나는 것이 하나의 관례였다. 자신들이 논쟁의 대상이 되면 옳든 그르든 처벌해 달라고 요청하는 것도 하나의 관례였다. 송시열이 먼저 조정을 떠나 고향인 회덕으로 돌아가 버렸고, 송준길도 창황히 조정을 떠나 고향에 내려가 처벌을 요청했다. 물론 서인 정권 아래서 이들이 처벌당할 리 만무하므로 이는 관례에 따른 형식에 지나지 않았다. 하지만 남인은 실제적인 처벌을 당했다. 윤선도가 삼수로 귀양 간 것을 비롯해 허목은 삼척부사(三陟府使)로 좌천되었다. 당시 허목은 지방관을 할 나이가 아니어서 이조에 정장(呈狀)해 부당한 인사 조치라고 항의했으나 소용없었다.

이런 파문이 계속되자 우의정 원두표는 차자를 올려 현종의 결단을 촉구하고 나섰다.

"이미 시행 중인 1년복을 입든, 아니면 연제(練祭)에 대왕대비가 길복(吉服)으로 갈아입지 않고 그대로 상복을 입어 3년복을 입든 전하께서 결단하십시오."

현종이 예조에 하문해 유신들의 의견을 묻게 하자 서인 이유태(李惟泰)는 양송과 같은 입장이라고 말했고, 영의정 정태화와 좌의정 심지원도 마찬가지였다. 영중추 정유성(鄭維城)도 같은 견해였다.

"대왕대비의 복을 1년복으로 한 것은 예법에 근거가 있을 뿐만 아니라 실로 선조(先朝)를 따른다는 의미에서 시작한 것입니다."

처음에 문제를 제기했던 윤휴는 더 이상 적극적인 의견 개진을 하지 않고 현종의 뜻에 맡긴다고 한발 물러섰다.

"그것은 국가 대례로서 대소 제신들이 각기 자기 의견을 고집하여 저마다 논설이 있었으니, 오직 성상께서 가리시어 정할 일입니다. 다만 그게 인심과 관계가 밀접하고 대경(大徑)과도 관계되는 일이니, 선왕의 예에 어긋나지 않은 것을 골라 행하면 되겠습니다."

드디어 현종은 결단을 내렸다.

"다수(多數)의 의논에 따라 결정하게 하라."

재론된 예송도 서인의 승리로 끝나는 순간이었다.

거론 자체가 금지되는 예송

재론된 제1차 예송논쟁이 서인의 승리로 귀결되었지만 이것이 끝은 아니었다. 남인은 여전히 1년복이 틀리다는 생각을 버리지 않고 있었다. 현종 2년(1661) 4월 심한 가뭄이 들자 현종은 죄인을 사면하고 내외에 널리 구언(求言)했다. 행 부사직 조경(趙絅)이 구언에 응해 상소를 올렸다.

"전하께서 가뭄을 당하여 자기 몸을 낮추고 반성하시는 데 가장 중요한 것이 원통한 옥사를 다시 심리하는 것입니다. 그런데 재심에 윤선도만이 빠져 있는 것은 무슨 까닭입니까? 선도의 죄는 무엇입니까. 선도의 죄라는 것은 적통·종통 논의에 있어 효묘(孝廟 : 효종)를 두둔한 것뿐입니다. 따라서 전하께서 선도라는 사람은 물리치더라도 그 종통·적통에 관한 말은 결코 버리실 수 없을 것입니다. 전하께서 크게 결단하셔서 적통·종통이 어디에 있는지를 선왕(효종)의 실록에 분명히 실어서 훗날 예법을 논하는 자로 하여금 다른 말을 못 하게 하신다면, 하늘의 뜻인들 어찌 인정과 다르겠습니까. 신은 이 말이 세상 사람들이 크게 두려워하고 기피하는 것임을 모르지 않습니다. 그러나 신이 어찌 한 몸의 이해만을 생각해서 전하를 저버릴 수 있겠습니까."

현종과 승정원은 이미 길복으로 갈아입은 자의대비의 복제가 또다시 논란이 되자 곤혹스러웠다. 이미 결정 난 사안을 다시 거론하는 것도 그렇고 임금의 적통과 종통 문제가 자꾸 현안이 되는 것도 바람직한 일은 아니었던 것이다.

승지 남취익(南就翼), 원만석(元萬石) 등이 승정원에서 조경을 규탄하고 나섰다.

"조경의 상소는 윤선도를 위한 것입니다. 저 윤선도의 죄악으로 말하면 국인(國人)이 함께 분개할 뿐만 아니라 전하께서도 통촉하신 것인데 조경이 감히 윤선도의 말이 옳다면서 아무 기탄없이 말했습니다. 문서의 출납을 담당한 저희들이 무턱대고 아뢸 수도 없지만 그 상소 내용의 시비와 사정(邪正)을 전하께서 가리실 수 있을 것이므로 소(疏)를 받아들였습니다."

현종은 더 이상 예송 문제의 재론을 원치 않았다. 현종은 상소문을 도로 내주게 한 후 승정원에 하교를 내려 한탄했다.

"아, 전 판중추 조경은 세 조정을 차례로 섬겼으니 어찌 지식이 없겠는가마는, 애석하게도 소장의 내용이 어찌 이 지경에 이르도록 잘못되었단 말인가."

삼사에서 소를 돌려주는 것으로 끝낼 리가 없었다. 삼사가 곧 조경을 삭탈관직하여 시골로 추방할 것을 청하니 현종이 허락했는데, 서인 중진들이 이를 반대하고 나섰다. 강경대응은 또 다른 시비를 낳을 수 있다는 우려 때문이었다. 영의정 정태화는 경연(經筵)에서 이렇게 말했다.

"조경은 원래 시골에 살던 사람이니 시골로 추방한다 해도 그 사람에게는 아무 손해가 없고 나라의 체면만 손상될 것입니다."

좌의정 심지원도 마찬가지였다.

"조경은 세 조정의 원로대신인데 전하의 구언에 응하여 말하였다

🌲 전남 완도군 보길도의 세연정. 윤선도는 이곳에 부용동 정원을 만들어 놓고 중앙 정계에서 소외된 시름을 달랬다.

가 죄를 얻으면 이것이 나라를 망치는 길입니다."

젊은 서인이 포진한 삼사에서는 대신들이 조경을 두둔했다고 듣고 일어서며 조경을 귀양 보내야 한다고 탄핵했다. 현종은 한 달 이상 귀양 요청을 들어주지 않으면서 버텼다.

이런 와중에 효종의 2주기가 다가왔다. 제사에 참여해 곡배(哭拜)하기 위하여 서울에 온 송시열은 현종 2년 5월 임금에게 자신의 심정을 토로했다.

"신은 뼛속까지 오싹해지는 느낌을 받고 있습니다. 신이 시골에 있을 때 어떤 사람이 말하기를 '시열은 선왕이 태묘(太廟)에 들어가는 것을 온당치 않게 생각한다'고 했다 하는데, 이 설이야말로 종통·적통의 설과 서로 표리관계를 이루는 것입니다. 이보다 더 원통한 일이 세상 어디에 있겠습니까. 이것은 쓸데없이 그냥 개인적으로 이야기하다 나온 것이 아닙니다. 영상 정태화가 이를 듣고 크게 놀란 나머지 신의 아들과 서로 아는 사람을 불러 물어보았으므로 신의 아들이 이를 통해 신에게 이야기한 것입니다."

이긍익(李肯翊)은 《연려실기술(燃藜室記述)》에서 〈양파시장(陽坡諡狀)〉이란 글을 인용해 현종에게 했다는 말을 소개하고 있다.

"신이 처음 사종지설을 말하니 정태화가 듣고 크게 놀라면서 그 설은 인용할 수 없다고 말했는데, 지금 생각하니 정태화는 반대당의 모함이 있을 줄 미리 알고 있었던 것입니다. 그 선견지명을 저는 따를 수 없습니다."

사실 예송논쟁은 다산 정약용이 《의례주소》〈가씨소〉의 양면성을 말하면서 3년복으로도, 1년복으로도 의정할 수 있는 사안이었기 때문에 그중 후한 예를 따라서 3년복으로 정했다면 아무 문제의 소지가 없었다. 송시열 등 서인들이 소현세자 일가의 억울함에 대한 신원을 당론으로 삼은 자체를 나쁘다고 할 수는 없지만 이는 효종의 종통과 맞물린 민감한 문제였다. 효종의 종통 자체를 부인하고 인조반정 같은 쿠데타를 결심하지 않고 자의대비의 복제를 기년복으로 박하게 의정한 것은 스스로 시비를 초래한 측면이 분명 있었다. 왕조 국가에서 임금의 국상을 기년복으로 정한 것은 반대당파인 남인의 시비를 자초한 격이었고, 사실 자의대비가 탈상한 후에도 논란은 그치지 않았다.

현종 4년(1663)에 정6품 홍문관 수찬(修撰) 홍우원(洪宇遠)이 또다시 윤선도와 남인을 옹호하며 올린 상소가 이런 상황을 말해준다.

"지금 사람들은 자기와 같지 않은 자를 싫어하여 억지로 같이 만들려고 하는 형편이어서 사대부 사이에도 다른 의견이 생기면 반드시 함께 일어나 공격합니다. 윤선도는 변방 섬인 삼수에 안치되었다가 북청(北靑)으로 옮기게 되었는데 대간이 반대하여 다시 삼수로 되돌려졌습니다. 허목이 예법에 관한 소를 두 번 올리니 먼 삼척으로 내쫓았습니다. 허목이 그만두고 돌아온 후에도 다시 찾아서 벼슬을 주지 않았으며, 권시는 중한 탄핵을 받았습니다. 또 조경이 선도를 구하려 하자 간사하다고 지목하면서 그 아들까지 영구히 벼슬을 주지 않는 벌을 받았습니다.

생각하면 선도는 원래 기개 있고 할 말은 하는 사람으로서 광해조 때에도 바른말하는 상소로 절개를 세웠으며 선왕조(효종)에는 사부의 자리에 있었습니다. 그런데 지금 바람서리 찬 지역에 귀양 가 백발 날리는 늙은 몸으로 언제 죽을지 모를 형편입니다. 만약 갑자기 죽어 버린다면 조정에서 선비를 죽였다는 누명을 남길까 두렵습니다."

대간에서는 즉각 홍우원의 관직을 삭탈하고 시골로 추방할 것을 청하였으나 현종은 듣지 않았다. 현종은 서인의 세에 밀려 1년설로 정했지만 내심으로는 3년설을 지지하고 있었기 때문이다. 현종 5년에 조경과 홍우원을 다시 서용한 데서도 현종의 속내를 읽을 수 있다. 재위 6년 2월 현종은 윤선도를 고향 가까운 광양(光陽)으로 유배지를 옮겨주면서 자신의 뜻에 반하여 금부에서 마음대로 안치했다고 꾸짖었다. 현종은 단지 그 지역에 정배하라고 했을 뿐인데 멋대로 안치라고 써 넣어 집에서 꼼짝 못 하도록 했다는 꾸짖음이었으니 여기에서도 윤선도에 대한 현종의 속마음이 엿보인다.

현종 7년(1666) 예송논쟁은 새로운 국면에 접어든다. 이번 문제 제기는 서인 쪽에서 한 것이었으니 당초 기년복이 얼마나 문제가 있었는지를 보여준다. 병자호란 때 강화도에서 분신한 서인 김상용(金尚容)의 손자 김수홍(金壽弘)이 그 장본인이었다.

"서자는 첩자라는 허목의 예론이 맞는 것 같으니 자의대비는 3년복을 입는 것이 마땅할 것 같습니다. 그리고 이른바 소현세자의 적통이란 것은 강빈의 옥사 때 이미 단절된 것 아닙니까?"

강빈이 역적이니 그 자손이 어찌 적통을 이을 수 있느냐는 반론이었다. 이는 서인 내부의 분열이었으나 이런 움직임에 가장 민감하게 반응한 세력은 역시 남인들이었다.

같은 해 남인의 본거지인 영남 유생 유세철(柳世哲) 등 1,400여 명이 연명으로 상소하고 나섰다. 이들은 송시열을 격렬히 비판하면서《상복고증(喪服考證)》이란 책자를 함께 바쳤다. 책자의 내용은 윤선도의 말을 그대로 반복·부연설명한 것이었다. 이들의 주장을 요약하면 예(禮)에 '천자와 제후의 상(喪)에는 모두 참최복을 입고 기년복은 없다'는 것이었는데, 이는《예기》〈증자문(曾子問)〉의 "천자·제후의 상에는 모든 신하가 다 참최복을 입는다"는 내용을 뜻했다.

서인 승지 김수항은 승정원에 상소를 받아들이면서 이렇게 우려했다.

"이 상소는 전하의 마음을 움직여서 선한 사람들을 모두 없애려는 것입니다."

"문장과 의사가 들락날락하여 일정하지 않고 동쪽을 말하나 실상 그 뜻은 서쪽에 있으니 선비들 풍습이 어찌 이렇게까지 되었는지 놀라운 일이다."

이에 양사(兩司)에서 소두(疏頭) 유세철 등을 죄줄 것을 청했으나 현종은 허락하지 않았다. 사실상 현종의 속마음은 자신의 아버지 효종을 높이는 남인에게 있으나 서인 정권 아래에서 이는 어려운 일이었기에 상소는 물리치면서 처벌은 하지 않는 방법을 쓴 것이다.

남인 유생들이 상소하는데 서인 유생들이 가만히 있을 리 없었다. 성균관과 사학의 유생 홍득우(洪得雨)와 충청도의 서인 유생 윤택(尹澤) 등이 상소를 올렸다.

"송시열의 복제설이 바른데도 억울하게 반대당에게 배척당했습니다."

현종은 이들의 상소를 우대하는 형식적 비답을 내렸다. 이런 상황들을 보면서 현종은 예송 자체를 끝내는 것이 바람직하겠다고 결심했다. 예론으로 해가 저물고 달이 기우는 것은 나라에 바람직하지 않다고 느꼈던 것이다. 현종은 여러 신하들을 인견하는 자리에서 말했다.

"근래에 영남 유생들의 상소에 대하여 죄를 논하여 처벌하고 싶지 않은 것은 아니지만, 다음날 분쟁의 폐단만 될 것 같으니 일정한 제도를 천백 년이 가도록 그대로 준행하는 것만 못 할 것 같다. 기해년 국상 때《국조오례의》에 따라 상복을 시행했는데, 지금 와서 무슨 고칠 일이 있겠는가. 차후에 다시 예론을 논하는 상소가 있으면 비록 많은 선비들의 상소라 해도 용서하지 않고 중형(重刑)으로 다스리겠다. 이 뜻을 널리 중외(中外)에 알리라."

🌸 퇴계 이황 초상. 당시 훈
구파에 밀린 재야 사림
파의 영수였던 이황은
사림파가 세상을 이끌어
야 한다는 이기이원론을
주장했다.

현종이 이처럼 강경한 태도를 취하자 이때부터 예론은 거론할 수
없는 금법(禁法)이 되었다.

서인은 이로써 예송논쟁이 완전히 종결된 것으로 알았다. 그러나
예송논쟁은 지하에 잠복한 불씨일 뿐이었다. 자연적으로 보아도 당사
자인 인조의 계비 자의대비 조씨(1624)는 며느리인 효종의 비 인선왕
후 장씨(1618)보다 여섯 살이 어렸으므로 며느리의 상사(喪事) 때 시어
머니의 복제는 어떠해야 하는가라는 같은 성격의 문제가 발생할 우려
가 있었다. 그리고 우려했던 상황은 실제로 다가오고 있었다.

서인과 남인은 어떤 철학적 차이가 있는가?

제1차 예송논쟁에서 서인이 1년설을 주장하고 남인이 3년설을 주장한 것은 엄밀히 따지면 그들 당파의 철학적 견해와는 상반되는 것이었다.

남인의 사상적 종주인 퇴계 이황의 사상은 이일원론(理一元論)이었다. 그의 이기이원론(理氣二元論)은 이일원론의 범주를 벗어나지 않는다.

이황은《답정자중강목(答鄭子中講目)》에서 이렇게 말했다.

"이(理)는 본래 항시적으로 실재(實在)하지만 기(氣)는 모여서 형체를 이룸으로써 실재했다가 흩어지면 소멸하니 무(無)에 지나지 않는다. 어찌 항시적으로 실재한다고 말할 수 있겠는가?"

이황에게 있어 이와 기는 절대로 동등할 수 없는 것으로서 그는 절대적인 이 우위론자였다. 그의 주리론(主理論)에 따르면 군신(君臣), 부자(父子), 부부(夫婦), 장유(長幼)의 질서는 어길 수 없는 것이었다. 이들 사이의 귀천(貴賤)의 질서가 그 누구도 넘을 수 없는 인간관계의 질서, 즉 예(禮)였다. 그의 이러한 사상은 가부장 중심의 종법질서를 합리화하는 것이었다. 이 종법질서는 비록 왕가(王家)라 하여도 어길 수 없는 근원적인 것이었다.

따라서 이황의 이런 사상에 따르면 자의대비의 복제는 1년설이 되어야 하는 것이다. 효종이 비록 왕위를 이었다 하더라도 인조의 둘째 아들이라는 종법(宗法)은 변할 수 없는 근원이기 때문이다. 하지만 이황의 이런 사상과는 반대로 남인들은 3년설을 주장하였다. 남인들이 3년설을 주장한 가장 큰 이유는 그들의 철학적 견해 때문이 아니라 정권에서 소외된 야당이기 때문이다. 즉 여당인 서인에 대한 야당의 정치 공세가 3년설인 것이다.

서인들 또한 마찬가지이다. 서인들의 사상적 종주인 율곡 이이의 사상에 따르면 서인들이야말로 3년설을 주장해야 했다. 이이는 이기 일원론(理氣一元論)을 주장했다 해서 그의 사상을 주기론(主氣論)으로 보기도 하지만 그 또한 이(理)가 우위에 있다고 본 점에 대해서는 이황과 차이가 없었다.

그는《답성호원(答成浩原)》에서 이렇게 말했다.

"이가 아니면 기가 근거할 데가 없으며 기가 아니면 이가 의거할 데가 없습니다. 이는 두 개의 물건이 아니지만 그렇다고 하나의 물건도 아닙니다. 하나의 물건이 아니니 하나이면서 둘이고 두 개 물건이 아니니 둘이면서 하나입니다. 하나의 물건이 아니란 것은 무엇을 가지고 말하는 것일까요? 이기(理氣)는 상호 떨어지지 않을 수 없으나 신묘하게 결합되어 있다는 것을 말합니다. 이는 자기 스스로 이이며 기는 자기 스스로 기이지만 분리되지 않으니 그 사이가 없습니다. …이는 시초가 없으며 기도 시초가 없습니다."

하지만 그는 근본적인 면에서는 이의 우위성을 인정했다. 그의 말을 계속 들어보자.

"이기는 시초가 없으니 실로 선후를 말할 수 없습니다. 그러나 근본에 있어서 그렇게 되는 까닭[所以然 : 소이연]은 이가 추뉴(追紐)이며 근저입니다. 따라서 이가 앞설 수밖에 없습니다. 성현의 말이 아무리 많을지라도 관건은 이것에 불과한 것입니다. 만약 사물(事物)을 가지고 이를 관철한다면 분명히 이가 먼저 있고 기가 후에 있습니다."

이처럼 율곡도 근본적인 면에서는 이가 기보다 우위에 있음을 인정한 이 우위론자였다. 하지만 그는 이기의 형태와 운동능력에 대해서는 기의 우위를 인정함으로써 이황과는 다른 견해를 표출했다. 즉 이는 형태도 운동능력도 없으나 기는 모두 있다는 견해를 밝힘으로써 이가 형태는 없으나 운동능력은 있다는 이황의 견해를 비판한 것이다. 이이는 사람의 생사에 대해서도 이의 절대성을 인정하면서도 기의 중요성을 함께 인식하는 상대론적 태도를 보였다. 즉 사람이 살기[生] 전에는 사람의 이만이 존재하며 죽은 다음에도 이만 존재한다. 그러나 사람이 살면[生] 기가 있게 된다. 죽으면 기는 없어지지만 이는 남는다. 즉 이이는 인간의 생사와 독립하여 실재하면서, 생사를 지배하는 이의 절대성을 인정하지만 기의 상대성도 인정함으로써 변화의 여지를 남긴다. 그는 사단(四端)도 기가 발하고 이가 여기에 탄다고 하여 기의 세계성을 인정했다.

그의 이런 이기에 대한 상대성을 현실적으로는 개혁사상으로 나타났던 것이다.

이런 상대성을 예론에 대입한다면 자의대비의 복제는 3년설이 될수도 있었다. 비록 장자가 우위에 있다는 종법[理]은 변할 수 없지만 이는 때[氣]에 따라 변할 수도 있기 때문이다. 이처럼 사물의 상대성을 인정한다면 자의대비의 복제도 경우의 특수성을 인정해 3년복이 될수도 있었던 것이다.

하지만 서인은 왕가의 특수성을 인정해 주고 싶지 않았다. 자신들이 집권당이기 때문이었다. 나라를 다스리는 존재는 임금 혼자가 아니라 자신들과 함께였다. 더군다나 자신들은 인조반정을 주도한 세력이었다. 인조반정 직후에 일어난 '원종추숭시비(元宗追崇是非)'도 그 한 예이다. 인조반정이 일어나자 재야 예학자들은 인조가 선조를 아버지라고 불러야 한다고 주장했다. 반면 반정세력들은 인조의 생부(生父)인 정원군(定遠君 : 선조의 다섯째 아들)을 그대로 아버지로 불러야 한다고 주장했다. 재야 예학자들이 왕통 계승만을 중시하려는 견해를 지녔다면 후자는 혈통 계승의 기반 위에서 왕통을 세우려는 견해였다. 결국 혈통 우선의 명분을 내세운 반정세력들에게 승리가 돌아가 정원군을 원종으로 추숭했는데, 이는 인조의 종법적 지위를 확립해 반정의 명분을 공고히 하기 위한 것이었다. 이처럼 서인들은 반정 후 왕통의 종법적 지위마저도 새로 확정지을 만큼 강력한 세력이었다. 이런 이유 때문에 왕가의 특수성을 인정하지 않았던 것이다.

반면 인조반정 후 관제야당으로 출발한 남인들은 예송논쟁을 이용해 야당의 지위에서 벗어나 권력을 장악하려 하였다. 남인들은 막강한 신권에 불만을 느끼는 국왕을 자당 지지 세력으로 끌어들이기 위해 3년설을 주장한 것이었다. 서인들은 왕권과 신권의 차별보다는 치자 계급인 사대부의 보편성을 중시한 데 비해 남인들은 신권에 대한 왕권의 우위를 극대화함으로써 왕실의 지지를 얻으려 한 것이다.

이는 또한 송시열·송준길로 대표되는 주자예론(朱子禮論)과 윤휴·허목·윤선도 등으로 대표되는 반주자(反朱子)예론의 대립이기도 했는데, 정통 주자학이 신권 중심의 정치 운영을 통해 지주들의 권익을 옹호하려는 수구·보수적 견해를 나타낸 것이라면 반주자학은 군주권의 강화를 통해 농민들의 이익을 보장하려는 진보·개혁적 견해의 표출이었다.

예송은 이처럼 예론을 이용해 정권을 장악하려는 정쟁의 측면을 지니고 있지만 나아가 예론을 이용한 보수세력과 진보세력의 대립이란 측면도 지니고 있었다. 어쨌든 예송논쟁을 통해 인조반정 이래 유지되어 오던 서인과 남인의 상호공존적 측면은 붕괴되었다. 당쟁의 악화는 필연적인 것이었다.

어찌 감히
주자와 달리 해석하랴

송시열의 정적들—반주자학자 윤휴

병자호란 직후 속리산 복천사(福泉寺)에서 만난 윤휴와 송시열은 통곡하면서 굳게 약속했다.

"혹시 우리가 정치를 하게 된다면, 결코 오늘의 치욕을 잊지 말자."

하지만 제1차 예송논쟁 당시 두 사람은 이미 정적으로 변해 있었다. 송시열과 윤휴는 이미 '사문난적(斯文亂賊)' 논쟁을 통해 서로 화해할 수 없는 학문적·정치적 적대자로 변해 있었다. '사문(斯文)'이란 유학이나 성리학을 뜻하는 말로서 '사문난적'은 성리학을 어지럽힌 적자(賊子)라는 뜻이다.

윤휴는 사실 송시열 못지않은 저명한 학자였다. 윤휴는 송시열보다 10년 어리지만 일찍부터 학문으로 명성을 얻어 권시·윤선도 같은 남인은 물론 송준길·유계·이유태 같은 서인과도 학문적 교류를 가졌다. 서인 중에서도 송시열과 미촌(美村) 윤선거(尹宣擧)는 한때 윤휴와 가장 가깝게 지내던 인물들이었다. 송시열도 한때 윤휴를 칭찬한 적이 있었다.

"백호(白湖 : 윤휴의 호)는 학문이 높아 다른 사람들이 따를 수 없으며 전인(全人)들이 미처 생각하지도 못한 것을 추구하고 새로운 이치를 발견해 낸다."

윤휴 사상이 독창적이란 칭찬이었다. 이런 윤휴를 송시열이 비판하게 된 까닭이 바로 윤휴 학설의 독창성에 있었으니 이 또한 아이러니가 아닐 수 없다.

윤휴는《중용장구보록서(中庸章句補錄序)》,《대학설(大學說)》,《중용설(中庸說)》,《주례설(周禮說)》,《중용대학후설(中庸大學後說)》등 많은 책을 펴냈는데 여기에 담긴 독창적인 사상들을 송시열이 문제 삼으면서 사문난적 논쟁이 시작되었던 것이다.

윤휴는 학문이나 사상의 절대성을 인정하지 않는 유연한 인물이었다. 그에게 어떠한 사상은 부분적인 진리만을 담고 있는 상대적인 것이었다. 따라서 그에게는 율곡 이이나 퇴계 이황의 학설은 물론 주희의 학설도 비판의 대상이었다. 그는 율곡의 '이통기국(理通氣局)'이나 퇴계의 '이선기후(理先氣後)'설 등을 모두 비판하는 '기일원론(氣一元論)'을 내세웠다. 나아가 그는 주희(朱熹), 즉 주자의 학설까지 비판하고 나섰다.

송시열이 금과옥조로 여긴 유학 경전은《논어(論語)》,《맹자(孟子)》등 사서 자체가 아니었다. 송시열은 사서 자체보다도 사서에 대한 주희의 해석을 더욱 중시했다.《논어》자체보다도 주희가 주(注)를 달아 놓은《논어집주(論語集注)》를 경전(經典)으로 더 높이 생각했던 것이다.《중용》도 마찬가지로 주희가 해설해 놓은《중용집주(中庸集注)》를 경전으로 섬겼다. 그러나 윤휴는 달랐다. 윤휴는 주희의《중용집주》를 개

작하여 자신의 견해로 주석을 달겠다고 나섰는데 송시열은 바로 여기
에 발끈했다.

　　송시열은 윤휴가 경전을 주희와 다르게 해석하자 격분했다.

▲ 충남 강경의 황산서원(현 죽림서원). 이곳에서 윤휴 처리 문제를 두고 송시열과 윤선거가 논쟁
　을 벌였다. 조광조와 퇴계 이황, 그리고 송시열의 위패를 보관하고 있다.

"고금 천하에 어찌 악한 자가 없겠는가. 하지만 윤휴처럼 주자를 공격하고 배척하는 자는 있지 않았다. 비록 중국의 왕양명(王陽明)이나 이탁오 같은 양명학자들의 말이 불손하다 해도 윤휴보다는 덜했다."

송시열은 윤휴를 사문난적으로 몰았다.

"하늘이 공자에 이어 주자를 내셨으니 참으로 만세(萬世)의 도통(道統)이다. 주자 이후로는 일리(一理)도 밝혀지지 않은 것이 없고 일서(一書)도 명확해지지 않은 것이 없는데, 윤휴가 감히 자신의 견해를 내세워 가슴속의 억지를 늘어놓으니, 윤휴는 진실로 사문난적이다."

송시열과 윤휴의 대립은 이처럼 주희의 경전주석에 대한 수용 자세의 차이에서 나온 것이다. 송시열은 주희의 해석 자체를 경전으로 생각했다. 그러나 윤휴는 주희의 해석을 뛰어넘어 독창적인 해석체계를 갖추려 했다.

송시열이 받아들인 주희의 주자학은 중국 중세의 유학이었다. 말하자면 북송과 남송 시대의 중국 유학자들이 바라본 세계관이 성리학이었고 송시열은 여기에 충실했다. 하지만 윤휴는 이를 뛰어넘어 한당(漢唐) 시대의 중국 고대 유학에 직접 접근하려 하였다. 주희를 뛰어넘어 직접 공자·맹자와 만나려 했던 것이다. 윤휴는 그 유명한 말로 송시열의 공격을 반박했다.

"천하의 많은 이치를 어찌 주자만 알고 나는 모르겠는가? 이제 주자는 그만 덮어두고 오직 진리만을 연구해야 한다. 주자가 다시 살아난다면 내 말이 틀렸다고 하겠지만, 자사(子思 : 공자의 손자, 《중용》 저자로 전함)가 살아난다면 내 말이 옳다고 할 것이다."

말하자면 윤휴는 고대 경전, 즉 공자나 맹자로 돌아가자고 주장하는 것이었다. 윤휴와 송시열의 논쟁은 특정한 학문이나 종교가 교조화된 곳에서는 시대의 고금이나 동서를 떠나 존재했던 논쟁이다. 루

터의 종교개혁도 교회를 통해서만 구원받을 수 있다는 중세 가톨릭의 교의에 대한 반발이었다. 윤휴가 주희에 반대하고 공자를 내세운 것은 루터가 중세 교회의 교조성에 반발하며 '오직 성서'와 '오직 신앙'을 내세워 예수와 직접 접촉하려 한 시도와 마찬가지였다. 종교개혁가 루터를 보호한 것이 황제의 경쟁자 작센 공의 현실적 힘이었듯 윤휴의 옳고 그름에 대한 평가도 주자나 공자가 아닌 현실적 힘을 가진 조선 유학자들이 할 수밖에 없었다.

효종 4년(1653) 충청도 강경의 황산서원(黃山書院 : 현 죽림서원)에 유력한 서인 학자들이 모인 이유는 바로 윤휴 문제를 논의하기 위해서였다. 아래로 금강의 지류가 흐르는 황산서원에서 송시열과 윤선거, 윤원거, 권성원 등 10여 명의 서인학자들은 윤휴 문제를 두고 밤늦도록 논쟁을 벌였다.

논쟁은 주로 송시열과 윤선거 사이에서 벌어졌다. 송시열이 사문난적으로 규정한 윤휴를 윤선거가 옹호하고 나선 것이다.

"윤휴는 성인에 가까울 만큼 학문이 고명한 사람이어서 나는 그의 학문을 다 측량할 수 없습니다."

즉 윤휴가 성인의 경지에 이른 고명한 학자이므로 경전을 새롭게 해석할 수 있지 않느냐는 말이었다. 송시열이 이를 받아들일 리가 없었다.

"나는 그의 학문이 고명한지는 알지 못하지만 그가 사문난적임은 알고 있습니다."

윤선거는 다시 윤휴를 옹호했다.

"의리는 천하의 공도(公道)이므로 윤휴도 주자의 주석에 대해 논평할 수 있지 않습니까? 이것이 어찌 불가하다고 공박하십니까?"

송시열이 다시 반박했다.

"주자 이후로는 일리(一理), 일자(一字)도 밝혀지지 않은 것이 없는데 무슨 의혹이 있다고 논란을 일으키는 것입니까? 또 문제가 있더라도 주자의 어느 구절이 의심스럽다고 말하면 혹시 모르겠지만 그가 어찌 감히 주자의《중용》을 일소해 버리고 자신의 학설로 대치할 수 있습니까?"

윤선거가 대답했다.

"이는 윤휴가 고명하기 때문입니다."

송시열은 성내어 반박했다.

"주자보다 윤휴가 더 고명하다는 말입니까?"

누가 누구보다 더 고명하다는 식의 공세는 이미 학문적 차원을 넘어선 것이었다. 위기감을 느낀 윤선거는 한발 물러섰다.

"고명하다고 말한 것은 저의 실언입니다. 제가 경솔했습니다."

그러나 송시열은 이 정도에서 물러나지 않았다.

"이미 난적(亂賊)이라고 말했으니 경솔하다는 말은 당치도 않습니다. 대저 군왕이 춘추의 법을 펼칠 때 난신적자를 따르는 자[黨與 : 당여]를 다스린다고 했으니 만약 그런 일이 일어난다면 공은 윤휴보다 먼저 법의 심판을 받아야 할 것입니다."

이는 군왕이 춘추의 법을 펼칠 때면 윤휴보다 그를 따르는 윤선거가 먼저 죽게 되리라는 비이성적 발언이었다. 이는 이미 학문적 논쟁은 아니었다. 수준 높게 말하면 서로간의 세계관의 차이이자 낮게 말하면 감정 차원의 문제였다.

'법의 심판' 운운하는 판에 더 이상의 논쟁은 의미가 없었다. 윤선거는 입을 다물 수밖에 없었고 둘 사이의 논쟁에서 송시열은 외견상 승리를 거두었다. 하지만 이는 학문적 토론의 결과로 자연스럽게 얻어진 승복이 아니라 '사문난적'이란 비이성적·교조주의적 논리와 '춘추의 법'이란 정치적 무기로 얻어낸 물리적 승리였다. 윤선거가 마음속으로 승복할 리 만무했다. 마음속으로 승복하지 못할 때 논쟁은 재연되게 마련이다.

효종 4년(1653)에 시작된 이 논쟁은 12년 후인 현종 6년(1665) 동학사에서 재론되었다가 끝내는 숙종 때 윤선거의 아들인 윤증(尹拯)에게 전수되어 서인이 노론(老論)과 소론(少論)으로 나뉘는 한 단초가 된다.

오늘날의 잣대로 바라보면 송시열의 완고함에 모든 잘못이 있는 듯이 보이지만 사실 사문난적 문제는 그리 간단한 것이 아니었다. 송시열과 윤휴의 사문난적 논쟁은 양란 이후 위기에 봉착한 조선 사회에 대한 지배층 내부의 대응 방식의 차이를 보여주는 것이기 때문이다. 즉, 양란 이후의 위기를 타개하기 위해서는 현재의 지배체제를 더욱 강화해야 한다는 송시열의 수구 사상과, 위기 극복을 위해서는 현 체제를 개혁해야 한다는 윤휴의 개혁 사상 간의 충돌이 사문난적 논쟁이었다.

윤휴의 새로운 사상은 교조적인 주자학 지배 이념에 대한 지배층 내부의 반성이자 개혁 요구였다. 만물의 근원적 존재인 태극(太極)에 대해 주자학은 이(理)라고 설명해 왔다. 하지만 윤휴는 태극 자체가 기(氣)라고 설명했다. 주자학자와 윤휴는 세상을 바라보는 시각 자체가 달랐던 것이다. 윤휴는 《중용해설(中庸解設)》에서 이렇게 말했다.

"기가 처음 생기는 것을 태극이라 하고 음양이 나뉘는 것을 양의(兩儀)라 하며 기가 합해서 형태를 이룬 것을 사상(四象 : 태양·태음·소양·소음)이라 한다. 태극이 생기면 음양과 양의를 주관하고, 나뉘면 태양(太陽)·소음(少陰)·소양(小陽)·태음(太陰)이 된다. 사상은 합해지면 음양과 체용(體用)을 겸하니 태극은 기이다."

태극을 기라고 규정한 것은 태극을 이라고 해석해 온 주자학에 대한 정면 도전이었다. 윤휴는 만물의 근원에 대한 생각에서부터 주희 와는 다른 견해를 가진 독창적 사상가였다.

조선 사회의 위기를 타개하기 위해 더욱 주자학을 받들어야 한다는 송시열은 이를 사회의 근간을 흔드는 위험한 사상으로 받아들였다. 송시열은 당연히 '태극은 이'라는 주희의 이론을 신봉하는 인물이었 다. 송시열은 〈한 음(陰)과 한 양(陽)을 도라고 이른다(一陰一陽之謂道 : 일 음일양지위도)〉란 글에서 이렇게 말했다.

"일찍이 주자는 '태극이 동(動)하여 양(陽)을 낳고 정(靜)하여 음(陰) 을 낳는다'고 하셨다. 태극이란 본연의 묘(妙)요, 동정(動靜)은 여기에 탄 기(機)다. 묘란 이요 기(機)란 기(氣)다."

즉, 태극은 이(理)란 말이었다. 이런 송시열에게 태극을 기(氣)라고 주장하는 윤휴는 '사문난적'일 수밖에 없었다.

송시열의 자리에서는 윤휴를 '사문난적'으로 공격함으로써 그의 사 상이 더 이상 전파되지 못하게 해야 했다. 송시열은 이렇게 말했다.

"주자는, '사단(四端 : 인·의·예·지)을 밝힌 것이 바로 국가 사직을 편안 하게 한 공이요, 이단(異端 : 성리학 이외의 다른 학문)을 물리친 것이 바로 이 적(夷狄)의 외침(畏鍼)을 막아낸 공이다'라고 말하셨다. 또 '임금을 살해 한 역적은 누구나 죽일 수 있는 것으로 반드시 군사(軍士)만의 일은 아 니다'라고 말하셨으니 내가 오늘날 죽음을 무릅쓰고 이단을 물리치는 일이 다행히도 죄가 될 수 없다고 생각된다."

그에게 이단을 막는 일은 사단(四端)의 고귀함을 지키는 일이자 국 가 사직을 지키는 일이요, 국가를 외침에서 막아내는 일이었다. 그 객 관적인 평가는 보는 시각에 따라서 달라질지라도 송시열 자신은 이런 확신을 가지고 있었다.

흔히 송시열이 윤휴를 사문난적으로 몰았기 때문에 윤휴가 죽음을 당했다고 알려져 있지만 이는 사실과 다르다. 윤휴가 죽은 것은 사문난적으로 몰린 효종 4년(1653)이 아닌 경신환국(庚申換局)으로 서인들이 정권을 잡은 숙종 6년(1680)이었고, 그를 죽음으로 몬 인물은 송시열이라기보다는 임금인 숙종 자신이었다.

효종 때는 송시열이 윤휴를 사문난적으로 몰았다 해서 그를 죽일 수 있을 만한 권력이 없었다. 송시열이 윤휴를 어떻게 바라보고 있었는가를 잘 보여주는 일화가 있다. 그의 제자인 권상하(權尙夏)의 증언이다.

송시열이 권상하에게 물었다.

"윤휴의 죄 중 가장 큰 것이 무엇인가?"

"역모의 죄가 가장 큽니다."

권상하의 이 대답에 송시열은 빙긋 웃었다.

"그대는 아직 궁리(窮理)에 대한 공부가 깊지 못하구나."

이에 권상하가 물었다.

"그렇다면 주자를 능멸한 것이 가장 큰 죄입니까?"

송시열이 고개를 끄덕이며 대답했다.

"그렇다. 사람이 진실로 성현을 능멸한다면 무슨 일인들 하지 못하겠느냐."

이처럼 송시열은 역모보다도 주자에 대한 능멸을 더 큰 죄로 생각했다. 사문난적 논쟁은 송시열에게 윤휴 한 사람의 생사에 국한된 문제가 아니라, 올바른 정(正)과 그릇된 사(邪)와의 싸움이라는 도(道)에 관련된 문제였던 것이다.

사문난적 논쟁은 송시열과 당사자인 윤휴는 물론 같은 서인인 윤선거와 윤증, 박세채 사이를 갈라놓는 하나의 계기가 되었다. 12년 후인 현종 6년(1665) 이들은 동학사(東鶴寺)에서 만나 다시 사문난적 논쟁을 벌인다. 이때 이들은 이미 서로 정적이 되어 있었다.

동학사에 유학자들이 모인 이유

현종에 의해 예론이 금법(禁法)이 되기 한 해 전인 현종 6년(1665) 송시열과 윤선거를 비롯한 이유태·송주석(宋疇錫) 등 서인 중진들은 계

룡산 자락의 동학사에서 만났다. 이들이 모인 목적은 율곡 이이의《연보(年譜)》편찬을 위해서였으나 송시열의 기년복 주장에 대한 남인의 공세가 그치지 않은 시점이었으므로 남인들에 대한 송시열의 감정은 예전보다도 악화되어 있었다.

▲ 공주시 반포면 동학사 전경. 이곳에서 윤휴 처리 문제를 두고 송시열과 윤선거가 재차 다투었다. 단종과 사육신 등 수많은 인물들의 위패를 모신 곳이기도 하다.

송시열의 1년복설을 제일 먼저 공격한 인물이 사문난적의 당사자 윤휴였으니 송시열이 그냥 넘어갈 리가 없었다. 송시열은 이 모임에서 다시 윤휴를 사문난적으로 몰았고, 윤선거는 12년 전 그랬던 것처럼 재차 윤휴를 옹호했다. 송시열을 역적으로 모는 윤선도의 상소로 서인들이 분노하는 판국에 윤선거는 윤휴를 옹호하고 나선 것이었다.

이런 윤선거의 태도에 송시열은 분개했다. 하지만 윤선거는 송시열과 윤휴 두 사람 사이의 화해가 중요하다고 생각했다. 서로를 적이 아니라 같은 유학자, 사대부로 보는 자세가 시급하다는 생각이었다. 송시열과 윤선거는 승려들의 시중을 받으며 날이 저물도록 언성을 높여 다투었다.

날이 어두워지자 송시열은 결론을 짓자는 태도로 말했다.

"이렇게 한가로운 언쟁은 필요하지 않습니다. 이제 결정을 내리는 것이 옳습니다. 공은 시험 삼아 말한다면 주자가 옳겠습니까, 윤휴가 옳겠습니까?"

단도직입적인 질문에 윤선거의 말문이 막혔다. 주자와 윤휴 둘 중의 한 명을 선택하라는 말이었다. 윤휴가 옳다고 대답할 수는 없었다. 그 순간 자신 역시 사문난적으로 몰릴 것이기 때문이다. 가슴속에 갈등이 인 윤선거는 한참 생각한 후 입을 열었다.

"흑백으로 따진다면 윤휴가 흑이고 음양으로 따진다면 윤휴가 음이겠습니다."

"공이 지금에야 비로소 깨달았군요. 이는 시문의 다행이며 붕우(朋友)의 다행입니다."

송시열은 여기에서 멈추지 않았다.

"그럼 윤휴와 절교하시겠소?"

윤휴를 흑이고 음이라고까지 말했는데 송시열이 계속 다그치자 윤선거는 발끈했다.

"흑과 음이라고 말한 이상 절교하지 않겠소?"

이 대답에 송시열은 득의양양했지만 윤선거는 마음이 크게 상했다. 윤선거는 자리에서 일어섰다.

"일이 있어서 먼저 가겠습니다."

윤휴를 음이라고 대답한 것은 윤선거 자신이 사문난적으로 몰릴 것을 두려워 한 대답이었지 마음속에서 나온 대답은 아니었다. 얼마 후 윤선거는 송시열에게 편지를 보냈다.

"황산서원에서 흑백음양설로 말한 것은 윤휴의 사소한 부분을 가리킨 말이지 그 사람의 전체를 말한 것은 아닙니다."

윤선거는 죽음을 앞둔 현종 10년(1669) 송시열에게 남인과의 화해를 종용하는 편지를 썼으나 보내지는 않았다. 그해가 기유년(己酉年)이므로 이를 〈기유의서(己酉擬書)〉라 하는데, 이 편지는 도리어 훗날 서인이 노론과 소론으로 갈리는 한 구실을 한다.

온양 행궁에서
벌어진 싸움

송시열의 정적들—한때의 주인이었던 이경석

　　현종은 재위 10년 3월 왕대비 인선왕후 장씨와 부인 명성왕후(明聖
王后) 김씨, 그리고 네 공주와 함께 온양으로 향했다. 명성왕후 김씨가
괴증(壞症)을 앓고 있어 이를 치료하기 위한 행차였다. 어의들을 비롯
해 대부분의 신하들이 중궁의 온양 행차를 반대했지만 현종이 이를
강행한 것이었다. 현종은 그만큼 부인을 사랑한 인자한 임금이었다.

　　또한 조선의 임금 중 아주 드물게 오직 한 명의 부인에게만 정을 주
었던 임금이기도 하다. 그는 15년간의 재위 기간 중에도 김육의 손녀
이자 김우명의 딸인 명성왕후 김씨만을 가까이 했고 그녀에게서 숙종
을 비롯한 1남 3녀를 낳았다.

　　그런데 현종은 온양 행궁으로 행차하면서 군복인 홍융의(紅戎依)에
다 궁전(弓箭 : 활과 화살)을 차고 깃털을 꽂고 수레를 탄 차림으로 나타
났다. 중궁의 병을 치료한다는 명목으로 군복 차림에 수많은 군사들

을 대동하고 온궁행을 강행한 것이었다. 그는 3월 15일에 서울을 출발해 이틀 후인 17일 온양에 도착했는데 이곳에서 송시열과 이경석의 싸움이 벌어질 줄은 몰랐을 것이다. 다음 달 3일 영부사 이경석은 현종에게 유행병이 창궐하고 재이가 연달아 나타난다며 조속히 수레를 돌려 서울로 올라가라는 상차를 올리면서 신하들이 행궁(行宮)에 문안하지 않는 것을 비판했다.

"지난날 조정에는 급히 물러나려는 신하들이 이어지더니, 오늘날 행궁에는 달려가 문안한 신하가 하나도 없다고 합니다. 군부가 병이 있어 궁을 떠나 멀리 초야에 있으면 사고가 있거나 늙고 병들었거나 먼 곳에 있는 자가 아니라면 도리에 있어서 이와 같을 수는 없는 것입니다. 이는 나라의 기강과 의리에 관계된 것입니다."

《현종실록》의 사관은 이 기사에 "당시에 지방에 있는 여러 신하들 중에 한 명도 행궁에 나아온 자가 없었기 때문에 이경석이 이처럼 말한 것이다"라고 부기하고 있다. 그런데 이 상차에 대해 송시열이 자신을 지목한 것이라고 반발하고 나서면서 사건은 이상하게 전개되었다. 《현종실록》은 이경석의 상차에 대해 이렇게 간단하게 기술하고 있으나 이경석의 문집인 《백헌집(白軒集)》에는 보다 자세한 내용이 나온다.

"혹시 옛말에 '자기가 잘난 척하는 기색이 사람을 천 리 밖에서 거절한다'고 했는데 지금 그와 근사한 것인지요. 이 점은 전하께서 깨쳐 생각하셔야 할 일이라고 생각합니다."

'자기가 잘난 척하는 기색이 사람을 천 리 밖에서 거절한다'는 구절은 임금이 신하 대접을 박하게 하여 신하를 오지 못하게 거절한 것이 아니냐는 뜻으로서 임금을 은근히 꾸짖는 내용이었다. 따라서 이 상차를 받고 발끈할 사람은 국왕 현종이어야 했다. 그러나 발끈하고 나선 인물은 송시열이었다.

"신이 병을 무릅쓰고 길을 떠났으나 몸이 이상하여 길가로 물러나 엎드려 조양하면서 다시 길을 떠나려 하였습니다. 때마침 도성에 머물러 있는 대신의 차자를 얻어 볼 수 있었는데 논척한 바가 매우 준엄하여 비록 곧바로 신을 거명하지는 않았지만 어찌 다른 사람을 지적하는 것이겠습니까."

송시열은 상차의 내용이 다른 사람이 아니라 자신을 지적하는 것으로 단정했다. 송시열이 그렇게 생각하는 근거가 전혀 없지는 않았다. 판부사(判府事) 송시열도 마침 병이 나서 현종이 부르는데 나아가지 못하고 전의(全義)에 머물러 있던 상황이었으므로, 이경석의 상차가 자신을 비유해 배척하는 것으로 단정 짓고 상소를 올렸다.

"신이 삼가 생각해 보니 옛날 송(宋)나라 손종신(孫從臣) 같은 이는 '오래 살고 강녕하여[壽而康 : 수이강]' 한때의 존숭을 크게 받기는 하였지만, 의리를 알고 기강을 진작시켰다는 일컬음은 받을 수 없었으니, 도리어 어떤 이는 그를 불쌍하게 여겼습니다. 그런데 당시에 매우 용렬하고 비루한 자가 있어서 행실이 보잘것없기 때문에 도리어 그 사람에게 비난을 받았으니, 뭇 사람들이 얼마나 비난하며 비웃었겠습니까. 지금 신이 당한 일이 불행히도 이와 비슷합니다."

송시열이 예로 들은 송나라 손종신은 손적(孫覿)을 말하는 것으로서 바로 이경석을 빗대어 비난하기 위해 끌어들인 인물이었다. 금(金)나라의 침략을 당한 송나라는 황제 흠종(欽宗)이 포로로 잡혀가는 정강(靖康)의 변(變 : 1127)을 맞게 되는데, 이때 금나라로 잡혀갔던 송나라의 대신이 손적이었다. '오래 살고 강녕하여'란 말은 송시열이 만든 말이 아니라 《주자대전(朱子大全)》에 나오는 표현으로서 주희가 손적이 금나라의 비위에 맞는 글을 써준 것을 비판하며 사용한 말이다. 송시열이 손적을 빗대 '오래 살고 강녕하여'란 표현을 쓴 것은 이경석이 삼전도

비문을 지은 데 대한 비판이었다. 그러나 이경석이 삼전도비문을 썼다는 비난은 서인 쪽에서 편찬한 《현종개수실록》의 사관도 "경석이 일찍이 인조 때에 대제학으로서 명에 따라 삼전도의 비문을 지었기 때문에 시열이 소에서 언급한 것이었는데, 말이 너무 박절했으므로 논자들이 병되이 여겼다"고 비판할 정도였다.

삼전도비문을 둘러싼 시비

현재 서울시 송파구 삼전동에 있는 삼전도비는 1637년(인조 15 : 정축년)에 병자호란 패전의 표시로 세워졌다. 그해 1월 30일 인조는 남한산성의 서문을 열고 항복의 상징인 남융복(藍戎服) 차림으로 소현세자와 대신들을 거느리고 삼전도로 내려왔다. 인조는 청 태종이 앉아 항복을 받는 자리인 수항단(受降檀)을 향해 세 번 절하고 아홉 번 머리를 조아리는 삼궤구복, 즉 삼배구고두(三拜九叩頭)의 항복례를 치렀다. 청나라는 수항단 자리에 '대청황제공덕비(大淸皇帝功德碑)'를 세울 것을 요청했는데, 세자와 왕자를 볼모로 보내는 모욕을 감수하면서까지 항복한 조선의 처지로서는 청나라가 공덕비 이상의 것을 요구한다 해도 받아들일 수밖에 없는 상황이었다. 비(碑) 축조의 감독이 청나라 사신이었던 것은 이 당시 청과 조선의 위상을 명확히 보여주는 한 예일 뿐이다.

당시 조선의 사대부 중에 비문을 짓고 싶은 사람은 아무도 없었을 것이다. 이는 송시열뿐만 아니라 누구라도 마찬가지였다. 외교문서는 예문관 대제학(大提學)이 짓게 되어 있었으나 마침 대제학이 결원이었으므로 인조는 예문관 제학(提學) 이경석을 비롯해 몇몇 문장가들에게 찬술의 임무를 주었다. 이경석 외에 장유(張維)·이경전(李慶全)·조희일

(趙希逸) 등 4명이 그들이었다. 이경전은 와병 중이어서 나머지 3명이 비문을 지어 바쳤는데 그중 조희일은 자신의 것이 채택되지 않도록 일부러 조잡하게 짓는 수를 부려 제외되고 이경석과 장유의 문장을 가지고 검토하게 되었다. 청나라는 장유의 글에는 잘못된 비유가 있다는 이유로 배제하고 이경석의 글을 지목하면서 내용이 너무 소략하니 개찬(改撰)하라고 요구해 왔다. 이때 이경석에게 비문의 개찬을 요구한 인물은 다름 아닌 국왕 인조였다.

"지금 나라의 존망이 이것에 달려 있다. 춘추시대 월(越) 임금 구천(句踐)이 오(吳)나라의 신하 노릇을 했지만 끝내 오나라를 멸한 사실을 기억하고 있다. 훗날 나라가 일어서는 것은 오직 비문으로 저들의 마음을 움직여 사세가 더욱 격화되지 않도록 하는 것뿐이다."

인조의 간곡한 청을 뿌리칠 수 없었던 이경석은 청나라의 구미에 맞게 비문의 내용을 고쳐지었다.

'오직 상제(上帝 : 청나라 황제)의 법칙만이 위엄과 덕을 함께 펴도다. 황제께서 동(東 : 조선)을 정벌하시니 그 군사 10만이로다'라는 등 청 태종을 극구 찬양하는 구절은 이런 이유 때문에 들어간 것이다. 하지만 이런 찬양이 이경석의 본심이 아님은 삼척동자라도 알 수 있는 일이었다. 이경석은 송시열 못지않은 반청인사였다.

오래 살고 강녕하여

이경석은 효종 1년 청나라에 의해 죽임을 당할 뻔한 적이 있었다. 효종이 즉위 후 왜구 창궐을 빌미로 성지(城地)를 보수하고 무기를 정비하려 한 것과, 조선에 표류한 한인(漢人)들을 명나라에 돌려보낸 것이 조약 위반이란 이유로 청 사신 6명이 한꺼번에 조선에 온 것이었다. 청나라가 국경 근처에 군사를 주둔시켜 무력 시위를 병행하면서 전쟁이 목전에 닥친 상황이었다. 효종은 크게 놀라 밤새 자지 못하고 여러 신하를 인견해 의논했는데, 당시 조야(朝野)에 "장차 청나라 군사가 닥쳐오면 머리를 깎이는 욕을 면치 못할 것이다"라는 말이 횡행하면서 사대부 집안에서는 이삿짐을 싸는 등 인심이 흉흉했다. 이때 영의정으로 있던 이경석이 해결을 자청하며 나섰다.

"저들이 만일 무리한 일로 힐책할 경우 신이 직접 담당하겠습니다. 그렇게 해서 나라가 무사하다면 신이 어찌 감히 몸 하나를 아끼겠습니까."

이에 효종이 감탄했다.

"경의 나라를 위한 정성이 간절하다 할 만하다."

이경석은 청나라 사신을 맞기 위해 의주로 향하면서 청천강을 건너던 중 시 한 수를 읊었다.

    한밤에 충신한 마음으로 강을 건너니
    이 마음 오직 귀신만 알 뿐이로다.
    半夜直將忠信涉(반야직장충신섭)
    此心惟有鬼神知(차심유유귀신지)

청의 사문사(射問使)는 영의정 이경석과 여러 중신들을 남별궁(南別宮)에 세워놓고 북벌계획을 사문했다. 이 자리에서 이경석은 끝까지 국왕 효종의 입장을 두호하고 다른 관련자들을 감싸주면서 모든 책임을 자신이 지려고 하였다. 이에 청나라 사신은 이경석을 '대국을 속인 죄'로 몰아 극형에 처하려 했다. 효종이 그의 구명을 간청하며 통역 정명수(鄭命守)를 통해 막대한 뇌물을 사신들에게 전달하지 않았다면 이경석은 이때 불귀의 객이 되었을 것이다. 이경석은 거우 목숨은 부지했으나 의주의 백마산성(白馬山城)에 위리안치되어 앞일을 기약할 수 없는 신세가 되었다. 1년을 백마산성에 갇혀 지낸 이경석은 조건부로 겨우 석방되었다. 청 황제가 내건 그의 석방 조건은, "영원히 서용하지 않는다[永不敍用]"였으니 청나라가 그를 얼마나 증오했는지를 알 만하다.

이런 이경석을 삼전도비문 찬술자로 손적에 비유해 비난하고 나섰으니 뜻 있는 선비들이 혀를 차는 것은 당연했다. 다투기 1년 전만 해도 송시열은 이경석을 비판하지 못했다. 훗날 윤선거의 강화도 사건을 비판할 때도 그랬듯이 송시열은 사건 당시에는 가만히 있다가 자신과 사이가 틀어지면 공격하는 성향을 자주 보여 빈축을 샀던 것이다.

송시열과 다투기 1년 전인 현종 9년에 이경석은 현종에게 인신(人臣)의 최고 영예인 안석과 지팡이, 즉 궤장(几杖)을 하사받았다. 선조 때 남인 명재상 이원익(李元翼)이 받은 이래 처음의 영광이었다. 현종은 궤장연(几杖宴)에 풍악을 내렸고 영상 정치화 등 조정의 대신들이 모두 참여하여 축문(祝文)을 지어 이를 축하했다. 이때 축문을 지은 대신 중에 송시열도 있었다. 〈궤장연서(几杖宴序)〉가 바로 그 글이다.

"경인년(효종 1년) 나라의 존망이 당장 판가름 나게 되었는데, 이해에 밝은 자들은 팔짱을 끼고 물러서서 월(越)나라 사람이 진(秦)나라 사람의 말라감을 보는 것 같았습니다. 이때 공(公 : 이경석)만이 홀로 생사를 돌아보지 않고, 무서워하지 않으며, 동요하지 않아 나라가 무사하게 되었습니다. 이로부터 임금의 대우가 더욱 융숭하고 선비들의 마음도 따랐으며, 하늘의 도움을 받아 '오래 살고 강녕하여' 끝내 성상(聖上)의 은혜와 예(禮)를 입었으니 어찌 우연한 일이겠습니까."

궤장연에 참석한 그 누구도 송시열의 〈궤장연서〉가 이경석의 삼전도비문 찬술을 은근히 비난하고 있음을 알아차리지 못하다가 이경석을 비난하는 상소에 이 구절이 있음을 보고 깜짝 놀랐다. 송시열이 '오래 살고 강녕하여'란 말로 이경석을 송나라 손적에 풍자했음을 이 때야 비로소 알았던 것이다.

그러나 송시열의 이경석 비판은 어느 측면으로 보아도 그의 실수였다. 《현종실록》 사관의 말처럼 이경석은 송시열이 아니라 "이상진 등 몇몇 사람 때문에 차자를 올린 것"인데 송시열은 자기를 공격하는 줄 알고 크게 노해 이경석을 즉각 비난한 것이었다. 이는 송시열 특유의 결벽증이겠지만 그가 한미한 산림처사였을 때 여러 차례 이경석을 찾은 전력 때문에 더욱 비난을 받았다. 선조 28년(1595)생으로서 선조 40년(1607)생인 송시열보다 열두 살 많았던 이경석은 송시열을 조정에 나오도록 여러 차례 이끌어준 장본인임이 잘 알려져 있었으므로 송시열의 비난 상소는 사람들을 더욱 놀라게 했다.

송시열과 송준길, 즉 양송은 한미하던 시절 이경석을 주인으로 삼아 서울에 오면 베옷과 짚신을 신은 초라한 차림으로 그의 집을 찾았다. 이때 이경석은 한 나라의 정권을 장악한 신분임에도 일개 산림처사에 불과한 이들에게 자신을 낮추어 선비를 공경하는 예의를 다했다. 그럼에도 이경석이 올린 차자 한 장을 가지고 그를 송나라 손적에 비유하며 공격하니 선비들이 속으로는 송시열의 처사가 지나침을 불평하면서도 그의 위세에 눌려 감히 겉으로 드러내고 말하지는 못했다.

송시열이 자신을 공격하는 차자를 올린 뒤에도 이경석은 송시열을 직접 공격하지 않았다. 그는 다시 차자를 올려 자신의 처지를 해명하면서 송시열에게 배척당한 것을 이유로 사직을 청했다.

"신이 망령되이 올린 차자를 송 판부사는 자신을 지목한 것으로 오인한 것 같습니다. 차자 중에 '지난날 조정에는 급히 물러나려는 신하들이 이어지더니, 오늘날 행궁에는 달려가 문안한 신하가 하나도 없다고 합니다'라고 한 구절이 어찌 송 판부사를 지목한 것이겠습니까. 신의 마음이 원래 그런 것이 아니었는데 심히 불행한 일입니다."

이경석이 원래 차자가 송시열을 지목한 것이 아니라고 해명하고 나오자 송시열의 처지는 더욱 궁색해졌다. 공공연하게 말은 못 해도 송시열이 지나쳤다는 비난이 일었다. 송시열은 물론 이런 비난에 흔들릴 사람은 아니었다. 오히려 판서 송규렴(宋奎濂)에게 편지를 보내 이경석과 자신을 비난하는 사람들을 강하게 공박했다.

"오늘날 나의 상소를 보고 이경석을 따르던 사람들이 나를 꾸짖고 분하게 여겨 배척하지만, 그 사람이야 시골에서 군자 소리 듣는 위선자[鄕愿 : 향원]의 심리로 청인(淸人)의 세력을 끼고 일생을 행세합니다. 만약 경인년(이경석이 백마산성에 갇힌 해)의 일이 아니면 개도 그의 똥을 먹지 않을 것입니다."

송시열을 비난하는 박세당

그러나 이경석은 송시열의 이런 비난에 직접 대응하지 않았다. 이런 대응이 결과적으로 사대부들 사이에 이경석의 품위만 더욱 높여준 것이 사실이다. 이경석이 무대응으로 일관함으로써 사건은 수그러들었지만 30여 년 후인 숙종 29년(1703) 논쟁은 재연된다. 이경석은 이 사건 2년 후인 현종 12년(1671) 사망했는데 후에 소론인 서계(西溪) 박세당(朴世堂)이 이경석의 신도비문(神道碑文)을 지으면서 이경석의 생애를 극찬하고 송시열을 비난한 것이 발단이었다. 이때는 송시열도 숙종 15년(1689) 이미 사망한 후였으므로 송시열을 따르는 노론과 논쟁이 벌어진 것이다.

이경석 신도비문은 《색경(穡經)》의 저자 박세당의 마지막 저술이기도 했다. 마음먹고 쓴 글이었으므로 박세당의 송시열 비판은 강력했다. 박세당은 이경석을 '노성인(老成人)', 송시열을 '상서롭지 못한 인간[不祥人 : 불상인]'으로 비유했다. 박세당은 이경석의 삼전도비문 찬술을 인조의 간곡한 요청에 의한 것이라고 옹호하면서, 그럼에도 이경석은 사촌형 이경직(李景稷)에게 편지를 보내 '글을 배운 것이 후회스럽다'고 자괴했음을 부기하기도 했다. 박세당은 나아가 이경석을 '봉황(鳳凰)', 송시열을 '올빼미'에 비유하여 풍자하기도 했다.

이경석 신도비문의 내용이 세상에 알려지자 송시열의 문인들을 중심으로 한 노론은 벌떼같이 들고 일어섰다. 노론은 신도비문 자체를 없애 버려야 한다고 주장하면서 박세당의 유배를 청했다. 김상헌(金尙憲)의 손자이자 노론인 김창흡(金昌翕)은 이경석을 이렇게 비난했다.

"그의 기개와 절개가 못난 것으로 따지면 삼전도비문에서는 청인(淸人)들을 극력 칭찬하였으며, 그의 의견이 허술한 것으로 따지면 태조의 계비 신덕왕후의 부묘(祔廟 : 남편의 묘 옆에 무덤을 쓰는 것)에 이의를 제기하였다."

성균관 관학 유생 180여 명은 김창흡의 논리를 그대로 따 박세당을 비판하고 나섰다.

"박세당은 위로 주자를 능멸하고, 아래로 송시열을 욕하였으며 주자를 부족한 곳에 두고 스스로 높은 자리에 서고자 했으니 이 어찌 유학의 변괴와 오도(誤導)의 난적이 아니겠습니까."

박세당이 《사변록(思辨錄)》에서 주희의 《사서집주(四書集註)》를 비판하고 새로운 해석을 가했다는 빌미로 사문난적으로 본 것이다. 비록 사문난적으로 몰린 것이 직접적 계기는 아니지만 이미 25년 전쯤인 숙종 6년(1680)에 윤휴가 사형당한 전례가 있으므로 사문난적으로 몰리면 일단 위험한 일이었다. 게다가 《사변록》은 아직 간행하지도 않은 그야말로 '사변(思辨)'에 지나지 않는 글이었다.

노론 예조판서 김진구(金鎭九), 부제학 정호(鄭澔) 등은 이경석 비문과 《사변록》을 말살시켜야 한다고 주청하여 《사변록》을 수거해 말살하기도 하였다. 이들은 여기에 그치지 않고 박세당의 삭탈관직과 유배를 청하여 그를 전라도 옥과현(玉果縣)에 유배 보내라는 명령을 받아냈다.

현종 초년 과거에 급제해 관직에 진출한 박세당은 이조판서를 역임하는 등 역량을 인정받았으나 송시열 등 노론의 배척을 받자 관직을 버리고 초야에 묻혀 학문에만 몰두한 인물이었다. 이런 인물이 송시열을 비판한 비문 하나로 유배에 처해지게 됐는데, 박세당의 문인들이 극력 구원에 나서 유배만은 겨우 면할 수 있었다. 삭탈관직 되어 집으로 돌아온 박세당은 다음 해인 1704년 8월 사망하고 말았다.

그러나 이경석 신도비문과 《사변록》은 수장되고 불에 태워지는 등 박세당에 대한 탄압은 계속되었다. 박세당 같은 전직 고위관료이자 유명 학자가 송시열을 비판한 몇 글자 때문에 비참한 처지에 처하는 것을 보고 많은 사대부들은 두려움을 느꼈고, 노론의 반대당 소론은 분개하였다. 이경석의 손자인 임파현령(臨波縣令) 이하성(李廈成)이 논쟁에 가세했다. 그는 이경석의 삼전도비문 찬술을 이렇게 변호했다.

"임금의 욕됨이 이렇게까지 되었으니 한 몸을 돌아볼 수 없다 하여 꾹 참고 비문을 지으라는 명을 받들었습니다."

또한 송시열이 여러 번 이경석의 은혜를 입었음을 밝혔다.

"신의 조부가 이조판서로 있을 때 산림에 숨어 있는 어진 선비를 등용하는 데 힘썼습니다. 송시열은 이때 전 참봉으로서 학문과 행실로 이름이 있었기 때문에 제일 먼저 추천하여 좋은 벼슬을 시켰으며, 그 후에도 글을 올리거나 경연에 나오면 항상 임금에게 송시열을 불러 예로써 대우하시라고 아뢰었습니다. 효종대왕께서 왕위를 이으시고 신의 조부가 영상이 되었을 때에도 송시열과 당시의 명사들을 등용하여 새 정치를 여는 데 돕게 하였으며, 송시열 역시 신의 조부를 주인으로 섬겨 서울에 들어오면 예고도 없이 베옷과 짚신 차림으로 찾았는데, 신의 조부는 대등하게 대우하여 선비에게 자신을 낮추는 예를 다하였습니다."

이하성이 군이 예를 들지 않더라도 송시열이 이경석에게 여러 번 은혜를 입었음을 알 만한 사람은 다 알았다. 심지어 송준길마저도 송시열의 이경석 비판 소식을 듣고 섭섭한 기색을 나타냈을 정도였다.

이하성은 송시열의 처신이 앞뒤가 다르다며 비판했다.

"송시열이 신의 조부가 삼전도비문을 지었을 당시부터 비평과 논란을 같이 하고 서로 사귀지 않았다면 신의 조부를 비난한 것이 바른 의견은 아닐지라도 산림처사로서 고결한 의논이라고 할 수는 있을 것입니다. 그러나 송시열은 신의 조부가 삼전도비문을 지은 수년 후에 천거를 하자 서로 사모하고 좋아했습니다. 송시열이 베옷 입은 선비의 차림으로 대신의 집을 찾은 것은 도를 즐겨하여 선배를 스스로 따른 것이 아닙니까? 이때 시열이 신의 조부에 대하여 높여서 예우하고 칭찬하는 말이 자자했는데 이는 그의 마음이 심중에서 따랐던 것이 아닙니까?"

이하성은 송시열이 큰 인물로 성장한 다음에 이경석을 배척했다고 비난했다.

"송시열의 명망과 지위가 신의 조부와 같게 되고 기세가 성해지자 서로 논란할 때 감정이 생기고, 알력하는 데서 틈이 일어나 점점 의심하고 갈리게 되었으며, 투기하고 미워하게 되었습니다."

이하성은 송시열이 말과 행동이 다르다고 비판하기도 했다.

"아! 춘추대의는 원래 송시열이 자처한 것입니다. 춘추대의의 중한 점은 오랑캐를 물리치는 데 있으므로 대의를 붙들고 대의 아닌 것을 배척해야 할 것입니다. 지난 경인년의 변(이경석이 백마산성에 갇힌 일) 때 이만(李曼)이 청인의 위협에 겁내어 임금을 잊어버렸으니 왕법으로 다스려야 했습니다. 그런데 청인이 그가 정직하다고 칭찬하면서 그를 쓰라고 했기 때문에 다스리지 못했습니다. 게다가 시열이 신의 조부와 대립하려고 다시 이만의 벼슬길 열어주고 좌우로 주선하여 주었습니다. 이만이 정직하다는 청인들의 말을 시열이 받들어 따른 것이 이처럼 지극하였으니 춘추대의가 이럴 수가 있습니까."

이만은 효종 즉위 초 경상감사로서 왜의 정세가 의심스럽다는 장계를 올렸다. 그런데 조선은 이 보고를 빌미로 성지(城池)와 무기 수선을 청했다. 청나라가 이를 북벌의 증거로 삼아 사신을 파견하여 조사하자, 이만은 표류한 한인(漢人)들을 명나라로 돌려보낸 사실을 조정의 책임으로 돌려 청 사신에게 정직하다는 칭찬을 받은 인물이었다. 이 때문에 이만은 청 사신이 돌아간 후 조정으로부터 추고를 받았던 인물인데 이하성은 이런 이만을 추천한 인물이 송시열임을 비꼼으로써 송시열의 춘추대의가 상황에 따라 달라짐을 비꼬았던 것이다.

"아! 전에 시열과 좋아하다가 끝까지 잘 보전한 이가 몇 사람이나 됩니까. 오늘날 사대부 중에서도 그에게 욕을 먹지 않은 이가 드물지만 다만 숨기고 말하지 않는 것뿐입니다."

이하성은 송시열이 효종의 능비인 영릉(寧陵) 비문을 지으며 굳이 온 나라 사람들이 알고 있는 북벌의 일을 적어 화를 초래했다고 비난하는 등 송시열의 여러 일들을 조목조목 비판하고 나섰다.

송시열의 문인들과 노론 당인들이 가만히 있을 리 없었다. 송시열의 수제자인 찬선(贊善) 권상하(權尙夏)와 부제학 정호 등은 물론 노론 생원 윤양래(尹陽來) 등 94명의 태학생(太學生)들은 송시열을 옹호하는 상소를 올리고, 소론 나량좌(羅良佐)는 박세당을 옹호하고 나서 또다시 조정 공론이 둘로 갈라졌다.

영의정을 역임한 소론 남구만은 사건이 발생한 7~8년 뒤인 숙종 37년(1711) 이경석을 지지하는 자신의 소신을 밝혔다. 죽음을 눈앞에 두고 마지막 소신을 피력한 것이다.

"이경석의 처지로서 삼전도비문을 지은 것이 불가한 일은 아니다. 혹 과실이 있다 하더라도 장유(張維)만큼은 아니다. 그런데 송시열이 장유는 극히 칭찬하면서 이경석은 끝내 용서하지 않았으니 이는 사심

(私心) 때문이다.”

남구만은 박세당의 《사변록》을 둘러싼 시비에 대해서도 언급했다.

“《사변록》은 상자 속에 넣어둔 초고(草稿)에 불과한 것으로서 박세당이 죄를 얻은 근원은 아니다. 그의 옳고 그름은 이경석 신도비문으로 한정해야 할 뿐, 《사변록》은 공중을 나는 뜬구름과 같은 것이다. 대저 그를 죄 주려는 까닭은 신도비문에 있으면서 엉뚱한 《사변록》을 들고 나오니, 이야말로 ‘뜻은 동쪽에 있으면서 말은 서쪽에 있다’는 것이다. 《사변록》 시비는 원래 한번 웃고 말 정도이니 어찌 여러 말로 변명할 필요가 있겠는가.”

왜 15년 전과
다르단 말인가

고례(古禮)와 국제(國制) 사이의 줄타기

며느리 장사 때 시어머니의 상복은?

1674년(현종 15) 현종의 어머니인 인선왕후(仁宣王后) 장씨가 세상을 떠났다. 만 56세의 나이였으나 당시 만 50세의 자의대비 조씨가 아직도 살아 있었던 것이 제2차 예송논쟁을 불러일으켰다. 15년 전의 제1차 예송논쟁이 아들 효종이 죽었을 때 자의대비 조씨의 상복기간을 둘러싼 논란이었다면 제2차 예송논쟁은 며느리 인선왕후가 죽었을 때 역시 자의대비의 상복기간을 둘러싼 논란이었다.

이는 15년 전에 벌어졌던 제1차 예송논쟁과 불가분의 관계에 있는 문제였다. 즉 효종을 큰아들로 보면 인선왕후도 큰며느리이므로 기년복을 입어야 하지만 효종을 둘째 아들로 보면 둘째 며느리이므로 대공복(大功服 : 9개월복)을 입어야 했던 것이다. 처음 예조에서 1년복으로 결정했던 것이 문제를 더욱 불거지게 했다. 예조판서 조형(趙珩)과 참판 김익경(金益炅)은 자의대비의 복제를 1년으로 의정한 다음 날 스스로 문제를 제기하고 나섰다.

"신 등이 어제 상복에 관한 절목(節目) 중에서 대왕대비의 복제를 1년으로 아뢰었습니다. 그러나《가례복도(家禮服圖)》와 명나라 제도를 보니 큰며느리의 상복은 기년이고, 그 외 며느리의 복은 대공(大功 : 9개월)으로 차이가 있습니다. 효종대왕 국상 때 대왕대비께서 이미 중자(衆子)의 상복인 기년복을 입으셨으니 지금의 복제는 9개월이 맞는데 경황이 없어 경솔하게 1년으로 아뢰었으니 황공합니다."

예조는 대공으로 절목을 고쳐 바쳤다. 현종이 대답했다.

"알았다. 성복(成服) 때에도 이런 잘못이 있을지 염려되니 담당자인 예조정랑을 잡아다가 죄를 정하라."

일견 사소해 보이는 이 사건이 현종의 명령으로 금지되었던 예송논쟁을 되살리며 급기야 정권이 뒤바뀌는 미증유의 사태로 발전하리라고 예상한 사람은 그리 많지 않았을 것이다. 이에 따라 자의대비의 복제는 대공으로 결정되어 시행되고 있었는데, 인선왕후 사후 5개월 만인 그해 7월 대구 유생 도신징(都愼徵)이 이를 정면으로 반박하고 나섬으로써 논쟁이 재연되었다.

"신이 비록 보잘것없으나 충정 때문에 어리석고 미천한 신분을 헤아려 보지도 않은 채 천 리 길을 달려와 엄한 질책을 받게 되더라도 신의 소견을 말씀드리려고 하였습니다. 그런데 나이 60이 넘어 근력이 쇠약한 데다 불꽃 같은 더위를 무릅쓰고 오다가 중도에서 병이나 들어와 보니, 말씀드릴 기회는 벌써 지나 이미 발인한 뒤였습니다. … 대왕대비께서 인선왕후를 위해 입는 복에 대해 처음에는 기년복으로 정하였다가 나중에 대공복으로 고쳤는데 이는 어떤 전례를 따라 한 것입니까? 대체로 큰아들이나 큰며느리를 위해 입는 복은 모두 기년복으로 되어 있으니 이는 국조 경전에 기록되어 있는 바입니다. 그리고 기해년(효종 사망 해) 국상 때에 대왕대비께서 입은 기년복의 제도에 대해서 이미 '국조 전례에 따라 거행한다'고 해놓고, 오늘날 정한 대공복은 또 국조 전례에 벗어났으니, 왜 이렇게 전후가 다르단 말입니까."

일개 유생인 도신징이 이미 시행 중인 대왕대비의 복제가 잘못되었다고 반박하고 나선 것이었다. 효종의 국상 때 '체이부정'의 위험성 때문에 장자나 중자 모두 1년복으로 되어 있는《경국대전》을 인용해 1년복으로 정한 편법을 공격한 것이다. 그때는 효종을 장자로 대우해 자의대비가 1년복을 입은 것이라고 하더니 지금은 왜 효종의 비를 차자부로 대우해 9개월복을 입느냐는 반론이 도신징 상소의 핵심이었다.

그의 주장은 서인의 이론적 모순을 지적한 것이었고 이 점이 의문스럽기는 현종도 마찬가지였기 때문에 예송이 다시 살아났던 것이다. 현종도 이제 서른네 살의 장년이었고 그동안 예론에 대해서도 연구를 계속해 스스로의 의견을 지니게 되었다. 현종의 생각에 자의대비의 복제를 1년복으로 정했다가 다시 9개월복으로 고치는 것은 문제가 있었다. 이는 서인들이 모후를 차자부로 여기고 있다는 명백한 증거였다. 이는 나아가 15년 전에도 서인들이 부왕 효종의 종통을 부인한 것인지 모른다는 의심을 갖게 했다.

바로 이런 논리적 약점 때문에 당초 서인들이 장악한 승정원이 도신징의 이 상소를 봉입하지 않으려 했다. 그만큼 이 상소가 지닌 폭발성을 우려했던 것이다.

"신이 대궐문 앞에서 이마를 조아린 지 반 달이 지났는데도 시종 기각을 당하기만 하였으니, 국가의 언로가 막혔으며 백성의 목숨이 장차 끊어지게 되었습니다. 신이 말하려 하는 것은 오늘날 복을 낮추어 입은 잘못에 대한 것일 뿐인데, 정원이 금령을 어기고 예를 논한다는 말로 억압하면서 받아주지 않고 물리쳤습니다. 아, 기해년의 기년복에 대해서는 경상도 선비들이 올린 소로 인해 이미 교서를 반포하고 금령을 만들어 놓았습니다. 그러나 오늘날의 대공복에 대해서는 금령을 만들지도 않았는데 지레 막아버리니 승정원의 의도가 아무래도 이상합니다."

어찌 앞뒤가 서로 틀린가

이 상소를 본 현종은 좌부승지 김석주(金錫冑)를 불렀다. 김석주는 현종의 장인 김우명(金佑明)의 조카였으니 현종과는 친척이었고, 대동법 논쟁 때 송시열과 치열하게 싸운 김육의 손자였다. 김육의 청풍 김씨와 송시열의 은진 송씨는 대동법 논쟁뿐만 아니라 김육의 묘지에 수도(隧道)를 쓴 문제로 다시 논쟁이 벌어져 사이가 크게 벌어져 있었다.

김육의 두 아들인 김우명과 김좌명은 부친의 묘지에 수도를 썼는데, 수도는 석실(石室)을 만들거나 산허리를 잘라 길을 내는 것으로 왕실 외에는 사용하지 못하는 형식이었다. 이를 송시열이 공격하고 나섬으로써 논쟁이 벌어졌던 것이다. 이는 대동법 논쟁 때 한당과 산당으로 갈라졌던 두 세력을 더욱 멀어지게 했다. 이런 이유 때문인지 김석주는 서인이면서도 남인과 가깝게 지냈다. 정확히 말하면 남인보다는 현종의 비(妃)인 명성왕후 김씨가 사촌이었으므로 왕실과 가깝게 지냈다고 보는 게 옳을 것이다.

김석주는 현종에게 허목의 상소와 유세철, 1,400여 명의 연명 상소, 그리고《의례주소》의〈참최장〉등 논란이 되었던 부분을 정리해 보고했는데, 이는 모두 남인들의 주장이었으므로 사실상 제1차 예송 때 3년설이 맞다는 보고나 마찬가지였다. 현종의 입장에서는 3년설의 지지가 당연한 일이었다. 그는 왕조 국가에서 왕통의 계승은 다른 모든 것을 뛰어넘는 가치이자 질서일 수밖에 없다고 생각했을 것이다.

현종은 도신징의 상소와 김석주의 보고를 검토했다. 현종은 이 사안에 대한 자신의 견해를 정리한 후 대신들을 불러 물었다.

"대왕대비의 복제를 기년복에서 갑자기 대공복으로 바꾼 데는 무슨 곡절이 있는가?"

"기해년에 이미 기년복을 입으셨기 때문입니다."

"그때의 이야기를 다 기억은 못 하지만《고례[古例 : 주례(周禮) 등 중국 고대의 예법]》가 아닌《국제》를 써서 1년복으로 정했다고 기억한다. 그렇다면 오늘의 대공복도 또한《국제》에 따라 정한 것인가?"

김수홍이 대답했다.

"그때 송시열의 의견은 '《고례》는 마땅히 이렇지만 당시는《국제》를 써야 한다'는 것이었습니다."

현종은 김수홍의 대답이 지닌 모순을 놓치지 않았다. 고례의 기년복은 장자가 아니라 중자의 복이었다. 반면《국제》는 장자와 중자의 구분 없이 기년복으로 되어 있었다. 제1차 예송논쟁 때《고례》를 사용한 것이라면 기년복은 장자가 아닌 차자, 즉 중자의 복이 되는 것이다.

"기해년에 영상 정태화가 '마땅히《국제》를 써야 한다'고 하여 판중추부사 송시열과 의논해 기년복으로 결정했었다. 이번 국상에《고례》를 쓰면 대왕대비의 복제는 무엇이 되겠는가?"

답변이 궁색해진 김수홍이 겨우 대답했다.

♠ 화양동 계곡의 금사담의 암서재. 화양팔경 중의 하나이다.

"《고례》로 하면 대공복입니다."

"기해년에는 《국제》를 쓰고 지금은 《고례》를 쓰니 앞뒤가 서로 틀린가?"

"기해년에도 고금의 예법을 참고했고 지금도 그렇게 했습니다."

"그렇지 않다. 그때는 《국제》를 썼는데 그 뒤 문제가 되어 다툰 것은 《고례》대로 하자는 것이었다."

현종은 김석주가 제공한 자료를 통해 이미 15년 전의 기억을 살리고 있었다.

민유중이 나섰다.

"기해년에는 고례와 국제를 참고해 인용했습니다."

현종이 다시 물었다.

"이번 복제를 국제대로 하면 어떤 복이 되겠는가?"

김수흥이 대답했다.

"국제에 장자부(長子婦)의 복은 기년으로 되어 있습니다."

현종의 추궁이 점점 날카로워졌다.

"그렇다면 오늘의 복제가 《국제》와는 어떤 관계에 있단 말인가? 이점은 놀랄 만한 일이다. 기해년의 복제는 《국제》이지 《고례》가 아니었다. 기해년에 《국제》를 인용했다고 주장하는데 《국제》에서 무엇을 인용했는지 나는 알지 못하겠다."

서인들의 대답은 점점 모순에 빠지고 있었다. 조금 전에 《국제》대로 하면 기년복이라고 말해놓고 대공복을 《국제》라고 말하는 것이었다.

민유중이 대답했다.

"《국제》가 우연히 그러했습니다. 기해년에 대신들이 의논할 때도 이와 같았습니다. 그러나 그때 시행한 것은 《고례》였을 뿐입니다."

민유중의 대답은 자기모순이었다. 기해년에는 《국제》라면서 기년복으로 정한 것이었다. 현종이 이 모순을 놓칠 리가 없었다.

"기해년에 조정에서 결정한 것은 《국제》를 좇은 것이다."

김수흥도 모순된 의견에 가세했다.

"그렇지 않습니다. 《고례》로 결정했으므로 다투는 사람이 저렇게 많았습니다."

현종은 김수흥의 이 말을 놓치지 않았다.

"《고례》대로 한다면 장자의 복은 어떠한가?"

김수흥은 아차 싶었으나 이왕 내친걸음이므로 어쩔 수 없었다.

"참최 3년복입니다."

이 대답은 제1차 예송논쟁 때 서인들이 겉으로는 《국제》대로 장자의 기년복으로 했다면서 실상은 《고례》에 따라 차자의 기년복으로 정했다는 자인에 다름 아니었다.

현종은 비로소 도신징의 상소를 김수흥에게 내보냈다. 도신징이 상소를 올린 지 13일 만이었다. 현종은 말했다.

"나는 기해년(제1차 예송논쟁)의 복제는 《국제》를 쓴 것으로 안다. 지금 논란이 있으니 금번의 복제가 기해년 복제와 어떻게 닮았고 다른지를 의논하되 원임대신은 물론 육경(六卿 : 6판서)·삼사 장관을 모두 불러 의논해 보고하라."

서인들은 미로에 빠진 격이었다. 현종이 원하는 대답은 '《국제》에 따르면 기년복'이라는 것이었다. 이 경우 과거 3년복이 아닌 1년복을 정한 것이 잘못이라는 남인의 공세가 따르겠지만 집권당이므로 막아낼 수 있었을 것이다. 그러나 서인들은 결코 이 길을 택하지 않았다. 영의정 김수흥(金壽興)·판중추 김수항(金壽恒)·이조판서 홍처량(洪處亮)·병조판서 김만기(金萬基)·호조판서 민유중(閔維重) 등이 의논한 후 올린 계사(啓辭)는 분명하지 않았다.

"기해년 복제를 정할 때의 대신들이 전후 순서를 실록에서 상고해 보니 정희왕후(세조의 비)는 덕종과 예종에게 모두 기년복을 입었으나 문정왕후(중종의 비)는 기록이 없었습니다.

《국제》에는 장자와 중자를 구분하지 않고 '기년복'으로 되어 있으며 기해년에 처음 복제를 의논할 때도 장자와 중자를 구분하지는 않았습니다. 그 후 3년복이란 반론이 나오면서 논의가 분분해졌으나 여러 번 회의한 끝에 《국제》에 따라 기년복으로 정했던 것입니다.

장자와 중자를 구별해 장자에게는 참최복을 입고 중자에게는 기년복을 입는 것은 중국의 《고례》요, 장자와 중자를 구별 않고 모두 기년복을 입는 것은 우리나라의 《국제》입니다. 기해년에 처음부터 《국제》를 쓰기로 했는데 후에 《고례》를 주장하는 신하들이 있었지만 역시 《국제》대로 기년복으로 정했던 것입니다."

서인 대신들의 결정은 15년 전의 기년복은 《국제》에 의한 것이라는 것이었다. 중요한 것은 지금 자의대비가 무슨 근거로 대공복을 입어야 하는지였는데 그 부분이 빠져 있었다. 15년 전처럼 《국제》를 인용했다면 이는 둘째 며느리의 복이었다. 《고례》를 인용했다면 기해년에는 《국제》를 인용했는데 지금은 왜 《고례》를 인용하느냐는 물음이 뒤따를 것이다. 서인 대신들은 곤혹스러웠다.

중자부의 복이 어디에서 나온 것인지 알 수 없다

현종이 물었다.

"대왕대비께서 기년복을 입어야 하는지 대공복을 입어야 하는지 한 가지로 분명히 정하지 못한 것은 무슨 까닭인가?"

"신들은 다만 기해년 복제를 정할 때 어떤 전거를 썼는지 여부를 알아보라는 분부를 받았으므로, 지금 대왕대비의 복제에 대해서는 감히 아뢰지 못했습니다."

현종이 즉각 반격했다.

"대왕대비께서 대공복을 입는 것이 미안할 것 같으므로 의논하라고 하교한 것이다. 기해년 복제에 관한 것만 물을 것 같으면 예방승지(禮房承旨)에게 시켜 기록을 찾으면 될 것을 왜 대신들에게 의논하게 했겠는가."

현종은 입장을 정리했으므로 뚜렷한 논리가 서 있었다. 반면 영의정 김수흥은 처지가 곤혹스러울 수밖에 없었다.

"처음 하교받을 때, 그 뜻을 분명히 깨닫지 못하고 다만 기해년 복제만을 상고해 아뢰었던 것인데 거듭 하교를 받으니 황공함을 이길 수 없습니다."

"내가 처음 하교했을 때는 내 뜻을 명확히 몰랐다 할지라도 지금은 알았을 터인데, 아직도 명백히 아뢰지 않는 뜻을 모르겠다.《국제》대로 한다면 대왕대비께서는 무슨 복을 입어야 한다는 말인가?"

"지금 하교를 받았으나 너무 중한 예(禮)라 감히 입으로 아뢸 수 없으므로 글로 써서 아뢰겠습니다."

김수흥으로서는 일단 자리를 모면해 서인들과 논의하는 수밖에 없다고 생각했다. 하지만 이들이 글로 써서 올린 글은《비변사등록(備邊司謄錄)》에서 해당 조항을 고증해 적은 것이었다.

현종은 비망기를 내렸다.

"나는 기해년에《국제》를 쓴 것으로 알았는데 지금《고례》를 썼다고 대답하는 자가 많도다. 지금 대신들이 올린 계사에는 '기해년에 국제를 인용해 장자의 복인 기년복을 사용했다'고 말하지만 많은 사람들은 '고례를 인용해 중자(衆子)의 복을 썼다' 한다.

지금 대공복은 어디에서 나온 것인가. 기해년에는 장자와 중자의 구별이 없었는데 지금 갑자기 중자부(衆子婦 : 맏며느리 이외의 여러 며느리)의 복인 대공이 나왔으니 이는 어디에서 나온 것인지 알 수 없다. 일찍이 대왕대비가 강씨(姜氏 : 소현세자 빈)에게 장부(長婦 : 맏며느리)의 복을 입히지 않았으니 장부의 복인 기년복은 돌아갈 데가 없다는 말인가? 내 심히 부당하게 여기면서 어제 대공(大功)은 대왕대비께 미안하다는 뜻을 보였는데 기어코 대공을 고수하려는 것은 무슨 뜻이며, 그렇게 해서 무엇이 마음에 유쾌하단 말인가?"

현종의 비망기는 끝까지 대왕대비의 복제를 기년복으로 수정하지 않는 신하들에 대한 분노가 담겨 있었다. 하지만 서인 대신들은 물러나지 않았다. 물러나기에는 이미 때가 늦었는지도 모른다.

영의정 김수흥과 민유중 등 서인 대신들은 빈청에 모여 현종에게 말했다.

"《경국대전》에 장자부와 중자부에 대한 구분이 있으나 '중자부 대공복'이란 말 이외에 따로 승중했으면 기년복을 입는다는 말이 없으니 이로 미루어 보면 대왕대비의 복제가 대공이란 것이 근거가 없다고 할 수는 없습니다."

결국 자의대비의 복제는 대공, 즉 9개월복이란 뜻이었다. 이는 현종과 맞서보자는 말에 다름 아니었기에 현종은 분노했다.

"기해년 복제 때는 장자와 중자의 구별이 있다는 말을 듣지 못했는데 이번에는 감히 중자부이기 때문에 대공복이 마땅하다고 하는구나. 《경국대전》〈복제조〉에 '승중'에 대한 조목이 없는 것은 제도의 미비함인데 《예경》을 참조해 고칠 생각은 하지 않고 이를 빌미로 대공을 주장한다면 이런 회의는 무엇하러 하겠는가? 다시 살펴 아뢰도록 하라."

현종은 다시 한 번 기회를 준 셈이었다. 서인 대신들은 기로에 섰다. 현종의 뜻을 좇아 기년복으로 수정하든지 아니면 기해년에 송시열이 제기했던 '체이부정'을 거론해야 하는 상황이었다.

임금에게 박하고 누구에게 후하게 하는가

모순에 빠진 서인들은 견해를 바꾸지 않을 경우 '체이부정'으로 갈 수밖에 없었다. 같은 부부인데 효종은 장자의 예에 따라 1년복을 입고 인선왕후는 중부의 예에 따라 9개월복을 입을 수는 없었던 것이다. 결국 효종은 장자가 아닌 서자가 되어야 했다. 서인 대신들은 드디어《고례》의 '사종지설'을 거론하기로 했다.

"신들은《국제》만 참고하고《고례》는 참고하지 않았지만 이제 고례의《의례》〈참최장〉을 참고해 말씀드리겠습니다. 그 주소(註疏)에 '승중했더라도 3년복을 입지 못하는 네 가지 경우(사종지설)'가 나오는데 그 세 번째가 '체이부정'으로서는 서자를 세워 가계를 잇게 한 것입니다. 여기에 '서(庶)' 자를 쓴 것은 장자와 구별하기 위한 것입니다. 엄밀히 말하면 서자는 첩의 아들이요, 적처가 낳은 둘째 아들은 중자인데 여기에서 둘을 함께 서자라 이름한 것은 장자와 구별하기 위해서입니다.

또 적부(嫡婦)에 관한 조항의 주소를 보면, '무릇 부모가 아들에게, 시부모가 며느리에게 적통을 전중(傳重 : 선조의 제사를 지내게 함)할 수 없는 것이니 장차 전중한 자는 적통이 아니어서 복을 모두 서자·서부(庶婦)와 같이 한다'고 되어 있습니다.

이 여러 조목을 상고해 본다면 지금 대왕대비께서 대공복을 입는 것이《고례》의 뜻에 어긋나지는 않을 것 같사오나 그 정밀한 뜻은 신들의 짧은 견식으로는 감히 정할 바가 아닙니다."

'부모가 아들에게, 시부모가 며느리에게 적통을 전중할 수 없다'는 말은 적통 계승의 권한은 아버지나 시부모가 마음에 맞는 자식을 선택해서 적통을 물려줄 권한이 없다는 말이다. 이는 천하의 법칙에 따라야 하는 절대적인 사항이지 아버지에게 선택권이 있는 사항이 아니라는 뜻이다. 결국 인조가 효종을 선택해 적통을 물려준 것은 천하의 법칙에 어긋나는 것으로서 효종이나 인선왕후는 장자·장부의 복을 입을 수 없으니 자의대비의 복제는 대공이 맞다는 말이다. 이는 현종의 왕통에 대한 정면 도전이었다. 《고례》로 따져 봐도 효종과 인선왕후는 적통을 물려받을 수 없다는 말에 다름 아니기 때문이다.

현종은 이 계사를 보고 당연히 격분했다.

"이 계사를 보니 더욱 놀랍고 해괴하기 그지없다. 경 등은 모두 선왕(효종)의 은혜를 입었거늘, 지금에 와서 감히 '체이부정'으로써 오늘의 예법을 결정짓는다는 말인가. 《의례》〈참최장〉 가씨소에, '장자가 죽으면 적처가 낳은 둘째 아들을 세워 장자라 한다'라고 했다. 경들은 이 조항은 무시하고 다른 조항을 꺼내어 이치에 맞지 않는 어그러진 말로써 예법을 정해 선왕을 '체이부정'이라고 지목하는구나. 신하가 되어 임금에게 박하고 어느 누구에게 후하게 한단 말인가."

'임금에게 박하고 어느 누구에게 후하게 한단 말인가'란 현종의 힐난에는 임금에게는 박하면서 대신인 송시열에게 후한 것이 아닌가란 꾸짖음이 함축되어 있었다. 현종은 단안을 내렸다.

"더없이 중한 예를, 결코 촉탁받아 한 의논을 가지고 정제(定制)라고 단정할 수 없다. 애당초 국가 전례에 정해진 기년복의 제도에 따라 정하여 행하라."

촉탁받아 한 의논이란 송시열의 사주를 받아 한 의논이란 뜻이었다.

급서하는 현종

현종은 서인들이 의정한 대공복을 기년복으로 바꾸라는 명령을 내렸지만 집권당 서인에게는 국왕의 명령보다 당론이 더 중요했다. 현종은 서인들이 임금이 아니라 자기 당의 영수인 송시열을 더 따르는 정당임을 알고 있었기에 이들이 반격하기 전에 신속한 후속 조치를 취했다. 예론의 주무 부서인 예조의 판서, 참판, 참의, 정랑 모두를 하옥했으며, 9개월설을 주장한 영의정 김수흥을 춘천에 부처(付處)하였다. 신중한 성품의 현종으로서는 이례적으로 신속하고 단호한 조치였으나, 그렇다고 물러날 서인들은 아니었다. 근 50여 년 이상을 집권한 정당이었던 것이다. 즉각 서인들의 반격이 시작되었다.

서인 승지 이단석(李端錫)과 교리 조근(趙根)이 입대를 청하자 그 이유를 짐작한 현종이 꾸짖었다.

"내 심기가 매우 불편한데 대면을 청한 것은 무슨 일 때문인가. 대신을 위해서가 아닌가. 군신의 의리가 매우 엄한데 너희들은 이 점을 전혀 생각해 보지 않았단 말인가."

국왕의 손발이 되어야 할 승정원의 승지와 홍문관 교리가 국왕이 아닌 자당(自黨)을 위해 국왕을 압박하는 지경이었다. 현종이 입대를 거부하는데도 이들은 물러서지 않고 차자를 올려 노론 영수 김수흥을 구하면서 현종을 비난했다.

"장자와 중자에 관한 의논은 오늘 처음 나온 말이 아니고, 또 이 말이 옳지 않으면 채용하지 않으시면 그만인데 이로써 대신을 귀양 보내는 것은 너무 과하지 않습니까?"

자신을 보좌해야 할 승지와 교리가 임금보다 당론을 좇는 현상에 현종은 분노했다.

"차자의 말은 내가 매우 놀랍게 여긴다. 기해년에 갑과 을이 다투어 변론할 때 조정에서《국제》를 사용하였으나 장자와 중자의 구별이 없으므로 그렇게 처리한 것이었다. 하지만 지금은 기해년에 갑과 을이 변론한 것들을 주워 모아 대왕대비의 복제를 강등하려고 꾀하였다."

그래도 서인들은 물러서지 않았다. 승지와 교리의 차자가 효과를 거두지 못하자 이번에는 양사(兩司 : 사헌부·사간원)가 나서 현종을 압박했다. 장령 이광적(李光迪)과 지평 유지발(柳之發)이 예조에 대한 심문과 김수흥의 중도부처를 취소하라고 요구한 것이다.

이에 현종은 더욱 분노했다.

"너희들의 계사에 내가 심히 놀랐다. 양사의 대간은 마땅히 엄한 말로 예론을 그릇 이끈 자들을 죄 주기를 청해야 하는데도 도리어 죄인을 구하려고 하는구나. 지금의 양사는 직책을 다하지 못한 자들인데 어찌 낯 들고 길거리를 다닐 수 있겠느냐. 이들을 함께 삭직해서 내쫓으라."

현종이 이처럼 강력히 나가는데도 서인들은 물러서지 않았다. 이번에는 좌의정 정지화가 직접 나서 김수흥을 옹호했다. 지금껏 배후에서 젊은 서인들을 움직이다가 현종이 듣지 않자 중진들이 직접 나선 것이다. 현종이 정지화의 청도 거부하자 판중추 민유중, 좌참찬 이상진, 김만기 등 서인 중진들이 줄줄이 나서 김수흥을 옹호했다.

'임금에게 박하고 어느 누구에게 후하게 한단 말인가'란 현종의 힐난이 이유 있는 비난임을 보여주는 장면이 아닐 수 없다. 이 와중에 서인 대사간 남이성(南二星)이 현종에게 직접 도전하는 상소를 올리기도 했다.

"예론에 있어 을(乙)의 설(1년설)을 주장하는 자가 모두 나라에 충성스런 것도 아니고, 갑(甲)의 설(9개월설)을 주장하는 자가 모두 임금에게 박한 것도 아닙니다. 만일 전하께서 노여움을 잊고 용서하신다면 지금 대신들이 무슨 죄가 되겠습니까."

그러면서 남이성은 '사종지설'을 인용하며 자의대비는 대공복을 입어야 한다고 주장했다. 효종과 인선왕후의 적통을 부인하고 나선 것이다. 조정을 장악한 서인들이 모두 당론에 따르면서 현종은 고립되었다. 왕권에 도전한 대신들을 탄핵해야 할 대간의 장관이 대신들을 편들고 국왕에게 대드는 판이었다.

현종이나 서인 모두 물러설 수 없는 지경이 되었다. 선왕의 적통을 부인하는 세력들에게 국왕이 양보할 수는 없었다. 그럴 경우 현종 자신은 물론 이제 겨우 열다섯 살밖에 안 되는 어린 세자에게 어떤 일이 발생할지 몰랐다. 자신을 내쫓고 소현세자의 아들을 세울 수도 있는 일이었다. 현종은 대사간 남이성의 상소의 맹점을 공박했다.

"갑과 을의 설이 절충되지 못했을 때에는 그 후한 의논(1년복)을 좇는 것이 옳겠는가? 박한 의논(대공복)을 좇는 것이 옳겠는가? 감히 박한 의논을 좇아 대신에게 아부하였으니 이는 임금이 없는 자의 말이다. 멀리 절도(絶島)로 귀양 보내라."

현종이 남이성을 진도로 귀양 보내자 삼사는 일제히 들고일어나 남이성을 옹호했다. 15년 전 윤선도가 "나라의 권력이 신하(송시열)에게 있고 위의 임금에게 있지 않습니다"라고 주장한 것이 현실임을 깨닫는 순간이었다. 또한 서인들을 데리고는 아무것도 할 수 없음을 깨닫는 순간이기도 했다.

현종은 정권을 갈아 치우기로 했다. 현종이 향리인 충주에 있던 남인 허적을 영의정으로 삼은 것은 집권당을 교체하겠다는 승부수를 던진 것이었다. 남인을 영상으로 삼은 이 조치에 서인들은 놀랐다. 다른 자리도 아닌 영의정 자리를 남인이 차지한 것이었다. 국왕 현종이 서인들에게 반감을 갖고 있는 터에 정권마저 남인에게 넘어간다면 어떤 일이 발생할지 몰랐다. '체이부정'이 역모의 논리로 사용될 수도 있었다. 서인들이 공포에 휩싸인 것은 당연했다.

그러나 이때 이변이 발생했다. 서인을 내쫓고 남인을 등용하던 현종이 갑자기 급서한 것이다. 제2차 예송논쟁 와중인 재위 15년 8월 18일이었다. 현종의 처음 병명은 복통에 불과했으나 점점 심해져 8월

10일 이후에는 혼수상태에 빠지기도 했다. 이런 와중에서도 현종은 조금만 기운을 차리면 영상 허적이 언제 충주에서 오는지를 물을 정도로 정권교체에 집요한 관심을 보였다. 드디어 8월 16일 허적이 서울에 올라오자 현종은 거의 혼수상태에서도 관복(冠服)을 갖추고 만나는 예의를 갖추었다. 그때가 8월 17일로서 부왕 효종처럼 못다 한 일을 남기고 승하하기 하루 전이었다.

허적이 증세가 좀 덜하시냐고 묻자 현종은 덜한 것 같지 않다고 답한다. 그날 약방에서 시약청을 개설하자고 청하니 현종은 약방이 가까운 곳으로 옮겨왔으니 시약청까지 개설할 필요는 없다며 거절하다가 재차 아뢰자 허락했다. 허적은 약방 도제조를 겸하게 되자마자 승전색(承傳色)을 시켜 왕비에게 병상을 지키는 사람들을 갈아 치울 것을 권한다.

"상의 병세가 저런데도 곁에서 모시는 자가 환관들뿐이어서 증세의 경중도 자세히 알 수 없으니 청풍부원군 김우명, 예조판서 장선징, 청평위 심익현이 오늘부터 좌우에서 모시게 하소서."

현종의 장인 김우명과 매제 심익현, 그리고 남인 장선징으로 하여금 병실을 지키게 하자는 요청이었다. 허적은 분명 현종의 급작스런 와병에 인위적인 요소가 작용하지 않았는지를 의심하고 있었다. 하지만 이미 때는 늦어 현종은 혼수상태에 빠졌고 끝내 세상을 떴다. 재위 15년 34세의 한창 나이였다.

5부

국익(國益)보다는 당익(黨益)이 앞선다

스승만 알고
임금은 알지 못하는구나

예송 끝의 낙마

시열은 붓을 잡을 자격이 없다

현종의 뒤를 이은 숙종은 즉위 당시 나이가 겨우 열넷이었다. 열넷의 어린 나이로 현종이 미완으로 남긴 예송논쟁을 마무리 지어야 하는 유업을 이어야 했던 것이다. 나이에 비해 엄청나게 무거운 짐을 졌다고 하지 않을 수 없다. 이는 결국 '체이부정'의 당사자 송시열을 어떻게 대하느냐의 문제이기도 했다.

이 어린아이에게 대로 송시열이 끝내 목숨을 잃게 될 줄은 아무도 상상 못 했다. 숙종이 즉위 초 송시열을 극히 우대했기 때문이다. 숙종은 송시열을 원상(院相)으로 삼으려고 했다. 임금이 죽으면 그 장례 기간 동안 새 임금과 함께 국정을 이끌어 나가는 전·현직 정승들이 원상인데, 이 원상들이 송시열도 원상으로 삼아달라고 요청한 것이 숙종과 송시열의 첫 교류였다. 숙종은 이를 흔쾌히 받아들여 송시열을 원상에 임명했다. 그러나 송시열은 이를 거부했다.

"지은 죄가 아주 무거운데, 승하하신 대행대왕의 옥체가 다 식기도 전에 어찌 갑자기 죄가 없는 것처럼 자처하겠습니까."

송시열이 정말 현종에게 지은 죄가 많다고 생각해 사양했는지 아니면 어린 왕의 기세를 초반에 꺾기 위해 거절했는지는 그만이 알 일이다. 숙종은 다시 송시열에게 현종의 능지(陵誌)를 찬술하라고 명령했다. 그러나 송시열은 이때 성복(成服)한 후에 시골로 돌아가 버린 뒤였고, 숙종이 가주서(假注書) 이윤(李渝)을 뒤쫓아 보내 타일렀음에도 능지 찬술을 거부했다. 그러자 숙종은 다시 송시열을 회유한다.

"고(孤 : 숙종)가 어린 나이로, 하늘에 죄를 지어 이 망극(罔極)한 슬픔을 당하니, 스스로 통곡할 따름이다. 이제 경(卿)의 상소를 보고 내가 매우 놀랐다. 경은 선조(先朝)의 권우(眷遇)를 생각하여 속히 올라와서 지어 올리라."

그러나 송시열이 지어 바친 것은 능지 대신 왕의 부름을 사양하는 상소였다.

"지난날에 여러 신하들이 득죄(得罪)한 것은 그 근원이 신에게서 나왔으므로 선왕(先王)께서 여러 신하를 죄 줌에 있어, 신의 죄상이 여러 번 전교(傳敎)에 나왔지만, 특히 그 성명(姓名)을 들지 않았을 뿐입니다. 이제 신이, 선왕께서 안 계신다 해서 스스로 죄가 없다고 한다면, 또한 선왕을 저버리되 기탄이 없는 것이 아니겠습니까? …그런데도 신에게만 죄 주지 않을 뿐 아니라 도리어 거두어 부르고 일을 맡기는 은총이 있었으니, 이는 신이 다만 마음에 차마 하지 못함이 있을 뿐만 아니라, 의리에도 감히 받들지 못할 것이 있습니다."

송시열은 강 건너에 와서 도리어 벌을 달라고 요청했다. 그러나 숙종은 송시열이 한강 가까이 온 것을 치하했다.

"경(卿)이 질병을 돌보지 않고 강 건너에 이르렀으니, 고(孤)는 매우 기쁘고 다행스럽다. 경은 속히 들어와서 지극한 바람에 부응하라."

그러면서 송시열(宋時烈)을 판중추부사(判中樞府事)로 삼았다. 이때가 바로 숙종 즉위년 9월 18일, 현종이 승하한 지 정확히 한 달 만이었다. 현종의 시신이 땅에 채 묻히기 전에 다시 송시열의 세상이 오는 듯했다. 그러나 그달 25일 남인들의 고장인 진주의 한 유생의 상소문 한 장이 전세를 바꾸어 놓았다. 바로 곽세건(郭世楗)이란 유생이었다.

"대행대왕께서는 잘못된 예법을 바로잡고 적서(嫡庶)를 분별하여 두 마음을 가졌던 신하들을 다스려서 전도(顚倒)되었던 국시(國是)가 거의 바로잡히게 되었는데 불행히 승하하셔서 왕법을 끝까지 펼치지 못했으니 전하께서는 선왕의 뜻을 이어야 할 것입니다. 전하의 새로운 정치가 청명한데도 사람들의 불만이 큰 것은 판부사 송시열로 하여금 묘지문을 짓게 하기 때문입니다. 근일 대공복이 옳다 하여 선왕의 말씀을 거역한 자들은 기해년(제1차 예송논쟁)에 효종대왕은 서자라는 주장을 되풀이한 것인데, 이 서자란 말은 실상 송시열이 주창한 것입니다.

선왕께서 사론(邪論)에 따른 김수흥을 귀양 보내면서 송시열은 빠뜨렸으며, 예관은 체포하면서 시열은 그냥 두었습니다. 이것은 시열을 용서해 준 것이 아니라 법을 다루는 순서가 그러한 것으로서 주범은 나중에 다루는 법입니다. 시열은 효종의 죄인일 뿐만 아니라 현종의 죄인도 됩니다. 이런 두 조정의 죄인에게 어찌 함부로 붓을 잡게 하여 대행대왕의 성덕을 더럽히겠습니까.

아! 적통을 바로잡은 것이 선왕의 가장 큰 업적인데, 시열로서는 이를 사실대로 적으면 자신의 죄를 자수하는 것이요, 만약 이를 은폐하려 하면 이는 선왕의 성덕을 매몰시키는 것이니 시열은 정말 이 붓을 잡기 어려울 것입니다. 시열은 국상에도 달려오지 아니하고 서울 근교를 방황하며 잠깐 들어왔다 나갔다 하면서 임금의 특별한 대우를 바라 오로지 임금을 강요할 것만 생각하고 있습니다. 또 마음은 오직 감정과 원망으로 가득 차서 감히 '무능(無能)'이란 말을 은근히 선왕에게 써서 임금을 멸시한 죄를 스스로 지었습니다. 원컨대 전하께서는 송시열에게 묘지문을 지으라는 명을 빨리 거두시고, 나이 많고 예에 익숙하며 문학에 밝은 유신으로 하여금 선왕의 큰 업적을 찬술하게 하십시오."

일개 시골 유생이 서인 영수 송시열을 직접 비난한 이 상소는 즉각 정국에 파문을 불러 일으켰다. 송시열을 '두 조정의 죄인', '사실대로 적으면 자신의 죄를 자수하는 것', '시열은 정말 이 붓을 잡기 어려울 것'이라는 등 심한 풍자로 조롱한 데 대해 서인들은 분개했다.

서인 대사헌 민시중(閔蓍重)이 일개 시골 유생을 직접 탄핵하고 나선 것은 서인이 이 사태를 어떻게 바라보는지를 잘 보여준다. 서인은 현종의 죽음으로 자연히 소멸된 예론이 이 상소로 말미암아 다시 재연될 것을 두려워한 것이다.

"곽세건은 흉인 곽유도(郭有道)의 손자로서 대대로 악한 짓을 물려받아 사람들에게 버림받은 자인데 흉한 무리들을 위해 감히 소를 올렸습니다. 선왕의 전교 중에 한두 구절을 빙자하여 이리저리 꿰맞춰 농락하고 전하를 비방하고 대신을 논죄(論罪)하면서 선조의 뜻이라고 돌려 남 해치는 데 거리낌 없이 마음을 쓰니, 이는 비단 전하를 속이는 일일 뿐만 아니라 하늘에 계신 혼령을 속이는 일입니다. 전하께서 그 죄를 다스리지 않으시면 앞으로 이런 무리가 연달아 일어날 것입니다. 청컨대 엄문하게 심문해 처단하십시오."

그러나 숙종은 어렸지만 자기 주관이 뚜렷한 인물이었다. 송시열이 조부 효종과 현종을 어떻게 대했는지를 몰라서 그를 판중추부사로 임명한 것은 아니었다. 숙종이 예송의 시말을 파악하고 있었다는 사실은 대사헌의 주청에 화를 내는 데서도 알 수 있다.

"대사헌은 무슨 말을 하는가. 유생 곽세건의 소를 쓰든지 안 쓰든지 이는 내가 알아서 할 일이요, 예론의 시말은 이미 선왕 때에 다 드러난 일이 아닌가."

숙종이 곽세건을 감싸고돌자 서인은 긴장했다. 숙종이 현종처럼 서인과 대립하고 나서는 것이 아닌가 하는 우려였다. 하지만 숙종은 들어갈 때와 나아갈 때를 아는 현명함이 있었다. 좌의정 김수항이 이를 인책해 사직하는 상소를 내자 그를 만류했다.

"한 시골 유생의 말을 가지고 혐의할 필요가 없다. 경은 어찌 이처럼 지나치게 생각하는가."

숙종은 또 다른 유생 조감(趙瑊)이 상장제례가 잘못되었다고 상소하였으나 비답을 내리지 않았다.

현종이 죽기 직전 영의정 김수흥을 귀양 보낸 뒤 영의정으로 삼은 남인 허적은 온건한 인물이었다. 그는 곽세건에게 유벌(儒罰)을 내리라는 절충안을 숙종에게 제시했다. 유벌이란 과거 응시 자격을 제한하거나 유생들의 명부에서 그 이름을 삭제하는 등의 벌을 말한다. 숙종은 허적의 건의를 받아들여 곽세건의 과거 응시 자격을 박탈했다.

하지만 곽세건은 이에 굴하지 않고 다시 상소를 올렸다.

"대사헌이 신의 조부라고 지목한 곽유도가 어떤 사람인지 저는 모릅니다. 신의 증조부는 관찰사 월(越)이요, 조부는 재기(再祺)이며, 부는 전적(典籍) 융(瀜)으로서 대대로 아름다움을 물려받은 집입니다. 송시열의 사설(邪說)로써 선왕을 저버린 것을 온 나라 사람이 분노하는 바인데, 송시열 도당들이 앞장서서 그를 비호하고 신에게 이런 흉하고 추하기 그지없는 모함을 하고 있으니, 대사헌 민시중은 스스로 하늘을 속이고 임금을 속이는 죄악에 빠지는 줄을 생각할 겨를조차 없는 사람입니다. 신의 아버지와 민시중의 아버지는 함께 과거에 붙었고, 시중이 신에게 일찍이 세형(世兄)이라고 불렀는데 일시의 감정을 풀기 위해 10년 정의(情誼)를 저버리니 어찌 이렇게 심합니까. 민시중의 선조 대사헌 제인(齊仁)은 전에 을사사화를 얽어 만들었는데, 지금 시중이 다시 대사헌으로서 이런 거짓말을 만들어 대대로 간악한 짓을 하니, 악(惡)은 역시 종자가 따로 있는 모양입니다."

'대대로 악한 종자'로 지목받은 민시중이 가만히 있을 리 없었다. 그는 상소를 올려 자신을 변호했다.

"곽세건이 원한을 풀기 위해 함부로 버젓이 소를 올려 신을 모욕하고 선조까지 미치게 하니, 이런 흉패한 말을 차마 바로 볼 수 없습니다."

승정원에서는 곽세건의 상소를 다시 돌려주었으나 조정의 서인과 성균관 유생들은 계속해서 곽세건을 탄핵했다. 하지만 숙종은 이미 곽세건의 손을 들어주기로 마음먹은 뒤였다. 사헌부·사간원에서 곽세건을 탄핵하자 숙종은 오히려 곽세건의 유벌을 해체시켰다.

"지금 곽세건 사건은 그동안 쌓인 원한에서 나온 것이니, 전일 과거 응시 자격이 금지된 자들과, 유벌을 당한 자들을 모두 해체시키는 것이 좋겠다."

그러면서 숙종은 다시 송시열에게 현종의 지문(誌文)을 짓게 하였다. 그러나 송시열은 숙종이 보낸 가주서 신학(申㵛)에게 서계(書啓)를 주는 방식을 택했다.

"영인(嶺人 : 영남인)이 신의 죄를 극언(極言)하고 또 근기(近畿 : 경기 지역)를 방황함을 가지고 크게 질책하므로, 신은 감히 잠시도 머물지 못하고 곧 물러나 돌아와 짚자리를 깔고 엎드려 명을 기다립니다. 또 지문을 짓는 일은, 영인이 분명히 천거한 사람이 있습니다. 오늘 참으로 그 사람을 얻었으니, 더욱 무엇 때문에 이를 대신 짓겠습니까?"

'영남인이 천거한 그 사람'이란 곽세건의 상소에서 '나이 많고 예에 익숙하며 문학에 밝은 유신'을 뜻하는데, 당시 사람들은 송시열과 예송을 다투었던 허목과 윤휴를 가리키는 것으로 해석했다. 영남인이 천거한 사람에게 묘지문을 짓게 하라는 송시열의 말은 곽세건의 풍자에 대한 역풍자였다. 효종과 현종의 충신으로 자처한 이들 남인들을 시키면 되지 않느냐는 빈정댐이었던 것이다.

숙종은 김만기에게 능지를 맡겼다가, 김만기도 예론에 가담했던 인물이란 이유로 결국 김석주(金錫胄)에게 짓도록 했다. 그러면서 숙종은 이외의 한 인물을 전격적으로 대사헌에 발탁해 서인들을 충격에 빠뜨렸다. 바로 남인 허목이었다. 허목은 제1차 예송논쟁 당시 송시열의 기년복을 공박하다가 늙은 나이에 삼척부사로 좌천된 그 인물이었다. 그런 허목을 15년 만에《숙종실록》의 기록대로 '특별히' 대사헌에 임명한 것이다.

뿐만 아니었다. 예송논쟁의 또 한 당사자 윤휴를 사헌부 장령(掌令)으로 삼았을 뿐만 아니라 송시열과 예론을 벌이다가 죄를 입은 인물들을 모두 신원하였다.

스승만 알고 임금은 알지 못하는구나

숙종의 이런 처사에 서인들은 경악했다. 서인들은 경기도 유생 이필익(李必益)에게 곽세건을 공격하는 상소를 올리게 했다.

"곽세건이 어진 이를 시기하고 나라를 어지럽혔으니, 그 죄를 다스리고 유현(儒賢)을 초빙하여 좌우에 두십시오."

이필익이 초빙하라는 '유현'이란 바로 송시열이었다. 그러나 숙종의 마음은 이미 결정되어 있었다.

"상소를 올려 예법을 논하는 자는 중법으로 다스리겠다고 이미 전교했는데도 다시 소를 올렸으니 이 유생을 단단히 징계하여 훗날의 폐단을 막아야겠다."

숙종은 이필익을 함경도 경흥(慶興)에 유배 보냈다. 대사간 정석(鄭晳)과 부수찬 윤지완(尹趾完)이 명을 철회해 달라고 청했으나 숙종은 거부했다. 성균관과 사학(四學) 유생 이윤악(李胤岳) 등이 상소를 올려 곽세건을 비난하고 이필익을 옹호하자 숙종은 이들을 꾸짖었다.

"곽세건의 충언과 올바른 논의를 흉한 상소라고 배척하고, 이필익의 간사한 말은 유현(儒賢 : 송시열)을 위하는 말이라고 하니 이는 무슨 심사인가. 이렇게 군부(君父)의 마음을 시험하는 것은 임금을 어리게 보고 그러는 것이 아닌가. 내가 심히 통분스럽고 해괴해 차마 바라보지 못하겠도다."

숙종의 반응이 거꾸로 나오자 성균관 유생들은 성균관을 비우고 나가 버렸다. 요즘말로 하면 동맹휴학을 한 셈이다. 숙종이 여러 번 들어오라고 권하였으나 유생들은 계속 거부했다.

"여러 번 타일러도 들어오지 않음은 임금에게 공갈할 계책이 있는 것이다. 선비의 풍습이 어찌 이렇게 되었는가. 참으로 통탄스럽고 해괴하구나."

숙종은 상소에 참여하지 않은 유생들만 불러들이도록 명했다. 이번에도 중재에 나선 인물은 남인 영의정 허적이었다.

"경흥은 먼 변방입니다. 들으니 이필익이 귀양 갈 때 정한 날짜 때문에 엷은 옷을 입은 채로 독촉해 갔다 하니, 엄동설한에 동사(凍死)하는 일이 생기면 밝은 조정에서 선비를 죽였다는 누명을 들을까 염려됩니다. 유배지를 가까운 곳에 옮겨주십시오."

숙종은 이필익의 유배지를 강원도 안변(安邊)으로 옮겨주었다. 경흥보다는 덜하겠지만 안변도 추가령을 넘어야 하는 오지이긴 마찬가지였다.

이때 현종의 행장(行狀)을 지은 대제학 이단하(李端夏)가 송시열의 문인이었던 것이 또다시 문제를 일으켰다. 그도 곽세건의 풍자대로 '붓을 잡기 어려운' 사정이 있는 인물이었다. 현종의 행장 중 가장 중요한 부분이 예송논쟁인데 송시열의 문인인 그로서는 이 부분을 제대로 다루기 어려운 입장이었다. 그가 쓴 현종의 행장 중 몇 구절의 내용이 불분명한 것은 이런 이유 때문이었다. 현종 '복제를 바로 다스렸다[服制釐正 : 복제이정]'는 구절과 '영상 김수흥이 대답을 잘못했기 때문에 죄주었다'는 구절 등이 그 예였다.

숙종은 '복제를 바로 다스렸다'는 말의 어의가 분명치 못하며 제1차 예송논쟁 때 예를 의논한 사람(송시열)의 이름을 들지 않았다는 이유로 이단하에게 고쳐 지으라고 명했다. 또 영상이 죄 받은 것도 대답을 잘못했기 때문이 아니라 정당한 예론을 두고 다른 이(송시열)의 예론에 따랐기 때문이라며 이것도 고쳐 적으라고 명했다. 이단하로서는 스승 송시열의 오류를 적어야 하는 처지가 되어 변명할 수밖에 없었다.

"양 조정의 스승이기 때문에 차마 지목하지 못한 것입니다."

이단하는 송시열이 자신의 스승이기 때문에 안 쓴 것이 아니라 양조정, 즉 효종과 현종의 스승이기 때문에 쓰지 못한 것이라는 논리로 빠져나가려 하였다. 하지만 숙종이 이런 편법을 받아들이지 않고 거듭 재촉하자 이단하는 묘수를 생각해 냈다.

"송시열이 예론을 이끌었다.(宋時烈所引禮 : 송시열소인례)"

송시열의 이름은 지목하면서도 그가 기년복을 주장한 사실은 적시하지 않고 다만 '이끌었다'는 사실만 적어 빠져나가려 한 것이다. 그러나 숙종은 이미 자신의 논리가 선 인물이었다.

"내가 나이가 어려 글을 잘 알지 못하고 또 예론도 잘 알지 못하지만 반드시 송시열이 예를 그르쳤다고 적어야 선왕이 처분한 뜻이 분명해질 것이니 '예론을 이끌었다(所引禮 : 소인례)'는 구절을 '예론을 잘못 이끌었다(誤引禮 : 오인례)'고 고쳐 올려라."

임금이 직접 '소(所)' 자를 '오(誤)' 자로 고치라고 명하는데 신하가 거부할 수는 없었다. 할 수 없이 소(所) 자를 오(誤) 자로 고친 이단하는 물러나와 당인들에게 변명할 수밖에 없었다.

"엄한 하교 때문에 할 수 없이 오(誤) 자를 썼습니다."

군·사·부(君師父)가 하나로 생각되던 조선 사회에서 이단하의 처지는 궁색했다. 임금과 스승 중 어느 한쪽 편을 들 수 없기 때문이다. 숙종은 이단하의 변명에 분개했다.

"너는 스승만 알고 임금은 알지 못하는구나."

열네 살의 어린 숙종이 서인의 영수 송시열을 거침없이 몰아붙이자 서인들은 떨 수밖에 없었다. 당쟁으로 점철된 파란의 숙종 시대는 이처럼 예송논쟁의 여진 속에서 문을 열었다.

숙종과 송시열, 그 닮은꼴의 충돌

숙종과 송시열은 서로 부딪칠 수밖에 없는 운명이었는지도 모른다. 숙종은 할아버지 효종과 할머니 인선왕후 국상 때 증조할머니 자의대비의 복제를 둘러싸고 아버지 현종과 송시열이 크게 나뉘었음을 알고 있었다. 게다가 송시열은 어머니 명성왕후 김씨와도 구원(舊怨)이 있을 수 있던 사이였다.

　숙종의 모후 명성왕후는 대동법을 두고 송시열과 심하게 부딪쳤던 김육의 손녀였다. 그녀의 사촌인 김석주가 서인이면서도 제2차 예송 논쟁 때 사실상 남인을 지지한 것도 그가 왕실의 외척이기도 했지만 송시열과 구원이 있기 때문이었다. 명성왕후는 효종 2년인 1651년 10세의 나이로 세자빈에 간택되어 1659년 현종이 즉위하자 왕비가 되었다. 하지만 그녀는 10여 년 가까이 아들을 낳지 못했다. 그녀가 바라던 외아들 숙종을 낳은 것은 현종 2년(1661) 8월 15일이었다. 드디어 원자가 태어나자 조정에서는 경축하지 않는 인물이 없었다. 조정의 백관들은 모두 나아가 진하(進賀)했다. 하지만 송시열은 예외였다. 진하에 참례하지 않았던 것이다. 그가 왜 진하에 참여하지 않았는지 정확히 알 수는 없다. 그를 반대하는 쪽에서는 이를 비난의 재료로 삼았다.

　"상중(喪中)에 낳은 아들이라 불만을 가지고 진하하지 않았다."

　숙종이 효종의 대상(大喪)이 겨우 지난 현종 2년에 태어난 것을 겨냥한 말이었다. 즉 대상 중에 관계를 가져 낳은 아이이기 때문에 진하하지 않았다는 말이었다.

　송시열은 나중에 상소를 올려 사실이 아니라고 변명했다.

　"원자 탄생을 온 나라 신민이 경축하는데 신이 어찌 홀로 경축하지 않아 진하하지 않았겠습니까? 때마침 탄핵을 당해 대죄(待罪)하던 중이므로 진하에 참례치 못했습니다."

　진실이 어떻든 숙종의 자리에서 볼 때 송시열의 이런 처신이 좋게 받아들여질 리는 없었다. 일설에는 숙종이 원자 시절 이런 말을 듣고, "송시열이 어떤 자인지 이 다음에 반드시 죽이겠다"고 말했다고 전하기도 한다.

　새 임금 숙종이 송시열에게 강경한 자세를 취하자 현종의 급서로 낙담했던 남인들은 기뻐했다. 다시 기회가 왔다는 생각에서였다. 숙종의 강경한 태도로 조정 의견이 갈라져 조정 내 남인들이 소리를 내기 시작했다. 송시열에 대한 탄핵을 둘러싸고 사간원의 의견도 둘로 갈렸다. 헌납 이우정(李宇鼎)과 정언 목창명(睦昌明)은 송시열을 탄핵하자고 주장한 반면 사간(司諫) 심유(沈攸)는 반대했다. 남인 이우정과 목창명이 송시열의 탄핵을 위해 모이자는 간통(簡通)을 돌리자 서인 심유가 반대하고 나섰다.

　"송시열이 효종에게 마음을 다한 것은 천지신명에게 물어보아도 다 알 것이다."

　심유가 송시열의 처벌을 반대하자 이우정·목창명 등은 물러나서 집무를 거부했다. 급기야 장령 남천한(南天漢) 등 사헌부에서 조사에 나서게 되었다. 사헌부는 조사 결과 이우정 등 남인들의 편을 들어주었다.

　"이우정·목창명 등은 나와서 공무를 보게 하고 정석·심유 등의 벼슬을 갈으십시오."

　숙종은 이에 따라 심유를 삭직하고 며칠 후에는 문외송출시켰다. 송시열을 옹호하는 심유를 쫓아낸 것은 송시열을 처벌하겠다는 강력한 의지였다. 사헌부와 사간원에서 합계를 올려 송시열을 탄핵하고 나선 것은 드디어 때가 되었다고 판단한 결과였다.

　"영부사 송시열은 효종의 국상 때 억지로 '체이부정'을 끌어들여 자의대비에게 서자의 복인 1년복을 입게 하고, '효종을 인조의 서자라고 해도 된다', '차자를 장자로 이름하여 3년복을 입으면 적통이 엄하지 않게 된다'라는 말로 임금을 폄하했습니다. 또한 인선왕후 상사 때도 대왕대비의 복제를 중자부의 대공복으로 정했는데, 그는 비록 명나라 예법을 따른 것이라고 주장하지만 이는 핑계에 불과하고 그 본심은 '체이부정'에 있었습니다. 다행히 선왕(현종)께서 그 그름을 바르게 하셨고 전하께서 다시 선왕의 뜻을 이어 올바른 법을 만드셨으나 처음 예법을 그릇되게 주장한 사람을 벌하지 않았으니 청컨대 송시열을 파직하소서."

숙종은 이 주청을 받아들여 송시열을 파직했다. 이에 서인계 사학 유생 이세필(李世弼) 등 95명이 상소하여 송시열을 옹호했다.

"지금 시사에 불만을 가진 자들이 밤낮 모여 사림(士林)을 몰살할 것을 도모하는 것이 기묘사화 때 사림을 모해한 남곤(南袞)·심정(心貞), 무오사화 때의 유자광과 같습니다. 만약 송시열에게 끝내 예론을 그르쳤다는 죄명을 씌워 효종대왕을 폄하했다고 한다면 송시열이 훗날 죽은 후에라도 눈을 감지 못할 뿐 아니라 효종의 혼령도 저승에서 서러워할 것입니다."

숙종은 이 상소를 보고 화를 내면서 연명 상소의 대표자인 소두(疏頭)는 귀양을 보내고 나머지는 과거 응시를 금지시켰으며, 상소를 받아들인 승정원 승지에게 그 경위를 조사하게 했다. 또한 즉위 다음 해 1월 한밤중에 신하들을 야대(夜對)한 자리에서 검토관(檢討官) 임상원(任相元)이 송시열이 나이 70의 대신인 데다 효종이 예우한 신하라며 엄하게 죄 주지 않아야 한다고 말하자 이렇게 반문한다.

"송시열은 효종의 예우를 입었는데도 보답하려고 생각하지 않고 도리어 서자라는 폄칭(貶稱)을 가하였으니, 어찌 죄가 없을 수 있겠는가?"

드디어 숙종은 그해 1월 12일 송시열을 귀양 보내라는 명령을 내린다. 즉위한 지 불과 4개월 만이었다. 송시열은 드디어 함경도 덕원으로 유배되었다.

송시열은 자신의 유배 소식을 길상사(吉祥寺)에서 듣고 태연히 웃으며 다음과 같이 말했다고 한다.

"청풍 김씨의 참소가 드디어 실행되는구나. 지금까지 더뎌진 것은 임금께서 많이 참으신 것이다."

청풍 김씨란 명성왕후의 친정인 김우명의 집안, 즉 김육의 집안을 말하는 것이다. 송시열은 진천(鎭川) 읍내에 가서 의금부의 금오랑을 기다려 귀양길에 올랐다. 그때 문인 김창협(金昌協)·나량좌(羅良佐) 등이 서울에서 내려오자 송시열이 입을 열었다.

"광해조 때 장령 연평부원군 이귀(李貴)와 장령 조속(趙涑)이 서로 농담하기를, '백악산(白岳山)의 왕기(王氣)가 아직 다하지 않았는데, 나라 형편이 왜 이 지경이 되었는가'라고 한탄하더니, 과연 계해년(1623년, 인조반정 나던 해)에 선비들의 기세가 다시 떨쳐졌네. 이제 김군(김창협)을 보니 막힌 사람이 아니니 차후에 그대들이 다시 일어나는 일이 왜 없겠는가."

송시열은 태연했으나 그의 문인들은 눈물을 흘렸다. 이런 눈물들은 뼛속 깊숙한 곳에 자리 잡은 당쟁의 싹에 거름을 주는 자양분이었다. 귀양길에 오른 송시열의 나이 만 67세였다. 노구의 스승이 살아 돌아올 기약 없는 귀양길을 떠나는 것을 보고 서인들은 남인에 대한 복수를 다짐했다.

송시열은 유배지로 가는 도중 철령(鐵嶺)에 올라 시 한 수를 지었다.

> 행함으로 철령 마루턱에 올랐네
> 내 마음도 또한 철과 같도다.
> 行登鐵嶺嶺(행등철령령)

我心還如鐵(아심환여철)

　　송시열은 자신의 유배를 정도(正道)를 걷는 자신에 대한 사도(邪道), 즉 이단(異端)들의 탄압으로 여겼다. 도를 펼치다 시세가 불리해 철령 높은 곳에 올랐지만 자신은 철과 같이 굳세게 싸워나가겠다는 의지를 보인 것이다.

　　서인들은 송시열의 유배에 반발했다. 병조판서 이상진(李尙眞)은 효종과 송시열 사이의 일화를 들어 송시열을 옹호했다.

　　"지난 무술년(효종 9년) 겨울에 효종대왕이 송시열에게 갖옷[豹裘：표구]을 하사하셨습니다. 송시열이 사양하자 효종은 '경은 내 뜻을 모르는가. 조만간 요동의 풍설 속에서 원수를 칠 때 함께 입을 것이오'라고 하교하셨으니 군신 간의 의리가 이처럼 금석(金石)을 뚫고 귀신을 울릴 만했습니다. 비록 도중에 효종께서 돌아가셔서 북벌에 쓰지는 못했으나 그 갖옷이 어찌 오늘날 추운 풍설에 고개를 넘어 귀양길에 쓰이리라고 생각하셨겠습니까."

　　송시열을 효종의 충신으로 묘사한 이 상소를 숙종은 엄한 비답으로 물리쳤다. 그 외에도 좌장 정치화·풍양군 장선징·사예(司藝) 김익렴·교리 윤지선과 부사과(副司果) 이담 외 104명 등의 문인들이 송시열을 옹호하고 나섰으나 모두 거부되었다.

　　서인에 대한 숙종의 거부감이 컸던 만큼 남인들이 대거 조정에 등용되기 시작했다. 허적이 영의정이 된 데 이어 허목이 대사헌, 권대운(權大運)이 병조판서, 목내선이 한성부 우윤(右尹)에 임명되는 등 남인들이 조정에 진출했다. 더구나 권대운은 판서가 된 지 한 달이 채 못되어 우의정으로 승진하고 그 자리는 숙종의 오른팔인 김석주가 차지했으며, 민암(閔黯)은 형조판서가 되었다. 제1차 예송논쟁 때 송시열의

1년설에 가장 먼저 이의를 제기했던 윤휴는 승지가 되었으며, 송시열을 격렬하게 비난하였던 유학 곽세건도 과거를 거치지 않고 사용원 봉사에 제수되었다.

드디어 남인들이 정권을 장악한 것이다. 인조반정이 백성들의 지지를 받지 못한 데 놀란 서인들이 남인들을 관제야당으로 끌어들인 지 52년 만에 마침내 정권을 빼앗는 상대로 등장한 것이다. 서인들은 이에 태업으로 맞섰다. 송시열의 유배에 항의해 정사를 거부한 것이다. 숙종은 이를 자신에 대한 노골적 반감으로 여겨 꾸짖었다.

"송시열이 죄를 받은 이래 조신들이 까닭 없이 벼슬하지 않는 이가 많으니 슬프도다. 아비가 죄를 입어도 아들은 벼슬을 하지 않는가. 근일에 이상진·민유중·민정중·남구만 같은 사람들이 시골에 물러가 앉아서 여러 번 불러도 올라오지 않으니 이들은 시열의 위엄이 중한 것만 알고 국사는 돌보지 않는 것이다. 지극히 한심한 일이니 이들을 중하게 추고(推考)하라."

송시열의 유배를 둘러싸고 조정은 혼란에 빠졌다. 송시열의 문인들은 거듭 상소를 올려 송시열을 옹호했다. 양송의 제자인 전 교란 황세정(黃世楨)이 허목과 윤휴를 비판하고 나섰다.

"허목이 당초 올린 예에 관한 상소는 평심(平心)이었는데 이제 다시 발탁되자 종통설로 몰아 바른 사람(송시열)을 해롭게 하고 있습니다. 왜 당초 평심이었던 예론이 지금은 달라졌습니까. 윤휴란 또한 위험한 말은 하여도 바른 사람을 해치는 마음이 있는 줄은 몰랐는데 오늘날 사화가 크게 일어났는데도 구할 생각은 않고 빙그레 웃으면서 방관하니 예전에 그가 남에게 중상을 입히려 한다는 말을 들었던 것을 어떻게 변명하겠습니까."

당초 학문 논쟁으로 시작되었던 예론이 정치 논쟁으로 비화했다는 말이다. 어쩌면 이것이 진실인지도 모른다. 하지만 황세정에게 돌아온 것은 송시열과는 반대 방향인 진도 유배였다. 허적이 비교적 온건론을 편 데 비해 윤휴는 송시열처럼 직설적인 성격이므로 서인 공격에 앞장섰다. 그는 서인들이 정사를 거부하고 시골에 내려가는 현상을 비난하고 나섰다.

"여러 신하들은 전하께서 부르시는 은혜를 생각하여 황송히 달려나와 구사에 전념하든지, 아니면 대궐 밖에 거적을 펴고 석고대죄 해야 마땅한데, 지금 이런 은혜를 생각하지 않고 모두 시골로 물러나 집 안에 편안히 드러누워 여러 번 전교를 내리게 하고, 또 멀리 수고롭게 승지를 보내어 효유하게 하니 조정의 체통이 말이 아닙니다."

윤휴는 서인들에 대한 처벌을 확대하려는 의도를 가지고 있었던, 말하자면 남인 강경파였다. 이를 반대한 허적은 남인 온건파가 되는데, 당시에는 이를 각각 청남(淸南)과 탁남(濁南)으로 불렀다.

"김수항이 시골에 물러가 있는 것은 사세가 부득이해 그런 것으로서 집 안에 편안히 드러누웠다고 할 수는 없습니다."

하지만 이때만 해도 숙종은 강경론의 손을 들어주었다. 윤휴의 주청에 따라 서인 중진 민유중을 삭탈관직하고 도성 밖으로 내쫓은 것이다.

종묘 고묘, 그 위험한 길

처음으로 정권을 장악한 남인들은 이 기회를 이용해 서인 영수 송시열을 제거하려 했다. 그 방안의 하나로 남인들이 고안한 것이 송시열의 종묘 고묘론(古廟論)이었다. 고묘론이란 송시열이 예론을 잘못 이끌어 처벌당했음을 종묘에 고하자는 주장이었다. 역적 이외에 신하의 죄는 종묘에 고하지 않는 것이 관례였다. 신하의 죄를 종묘에 고하면 죽이는 수밖에 없었기 때문이다. 또 종묘에 죄인으로 고해지고도 살아남은 신하는 없었다. 남인들은 송시열을 죽이자는 말을 하지 않고도 그를 죽일 수 있는 방법이 고묘임을 고안해 낸 것이다. 남인들은 송시열을 죽여버려야 자신들의 정권이 오래 유지될 수 있으리라고 생각했다. 서인의 중심인 송시열이 살아 있는 한 언제든지 다시 재기할 수 있다고 생각한 것이다.

하지만 서인의 영수 송시열을 죽이는 것은 쉽지 않았다. 송시열의 문인인 교리 윤지선(尹趾善)이 상소를 올려 송시열을 구원한 것도 그런 움직임의 하나였다.

"시열이 추위에 몸이 상하여 밖에서 죽는다면 비록 대간(대사헌 윤휴 등 남인들)의 마음은 유쾌할지 모르나, 선왕의 사부를 죽였다는 이름은 결국 전하에게 돌아갈 것입니다."

종묘 고묘론을 처음 공론화한 인물은 문의(文義)의 시골 유생 황창(黃錩)이었다. 대신보다는 일개 유생의 선택은 의도적이다. 개령((開寧)의 생원이었던 설거일(薛居一)이 종묘 고묘론의 뒤를 이었다.

"자의대비의 복제가 장자부의 복으로 바르게 됐는데도 아직까지 예를 그르쳤던 사유를 종묘에 고한 일이 없으니 빨리 종묘에 고하고 온 천하에 반포해야 합니다."

그러나 이 고묘론은 간단하게 실행할 일이 아니었다. 이는 서인들에 대한 전면전 선포와 같았기 때문이다. 숙종의 강력한 지지를 받고 있지만 남인 정권은 아직 서인을 제거하고 홀로 정국을 이끌어 가기에는 힘이 부족했다. 광해군을 갈아 치운 당파가 서인이었다. 그 후 50여 년 이상 정권을 독점해 오면서 뿌린 씨앗이 사방에서 왕성하게 자라고 있었다. 고묘를 강행하면 서인들이 극단적으로 나올지도 몰랐으므로 조정의 남인들은 섣불리 이를 몰아붙일 수 없었다. 남인 영상 허적이 반대한 진정한 이유도 여기 있었는지도 모른다. 영상 허적은 "송시열의 죄가 죽을죄까지 될 수는 없지 않은가"라며 고묘를 반대했던 것이다.

숙종 1년 윤5월 장령(掌令) 조사기(趙嗣基)가 송시열을 극형으로 다스리자는 상소를 올리는 등 조정에서도 송시열을 죽이자는 의논이 없었던 것은 아니지만 주로 박헌과 같은 재야 유생들이 앞장섰다. 남인 유생들은 줄기차게 송시열의 고묘론을 제기했다. 고묘론이 나왔다가 잠잠해진 숙종 3년 봄부터 약속이나 했다는 듯이 일제히 송시열의 고묘론을 다시 들고 나왔다. 숙종 3년 충청도 진천 유생 박지헌(朴之憲)이 송시열의 고묘를 주장했으며 다음 달에는 성주(星州) 유생 이잠(李潛)이 송시열의 고묘를 주장하고 나섰다.

재야의 고묘론에 대사간 정지호(鄭之虎)가 호응하고 나섰다. 드디어 조정의 공론이 된 것이다. 이에 대간의 의견이 갈라졌다. 정언 이후정(李后定)이 "4년이 지난 지금 재시행은 시기가 너무 늦었다"라고 반대한 반면, 지평 김총과 권환(權瑍)은 찬성하고 나섰다.

사헌부의 의견이 엇갈리자 김총과 권환은 임금에게 주청했다.

"복제와 종통을 바로잡았다는 뜻을 종묘에 고하고 중외(中外)에 반포하십시오."

숙종은 이 주청을 거절했다.

"전에 이잠이란 유생이 이미 시기가 지난 일(고묘론)을 가지고 소란을 피우므로 내가 미워했는데, 오늘 그대들이 또다시 이를 거론하니 그 마음을 헤아리기 어렵다."

고묘론에 새로운 이론을 제공한 사람은 남인 대사간 이원정(李元禎)이었다. 이원정은 숙종에게 말했다.

"고묘는 시열에게 죄를 더하자는 것이 아니라 예론이 바로잡혔음을 종묘에 고하자는 것뿐입니다. 예전에 윤원형(尹元衡)도 종묘에 고했지만 죄는 더하지 않았습니다."

숙종은 종묘에만 고할 뿐 죄는 더하지 않는다는 말을 그럴듯하게 여겼다. 숙종은 송시열을 죽이는 부담을 지고 싶지는 않았던 것이다. 어쨌든 그는 선대왕의 스승이었던 인물이다.

서인 판부사 정치화가 상소를 올려 '고묘하되 죄는 더하지 않는다'는 이원정의 고묘론이 지닌 허점을 통렬히 공박했다.

"윤원형을 종묘에 고한 것은 선조 초년으로 그때는 이미 그가 죽은 뒤였습니다. 이원정의 의논은 임금을 속이는 것입니다. 인신(人臣)으로서 종묘에 고하는 죄를 짓고도 어찌 죽지 않을 수 있겠습니까."

송시열 고묘론의 재등장은 당연히 서인들의 강력한 반발을 낳았다. 서인들이 이에 반발하는 상소를 올리려고 사람들을 모으자 무려 7백여 명의 선비들이 모이기도 했다. 검토관 임상원이 숙종 1년 송시열의 유배를 반대하면서 '나이 70세의 대신을 먼 곳에 귀양 보냈다가 불행한 일이 있게 되면 아름다운 일이 아니다'라며 '편의대로 전리(田里)에 가서 남은 나이를 마치게 하는 것이 좋은 방법'이라고 말했으나 묵살되었다. 송시열은 끝내 머나먼 덕원으로 유배 보내졌으나 남인들은 여기에 만족하지 않고 70 노구의 목숨을 끊어 놓으려 하는 것이니 스스로 증오의 싹을 키우는 것이었다.

집권 남인의 이런 증오 속에서 송시열은 유배지를 전전했다. 처음 송시열의 유배지가 덕원으로 결정된 것은 장기(瘴氣 : 풍토병)가 없는 곳이라는 이유였으니 최소한의 예우는 한 셈이었다. 그의 배소는 숙종 1년 윤5월 15일 충청도 웅천으로 옮겨지는데, 서인들이 기록한《숙종실록》은 "웅천은 장기가 가장 심한 곳이기 때문이었다"고 적고 있다. 즉 풍토병에 걸려 죽게 하기 위해 웅천으로 이배(移配)했다는 것이다.

그러나 송시열의 유배지는 영일만 근처인 경상도 장기(長鬐)로 결정되었다. 웅천으로 결정한 이틀 후에 영상 허적이 웅천은 장기가 심한 곳이라며 장기가 없는 경상도로 옮겨줄 것을 청했기 때문이다. 그리고 그해 7월 윤휴는 송시열에게 위리(圍籬), 즉 집 둘레에 친 가시울타리를 걷어 없애는 것이 마땅하다고 주청한다. 숙종이 윤휴를 똑바로 보며 "송시열은 죽을죄를 면한 것만도 다행이다"라고 거절하자 윤휴는 이렇게 말한다.

"웅천에는 토질(土疾 : 풍토병)이 있어서 장기로 옮겨주었다면, 위리를 가하는 것은 옳지 못합니다. 처음부터 위리하지 않으려는 것이 신의 뜻이었습니다."

그러나 숙종은 단호히 거부한다.

"효종의 죄인을 너그럽게 처치하면 비가 오지 아니할 것이다."

그래서 송시열의 유배지는 함경도 덕원에서 경상도 장기로 옮겨졌다. 서인들은《숙종실록》에서 윤휴가 위리를 풀자고 요청한 것은 "책임을 면하기 위한 것이지 본래 성심(誠心)에서 나온 것은 아니었다"고 강하게 비판하지만 그 의도야 어찌되었든 혹한의 함경도에서 경상도 장기로 옮겨준 것은 하나의 관용이었다.

비록 그렇다고 해도 칠순 노구로 함경도로 경상도로 이리저리 끌려다니던 송시열이 남인들에게 쌓았을 원한의 무게는 가볍지 않았을 것이다. 그도 사람인 이상 집 둘레에 가시울타리가 쳐진 집에서 사랑을 키우는 것은 불가능했다. 더구나 그는 자신의 고난을 정도(正道)에 대한 사도(邪道)의 탄압으로 여기고 있었다. 그가 가시울타리가 쳐진 장기의 유배지에서《주자대전차의(朱子大全箚疑)》를 찬술한 것은 자신이 옳다는 신념의 소산이자 꺾이지 않는 의지의 소산이었다. 그는 이 책을 숙종 1년(1675) 저술하기 시작해 숙종 4년(1678) 완성했다. 예송논쟁으로 비롯된 이 위기의 시절 그는 주희를 구원의 대상으로 삼아 자신을 추슬러 나갔다. 남인도 그랬지만 그 자신도 화해는 생각하지 않고 있었다. 그가 주희에게서 받아들인 것은 바로 '명분'이었던 것이다.

소현세자의 손자를 임금으로 추대하자

이처럼 몇 년 동안 논란을 계속하던 송시열의 고묘론은 숙종 5년 벌어진 두 사건을 계기로 새로운 전기에 접어들었다. '강화흉서 사건(江華凶書事件)'과 송시열의 제자인 송상민(宋尙敏) 상소 사건이 그것이다. 두 사건은 외견상 아무런 상관이 없었다.

강화흉서 사건은 숙종 5년 3월 강화축성장 이우가 한 투서를 받아 병조판서 김석주에게 보고함으로써 발생한 사건이었다. 김석주는 좌의정 권대운, 훈련대장 유혁연(柳赫然)과 상의한 후 숙종의 대면을 요청해 이 투서를 올렸다.

"당화(黨禍)가 심해진 이유가 종통(宗統)이 질서를 잃음에 있다. 소현세자의 손자인 임천군(林川君)은 참 성인(聖人)이요 나라의 종통이다. 이분을 임금으로 추대해 국통(國統)을 바르게 하고 당파를 없애야 한다."

임천군은 바로 소현세자의 3남으로 효종 10년 경안군에 봉해진 이회(李檜), 즉 석견의 아들이었으니 곧 소현세자의 손자였다. 경안군은 인조 재위 때 두 형이 제주도에서 풍토병으로 사망할 때도 살아남았으나 그 역시 현종 6년 9월 이미 세상을 떠난 뒤였다. 투서의 내용도 역시 이를 노리고 있었다. 투서는 소현세자가 죽은 뒤 종법에 어긋나는 효종의 즉위에 따라 종통이 어긋나고 당쟁이 심해졌으므로 소현세자의 손자를 임금으로 추대해 어그러진 국통(國統)을 바로잡아야 한다는 내용이었던 것이다.

"나라의 정통을 세우는 것이 첫 번째 의리요, 조정의 붕당을 제거하는 것이 두 번째 의리요, 백성을 위하여 해로움을 제거하는 것이 세 번째 의리이다."

이런 내용이 담긴 투서 사건으로 투서자 이유정(李有湞)이 복주(伏誅 : 형벌에 복종하여 죽음)되고 이우도 형을 받았지만 끝내 자백을 거부하고 옥사하고 말았다. 숙종은 "이우는 형적이 이미 드러났는데도 끝내 실토하지 않고 죽었으니, 매우 통탄스럽다"라고 말했는데 이는 이우가 자백을 거부함으로써 그 배후 세력을 캐는 데 실패했음을 한탄하는 말이었다. 이 사건에 대해 남인들은 서인들을 의심했지만 반대로 서인들은 남인들의 자작극이 아닌가 의심했다. 의리를 중시했던 사대부 중심의 정치체제가 당쟁이 격화되면서 공작 정치체제로 전환한 것이었다.

병조판서 김석주가 이른바 강화흉서에 관한 내용을 '극비'라며 좌우를 물리치고 숙종에게 알린 날은 3월 12일이었다. 그런데 바로 그날 송시열의 고향 회덕에 사는 생원 송상민이 송시열을 옹호하는 책자 상소문을 올림으로써 숙종의 분노와 공포에 불을 질렀다. 송상민은 물론 같은 시각 소현세자의 손자를 임금으로 추대하자는 이른바 강화흉서가 숙종에게 보고되고 있을 줄은 꿈에도 몰랐을 것이다. 그러나 그가 상소에서 소현세자 문제를 거론한 것이 사건을 그의 의중과는 전혀 다른 쪽으로 몰고 갔다.

"들건대 전하께서 윤선도의 예론(禮論)을 옥당(玉堂) 신하들에게 해석하게 했다는데 혹시 송시열을 모함하는 말을 깊이 믿어서 그 자세한 내용을 알고자 하신 것 아닙니까. 윤선도의 예론은 모함이 아닌 것이 없지만 그중에서 가장 심한 것은 송시열이 소현세자의 아들을 임금으로 세우고자 한다는 말로 사실상 고변(告變)한 것입니다. 오늘날 조정 신하는 모두 윤선도의 무리들인데 이로써 또 모함을 받으면 송시열을 구할 길이 없으므로 신이 이 상소를 올리는 것입니다. 윤선도의 상소를 파헤친 것은 신의 상소만큼 상세한 것이 없으므로 책자를 만든 것을 가지고 상소와 함께 올리니 이는 대개 주자(朱子)가 하던 말입니다."

그렇지 않아도 강화흉서 사건으로 심장이 떨리던 숙종은 이 상소를 보고 격분하지 않을 수 없었다.

"전례(典禮)가 이미 정해졌고 큰 흉악인들이 도망치고 내쫓긴 뒤인데, 송시열의 혈당(血黨)들이 팔을 걷어붙이고 씩씩대며 원망과 독기를 더욱 풍기며, 다만 송시열이 있는 줄만 알고 군신 간에 정해진 의리는 아랑곳없이 말을 조작하고 날이 갈수록 심한 비방을 일삼더니, 이번에 변변찮은 송상민(宋尚敏)이 소책(疏册 : 책으로 된 상소문)을 올려, 위로는 선왕(先王)을 언급하고 아래로는 조정 신하들을 모함하니 나의 분함이 끝이 없다. 마땅히 역률(逆律)로 논단하여 국법을 바로잡으라."

공개적인 상소문이 역률로 논단되는 것은 전례가 없는 일이었다. 그러나 강화흉서 사건과 본의 아니게 맞물린 이 상소문이 역률로 논단되는 데 아무도 저항할 수 없었다. 즉각 국청이 열려서 대신들이 국문했으나 송상민은 다섯 차례의 혹독한 고문에도 굴하지 않았다. 그는 확신범이었던 것이다. 그러나 그의 확신은 최소한 택일(擇日)에서 잘못되었다. 그의 국문이 한창 진행되던 3월 16일은 겸제주(兼祭酒) 윤휴가 궁성의 호위를 청해 숙종이 대신들을 급히 불러 이를 의논할 정

🌲 경남 거제시 동산리 동뫼의 반곡서원. 우암은 장기에서 이곳으로 유배되어 반곡서당을 세워
　후학을 가르쳤는데 아직도 서당 유허가 남아 있다.

도의 상황이었던 것이다. 이 자리에서 영상 허적이 한 말은 당시의 상황을 잘 보여준다.

"요즈음 인심이 극도로 악화되어 이혼(李焜)과 이엽(李熀)이 영웅이라느니 종통을 가졌느니 하면서 그를 추대한다는 말이 공공연하게 전파되고 있습니다."

이혼은 임창군(臨昌君)이고 이엽은 임성군(臨城君)으로 모두 소현세자 손자였다. 송시열이 펼친 체이부정은 그 본심이 무엇이든 효종-현종-숙종으로 이어지는 종통을 흔드는 결과를 가져왔다.

송상민과 관련 있는 이담(李檀)·조근(趙根) 등 송시열의 문인들이 속속 잡혀 들어와 고문을 당했다. 이런 와중에 고문받던 송상민이 갑자기 죽어버렸다. 상소문을 베꼈다가 잡혀온 박세징(朴世徵)이 단 한 차례 형신 끝에 죽어버린 것은 고문의 강도를 알려준다. 그나마 나머지 연루자들을 역률로 다스리지 않고 한 등급 감하여 유배 보내는 데서 처리를 끝마친 것이 다행이라고 여길 정도였다.

송시열의 문인이 역률로 처단된 이 사건이 유배지의 송시열에게 영향을 미치지 않을 수가 없었다. 남인 유생들은 이 사건을 고묘의 근거로 이용했다. 숙종 5년 양성(陽城)의 진사 조이호(趙頤灝)가 상소를 올려 송시열의 고묘를 다시 주장하고 나섰다.

"시열의 말투를 그대로 쓰면서 역적 강녀(姜女 : 소현세자 빈 강씨)의 손자에게 마음을 두어 왕위를 위태롭게 하려고 한 이유정의 행적이 그대로 나타난 것이 강화흉서 사건입니다. 비록 이유정의 형벌을 집행하였으나 빨리 송시열의 죄를 종묘에 고해야 이런 일을 막을 수 있을 것입니다."

이에 대해 숙종은, "조정에서 처분할 일을 네가 알 바 아닌데 왜 이렇게 소란을 피우는가"라고 윤허하지 않는 듯했으나, 이미 고묘할 결심을 굳힌 터였다. 재위 5년 5월 송시열의 죄는 종묘에 고해졌다. 권해(勸解)가 지은 고묘문은 '지난 기해년(효종이 승하한 해)부터 죄신(罪臣 : 송시열)이 왕통을 어지럽혔습니다'라는 말로 시작했는데, 그 끝맺는 말이 무시무시했다.

'지금 이유정은 곧 그 우익(羽翼)입니다.'

강화흉서 사건으로 복주된 이유정을 송시열의 우익으로 지목했으니 그 본류로 지목받은 송시열이 살아남을 재간이 없었다. 이제 송시열의 목숨은 풍전등화였다. 송시열에 대한 공세는 다시 시작되어, 사건 직후인 3월 25일 대사간 권대재(權大載) 등은 장기에 위리안치된 송시열을 절도로 옮겨 위리안치하자고 청했다. 절해고도로 옮김으로써 외부와 모든 접촉을 끊자는 뜻이었다. 이는 또한 죽음으로 가는 전 단계 조치이기도 했다. 숙종은 주청 당일 즉각 이를 수락해 송시열을 거제도에 위리안치했다. 위기의 연속이었다.

아버지가 중한가
스승이 중한가

송시열의 정적들―은자 윤증

윤증이 유배지의 스승을 찾은 이유

유배지 장기에서 송시열이 자신을 계속 공격하는 남인에 대한 원한을 《주자대전차의》찬술로 풀고 있을 때 그의 유배지를 찾는 한 유학자가 있었다. 명재(明齋) 윤증(尹拯)이었다. 그의 아버지는 윤휴에 대한 사문난적 논쟁 때 송시열과 다투었던 윤선거였다. 윤증은 송시열이 한창 공격당하던 숙종 즉위년 12월 종3품 사헌부 집의(執義)에 제수되었으나 "송시열은 신이 스승으로 섬긴 이"이고 자신도 예송논쟁에 책임 있다는 이유로 사양한 적이 있었다. 그는 벼슬을 포기하고 충청도 이성(尼城 : 현 논산시 노성면)에 은거한 채 학문에 전념하고 있었다.

이런 윤증이 머나먼 경상도 장기까지 송시열을 찾은 것은 어려움에 빠진 스승을 위로하기 위해서가 아니라, 그가 써준 아버지 윤선거의 비문을 고쳐 달라고 요청하기 위해서였다. 이를 위해 그는 천 리가 넘

▲ 충남 논산군 노성면의 윤증 고택 사랑채. 윤증과 그 아버지 윤선거는 송시열과 숙명적 관계
　를 맺게 된다.

는 먼 길을 마다하지 않았다.

　　머나먼 유배지에서 마주한 옛 스승과 제자의 만남이 회니시비(懷尼
是非)라 불리는 조선 정치·철학 사상의 유명한 논쟁으로 이어질 줄은
두 사람 모두 몰랐을 것이다. 조선 후기 회니(懷尼)라는 말은 각각 송
시열과 윤증을 가리키는 말로 사용되었다. 송시열이 회덕에 살고 윤
증이 이성에 살기 때문에 붙여진 이름이었다.

　　윤휴의 사문난적 여부를 놓고 황산서원과 동학사에서 두 번 송시열과 부딪쳤던 윤선거는 현종 10년인 1669년 향년 60세의 나이로 사망했다. 윤증은 박세채에게 아버지의 행장을 지어달라고 요청하고, 연보(年譜)는 자신이 직접 지었다. 다음 해 아버지 윤선거를 고향의 노강서원(魯岡書院)에 배향(配享)한 윤증은 현종 14년에 송시열에게 비명(碑銘)을 지어주기를 요청했다.

송시열은 이를 수락하고 약 반 년 후 비문을 지어주었다. 잔뜩 기대를 했던 윤증은 송시열이 지어준 비문을 보고 크게 실망했다. 내용이 크게 부실했을 뿐만 아니라 아버지의 생애를 조롱하고 있었기 때문이다. 게다가 송시열 자신이 비문을 지은 것도 아니었다. 그는 박세채가 지은 행장에 따라 비문을 옮긴 후 이렇게 덧붙였을 뿐이다.

"현석(玄石 : 박세채)이 윤선거를 극진하게 찬양하셨기에 나는 그대로 기술(記述)만 하고 창작하지는 않습니다."

이는 윤선거의 생애에 대한 명백한 조롱이었다. 송시열이 윤선거의 생애를 조롱할 수 있었던 것은 병자호란 때의 한 사건을 배경으로 하고 있었다. '강화도 사건'이라고 불리는 사건이 그것이다. 강화도 사건은 윤증이 아홉 살, 윤선거가 28세 때인 병자호란 와중에 벌어진 사건이었다.

병자호란 때 윤선거가 그의 부인 이씨와 아들 윤증을 데리고 강화도로 피난한 데서 사건은 시작된다. 《숙종실록》 재위 10년 5월 13일의 기사에 강화도 사건에 대한 시말이 적혀 있다.

"(윤선거는) 사인(士人) 김익겸(金益兼)·권순장(權順長) 등과 함께 성문(城門)을 나누어 지켜서 일이 급하면 반드시 죽기로써 서로 맹세하고, 아내와 더불어 함께 죽기를 약속하기에 이르렀다. 강도(江都 : 강화도)가 함락되자 김익겸 등이 과연 맹세를 저버리지 않고 모두 죽으니, 윤선거도 함께 죽고자 하여 그 아내 이씨(李氏)를 몰아서 스스로 목매게 하였으나 윤선거는 죽지 못하였다. 이때에 종실(宗室)인 진원군(珍原君)이 포위 속에서 오랑캐 장수의 시킴을 받아 남한산성(南漢山城)의 행재소(行在所 : 임금이 임시로 머물러 있는 곳)로 가게 되었는데, 윤선거가 전에 진원군과 같은 마을에 살면서 서로 친하게 지냈으므로, 드디어 그 종[奴]이 되기를 구하여 이름을 선복(宣卜)이라 하고 진원군을 따라 나오니, 한때의 더러운 비방이 사람으로 하여금 거의 차마 들을 수 없게 하였다. 윤선거도 스스로 원망하고 스스로 단속하며 장가들지 않고 벼슬하지 않으며 뜻을 굽혀 문경공(文敬公) 김집(金集)의 문하에 배움을 청하였으니, 문하의 여러 사람이 그 진취(進就)를 인정하고 그 지나간 일을 마음에 두지 아니하여 벗이 되기를 허락하였다."

《숙종실록》 재위 13년 3월 17일에 인용된 나량좌의 상소문은 위의 기사와 좀 다른 내용을 전해 준다.

"윤선거가 병자년에 강도로 들어갈 적에 권순장·김익겸과 함께 의병이 되기로 언약하여 성을 분담해 지키다가 적의 군사가 성에 들어오자 진원군 세완(世完)이 효종(孝宗 : 당시 봉림대군)의 명으로 남한산성으로 봉사(奉使) 나가면서 윤선거에게, '그대가 나와 함께 가야 되겠다'라고 말하므로 윤선거가 드디어 미복(微服) 차림으로 세완의 종자(從者)가 되어 갑진(甲津)을 건넜었고, 남한산성에 이르러서는 성에 들어가지 못하게 되자, 드디어 세완을 따라 돌아와 효종의 행중(行中)으로 들어갔었던 것입니다. 지금 말을 하는 사람들이 이 일을 두고, '벗들과 같이 일하기로 해놓고 벗들은 죽었는데도 죽지 못했고, 아내와 죽기로 언약해 놓고 아내는 죽었는데도 죽지 못했다'고 말합니다. 대개 윤선거는 직사(職事 : 벼슬)가 있었던 것이 아니고, 군사를 피해 들어갔다가 군사가 닥치므로 떠난 것입니다. 이는 곧 선비의 정해진 분수로서 진실로 반드시 죽어야 하는 의무는 없는 것이고, 강화(講和)가 이미

♠ 강화도 초지진의 성벽 출입구.

이루어지고 수비(守備) 또한 파하게 되어서는 비록 죽고 떠나지 않으려고 해도 할 수 없는 것입니다. 이른바 '아내와 죽기로 언약했다'는 것은 윤선거가 문경공 김집에게 답한 서한에 이르기를, 그때 윤선거가 여러 사우(士友)들과 모여 몸을 거처할 곳을 의논하고 있었는데, 죽은 아내가 사세의 위급함을 알고 계집종을 보내어 윤선거를 데리러 왔습니다. 가자마자 하는 말이 '적병(賊兵)에게 죽기보다는 일찍 자결하는 것만 못 하기에 한 번 만나보고 영결(永訣)하려고 한 것입니다' 하므로, 윤선거가 차마 볼 수 없어 사우(士友)들이 있는 곳으로 돌아간 것입니다."

'강화도 사건'을 한마디로 말하면 윤선거가 병자호란 때 강화도에서 순절하기로 약속하고도 죽지 않았다는 것이다. 이 사건이 훗날 송시열의 노론과 윤증의 소론 사이에 의리론을 두고 벌어지는 '회니시비'의 소재가 되는 것이다. 윤선거는 이후 고향에 은거해 평생토록 벼슬과 재혼을 포기한 채 학문에만 몰두하는 것으로 강화도 사건에 속죄했다. 그는 효종 4년 이를 한탄하는 상소문을 올리기도 했다.

"병자년 강도에 들어갔을 때 사우들과 함께 일을 하다가 성이 함락되어 사우들이 모두 죽고 중부(仲父 : 숙부) 윤전(尹烇)도 목숨을 바쳤습니다. 신은 잔인하게도 한 번 죽는 것이 아까워 아내는 자결하고 자식은 버려둔 채 홀로 살기를 탐내어, 밖으로는 벗들을 저버리고 안으로는 처장에게 부끄럽게 되었습니다. 중부(仲父)를 따르지 못하고 노예(奴隷)가 되어 구차하게 면하여, 난(亂)에 임해서는 천성(天性)을 잃어버렸고 의리에 처하기를 무상(無狀)하게 했기에, 지금도 뒤쫓아 생각해 보며 부끄러워 죽으려고 해도 되지 않습니다."

명분과 의리의 나라 조선에서 씻을 수 없는 콤플렉스를 안고 은자(隱者)의 삶을 살았던 윤선거의 삶과 학문을 송시열은 이렇게 비꼬았다.

"공(윤선거)은 고니[黃鵠 : 황곡]와 같으나 나는 땅속의 벌레[虫蟲 : 양충]와 같을 뿐만 아니라 내가 비록 공을 따른 지 오래 되었지만 그 깊은 학문은 엿보지도 못했다."

이는 명백히 윤선거의 삶과 학문에 대한 조롱이었다. 윤증은 몇 차례나 편지를 보내 비문의 개찬을 요구했고 숙종 2년에는 직접 장기까지 찾아갔으나, 송시열은 비문의 본뜻은 하나도 고치지 않은 채 지엽적인 몇 글자만 고쳐 보내왔던 것이다. 송시열은 본뜻을 고치지 않는 이유를 이렇게 설명했다.

"내 자신이 박세채를 높은 산악[喬嶽 : 교악]같이 존경하므로 그의 중망을 빌어서 쓰는 것이 마땅하지 않겠는가."

이 또한 박세채가 윤선거의 행장에, "실로 높은 산악[喬嶽]과 같다"고 쓴 것을 조롱한 말이었다.

윤선거가 강화도에서 살아남았을 때 송시열은 앞에 말했듯이 남한산성에 있었다. 윤선거는 일개 유자(儒子)에 불과했지만 송시열은 대군사부로 있었던 벼슬아치였다. 남한산성에서 살아남은 벼슬아치가 강화도에서 살아남은 유자를 욕할 수는 없는 노릇이었다. 또한 다른 글과 달라서 비문은 고인의 업적을 찬양하기 위해서 쓰는 글이다. 윤선거의 생애를 조롱하려면 비문 집필을 거부하고 다른 글로 비난했어야 했다. 자신의 무덤 앞에 자신을 욕하는 비문을 세워 둘 사람이 누가 있겠는가? 이 비문 사건은 윤증의 마음을 송시열로부터 영원히 떠나게 한다. 편협한 사고와 처신이 적이 되지 않을 수 있던 사람을 적으로 만든 것이다.

사건이 이렇게 된 데는 윤증이 비문 집필을 요청한 시기가 나쁜 것도 한몫했다. 비문 집필을 요청한 얼마 후 제2차 예송논쟁이 벌어졌기 때문이다. 제2차 예송논쟁 당시 송시열은 현종과 숙종에 맞서 '천하의 예는 같다[天下同禮 : 천하동례]'는 논리로 대결하다가 끝내 귀양길에 올랐던 것이다. 게다가 남인들은 70 노구의 그를 죽이기 위한 공세를 그치지 않았다. 사문난적 논쟁의 당사자 남인 윤휴가 송시열 공격에 가담했던 것이 윤선거에 대한 송시열의 감정을 악화시켰던 것이다.

절대성과 상대성

윤선거가 죽었을 당시만 해도 송시열의 감정은 그리 나쁘지 않았다. 송시열이 보낸 제문(祭文)이 이를 말해 준다.

"천지가 어두운데 별 하나가 높게 빛났다."

이런 칭송이 조롱으로 바뀐 것도 윤휴 때문이었다. 송시열은 윤증이 윤휴의 제문도 받아들였다는 소식을 듣고 발끈한 것이다. 송시열은 윤선거가 윤휴와 관계를 끊은 줄 알았다가 제문을 받는 것을 보고 이들 부자가 계속 윤휴와 관계하고 있다고 짐작한 것이었다.

당초 윤휴가 제문을 보내자 윤선거의 문인들은 이를 거절하려 했다. 윤증은 받는 것 자체의 거절은 너무 심하다 하여 받아들였으나, 윤증 또한 윤휴의 제문 내용을 보고 곧 후회했다. 다음과 같은 구절이 있었던 것이다.

"공은 나보고 공연히 세상의 화(禍)를 산다고 말하지만 내가 보기에는 공이 스스로 자립하지 못하는 것 같소."

즉, 스스로 소신을 세우지 못하고 송시열에게 끌려 다녔다는 비난이었다. 굳이 이런 사실을 지목한 것 또한 윤휴의 편협함이었다. 윤증은 윤휴의 제문을 받아들임으로써 송시열에게는 원망을, 윤휴에게는 윤선거의 삶에 대한 비판을 들었던 것이다.

'기유의서(己酉擬書) 사건'도 송시열과 죽은 윤선거 사이를 갈라놓았다. 기유의서란 윤선거가 사망하는 해인 현종 10년(기해년) 송시열에게 쓴 편지에 얽힌 사건을 말한다. 윤선거는 이 편지에서 송시열에게 윤휴와 허목 같은 남인들과의 화해를 종용했다.

"오늘날 양현(兩賢 : 송시열과 윤휴)의 논의가 정해진다면 이단(異端)도 일어나지 않을 것이며, 인재도 기용할 수 있으니, 오직 이 양쪽이 융합한 후라야 조정이 바로잡히고 여러 치적도 빛날 것입니다. 예송논쟁은 처음엔 예법의 시비로 시작되었으나 지금은 변하여 옳은 것[正]과 그른 것[邪]의 논란이 되었습니다. 그사이 불평하는 자, 억울하게 굴복당한 자가 많았습니다.

♠ 윤증 고택 안채. 충청도 양반가옥의 전형을 이루는 집이다.

윤선도는 탐욕하고 음란한 인물이므로 등용해서는 안 되지만 그 외
조 경(趙絅) 같은 인물은 오래 금고를 당했으니 이제 다시 기용해야 합
니다. 이것이 율곡이 계미년(1583)에 자신을 비방했던 삼사(三司)를 다
시 임용한 교훈입니다. 윤휴·허목 두 사람이 일부 과실이 있다고 해
서 어찌 적으로 간주해 용납하지 않겠습니까. 우리가 먼저 이 두 사람
을 비롯해 사사로움이 없는 마음을 보여준다면 안으로는 우리의 아량
을 넓힐 수 있고, 밖으로는 다른 사람들의 마음을 복종시킬 수 있을
것이니, 저 두 사람(윤휴·허목)인들 어찌 기뻐하지 않겠습니까."

윤선거는 이 편지를 막상 송시열에게는 보내지 않았다. 오히려 갈

등을 부추길까 두려워했기 때문이다. 송시열이 이 편지를 본 것은 윤증을 통해서였다. 윤증이 윤선거의 비문을 청하면서 아버지 윤선거와 스승 송시열 사이에는 숨김이 없어야 한다는 생각에서 이 편지를 보인 것이다. 그러나 윤휴의 제문을 받은 것이 역효과가 났던 것처럼 윤선거의 편지를 솔직하게 보인 것도 오히려 역효과가 났다. 송시열은 윤선거 부자가 계속 윤휴와 교제하고 있다는 의심을 품게 되었고, 이 의심이 제2차 예송논쟁과 맞물려 윤선거의 삶을 조롱하는 비문으로 나타나게 되었던 것이다.

이런 일련의 사건들, 특히 윤선거 비문 사건은 송시열과 윤증 양자를 서로 화해할 수 없는 정적(政敵) 사이로 변화시켰다. 이 사건은 좁게는 윤선거의 비문 내용을 둘러싼 시비지만 크게는 주자학 절대주의 체제를 고수하려는 지배층과 주자학 상대주의 체제로 만들려는 지배층 사이의 갈등이었다. 나아가 자신들만이 올바른 정치세력이라고 믿는 세력과 상대방의 가치도 인정하는 세력 사이의 갈등이기도 했다.

중국의 고대 한(漢)나라는 붕당(朋黨) 결성을 사형에 해당하는 중죄로 다스렸지만 중세 송나라의 구양수(歐陽修)는 붕당을 진붕(眞朋)과 위붕(僞朋)으로 나누었다. 진짜 당, 즉 진붕은 군자들의 당이고 가짜 당, 즉 위붕은 소인들의 당이란 뜻인데 결성 자체가 금지되어 있었던 붕당의 허용 자체가 커다란 변화였다. 이는 사대부 세력의 성장을 기반으로 한 발전이었다.

율곡 이이는 선조 때 나뉘었던 서인과 동인 모두를 진붕으로 생각해 양자의 화합을 추구하는 조제론(調劑論)을 펼쳤다. 윤선거가 편지에서 율곡을 인용한 이유는 이 때문이다. 반면 송시열은 남인을 위붕으로 여겼다. 성리학 사회에서 위붕은 자신들의 이익만을 위해 모인 소인들의 집단으로 간주되기 때문에 소멸해야 할 대상이었다. 반면 윤선거 부자는 남인을 진붕으로 생각했다. 즉 공존의 대상으로 본 것이다.

남인을 진붕의 일원으로 생각하는 윤선거 부자와 타도 대상으로 생각하는 송시열 사이에서 합의점을 찾기는 어려운 노릇이었다. 이는 서로간의 감정 차원을 넘어 정치사상의 차이, 세계관의 차이였기 때문이다. 이 차이가 서인을 송시열 중심의 노론과 윤증 중심의 소론으로 분당시킨 것이다.

양자 사이가 화해하기 어려운 또 하나의 요인은 남인들의 정치 자세였다. 위에서 보았듯이 남인들은 막상 정권을 잡자 화해와는 거리가 먼 행보로 일관했다. 윤휴와 허목은 송시열을 공격하고 나섰다. 그들 역시 송시열을 진붕이 아닌 위붕으로 보았고 같은 하늘 아래 살 수 없는 원수로 대했다. 남인들은 심지어 집요하게 송시열의 목숨을 요구했다.

가시울타리로 둘러싸인 유배지의 송시열은 언제 금부도사가 사약을 들고 나타날지 알 수 없는 상황이었다. 이런 상황에서 시종일관 윤휴를 옹호한 윤선거의 비문을 고쳐주고 싶은 마음이 들지 않을 것은 당연했다. 윤선거는 이미 죽었지만 그의 행적에 대한 평가는 계속되고 있었던 것이다.

송시열은 자신의 귀양을 정(正)을 지키다가 사(邪)의 배척을 받는 수난으로 받아들였다. 이는 그가 현실을 받아들이는 자세이기도 했다. 그는 귀양을 가면서 제자들에게 이렇게 말했다.

"그대들은 윤선거를 보지 않았는가. 흑수(黑水 : 윤휴)가 주자를 공격할 때 그를 끊지 못하고 주저하다가 마침내 그와 하나가 되어 밝은 것을 누르고 어두운 것을 도와서 마침내 큰 화가 하늘을 쓸고 집과 나라가 다 망할 지경이 되었다. 맹자와 주자가 사설(邪說)을 원수같이 여겼던 것은 바로 이 때문이다. 내가 보잘것없고 아무것도 모르는 사람이지만 망령되게 맹자와 주자를 본받아 사문(斯文 : 성리학)을 어지럽히는 이단은 누구나 책망할 수 있다는 교훈을 믿다가 유배생활로 죽게 되는 화를 입게 되었으나 조금도 후회하지 않는다."

이처럼 송시열은 윤휴와 윤선거를 사(邪)로 규정하고 바른 도를 지키기 위해서 이단을 막는다는 생각으로 그들을 대했다. 비문의 내용이 좋게 나올 리 없는 이유가 여기에 있다. 윤휴도 송시열처럼 서로를 적으로 대했으니 싸움이 치열해지지 않을 수 없는 것이었다.

정권을 놓치면
모든 것을 잃는다

허적과 윤휴, 죽임을 당하다

청남과 탁남으로 갈리는 남인

예송논쟁의 여파로 정권을 잡은 남인들은 둘로 분당(分黨)되었다. 분당의 이유는 둘이었다. 하나는 서인에 대한 대응자세의 차이였다. 즉 서인에 대한 온건파와 강경파로 나뉜 것이다. 온건파의 영수는 허적과 권대운(權大運)이었는데 이들을 탁남(濁南)이라고 불렀고, 강경파의 영수는 윤휴와 허목이었는데 이들을 청남(淸南)이라고 불렀다. 남인들은 숙종 1년부터 나뉘기 시작했으나 숙종 4년 이조판서이자 청남이었던 홍우원(洪宇遠)이 이옥(李沃)을 예문관 부제학에 추천한 것을 계기로 크게 분열했다. 그러자 이조참의이자 탁남인 유명천(柳命天)이 반대하고 나섰다.

유명천은 이옥이 서인 집권 시절 송시열의 고향인 충청도 도사로 있으면서 송시열에게 두 번 편지를 보내 자신을 소자(小子)라고 일컬으면서 그의 학덕을 찬양하고 스승으로 모실 것을 간청했다고 폭로했다. 송시열은 그 뜻을 칭찬하는 답장을 써주었으나 서인이 실각하고 송시열이 유배되자 송시열의 고묘를 주창하고 나섰다는 비난이었다. 이옥이 고묘론을 주창하는 데는 송시열도 분개했다. 그는 민대수(閔大受)에게 편지를 보내 이렇게 분개했다.

"전에는 나를 사마천의 문장이요, 정자·주자의 도학(道學)이라고 추켜올리더니 어찌 머리 한 번 돌릴 사이에 내가 용서할 수 없는 흉악한 죄인이 되었단 말인가."

탁남인 민희(閔熙)·오시복(吳始復)·유명천 등이 이를 문제 삼아서 이옥을 회양부사로 좌천시켰는데 이조판서 홍우원이 부제학으로 끌어올리자 유명천이 홍우원을 공격하고 나선 것이었다.

이 사건은 청남과 탁남을 크게 다투게 했다. 두 파로 나뉜 남인은 급기야 허목이 허적을 탄핵하는 지경에까지 이르렀다. 판중추부사 허목은 숙종 5년 차자를 올려 영의정 허적을 탄핵하고 나섰다.

"허적은 외척과 결탁하고 내시를 밀객(密客 : 간첩)으로 삼아 전하의 동정을 엿보았습니다. 그는 송시열 때 정승에 올랐고 서로 사이가 좋아서 의논을 같이하더니, 송시열이 패하자 공론에 부합하여 마치 처음부터 영합한 것이 없는 듯하였고… 고묘론이 일어날 때 외척 김석주와 짜고 시행치 못하도록 방해했고, 강화 흉서가 있을 때도 곧바로 보고하지 않았습니다."

남인의 두 거두가 충돌하자 그 옳고 그름을 판정할 사람은 임금 숙종밖에 없었다. 숙종은 허목의 차자에 엄한 비답을 내렸다. 허적의 손을 들어준 것이다.

허목의 탄핵을 받은 허적은 벼슬을 내놓고 향리인 충주로 향했다. 형식적인 사직이 아님을 분명히 하기 위해 가족 모두를 데리고 떠났다. 숙종은 하루 동안에 세 번이나 허적에게 지신(知申)과 주서(注書)를 보내 돌아오도록 효유했다. 허적은 광나루와 여주를 거쳐 충주로 향했는데 숙종은 선전관(宣傳官)에게 밀부(密符)를 주면서 허적을 좇게 했다. 그 밀부에는 이런 말이 쓰여 있었다.

"과인의 잠자리와 먹는 것이 편하지 못해 병을 얻은 것 같다."

무한한 신임의 표시였지만, 허적은 끝내 사양했다.

"신의 지금 형편이 백척간두에 있으니 결코 다시 궐문에 들어갈 수 없습니다."

숙종은 허목을 비롯한 청남을 퇴진시켜야만 허적을 돌아오게 할 수 있음을 알았다. 숙종은 허목이 대죄(待罪)하는 상소를 올리고 연천으로 떠나자 만류하지 않는 것으로 허목을 버렸으며 또 다른 청남 홍우원의 직책을 갈아버렸다. 그리고 청남을 쫓아낸 후 탁남인 예조판서 민암을 충주로 보내 돌아오라고 효유했다. 예조판서가 직접 찾아오자 더 이상 버틸 수 없어진 허적은 서울로 올라왔다. 어쩌면 이런 대우를 기다리고 있었는지도 모른다. 이처럼 허적에 대한 숙종의 대우는 전례를 뛰어넘은 것이었다. 어쨌든 허적으로 대표되는 탁남이 정권을 잡은 것이 송시열에게는 다행한 일이었다. 만약 윤휴나 허목으로 대표되는 청남이 정권을 잡았다면 송시열은 이들에 의해 불귀의 객이 되었을 확률이 높았다.

탁남의 승리는 우리 역사에서 드물게 보이는 온건파의 승리였다. 그러나 그 승리는 스스로의 힘으로 얻은 것이 아니라 숙종의 신임에 의한 것이었다. 숙종의 신임이 거두어지는 날, 탁남의 운명은 끝날 것이었다. 이것이 탁남과 청남을 막론한 남인들의 한계였다. 서인들은 자신들의 힘으로 정권을 쟁취하고 유지해 왔다. 하지만 남인들은 국왕과 연합해 정권을 잡았다. 즉 국왕과의 연합정권이었다. 하지만 그

연합은 채 1년을 가지 못했다.

진정한 북벌론자 윤휴

남인이 청남과 탁남으로 분열된 또 하나의 이유는 바로 북벌에 대한 차이 때문이었다. 그리고 이것이 두 정파 사이의 더욱 근본적인 차이이기도 했다. 송시열이 입으로만 북벌을 주장하던 시기에 실제로 북벌을 주장했던 인물은 백호(白湖) 윤휴였다. 윤휴는 현종 15년(1674) 7월 밀소(密疏)를 올렸는데 그 밀소 내용이 주목된다. 《현종실록》을 기록한 사관은 이때 윤휴를 포의(布衣) 신이라고 표현했다. 그는 이미 학문으로 효종 7년 자의(諮議)를 제수받았으며 2년 후에는 종4품 세자시강원 진선(進善)을 제수받았고, 현종 즉위년에도 청요직인 사헌부 지평을 제수받았으므로 포의는 아니었으나 그때마다 번번이 사직소를 올리고 재야에 은거해 있었기 때문에 그렇게 표현한 것이다. 그가 비밀 상소인 밀소를 올린 데는 이유가 있었다. 바로 지금 북벌을 단행하자는 상소이기 때문이다.

"아, 효종대왕께서는 10년 동안 왕위에 계시면서 새벽부터 주무실 때까지 군사정책에 대해 묻고 인사를 불러들여 사전에 대비하셨으니 어찌 북쪽으로 전진해 보려는 마음을 하루라도 잊은 적이 있었겠습니까. 안배도 온전하게 하였으며 부서도 두기 시작했으나, 하늘이 순리대로 돕지 않아 중도에 승하하시어 웅장한 계획과 큰 뜻이 천추의 한을 남기고 말았습니다만, 이는 천명이 아직 이르지 않아 그런 것으로서 전하께서 근심해야 합니다. …때는 쫓아갈 수 없으며 기회는 놓쳐서는 안 됩니다. 시기를 이용하고 사세를 틈타 자신의 보존을 도모하는 것도 여기에 있는 것입니다. 지(志)에 '때가 이르렀는데도 결단을 내리지 않으면 도리어 어지러움을 당하게 되고 하늘이 주는데도 가지지 않으면 도리어 재앙을 받는다'고 하였는데 오직 지금이 그러한 때입니다."

윤휴가 '때는 쫓아갈 수 없으며 기회는 놓쳐서는 안 됩니다', '지금이 그러한 때입니다'라며 급박하게 북벌을 주장한 것은 이유가 있었다.

윤휴가 상소를 올린 현종 15년(1674)에는 명나라의 마지막 유장(遺將)으로서 번왕에 봉해졌던 오삼계(吳三桂)가 청나라 타도를 외치면서 군사를 일으켜 중국 대륙이 요동치고 있었던 것이다. 이는 효종이 기해독대 때 송시열에게 "기회를 봐서 오랑캐들이 예기치 못했을 때 곧장 관(關 : 산해관)으로 쳐들어갈 계획이다. 그러면 중원의 의사(義士)와 호걸 중에 어찌 호응하는 자가 없겠는가"라고 예언한 내용이 실현되는 순간이었다. 이런 기회를 놓치지 말고 북벌을 단행하자는 것이 윤휴의 주장이었다. 그의 주장을 계속 들어보자.

"추악한 것들(청나라)이 점령한 지 오래되자 중국 땅에 원망과 노여움이 바야흐로 일어나 오삼계(吳三桂)는 서쪽에서 일어나고 공유덕(孔有德)은 남쪽에서 연합하고 달단(韃靼 : 몽고)은 북쪽에서 엿보고 정경(鄭經)은 동쪽에서 노리고 있으며 머리털을 깎인 유민들이 가슴을 치고 울먹이며 명나라를 잊지 않고 있다 하니, 가만히 태풍의 여운을 듣건대 천하의 대세를 알 수 있습니다.

그런데 우리는 이웃에 있는 나라로서 요충 지대에 처해 있고 저들의 뒤에 위치하고 있어 전성의 형세가 있는데도, 이때 군대를 동원하고 격서를 띄워 천하에 앞장서서, 그들의 세력을 가르고 마음을 놀라게 하여 천하의 근심을 같이 근심하고 천하의 의리를 붙들어 세우지 않는다면, 칼을 쥐고도 베지 않고 활을 만지작거리기만 하고 쏘지 않는 것이 애석할 뿐만 아니라, 실로 우리 성상께서 유업을 계승하려는 마음이 우리 조종과 선왕을 감격시키거나 천하 후세에 할 말을 남길 수 없게 될까 염려됩니다."

그러나 효종이 세상을 떠난 조정은 북벌을 이룰 수 없는 일로 두려워할 뿐이었다. 게다가 윤휴가 이 상소를 올린 다음 달 현종마저 세상을 떠나 윤휴의 북벌 주장은 받아들여지지 않았다. 그러나 윤휴는 이에 굴하지 않고 숙종 즉위년 12월에도 밀봉한 책자를 올려 북벌을 주장했다. 《숙종실록》즉위년 12월 1일자를 보자.

"장령 윤휴가 상소하고 밀봉한 책자를 올려 복수(復讎)와 설치(雪恥)할 뜻을 진달하였는데, 그 말이 종횡으로 패합(捭闔 : 변론술의 일종)하여 책사(策士)의 설(說)과 유사하였다. 임금이 소사는 이미 보았으며, 책자는 궁중에 남겨두겠다고 하였다."

사관이 윤휴의 북벌 주장을 '책사의 설과 유사'하다고 냉소하고 있는 데서 알 수 있듯이 조정에서 이미 북벌은 물 건너간 일이었다. 다음 날 인견할 때 숙종은 "윤휴의 상소는 곧 화(禍)를 도발하는 말이다"라고 반대했다. 이에 대해 허적(許積)은 이렇게 대답한다.

"그 뜻(북벌)은 군신 상하가 잊을 수 없는 것이지만, 지금의 사세와 힘으로는 미칠 수 없는 것이니, 다만 마음속에 둘 따름입니다. 만약 전파하게 된다면 말할 수가 없습니다. 윤휴는 선조(先祖 : 현종)에서도 일찍이 이러한 상소를 올린 일이 있어서 정지화(鄭知和)가 통렬히 배척하여 승정원에서 받아들인 것이 잘못이라고 했는데, 신(臣)은 이러한 의논이 있을 수 없다고 생각합니다."

"선조에서 받지 말라는 명이 있었다면, 지금도 받지 말게 하는 것이 옳겠다."

이에 허적은 받지 않으면 더욱 번거롭게 될 것이라며 반대했으나,

권대운은 "형세(形勢)도 돌아보지 아니하고 큰소리치기 좋아하는 자는 매우 옳지 아니합니다"라고 윤휴를 비난했다.

윤휴는 숙종 1년에는 병거(兵車)를 만들 것을 주장했다. 이 병거는 외적을 방비하기 위해서였지만 북벌에 사용하려는 의도가 더 강했다. 이 계획이 예산이 많이 든다는 이유로 좌절되자 윤휴는 사직함으로써 이를 항의하기도 했다. 숙종 1년 4월 한인(漢人) 정금(鄭錦)이 청나라에 반대하는 군사를 일으키자 윤휴는 중국인 황공(黃功)에게 상소하게 해 정금에게 사신으로 갈 것을 자청하게 했다. 역시 강력한 북벌의 의지였다. 조정에서 북벌 주장에 냉담하게 대하자 중국인을 시켜 상소하게 할 정도로 강한 북벌론자가 윤휴였다. 이 문제를 두고 조정의 남인들이 둘로 갈린 것은 숙종 2년이었다. 그해 영상 허적은 숙종에게 이렇게 말한다.

"신은 윤휴와 견해가 다르니, 윤휴는 바로 중원(中原)으로 쳐들어가려고 하고, 신은 비밀히 준비하여 때를 기다리고자 하는 것입니다. 누가 명(明)나라를 위하는 마음이 없겠습니까만, 시세로 보아 불가합니다."

윤휴가 북벌을 주장하고 허적, 권대운 등이 반대함에 따라 남인들이 둘로 갈라지기도 했다. 북벌을 주장하는 윤휴 등이 청남(淸南), 북벌을 반대하는 허적 등이 탁남(濁南)으로 갈린 것이다.

윤휴는 숙종 4년에도 정금(鄭錦), 오삼계(吳三桂)와 연합해 북벌을 하자고 주장했다. 윤휴는 정금과 오삼계가 청나라와 대적하는 상황을 설명하면서 이렇게 말한다.

"대개 오늘의 형세는 우리가 이미 지세가 좋고 편리한 곳에 처하였으며, 요해(要害)한 구역에 있으니, 우리가 능히 의(義)를 붙들고 스스로 분발하면서, 요충에 외거하여 지키면서 사활을 잡을 것이고 천하를 흔들며 태산을 공고히 하는 형세인데, 진실로 여기서 벗어나지 않고서 위축되어 눈앞의 안락만을 탐하여 오래도록 적인(敵人)과 싸우고 악질(惡疾)을 앓는 화를 다시 받는다면 신은 사직의 근심과 백성의 화가 실로 이루 말할 수 없는 것이 있을까 저어합니다."

그러나 이미 문약에 빠진 조정은 북벌을 두려워만 할 뿐 중국 내륙이 한족(漢族)과 만주족(滿洲族)의 내전으로 요동치는 정세를 이용할 생각은 아무도 하지 않았다. 윤휴가 줄기차게 북벌을 주장하는 중에 국내 정세는 급격히 변하고 있었다. 남인 정권에 위협을 느낀 숙종이 국사의 파트너를 서인으로 바꿈에 따라 정권이 남인에서 서인으로 바뀐 것이다. 서인이 집권하는 이른바 경신환국(庚申換局)이 그것이었다. 그리고 후술하겠지만 윤휴는 그 직후인 숙종 6년(1680) 5월 15일, 사형당하고 말았다.

잔칫날 무너진 남인 정권

허적은 이제 조선에서 임금 다음가는 실력가였다. 허적에게 적대적인 세력들은 모두 쫓겨났다. 심지어 청남이었던 윤휴마저 허목을 비판하고 허적에게 협력할 정도로 그의 권력은 절대적이었다.

숙종은 재위 6년 봄 허적에게 궤장을 하사했다. 이는 인신(人臣)으로서는 최고의 영예였다. 뿐만 아니라 그의 조부 잠(潛)에게까지 시호(諡號)를 내렸다. 숙종 6년 3월 허적은 궤장과 시호를 하사받은 것을 축하하는 연시연(延諡宴)을 열었다. 허적의 집은 물론 온 시내가 떠들썩한 잔치였다. 이 잔치는 남인 영상 허적의 위세를 천하에 떨치게 했다. 그야말로 하늘을 찌를 듯한 권력이었다. 그러나 이 잔치가 남인 정권을 무너뜨리는 계기가 되었으니 반전도 이런 극적인 반전이 없었다.

숙종은 청남 허목이 축출된 후 허적에게 권력이 집중되자 의구심을 가졌다. 숙종의 이런 의구심을 부추긴 인물이 외척 김석주였다. 숙종과 김석주는 허적을 쓰러뜨릴 기회를 엿보게 되었다.

이런 상황에서 열린 잔치가 연시연이었다. 연시연을 둘러싸고 정계에는 많은 소문이 퍼졌다. 그중 하나가 허적의 서자 허견의 거사설이었다. 잔치에 오는 병조판서 김석주와 숙종의 장인인 광성부원군 김만기, 그리고 나머지 서인들을 독살한 후 허견이 무사를 모아 거사한다는 소문이었다. 이 소문은 서인들의 연시연 참석을 막았다. 김석주도 참석을 회피한 서인 중 한 명이었다. 김석주는 허견이 여러 차례 직접 찾아와 초청했음에도 병을 핑계로 사양했다. 김석주는 대신 김만기에게 참석을 권유했다.

"우리 두 사람이 모두 가지 않으면 저들이 의심할 것이니 대감은 가는 것이 좋겠소."

김만기는 일부러 늦게 참석하고는 자리에 앉자마자 배가 고프다며 남의 술잔을 빼앗아 마셨다. 또 안주로는 나물만 먹으며 자신의 순배(巡杯)가 오면 사양하고 받지 않았다. 음식에 독을 탔을까 염려해서였다.

한편 잔칫날 내린 비는 숙종에게 허적을 쓰러뜨릴 구실을 주었다. 비가 오자 숙종은 내시에게 궁중에서 쓰는 기름 장막을 빌려주라고 명령했다. 하지만 장막은 이미 허적이 가져간 터였다. 내시로부터 이 보고를 들은 숙종은 분개했다.

"궐내에서 쓰는 장막을 제 맘대로 가져가는 짓은 한명회(韓明澮)도 하지 못한 일이다."

숙종은 내시를 보내 잔치판을 엿보게 했다. 잔치에 참석한 서인은 오두인(吳斗寅)·이단서(李端瑞) 등 몇 사람뿐이고, 남인들만 가득 찼는

데 허견이 모은 무사들이 매우 많다는 보고를 들은 숙종은 비상조치를 취하기로 결정했다. 숙종은 일단 결정하면 행동에 주저가 없는 인물이었다. 이는 어린 나이에 오른 왕위를 지키게 해주는 최선의 방편이기도 했다. 숙종은 급히 장수를 부르는 패(牌)를 내려 잔치에 참석 중인 김만기와 남인 훈련대장 유혁연(柳赫然), 그리고 포도대장 신여철(申汝哲)을 불렀다.

숙종은 곧바로 비망기를 내렸다.

"사태가 위태하니 병권을 왕가의 지친(至親)에게 맡기지 않을 수 없다. 유혁연을 해임하고 광성부원군 김만기를 즉시 훈련대장에 제수하며, 신여철을 총융사(摠戎使)로 삼아라. 오늘 안으로 병부(兵符)를 주어 임무를 보게 하라."

숙종은 사태를 장악하기 위해서는 병권을 먼저 장악해야 한다는 사실을 잘 아는 임금이었다. 훈련대장과 총융사를 전광석화처럼 재빨리 갈아 치운 것이었다. 병조판서는 외척 김석주였으므로 병권을 모두 빼앗긴 남인들은 손 한번 써볼 방법이 없었다.

무신들이 급히 불려가자 사태가 심각함을 깨달은 허적은 민희와 함께 초헌을 재촉해 궐문 앞으로 나갔다. 하지만 이미 비망기가 내려 병권이 바뀐 뒤였다. 허적은 등골이 오싹했다. 그는 다음 날 새벽 한강가에 나가 대죄하는 수밖에 없었다.

이해가 바로 1680년 경신년(庚申年)이었다. 역사상 그 유명한 경신환국이 단행된 것이다. 환국(換局)은 정권교체를 뜻하는 조선의 정치 용어이다.

숙종의 조치는 계속되었다. 이튿날 철원에 유배되어 있던 서인 김수항을 방면하고 남인 이조판서 이원정(李元楨)을 삭탈관작하여 도성 밖으로 내쫓은 후 서인 정재숭(鄭載嵩)을 임명했다. 서인 이상진을 판의금, 정재숭을 이조판서, 유상운(柳尙運)을 대사간에 임명하고, 방면된 김수항을 영의정, 정지화를 좌의정으로 삼았다.

6년여 만에 남인들의 세상이 가고 서인들의 세상이 온 것이다. 이는 또한 거제도의 유배지에서 남인들에게 칼을 갈고 있던 송시열의 세상이 다시 온 것이기도 했다.

화합형의 정치가 허적, 사사되다

허적의 연시연에 허견이 무사들을 모아 정변을 일으킬 거라는 소문은 서인들이 퍼뜨린 것이었다. 허적이 정변을 일으킬 이유는 전혀 없었다. 이 소문은 숙종의 위구심을 증폭시키기 위해 서인들이 만들어 조직적으로 유포시킨 것이었다. 경신환국은 서인 외척 김석주가 배후에서 움직인 결과였다.

환국 7일 만에 발생하는 '허견의 옥사'는 경신환국이 국왕 숙종과 김석주 등 서인들이 오래 전부터 공모한 한 편의 정치 드라마임을 말해 주는 유력한 증거이다. '허견의 옥사'는 정원로(鄭元老)의 고변으로 시작되었다.

"허견이 인조의 손자이자 인평대군의 아들인 복선군에게 '전하의 춘추가 왕성하지만 자주 편찮으시고 또 세자가 없는데 만약 주상께 불행한 일이 생긴다면 대감은 사양하실 수 없을 것입니다'라고 말하자 복선군은 부인하지 않고 듣고만 있었습니다. 그런데 그때에는 주상께서 견의 부친인 허적을 각별히 신임하셨으므로 이 사실을 말했다가는 도리어 무고죄를 당할까 두려워하여 아뢰지 못하다가 이제야 상변(上變)합니다."

허적의 유일한 아들인 허견이 복선군과 함께 역모를 꾸몄다는 고변이었다. 허견을 지목했지만 사실상 허적을 표적으로 삼은 것이었다. 숙종은 곧바로 병조에 국청을 설치하고 훈련대장과 어영대장에게 대궐의 수비를 튼튼히 하여 위기감을 조성한 다음 국문에 들어갔다.

숙종은 잔병이 많고 후사가 없는 데 늘 신경을 쓰던 터였다. 허적이 영의정이 되자 복선군은 허견에게 이렇게 말했다 한다.

"주상께서 불행한 일을 당하시면 나를 추대하라. 내 너에게 병조판서를 시켜주겠다."

허견은 이 말을 듣고 하늘에 제사하면서 맹세했다는 것이다. 서인들은 복선군이 남인들과 친한 점을 이용해 역모를 엮은 것이었다. 그만큼 서인들은 복선군을 미워했는데, 그 이유는 복선군의 과거 발언 때문이었다. 서인 집권 시절 청나라에 사신으로 갔다 온 복선군은 이렇게 보고했다.

"청나라 사람들이 '전하께서 강한 신하들의 제재를 받았다[受制强臣 : 수제강신]'고 했습니다."

'강한 신하'란 송시열을 비롯한 서인을 뜻함은 물론이다. 허적은 서자 견의 옥사가 표적으로 삼는 것이 자신임을 잘 알고 있었다. 한강가의 우거(寓居)에서 대죄하던 그가 할 수 있는 일은 상소를 올리는 것밖에 없었다.

"신은 극히 높은 지위에 있었고 목숨이 다할 날이 눈앞에 다가왔으나, 아직 가문을 계승할 적자도 없고 높은 관직에 있는 친척도 없습니다. 이런 제가 다시 무엇을 바라서 국가를 저버리겠습니까. 신은 조정에 있은 지 44년 동안 나라의 높은 은혜를 물방울만큼도 갚지 못했으나 오직 편당(偏黨)을 없애는 한 가지 일만큼은 한결같이 해 왔습니다. 그런데 편당에 치우쳤다고 죄를 입으면 장차 죽어서 무슨 면목으로 하늘에 계신 선왕을 뵙겠습니까. 황량한 강변, 쓸쓸한 우사(尤史)에서 밤이 새도록 '첫째도 신의 죄이며, 둘째도 신의 죄입니다'라고 자책하고 있습니다."

당시 허적의 나이 71세였다. 적자도, 높은 친척도 없는 판에 누구에게 물려주려고 반역을 하겠느냐는 허적의 항변은 이유 있는 것이었다. 하지만 척신 김석주가 바라는 바는 허적이 실제 역모를 꾸몄는가의 여부에 상관없이 그의 권력을 빼앗는 것이었다. 이런 판국에 허적의 말썽 많은 서자 허견이 무사들과 어울려 다니는 것은 좋은 핑계거리였다. 고변자 정원로는 척신 김석주가 심어 놓은 간자(間者)였으니 이들은 말하자면 함정수사에 걸린 셈이었다.

허견과 복선군이 국문을 받으며 임금에게 불행한 일이 생길 때를 대비하려 했다고 자백함에 따라 이는 역모로 굳어졌다. 비록 현 임금을 죽이려는 의도는 아니었지만 추대할 임금을 정해두고 있었다는 사실 자체는 움직일 수 없는 역모의 증거였다. 남인과 친밀했던 복선군과 남인의 영수 허적의 아들이 관련된 이 사건은 남인을 향한 숙청의 피바람을 예고하는 것이었다.

김석주가 미리 쳐 놓은 그물에 걸려든 남인들의 피해는 컸다. 게다가 그동안 남인들에게 당하고 있던 서인들이 정권을 잡았으니 그 여파가 남인에게 미칠 여파는 심각했다.

허견은 군기시(軍器寺) 앞에서 처형되고 복선군 남(柟)은 당고개에서 교살되었다. 나머지 역모 사건 관련자들인 이천둔별(伊川屯別) 강만철(姜萬鐵), 유학 이경의(李景毅) 등은 처형당하고 복선군의 형제 복창군은 사사되었으며, 참교(參校) 이태서, 홍유하, 강윤석, 최서린, 체부서원 신후징, 정언구 등은 장하(杖下)에서 숨을 거두었다. 이 외에 예조판서 오정창, 훈련대장 유혁연, 부제학 민종도, 호조판서 오정위, 이조판서 이원정, 판서 홍우원, 승지 조사기, 병사 이집, 참판 권대재, 헌납 윤의제,

좌참찬 이상립, 강화유수 정유악 등 남인들은 역모 사건과 직접적 관련이 없는데도 연좌되거나 정유악처럼 허견의 비행 사실을 잘못 처리했다는 죄로 유배되기도 했으며, 민종도처럼 여색과 재물을 탐했다는 등의 온갖 죄목으로 처벌되었다. 전 우의정 오시수(吳始壽)는 청나라 사신들에게 '조선은 신하가 강하다'라는 등의 말을 했다는 이유로 사형당했다.

그러나 숙종과 김석주의 진짜 표적은 이들이 아니라 남인 정권의 실세였던 허적과 윤휴였다. 숙종은 허적이 강변에서 올린 상소를 보고 일단 관직만을 빼앗았다가 다시 체포해 국문했다. 하지만 국문으로 허적의 혐의를 입증할 수는 없었다. 허적은 국문에서 이렇게 항변했다.

"신이 만일 역모를 미리 알았다면 어찌해서 병진년(丙辰年 : 숙종 2년)에 밀주(密奏)를 올렸겠습니까?"

허적이 말하는 병진년의 밀주란 병진년에 숙종에게 비밀히 아뢴 것을 말한다.

"전하께서 병이 많으시고 강한 종친들이 좌우에 늘어서 있으니 기거와 음식을 신중히 하셔야 합니다."

종친을 주의하라고 밀계한 자신이 종친과 같이 일을 꾸미겠느냐는 항변이다. 면목이 없어진 숙종은 그의 벼슬을 깎아 평민으로 전리(田里)에 돌아가게 하였다. 그러나 이는 어차피 시한부 목숨 연장일 수밖에 없었다. 서인이 잡은 대간에서 가만히 있을 리가 없었다. 양사(兩司)가 즉각 허적을 죽여야 한다고 주청했다.

"설령 허적 자신은 역모에 관여한 바 없다 하더라도 자식이 대역(大逆)인데 그 아비 된 자가 목숨을 보전하는 것은 이치에 맞지 않습니다. 역적 남(복선군)이 허적이 아니라면 어찌 허견 한 사람을 믿고 흉역(凶

逆)을 꾸몄겠습니까. 국법에 따라 허적을 처단해야 합니다."

이것은 숙종의 속마음이기도 했다. 하지만 숙종은 일단 허적을 처형하자는 양사의 주청을 거부했다.

허적의 처형 여부를 놓고 권력을 장악한 서인은 둘로 갈라져, 허적을 처형하자는 쪽과 목숨만은 살려주자는 쪽으로 나뉘었다. 6년 전 남인들이 집권했을 때 송시열의 처형 여부를 놓고 둘로 갈라섰던 현상과 같았다. 정치보복은 또 다른 정치보복을 낳는 법이다.

영상 김수항과 좌상 정지화는 허적의 구명론을 폈다. 허적이 고명대신으로 여러 왕조를 섬긴 공로를 참작해 법을 굽혀 살려줌이 임금의 덕이라는 논리였다. 어차피 그의 나이 70인 이상 살 날이 얼마 남지 않았다는 고려도 있었을 것이다.

숙종은 김수항 같은 서인 원로들의 말에 따라 허적을 석방한 반면 그의 처형을 요구하는 주청은 계속 거부했다. 하지만 이것으로 끝은 아니었다.

김석주가 숙종에게 차자를 올려 '차옥(次玉) 겁탈 사건' 재조사를 요청했는데, 이는 분명 허적을 겨냥한 행위였다. 숙종은 포도청에 사건 재조사를 명했다. 《숙종실록》 재위 6년 5월 5일자에 실린 재조사 결과는 이렇다.

"차옥은 역관(驛官) 서효남(徐孝男)의 며느리였다. 허견은 그녀가 자색(姿色)이 있다는 말을 듣고 차옥의 외삼촌인 박찬영(朴纘榮)에게 계책을 물으니, 박찬영이 '아무 날 차옥은 그의 외사촌 혼례에 갈 것이니, 말을 보내 거짓말로 시집에 급한 병환이 있으니 속히 돌아오라고 하면 될 것이다'라고 말했다. 허견이 크게 기뻐하며 그 말과 같이 하였다. 차옥은 시집의 인마(人馬)가 아님을 괴이하게 생각하고 물으니, 위급한 김에 다른 집 것을 빌려 보냈다고 대답하였다. 말 위에 오르자

나는 듯이 달려갔으므로 수행하던 여종[女奴 : 여노]도 따라갈 수가 없었다. 허견의 집에 이르러서야 비로소 속은 줄을 알았지만, 어찌할 수 없이 강제로 잠자리를 같이하며 3일 밤을 지나고서야 놓여나 집으로 돌아왔다."

그러나 이 사건은 숙종 5년 발생 당시 서인 남구만이 이미 탄핵했으나 무고로 처리된 사건이었다. 영상 허적의 눈치를 보고 무혐의 처리한 것이다. 재조사 결과 허적이 수사기관에 압력을 넣어 허견을 옹호하고 임금을 속였다는 사실이 드러났다. 정권이 바뀌자 수사결과도 바뀐 것이니 수사기관의 권력지향성은 어제오늘의 일만은 아닌 듯하다.

이 일은 허적을 죽일 수 있는 명분을 찾던 숙종에게 좋은 소재였다. 결국 허적은 백성으로 강등되어 전리로 돌아가라는 명령을 받은 지 채 한 달이 못된 숙종 6년 5월 사사되고 말았다. 남인 강경파인 청남에 맞서 정치보복을 자제하고 송시열을 살리려 노력하던 한 화합형의 정치가가 정치보복에 목숨을 잃은 것이었다.

허목의 탄핵을 받고 낙향할 때 숙종이 세 번씩이나 지신(知申)을 보내 만류하고 예조판서를 충주까지 보내 조정에 나오라고 간청하던 때가 불과 8개월 전이었다. 정치란 고금을 막론하고 이처럼 냉혹하고 무상한 것인지도 모른다. 서인들이 허적을 죽인 정치적 사건은 서인과 남인을 화해할 수 없는 원수로 만들었다. 이제 도의(道義)라는 낱말은 사치였다. 사대부의 체면 따위의 낱말은 이미 사라진 지 오래였다. 남은 것은 극도의 정치공작이고 보복이었다.

안 쓰면 그만이지 죽일 것까지는 없지 않은가

시종 온건론을 펼쳤던 허적이 억울하게 죽음을 당하는 판국에 송시열과 치열하게 맞섰던 윤휴가 안전할 리 없었다. 윤휴를 탄핵하고 나선 인물은 사헌부 장령 심유(沈濡)였다.

"좌찬성 윤휴는 장사꾼에게 뇌물을 받는 등 부패했습니다. 또 흉한 꾀를 내어 감히 자성(慈聖 : 대비)의 동정을 살펴서 단속하라는[照管 : 조관] 말을 하였으니 이것이 어찌 남의 신하로서 마음속으로나마 생각할 수 있는 일입니까. 윤휴를 극변(劇變)으로 귀양 보내십시오."

'자성의 동정을 살펴서 단속하라는 말'은 숙종 1년에 일어난 복선군 형제와 궁녀 사이에 벌어졌던 '궁중 스캔들 사건' 때 윤휴가 숙종에게 한 말이다. 숙종의 모후 명성왕후의 아버지인 김우명이 차자를 올려 복선군 형제들이 궁녀들과 불륜의 관계를 맺었다고 폭로함으로써 촉발된 사건이 '궁중 스캔들 사건'이었다. 그러나 조사 결과 무고로 밝혀져 김우명이 오히려 무고죄로 몰릴 처지에 빠졌다. 정청에서 김우명의 무고죄를 논의하려는데 명성왕후가 갑자기 나타나 통곡함으로써 사건이 유야무야 처리된 적이 있었다. 이는 대비가 국정에 관여한 것이었다. 대비의 국정 관여는 불법이었다.

이 사건 직후 이조참의로 있던 윤휴가 숙종에게 문제의 '조관(照管)'이란 말을 한다.

"이는 임금께서 대비의 동정을 잘 살펴서 단속하지 못하신 탓[照管不能 : 조관불능]입니다. 다시는 이런 일이 있어서는 안 되겠습니다."

대비가 국정에 관여할 수 없는 것이 조선의 국법이었으니 말인즉 맞는 말이었으나 당시는 남인 정권이었고 지금은 서인 정권이었던 점이 틀렸다. 정권이 바뀌자 5년 전에 했던 말 한마디가 다시 그를 죽음으로 모는 재료로 사용된 것이었다. 복선군 형제와 친했던 사실과 도체찰사부의 부설을 주장하고 자신이 부체찰사가 되기를 원했으나 김석주가 임명되자 어전에서 현저히 불쾌한 기색을 나타냈다는 혐의까지 추가되었다. 그리고 정권이 서인으로 바뀌어 국문 받을 때 남교가두(南橋街頭)에 걸린 한 장의 방서(榜書)의 내용을 가지고 비밀차자를 올렸다는 것과 송시열 등이 성인으로 모시는 주희를 모욕했다는 것 등이 죄목으로 추가되었다.

윤휴는 이런 물증 없는 여러 혐의들이 복합되어 국문을 받았다. 그러나 그는 두 차례 형신에도 굴하지 않았다. 숙종은 6년 5월 14일 윤휴를 다시 유배지로 위리안치하라는 명을 내렸으나 다음 날 다시 사사(賜死)를 명했다.

윤휴는 사약을 마시기 직전 이렇게 항변했다.

"나라에서 유학자를 쓰기 싫으면 안 쓰면 그만이지 죽일 것까지는 없지 않은가?"

숙종과 서인 정권이 끝내 윤휴를 죽여버린 데에는 윤휴에 대한 반감과 함께 외교적 이유도 존재한다. 줄기차게 북벌을 주장하던 윤휴를 죽여버림으로써 청나라와 외교적 분쟁을 만들지 않으려는 성격이 강했던 것이다. 윤휴가 죽기 직전 "쓰기 싫으면 안 쓰면 그만이지"라고 말한 것은 바로 '북벌론'을 말한 것으로 해석할 수 있는 것이다. 숙종과 서인 정권은 북벌론자 윤휴를 죽여버림으로써 청나라의 오해(?)를 사지 않으려 했던 것이다.

그럼에도 불구하고 현행 중·고교 국사 교과서는 북벌에 대해 사실과 전혀 다른 내용을 기술하고 있다. 중학교 국사 교과서 194쪽은 북벌운동에 대해 이렇게 기술하고 있다.

"조선은 왜란에 이어 다시 북으로부터 두 차례에 걸친 침략을 받아 큰 피해를 당하게 되자, 청에 대한 적개심이 컸다. 당시 우리 민족은 여진족에 대하여 문화적 우월감을 가지고 있었기 때문에 반감은 더욱 컸다. 이러한 상황에서 청을 치자는 북벌운동이 일어나게 되었다. 그리하여 효종은 송시열, 이완 등과 함께 남한산성 및 북한산성을 수축하고 군대를 양성하는 등 여러 가지 계획을 세웠으나, 끝내 북벌을 실천에 옮기지 못하고 말았다."

마치 송시열이 북벌 주창자인 것처럼 기술함으로써 학생들과 역사 인식을 호도하고 있는 것이다.

고등학교 국사 교과서 192쪽도 마찬가지의 내용이다.

"조정에서는 병자호란의 치욕을 씻고자 반청의 정치적 입장을 포기하지 않았다. 그리하여 북벌론이 제기되었다. 북벌론은, 청을 정벌하여, 문화가 높은 조선이 문화가 낮은 오랑캐에게 당한 수치를 씻고, 나아가서는 조선의 오랜 우방으로서 임진왜란 때 우리를 도와준 명에 대하여 의리를 지키자는 주장이었다. 송시열, 송준길, 이완, 임경업 등은 북벌운동을 주도한 대표적인 인물들로서, 군대를 양성하는 등 여러 가지의 계획을 세웠으나, 북벌을 실천에 옮기지는 못하였다."

우리나라는 국사와 국어 교과서에 한해서는 국정교과서 체제이기 때문에 모든 학생들은 '북벌＝송시열'이라는 조작된 도식을 그대로 외워야만 하는 것이다. 실제적 북벌론자 윤휴가 죽은 후 송시열의 당인 노론은 윤휴가 아닌 송시열을 북벌론자로 추앙하기 시작했다. 그리고 이들이 조선이 멸망할 때까지 정권을 잡음에 따라, 그리고 일제 시대와 해방 이후에도 상당한 세력을 온존함에 따라 '송시열＝북벌'이라는 진실과 동떨어진 논리를 반복적으로 주입시킨 것이고, 여기에 일부 역사학자들이 놀아남에 따라 오늘날 국사 교과서에까지 실린 '역사적 진실'이 된 것이다. 이를 두고 역사가가 선택해 기술하는 사실이 역사가 된다는 서양의 역사가 카(E. H. Carr)의 말이 실현된 것이라고 한다면 합당한 해석일지 모르겠다.

허적과 윤휴의 죽음은 사대부들이 주도하던 조선 역사에 커다란 문제를 던져준다. 이는 조선 사대부들이 상대를 사문난적이라고 비난하던 데서 상대를 죽이는 살육의 경지에 떨어졌음을 말해 주는 것이었다. 그를 사사하는 전지(傳旨)에 사문난적 혐의가 적혀 있는 것은 특정 사상이 도그마로 변할 때 어떤 비극이 일어나는지를 보여준다.

"경전(經傳)을 배척하여 장구(章句)를 마음대로 옮겨 바꾸었다."

이는 윤휴가 주자의 《중용주(中庸注)》를 고친 것을 비난하는 말이었다.

윤휴가 억울하게 죽은 것은 분명하다. 이는 분명 정치보복이었다. 그러나 사태가 여기까지 이르게 한 데는 그의 책임도 있었다. 남인이 집권했을 때 그에게는 정치보복을 중지시킬 책임이 있었다. 즉 상대 당을 공존의 대상을 인정해야 할 의무가 있었다. 하지만 그는 이런 책임을 외면하고 송시열의 가죄(加罪)에 가세했다. 그 자신이 정치보복에 나섰고, 그 정치보복이 자신에게 돌아온 것이다. 허견의 옥사가 마무리되자 숙종은 이를 종묘에 고하면서 대신들을 불러 김석주를 원훈(元勳)으로 높이고 공신에 책봉하라는 명을 내렸다. 그러자 사간원에서 반대하고 나섰다.

"고변서가 사전에 올라와 역적들이 잡혔고 심문하기도 전에 괴수가 혐의를 자복했는데 신하들이 무슨 공이 있기에 공신으로 책봉합니까?"

그러나 숙종은 직접 비망기를 내려 공신 책봉을 독려했다. 윤휴를 사사한 다음 날이었다.

"이번 허견(許堅)과 이남(以南 : 복선군)의 역변에 만약 이입신(李立身) 등이 나라를 위해 기찰해서 고발하지 않았더라면, 정원로도 반드시 고변할 이치가 없었을 것이니, 그의 공은 고변자보다 더 중하다. 별군직(別軍職) 이입신, 충장장(忠壯將) 남두북(南斗北)·박빈(朴斌) 등을 녹훈(錄勳)에 참여시키라."

이 비망기는 허견과 복선군의 옥사가 숙종과 김석주의 치밀한 사전 계획 아래 이루어진 정치공작임을 말해 주는 좋은 증거이다. 별군직이나 충장장 등의 하급 무사들의 이름을 숙종이 직접 거론한 것은 숙종 자신이 김석주가 남인 사이에 심어 놓은 간자(間者)인 이입신·남두북 등의 동향을 사전에 알고 있었다는 뜻이기 때문이다. 그렇지 않다면 임금이 이들 하위 무사들의 이름을 알고 있을 리 만무했다.

이처럼 숙종의 강력한 의지에 따라 김만기·김석주를 일등, 이입신을 이등, 남두북·정원로·박빈을 삼등으로 하는 보사공신(保社功臣)이 책봉되었다. 반면 무려 1백여 명에 달하는 남인들은 어육(魚肉)이 되었다.

그러나 이것도 끝은 아니었다.

공작정치의 시대

남인 영수 허적과 윤휴가 죽고 남인들이 몰락한 빈자리의 주인은 다름 아닌 송시열이었다. 서인들이 정권을 잡은 이상 송시열의 재기는 불 보듯 환한 일이었다. 정권을 잡은 서인들은 즉각 송시열을 옹호하고 나섰다. 부호군 이유태가 상소를 올려 송시열을 변호했다.

"예송논쟁 때 송시열과 저를 헐뜯는 자들의 의견은 송시열이 '효종은 적자가 아니다'라고 말했다는 것입니다. 하지만 신이 시열에게 '송나라 영종(英宗)이 방계 자손으로서 들어와 대통을 이었는데도 정자(程子)가 적자라고 하였는데, 하물며 효종께서는 다음 적자로서 올라서 적자가 되었는데 적(嫡)이 아니라고 할 수 있습니까?'라고 묻자 제 말이 맞다고 했습니다."

송시열이 효종의 종통과 적통을 부인하지 않았다는 변명이다.

숙종은 남인을 몰아내고 서인에게 정권을 준 이상 송시열의 신원이 불가피하다는 사실을 알고 있었다. 숙종은 당일 이에 화답했다.

"이유태의 상소와 송시열의 '효종을 두고 적통이 어디로 돌아간다는 말인가'라고 한 말은 서로 같았으니 그 가시나무 두른 것(위리안치)을 풀어서 유배지를 다른 곳으로 옮기라."

송시열은 거제도에서 청풍으로 옮겨졌다. 이곳은 바로 송시열이 귀양 갈 때 '청풍 김씨의 참소가 드디어 실행되는구나'라고 한 김육 일가의 본관(本貫)이었다.

송시열을 석방시킨 것은 형식상 가뭄이었다. 가뭄이 들자 영의정 김수항이 송시열의 석방을 청했던 것이다. 드디어 송시열은 만 5년간의 유배생활을 끝내고 고향으로 돌아오게 되었다. 숙종 6년 5월 24일이었다.

5년여의 귀양생활 동안 쌓은 것은 가슴속의 원한이었다. 그 원한은 비단 송시열만의 것이 아니었다. 남인 정권 아래에서 거듭 당했던 정치보복의 크기보다 더한 원한이 서인들의 가슴속에 쌓이고 있었던 것이다. 서인들이 '허견의 옥사'에 만족하지 않고 또 다른 옥사를 만들어 낸 배경에는 바로 그 원한이 자리 잡고 있었다.

서인의 재집권 2년 후인 숙종 8년(1682) 10월 21일 전 병사 김환(金煥)과 출신 이회 및 패관(稗官) 한수만 등이 남인 허새(許璽), 허영(盧榮) 등이 역모를 꾸며 복평군(福平軍)을 왕으로 추대하려 했다고 고변한 사건이 옥사의 시작이었다. 이 사건으로 조정은 발칵 뒤집히고 숙종의 명으로 즉각 국청이 설치되었다. 그런데 이틀 후 김중하(金重夏)란 인물이 또다시 역모를 고변했다. 이번에는 전 정승인 남인 민암이 사생계(死生契)를 조직해 김석주 등을 제거하려 한다는 고변이었다.

불과 이틀 사이에 발생한 두 사건 모두 남인의 역모 고변이라는 공통점을 갖고 있었다. 그러나 여기서 끝나지 않고 김중하의 고변 4일 후에는 어영대장이자 척신 김석주의 심복인 김익훈이 또다시 역모를 고변했다. 김익훈은 정원로와 김중하의 고변 사건이 자신의 생각대로 돌아가지 않자 아방(兒房)에서 임금 숙종에게 그 시말을 밀계(密啓)했다. 김익훈의 밀계까지 합쳐 불과 일주일도 안 되는 사이에 무려 세 건의 고변 사건이 발생한 것이다. 이 고변들이 발생한 숙종 8년(182)이 임술년이므로 임술고변(壬戌告變)이라 부른다.

그 내막은 대단히 복잡하지만 목적은 단 하나, 남인들을 도륙하기 위한 것이었다. 이 정치 드라마의 시나리오와 연출을 맡은 인물은 척신 김석주였고 김익훈과 김환, 김중하 등 고변자들은 주연, 또는 조연 배우였다. 김석주는 전 병사 김환이 서인이면서도 남인들과 사이가 좋은 점을 이용해 그를 간자로 만들기로 했다. 김환이 거부하자 김석주는 죽이겠다고 위협해 그를 간자로 만드는 데 성공했다. 김석주는 김환을 남인 허새와 허영의 집 근처로 이사시켜 그들을 유인하는 동시에 김환에게 남인들을 역모로 모는 구체적인 방법을 지시했다.

"남인 허새·허영과 장기를 두다가 대국 중에 상대편의 왕을 잡으면서 '나라를 빼앗는 일도 이렇게 해야 한다'라고 말하고 그의 기색을 살펴라. 허새 등이 해괴하게 여기지 않거든 같이 잠을 자면서 거사하자고 말하라. 이렇게 하면 남인들의 마음을 알 수 있을 것이다."

즉 남인들이 역모를 꾀하는지 아닌지를 감시하라는 지시가 아니라 그들을 역모로 유인하라는 말이었다. 하지만 김환은 이 방법을 거절했다. 그들에게 역심이 없으면 자신이 역모로 몰릴 우려가 있다는 이유였다. 이에 대해 김석주는, "내가 다 알고 있으니 염려하지 말라"고 안심시키면서 거사 자금을 주었다.

그러나 남인을 역모로 모는 일이 마무리되기 전에 김석주가 청나라에 사은사로 가면서 계획이 어긋났다. 김석주가 없는 사이에 김환이 역모를 꾸민다는 소문이 나돈 것이다. 남인들의 의중을 떠보기 위해 한 말들이 시중에 유포되고 말았다. 김석주는 청나라에 가면서 심복인 훈련대장 김익훈(金益勳)에게 이 임무를 맡겼는데, 김환이 역모를 꾸민다는 소문이 돌자 다급해진 김익훈은 서둘러 김환에게 고변하도록 시켰다.

임술고변의 서막인 김환의 고변은 이렇게 시작된 것이다. 즉각 국청이 설치되고 역모의 주모자로 지목된 허새에 대한 국문이 시작되었다. 허새는 세 차례의 형벌에도 굴복하지 않았으나 계속되는 고문을 이기지 못하고 조작된 혐의를 시인하였다. 허새의 서종제(庶從弟)인 허영 역시 세 차례의 형벌에도 굴하지 않다가 결국 살기를 포기하고 혐의를 시인하였다. 허새는 대궐을 침범하여 양 대장을 제거하고 수원에 가짜 도사를 보내 유수(留守)를 잡아들인 후 다른 사람으로 바꾸려 하였다고 고백했다. 그는 이런 모사를 모두 이덕주가 꾸몄다고 토로했으나 이덕주는 국문과 대질 심문에서 모든 혐의 사실을 부인하고 허새의 자백이 가진 모순점을 반박하였다. 이덕주는 허새의 자백이 지닌 모순을 반박하다가 고문을 당해 죽고 말았다.

하지만 주모자로 몰린 허새가 자백했으니 김환의 고변은 사실로 굳어져 갔다. 고변이 잇따르다 보니 혼선이 발생했다. 김석주와 김익훈이 고변을 통해 노린 인물은 복평군이었으나, 허새와 허영이 자신들의 혐의는 인정하면서 복평군의 관련 사실은 끝내 부인한 데서 차질이 생긴 것이었다.

고변자 김환으로서는 복평군이 제거되든 말든 자신이 공신으로 책봉되기만 하면 족했다. 굳이 복평군을 끌고 들어갈 필요가 없었던 것이다. 김환은 복평군을 물고 들어가지 않았다. 복평군이 빠져나갈 조짐이 보이자 다급해진 김익훈은 위관 김수항에게 복평군을 처단해야 한다고 주장했다. 김수항은 이를 거절했다.

"역모에 대한 국청(鞫廳)은 어명과 죄인의 입에서 나온 것이 아니면 거론하지 못하는 법이오."

이런 상황에서 김석주가 청나라에서 돌아오자 김익훈은 김석주를 찾아 사건의 시말을 설명했다. 보고의 핵심은 복평군이 빠져나갈 우려가 있다는 것이었다. 김석주는 복평군을 끌어들일 수 있는 간단한 방법을 알려주었다. 궁궐에 있는 장신(將臣)들의 숙소인 아방에 들어가 임금에게 밀계하라는 것이었다. 아방에서 이루어진 김익훈의 3차 고변은 이런 경로로 이루어졌다.

혼란은 여러 곳에서 일어났다. 김중하의 2차 고변은 민암 등과 대질 신문까지 했으나 말이 맞지 않는 데다 증거도 없어서 무고로 드러나고 있었다.

김익훈의 밀계 결과 김환의 고변 제의를 거절한 전익대가 잡혀왔는데, 그는 김환이 곧 공신에 책봉될 기색이 보이자 남인 유명견이 역모를 꾸몄다며 김익훈과 김환의 시나리오에 가세했다.

이처럼 세 차례의 고변 사건은 얽히고설켜 그 진상이 모호해졌다. 세 고변들이 독립적인 고변인지 하나로 연결된 고변인지도 불분명해졌다. 이 사건은 대부분이 서인인 위관들이 문제를 제기할 정도로 그 진상에 많은 의문이 일었다. 서인 위관들이 정확한 진상을 파악하기 위해 당사자들을 대질 심문한 데서도 고변들의 문제점이 명확하게 나타났다. 대질 심문 결과 허구성이 속속 드러났다. 김중하와 전익대의 무고가 밝혀져 역모의 주모자라는 민암과 유명견이 무혐의로 석방된 것이다.

그러나 김환의 고변은 허새가 고문에 못 이겼기 때문이긴 해도 어쨌든 자백이었기 때문에 사실로 인정되는 분위기였다. 이 사건은 신속하게 처리되어 허새가 자백한 다음 날 결안(決案)이 작성되고 허영의 결안도 이틀 후에 처리되었다. 김환은 자헌대부를, 같이 고변했던 이회와 한수만은 각각 가선대부를 제수받는 것으로 사건은 종결되었다. 그러나 영의정 김수항이 숙종에게 "외간(外間)에서의 물정(物情)이 간혹 '역옥 사건이 명백하지도 못한데 고한 사람들에 대한 상전(賞典)이 분수에 너무 지나쳤다'고 합니다"라고 말할 정도로 여론이 들끓었다. 물론 공작정치에 의한 조작이란 여론이었다.

남인들의 원한을
어찌 풀겠는가?

소론, 서인에서 갈라지다

공작정치에 대한 서인들의 반발

세 차례의 고변 사건이 정국에 미친 파장은 심각했다. 어느 정도 생각이 있는 사람이면 모두 의문을 제기했다. 이른바 조작설이 제기 된 것이다.

비슷한 내용의 고변에다, 김환과 전익대가 함께 모의했는데 김환은 공신이 되고 전익대는 무고죄로 몰린 것도 의문을 증폭시켰다. 김환은 공신이 되고 전익대는 유배 가는 것으로 처리되었으나 공론이 들끓었다. 공론이 계속되자 조정은 할 수 없이 전익대를 잡아 다시 국문했다.

국문 결과 전익대는 다시 잡혀와 4차례의 형벌을 받은 후 자백했다. 그 내용이 김환을 더욱 곤란하게 했다.

"김환은 고변하기 하루 전에 저를 불러 술을 마셨습니다. 그 후 강제로 그의 숙부 집으로 끌고 가 고변서를 보이며, '네 이름도 고변서에 들어 있다'는 위협으로 같이 고변하자고 했습니다. 제가 고변한 내용은 실상 모두 만들어 낸 말입니다."

즉 무고의 주범은 김환이고 자신은 종범이란 말이었다. 엄동설한에 국문을 받은 전익대는 내일을 기약할 수 없을 정도로 병세가 위중해졌다. 국문의 위관은 숙종에게 물었다.

"결안 죄인이 옥중에서 죽는다면 형을 집행하지 못하는 결과가 되니 어찌하면 좋겠습니까?"

"그렇다면 처형하라."

공신의 지위를 탐했던 전익대는 드디어 망나니의 칼에 목이 떨어지고 말았다. 숙종 9년 1월 29일이었다.

김환도 국문하려 했으나 이는 쉽지 않은 일이었다. 김환을 국문하면 김석주와 김익훈이 사건을 조작한 사실이 드러날 것이기 때문이다. 서인 정권은 김환을 국문도 없이 귀양 보내는 것으로 사건을 덮으려 하였다. 종범인 전익대는 처형하고 주범인 김환은 귀양 보낸 사실은 양식 있는 선비들의 분노를 샀다. 이른바 공작정치에 대한 반발이 심화된 것이었다. 대사성 조지겸(趙持謙)이 상소를 올려 불공평한 처사에 대해 항의했다.

"무고할 생각이 없던 전익대를 김환이 여러 가지 수단으로 위협한 사실이 드러났는데, 남의 꾐에 빠져 무고한 것과 남을 꾀여 무고케 한 것이 얼마나 차이가 있기에 김환은 국문도 하지 않고 귀양 보내는 가벼운 벌만 줍니까. 어찌 익대가 홀로 죽은 것을 억울해하지 않겠습니까. 전하께서는 형정(刑政)을 엄숙하게 하십시오."

남구만도 차자를 올려 고변 사건에 대한 재수사를 요구했다.

"고변은 구체적으로 역모한 사람에 국한되어야 합니다. 만약 조정을 원망하고 비방하는 사람을 모두 역모로 고변한다면 앞으로 온 나라 사람이 두려워 발을 뻗지 못할 것이니 이는 옛 성인이 나라를 다스리는 도리가 아닙니다. 이 옥사가 이처럼 의문이 많으므로 인심이 불평하여 거리의 뒷공론이 그치지 않습니다. 이 옥사는 다시 처리해야 합니다."

하지만 숙종의 생각은 달랐다. 숙종은 그해(숙종 9년) 10월 조야의 공론과는 반대의 명령을 내렸다.

"내 병환이 빨리 나은 것은 실로 천지와 종사(宗社)의 도움이다. 이때에 비상한 은혜를 베풀어 8도의 인심을 위로해야 하겠다. 서울과 지방의 사형수 이외에는 모두 석방하라."

이 대사면령에 김환이 석방되었던 것이다. 숙종이 이렇게 김환을 싸고돌자 인심은 진정될 리 없었다. 대간에서는 김익훈의 삭출을 요구하고 나섰다. 대간과 젊은 선비들이 마음속으로 지목한 수괴는 김석주였다. 하지만 국왕의 외척이자 거물인 그를 거론하기 어려웠으므로 그의 심복인 김익훈을 지목하고 나선 것이다. 숙종이 계속 허락하지 않자 사헌부 지평 박태유(朴泰維)·유득일(兪得一)이 가세했다.

"김익훈은 공을 탐하여 사람을 협박해 남을 무고하게 했으니 마땅히 먼 곳으로 귀양 보내야 합니다."

숙종은 이 주청에 화를 내면서 박태유는 거제현령으로, 유득일은 진도군수로 좌천시켰다. 숙종은 이들에게 당일로 서울을 떠나 부임하라고 명했다. 이는 명백한 언론 탄압이었으므로 대신들과 삼사·승정원에서 나서 무마했다.

김익훈 처벌 문제를 둘러싸고 서인들의 의견은 강경론과 온건론으로 갈라졌다. 사건이 김석주의 심복인 김익훈에게까지 번지자 서인 중진들은 무마에 나선 반면 젊은 서인들은 김익훈을 공격하고 나섰다. 서인 중진인 영의정 김수항은 김익훈을 옹호했다. 김익훈의 아방 밀계가 무고라는 것이 젊은 서인들의 주장이었는데, 김수항은 김익훈의 밀계는 자신과 좌의정 민정중, 우의정 김석주가 상의한 결과라고 옹호하고 나섰던 것이다. 반면 사헌부 집의 한태동(韓泰東)은 김익훈을 격렬하게 탄핵하고 나섰다.

"김익훈의 행적 중 심한 것만 말하겠습니다. 그는 건달[白徒 : 백도]이면서 문벌을 빙자하여 출세했는데 착한 행위는 한 가지도 기록할 것이 없으나 악한 행위는 빠지는 것이 없습니다. 역적집 재산에 침을 흘리고 그 부녀를 데리고 살며, 손으로는 문사(文士)의 초고를 움켜쥐어 집에 감추고, 백성들에게 감해 준 세금을 사사롭게 받아 자기 집에 실어 들였습니다. 기타 간음한 행동과 비루한 태도에 대해서는 사람들이 모두 귀를 더럽히지 않으려 듣지 않고자 합니다. 그중에 더욱 통분한 일은 남인들이 정권을 잡았을 때 익훈은 허적에게 붙어서 노예보다 더 아첨하더니, 기회를 엿봐서 허적과 갈라져 공신이 되었습니다. 어찌 이런 자를 장수로 삼아 삼군(三軍)의 군사를 지휘하게 하십니까?"

문벌을 빙자하여 출세했다는 말은 그의 조부가 서인의 영수이자 송시열, 송준길의 스승이었던 김장생임을 뜻하는 말이었다. 이런 비난들이 사방에서 일어 이제 김익훈 처리 문제는 숙종도 어쩔 수 없는 현안이 되어갔다.

지금은 무슨 책을 강(講)하고 계십니까?

대신들은 김익훈을 옹호하는 반면 대간에서는 그를 탄핵하고 나서 논쟁이 그치지 않았다. 영의정 김수항은 사직을 청했고 숙종도 곤란한 지경에 처하게 되었다. 정권의 지주이자 핵심인 김석주의 심복을 처벌할 수는 없었던 것이다. 그렇다고 대간들의 이유 있는 항변을 계속 물리칠 경우 국왕의 통치권마저 위협받을 소지가 있었다.

숙종은 부담을 다른 사람에게 넘겨 위기를 탈출하려 하였다. 숙종이 부담을 넘기기로 한 사람이 바로 송시열이었다. 대신과 대간이 서로 다투자 숙종은 이렇게 말했다.

"대로(大老)의 결정대로 따르겠다."

이즈음 송시열은 대로(大老)라는 경칭으로 불릴 정도의 권위를 누리고 있었다. 그에게 김익훈 처리를 맡김으로써 자신은 이 사건에서 발을 빼려고 한 것이다. 송시열의 말이라면 서인들도 따르리라 판단했던 것이다. 숙종은 여러 차례 사관과 승지를 송시열에게 보내 처리 방침을 물었다. 그러나 송시열은 쉽게 말려들지 않았다.

"신은 병들고 혼미하여 사람들과 접촉하지 않았으므로 이 사건의 전말을 알지 못하니 대답할 수 없습니다."

임금이 물을 때마다 송시열의 대답은 같았다.

송시열은 숙종이 자신에게 공을 넘긴 까닭을 알고 있었다. 어쩌면 자신을 귀양 보낸 숙종에 대한 앙금이 남아 있는지도 몰랐다. 송시열이 계속 답변을 거부하자 영의정 김수항은 처남인 나량좌에게 이렇게 말하기도 했다.

"임금께서 지성으로 물으시는데도 우암이 지극히 냉담하게 대답하지 않으니 옆에서 보는 내가 미안해서 어쩔 줄 모르겠소. 우암의 뜻을 모르겠소."

하지만 김수항이라고 정말 송시열의 속마음을 몰라 이런 말을 한 것은 아니었다. 김익훈의 공작정치를 대의에 따라 처벌하자고 주장하면 서인 중진들이 원망할 것이고, 당론에 따라 용서하자고 하면 젊은 선비들이 원망할 것이었다. 당론을 버리고 대의에 따르기는 쉽지 않은 노릇이었다. 더구나 김익훈이 공작의 대상으로 삼은 정치대상은 다름 아닌 남인들이었다.

송시열은 임금의 거듭된 간청을 계속 거부하면서 향리를 떠나지 않았다. 경신환국이 일어난 숙종 6년 10월 영중추부사에 임명되자 잠깐 조정에 나와 숙종을 만난 적은 있었다. 그해 10월 12일 도성에 입성한 송시열은 이미 영웅이었다. 도성의 백성들은 선대왕을 서자라고 말하고도 다시 정권을 장악한 이 노인을 보기 위해 분주하게 모여들어 구경했으며, 대궐 문에 이르자 이서(吏胥) 등이 모두 빙 둘러 서서 그를 기다렸다. 임금을 인견할 때 송시열은 이렇게 말한다.

"성상께서 춘궁(春宮 : 동궁)에 계실 때에 잠깐 입시한 이후 여러 해 동안 천안(天顔 : 임금의 얼굴)을 뵙지 못하였으니, 원컨대 쳐다볼 수 있게 하여 주소서."

이를 허락한 숙종은 그를 도타운 말로 위로했다.

"춘궁에 있을 때 한두 차례 경을 보았는데 지금 경의 수염과 머리가 이미 쇠잔하여 희었구나."

겉으로 보기에는 지극히 아름다운 광경이었다. 그 누구도 이 모습에서 훗날 죽고 죽이는 비극이 연출될 줄 예상 못 했을 것이다. 송시열은 비록 가운데 엎드렸으나 이미 스승의 자세였다.

"전하께서 춘궁에 계실 때에는《소학(小學)》을 강(講)하셨었는데, 그 뒤에 경연(經筵)에서 몇 책(冊)이나 끝마쳤으며, 지금은 무슨 책을 강(講)하시고 계십니까?"

마치 선생님 같은 질문일지라도 숙종은 답변할 수밖에 없었다.

"《논어》,《중용》을 읽었고, 겨우《서전(書傳)》을 끝마쳤으며,《시전(詩傳)》을 읽으려 하고 있다."

"입으로만 읽으면 아무런 도움이 없을 것입니다. 예부터 인신(人臣)

이 군상(君上)에게 권(勸)하는 것은 언제나 체험(體驗)할 것으로 말하였습니다. 성상께서 과연 체험하시는지 아니면 격식만 갖출 따름인지 알지 못하겠습니다."

"내가 비록 불민하지만 하고자 하는 바는 체험하여 할 뿐이다."

이 말을 들은 송시열은 일어나서 절을 한 후 입을 열었다.

"그렇다면 동방 사직의 다행입니다. 경연에서는 몇 편을 진강(進講)하시며 몇 차례나 되풀이하여 읽으십니까?"

"소편(小篇)이면 다 진강하고, 대편(大篇)이면 반을 나누는데, 읽는 것은 많이 할 경우 80차례 한다."

마치 선생님이 숙제 검사하는 투였다. 재이(災異 : 재난과 이변)를 없앨 방도를 묻자 송시열은 《춘추(春秋)》를 보면, 인군(人君)이 덕을 닦는 것이 재이를 없애는 근본이라 했다'며 임금이 덕을 닦을 것을 요청했다. 송시열은 자신에게 정치가 아니라 학문을 물어달라고 요청했다.

"성상께서 비록 다른 말을 물어보신다고 하더라도 사무(事務)는 신이 아는 바가 아닙니다. 학문상에 의심스러운 곳이 있어서 하문(下問)하신다면 신이 아는 것을 아뢰고자 합니다. 경전 중에서 어떤 말이 의심스럽습니까?"

"경전이 심오(深娛)하여 의심스러운 점이 한두 가지가 아니다. 후일 조용히 입시할 때에 마땅히 어려운 것을 논하여야 할 것이다."

남인 정권을 갈아 치운 숙종에게 필요한 것은 학문이 아니었다. 중요한 것은 정권을 안정시킬 계책이었다. 그러나 송시열은 숙종의 이런 바람을 모른 체하면서 숙종이 바른 자세를 갖도록 역설했다.

"이미 진강하였겠지만, 그중에서 신독(愼獨 : 혼자 있을 때를 삼가는 것) 공부가 가장 절실한 일입니다. 신하와 상대할 때에는 성심(聖心)에 잡념을 없애시고… 심지어 내전(內殿)에 들어가 편히 거처하며 환관(宦官)

과 빈첩(嬪妾 : 후궁들)이 앞에서 모실 때에도 여러 신하들을 대하는 것과 같이 하시는지 알지 못하겠습니다만, 만약 안팎의 행동을 능히 하나같이 할 수가 없다면, 비록 날마다 경연에 나오시더라도 형식일 뿐입니다."

송시열은 대신인 자신이 임금을 만날 때 엎드릴 필요가 없다는 생각을 갖고 있었다.

"신료(臣僚)들을 접견할 때 대신(大臣)들로 하여금 앉아서 정사를 논하게 하십니까? 진(秦)나라 이후부터 군신 사이가 너무 엄격해져서 정의(情意)가 통하지 못하였습니다. 신의 스승 김장생이 인묘(仁廟 : 인조)께, '옛 제도에는 신료가 임금 앞에서 부복(俯伏 : 엎드림)하는 예가 없었으니, 청컨대 옛날의 의례대로 하소서'라고 고했더니, 인조께서 이를 허락했습니다. 그러나 그때 대신들이 황공하여 감히 예를 바꾸지 못하였으므로, 김장생 또한 혼자서 이를 행할 수가 없었으므로 물러 나와서 이를 한탄하였습니다. 신이 이런 말을 하는 것은 대개 군신이 반드시 서로 얼굴과 정이 익숙해진 다음이라야 말을 다할 수 있기 때문입니다."

임금의 종통을 부인했다는 이유로 공격당했던 인물이 쉽게 할 수 있는 말은 아니었다. 숙종은 "어찌 좋지 아니하겠는가?"라고 답했으나, 좋을 리가 없었다. 면대 첫날 이미 대결의 싹은 튼 것이었다.

그러나 그뿐 송시열은 죽은 아내의 천장(遷葬)을 이유로 돌아가기를 청했다. 숙종이 여러 차례 승지를 보내 사직하지 말 것을 청했으나 소용없었다. 송시열이 돌아온 것은 왕대비 명성왕후 김씨의 하교를 받은 후였다. 왕대비 김씨는 송시열이 귀양 소식을 듣고 '청풍김씨의 참소가 드디어 실행되는구나'라고 말했다는 바로 그 집안 사람이었다.

이렇게 다시 조정에 나온 송시열은 그러나 이듬해인 숙종 7년 다시 고향으로 돌아가고 말았다. 병이 있다는 이유에서였다. 이때도 숙종이 승지와 어의를 잇달아 보내 효유했으나 끝내 되돌아가고 말았다.

출사하는 세 학자

사실상 송시열은 굳이 조정에 나올 필요가 없었는지도 모른다. 고향 회덕에 은거해서도 얼마든지 정국에 영향력을 미칠 수 있었기 때문이다. 임금이 거듭 승지와 사관을 보내 그의 의견을 묻는 판에 그의 문인·제자들인 서인들이 그의 뜻을 무시할 수 없었음은 자명했다. 심지어 영의정까지도 사람을 보내 그의 의견을 들은 후 시행할 정도였다. 송시열은 이미 조정에 있든 향리에 있든 아무도 무시할 수 없는 영향력을 지닌 절대자가 되어 있었다. 그러나 그 외에 새롭게 성장하는 또 다른 학자들이 있었는데, 박세채와 윤증이 그 대표적인 학자였다.

김익훈 처리 문제로 파문이 계속되자 숙종은 이들 학자들을 불러 사건을 처리하려 했다. 이들을 숙종에게 거듭 천거한 인물은 우의정 민정중이었다.

"산림에서 독서한 선비들을 맞이해서 경연에 참석시키면 임금을 계발하는 유익함이 있을 것입니다. 지금은 이것이 가장 급한 일입니다."

숙종 또한 산림의 명망가를 초빙하는 것이 사대부들의 지지를 획득하는 한 방법이 되리라는 사실을 알고 있었다.

"대신이 입시(入侍)하여 경학(經學)에 밝은 선비를 천거하는 것이 좋겠다."

송시열은 이미 구구한 설명이 필요 없는 대학자였다. 굳이 천거하지 않아도 그 필요성을 모두가 인정하는 인물이었다. 김수항은 송시열 외에 윤증을 천거했고, 민정중은 박세채를 천거했다.

"박세채는 일찍이 민신(閔愼)의 예론 때 의논에 참여해 죄를 입었으나 이미 서용되었습니다."

민신의 예론이란 현종 14년(1673) 민신의 할아버지인 전 교관 민업(閔業)의 상례에 관한 사건을 말한다. 그 아들 민세익(閔世益)에게 정신병이 있자 아들 민신이 아버지 대신 참최복을 입었다. 이때 송시열과 박세채는 아버지가 폐질이 있으면 아들이 대신 참최복을 입는 것이 주자의 설에 합당하다고 판정했다. 이에 대해 남인들은 이 예론이 틀렸다고 논박했다. 말하자면 사대부판 예송논쟁이었다.

송시열은 드디어 몸을 일으켰다. 출사하기로 한 것이다. 박세채도 출사를 결정했다. 윤증을 제외한 명망 있는 재야 학자들이 오랜만에 조정에 나오는 것이었다.

송시열의 출사 소식은 조정과 사대부들을 흥분시켰다. 특히 김익훈 처벌을 주장했던 젊은 선비들은 대로 송시열의 출사에 많은 기대를 걸었다. '춘추대의'를 주장했던 강직한 송시열이 무고자 김익훈을 법대로 처리하리라 믿었던 것이다.

고향 회덕을 떠나 다시 서울길에 오른 송시열은 그러나 쉽게 서울에 들어오지 않았다. 숙종 8년 11월 송시열은 수원에서 한강 교외에 도착해 돌아가겠다는 의례적인 상소를 올렸다. 숙종이 승지 조지겸을 보내 달랬으나, 그는 명에 응하지 않고 그대로 여주로 떠났다. 여주에는 바로 효종의 무덤인 영릉이 있었으므로, 송시열의 여주행은 자신이 효종에 대한 충신임을 대외에 보이기 위한 의도적인 행위였다. 숙종은 다시 조지겸을 보내 기필코 함께 올라오라고 명령을 내렸다.

송시열에게는 영부사(領府事)란 영예로운 직책이 내려졌다. 하나하나가 국가 원로에 대한 파격적인 예우였다. 사약을 마시고 죽은 윤휴

▲ 경기도 여주시 능서면에 있는 효종의 영릉.

의 고향에서 승지의 영접을 받는 송시열의 심사가 단순하지는 않았을 것이다. 송시열을 영접하기 위해 나온 승지는 조지겸이었다. 조지겸은 송시열과 며칠을 같이 묵으면서 정국 현안에 대해 설명했다. 그는 대사성으로 있을 때 김익훈을 탄핵한 인물이었으므로 당연히 김익훈이 유죄라고 말했다. 김익훈이 허새를 역모로 꾀어낸 것은 그 자신의 반역보다 더 나쁘다는 젊은 선비들의 분노에 대한 설명이었다. 조지겸은 또한 김익훈이 부정 축재한 진상에 대해서도 알려주었다.

조지겸의 설명을 들은 송시열이 대답했다.

"고약한 위인이다. 그런 자는 비록 죽여도 애석하지 않다."

이 소식을 듣고 김익훈의 처벌을 주장하던 젊은 선비들은 환호했다.

"대로·장자(長者)의 견해도 우리들과 같다."

이런 경로를 거쳐 송시열은 숙종 9년 초에 조정에 들어왔다. 김익훈의 처벌을 주장하던 젊은 사류는 물론 김익훈을 옹호하던 대신들과 임금 숙종도 송시열을 바라보았다. 이들은 제각기 송시열이 자신들의 편을 들어주리라고 기대했다. 그중에서도 조지겸으로부터 송시열의 견해가 같음을 확인한 젊은 사류들의 기대는 상당했다.

그러나 송시열과 정치적 영욕을 같이 했던 인물들은 젊은 사류가 아니라 김수항·민정중 같은 대신들이었다. 제2차 예송논쟁 때 남인의 편을 들었던 김석주도 남인 정권을 축출하는 데 앞장섬으로써 송시열과 옛 감정이 풀린 상태였다. 또한 김석주는 현 정권 최대의 실세였으므로 송시열로서도 무시할 수 없었다.

서울에 온 송시열은 김수항·민정중·김석주 등 서인 정권의 실세들을 차례로 만났다. 이들은 서인과 남인의 권력투쟁이란 측면에서 김익훈 사건을 설명하며 김익훈을 옹호하고 나섰다. 송시열은 이들 서인 중진들의 설명을 들은 후 조지겸에게 한 말을 뒤집었다.

"일이 그렇다면 김익훈의 죄가 아니로군."

숙종 9년 1월 19일 주강(晝講)에 나간 송시열은 젊은 사류들의 기대에 찬물을 끼얹었다.

"신이 죄를 기다리는 일이 있습니다. 문순공(文純公) 이황의 문인이었던 조목(趙穆)은 이황이 죽은 뒤에 그의 자손을 마치 동기(同氣)같이 대했습니다. 그가 관직에 있을 적에 지성으로 경계하여 과실을 면하게 하여 주었으므로, 당시나 후세 모두 조목이 그의 스승을 위하여 도리를 다했다고 일컬었습니다. 신은 문원공(文元公) 김장생에게서 수학(受學)하였으므로, 그의 손자 김익훈과 신이 서로 친한 것은 다른 사람과 자연히 다릅니다. 근일에 김익훈이 죄를 얻을 것이 매우 중한데, 신이 평소에 경계하지 못하여서 그로 하여금 이 지경에 이르게 하였으니, 신은 실지로 조목의 죄인입니다."

김익훈을 처벌해야 한다는 젊은 사류들의 희망을 무시하고 송시열은 그를 옹호하고 나선 것이다. 젊은 사류들은 송시열이 김익훈을 옹호하자 실망해 마지않았다. 이 실망이 끝내 서인을 소론과 노론으로 나뉘게 하는 한 계기가 되었다.

위화도 회군이 대의인 이유

그러나 송시열의 관심은 정작 다른 데 있었다. 송시열이 조정에 제기한 것은 공납의 폐단 등 시사에 민감한 문제들도 있었으나 정작 그가 관심을 쏟은 문제는 태조 이성계의 시호를 더하자는 것과 효종의 세실(世室)을 짓자는 것으로, 두 가지 모두 현안과는 동떨어진 문제였다. 두 문제 모두 엉뚱하게 튀어나온 것 같지만 송시열로서는 치밀한 계산 아래 나온 말이었다.

태조 이성계의 시호는 여러 번 변하였다. 이성계는 살아 있을 때인 정종 2년(1400)에 계운신무(啓運神武)란 존호를 받았다. '나라의 운명을 연 신 같은 무공'이란 뜻의 시호이다. 그가 죽은 후 명나라에서는 강헌(康獻)이란 시호를 내려주었다. 따라서 그의 시호는 '태조계운신무강헌대왕'이 되었다. 송시열은 여기에 '소의정륜(昭義正倫)'이란 네 글자를 더하자고 주장하고 나선 것이다. '의를 밝히고 윤리를 바로잡았다'는 뜻을 더하자는 것이었다.

"우리 태조(太祖 : 이성계)께서 새로 나라를 세워 지금까지 3백 년 동안 공고하게 유지한 것은 실로 위화도(威化島) 회군(回軍)에 기초하였던 것으로, 대의(大義)를 해와 별처럼 환히 밝힌 것입니다. 그런데 지금의 존호(尊號)에는 이 뜻이 모두 빠졌기에 신이 매번 이를 서운하게 생각합니다. …'소의정륜(昭義正倫)'을 덧붙이면 정자(程子)가 말한 뜻에 맞게 되고…."

소의정륜 역시 송시열의 숭명(崇明) 사대사상에 바탕을 둔 것이었다. 여기에서 밝혔다는 의리란 명나라를 섬기는 대의를 말한다. '윤리를 바로잡았다'는 것 또한 '작은 나라가 큰 나라를 섬기는 윤리를 바로잡았다'는 뜻이었다.

'의를 밝히고 윤리를 바로잡았다'는 시호를 올리려는 송시열의 뜻은 태조의 비 신의(神懿)왕후 한씨와 태종 비 원경(元敬)왕후 민씨의 위패의 글자를 고치려는 데서도 드러난다. 송시열은 차자를 올려 이렇게 말했다.

"신의·원경 두 왕후의 위패에는 왕태후(王太后)라고 쓰여 있으니 태(太) 자는 삭제해야 합니다."

'태(太)' 자는 황후에게나 쓰는 말이지 제후국 임금의 부인에게는 쓸 수 없는 말이란 뜻이었다.

숙종은 오랜 신주를 긁어내고 다시 고쳐 쓰는 것은 중대한 일이라는 신중론으로 이에 반대했다. 또한 우의정 김석주도 위패를 깎는 것은 불가능하다고 반대했다. 박세채도 처음에는 "신의왕후·원경왕후를 모두 왕태후라 일컫는 것은 바로 고려의 옛 제도이니, 고려 역사를 상고해 보면 반드시 증거가 있습니다"라며 신중히 처리할 것을 주청했다가 다시 고쳐야 한다고 주청했다.

"태후의 '태(太)' 자는 비록 태상궁(太上宮)에 있을 때 붙인 것이나, 또한 전조(前朝 : 고려)의 제도를 그대로 따른 것이니, 그 명의와 도리로 보아 결코 구차하게 그대로 두고 고쳐 쓰지 않을 수가 없는 것입니다. 어찌 단지 사체가 중대하다 하여 행하지 않을 수 있겠습니까?"

고려에서는 왕의 어머니를 태후(太后)라고 썼다. 숙종은 두 왕비의 격을 낮추자는 이 주장에 오래된 위패를 깎는 것은 미안한 일이라면

서 반대하다가 박세채마저 동조하고 나오자 그해 5월 말 수락하고 말
았다.

태조의 시호를 더하자는 의견이 사대주의에서 나왔든 충성심에서
나왔든 신하들이 드러내놓고 반대하기는 쉽지 않은 일이었다. 굳이
반대하는 신하들은 태조를 높여 받드는 극진한 도리가 시호 글자 수
의 많고 적음에 있지 않다고 우회적인 반론을 폈을 뿐이다.

송시열이 제기한 태조의 시호 문제에 정면에서 반박한 유일한 인물
은 두 왕후의 위판을 깎는 데 찬성했던 유신 박세채였다.

"제왕의 시호는 마땅히 개국 창업과 수덕(修德), 수성(守成)으로써 해
야 합니다. 회군한 일은 왕위에 오르기 전의 일이므로 따로 칭송하는
것이 좋습니다. 또한 태조께서 회군한 일은 '화가위국(化家爲國 : 집을 변
화시켜 나라로 만드는 것, 즉 신하가 임금이 되는 것)을 위한 것이지 반드시 명나
라를 높이자는 성심에서 나온 것은 아닙니다."

송시열은 박세채에게 편지를 보내 동의를 구하였으나 박세채는 끝
내 반대 의사를 철회하지 않았다. 두 유신의 의견이 엇갈리자 김석주
가 절충안을 내놓았다. 시호는 더하되 위화도 회군에 대해서는 〈용비
어천가(龍飛御天歌)〉 등에 자세히 나와 있으므로 꼭 '소의정륜'을 더할
필요는 없다는 것이었다. 이런 경로를 거쳐 대신과 6조의 2품 이상
신하들, 그리고 대제학이 모여 '정의광덕(正義光德)'으로 태조의 시호를
더해 올렸다. '의를 바르게 하고 덕을 밝혔다'는 뜻이다.

송시열이 태조의 시호 문제를 제기한 데는 여러 가지 정치적 포석
이 깔려 있었다. 그 하나는 태조의 시호를 높임으로써 명나라와 조선
왕실에 대한 자신의 충성심을 과시하려는 것이었다. 김익훈 사건에
대한 세간의 관심을 돌리려는 것도 그가 시호 문제를 거론한 배경의
하나였을 것이다.

후대의 임금들이 효종의 뜻과 유업을 계승해야

송시열이 제기한 또 하나의 문제는 효종의 세실(世室) 문제였다. 세실이란 위패를 영원히 옮기지 않도록 종묘에 신실(神室)을 설치하는 것을 말한다. 이를 '부조(不祧)'라고도 하는데 나라에 큰 공훈이 있는 사람의 신주(神主)를 영구히 사당에 모신다는 뜻이다. 종묘에 효종의 세실을 만들어 그의 신주를 영원히 옮기지 말자는 주장이다.

"우리 효종대왕은 덕으로는 말할 것도 없으며 공으로 보아도 인의(仁義)를 바르게 세웠으니 이를 추존(追尊)하기 위해 묘(廟)의 의식을 더 높임으로써 백세(百世)에 신주를 옮기지 않는 조종(祖宗)을 삼아서 후대의 임금들이 효종의 뜻과 유업을 계승하려 노력하도록 해야 하겠습니다."

숙종은 곧 비답을 내렸다.

"소의 내용이 정말 내 마음에 딱 맞다. 마땅히 널리 물어서 행하게 하겠다."

송시열이 효종의 세실 문제를 들고 나온 것은 두말할 것도 없이 자신이 효종에게 지극한 충심을 갖고 있음을 과시해 예송논쟁의 여진에 쐐기를 박으려는 것이었다. 예송논쟁 때 '효종의 종통을 부인했다'는 공격을 받고, 이로 인해 죽음의 문턱까지 갔던 송시열로서는 효종에 대한 자신의 충성심을 확실히 밝혀둘 필요가 있었다. 이는 또한 '춘추대의', 곧 '북벌대의'를 부르짖었던 효종의 선명성을 자신의 것으로 바꾸기 위한 계책이기도 했다.

남인들로부터 줄곧 '효종의 종통을 부인했다'는 공격을 받아온 서인들 중 이 문제에 이의를 제기할 사람은 없었다. 두 차례의 예송논쟁으로 서인들은 효종의 '효' 자에도 민감한 반응을 보일 정도로 곤욕을 치렀던 터였다.

그러나 태조의 시호를 더하는 문제에 반대했던 박세채는 이번에도 완곡한 반대의 뜻을 나타냈다.

"세실은 왕조의 예법 중 가장 큰 것으로서 신하들이 일시적으로 이렇다 저렇다 할 수 없는 것입니다. 효종대왕을 세실에 모시자는 것을 누가 반대하겠습니까. 워낙 중대한 의논이니 마땅히 역대 조정의 예법과 선유(先儒)들의 의견을 들은 다음 다시 대신들에게 물으시어 결단해야 세실을 받드는 대의에 유감이 없지 않을까 생각합니다."

이는 사실상 반대라기보다는 널리 의견을 구하라는 건의였다. 반대가 없으므로 종묘에 고유할 준비를 하는 도중 형조판서 김덕원(金德遠)이 새로운 제안을 하고 나섰다. 효종뿐만 아니라 인조도 세실에 모시자는 주장이었다.

이 새로운 주장을 김수항·민정중·송시열·김수홍·정지화·이상진·박세채 등 여러 대신·유신들의 의논에 부치니 아무도 반대하는 이가 없었다. 아니 반대할 수가 없었다. 이들은 중국 한(漢)나라 조정에서 태조와 태종을 함께 추존한 전례를 들어 주청했다.

"함께 종묘에 고하는 것이 좋겠습니다."

이런 경위로 인조와 효종은 종묘에 자신들의 세실을 갖게 되었다. 이는 송시열이 자신에 대한 남인의 공세가 무고에 지나지 않음을 내외에 밝히기 위해 주장한 일이었다. 지난 세월 유배지를 전전하며 생명의 위협에 시달렸던 송시열의 자리에서 볼 때 이는 충분히 주장할 만한 정치적 행위였다.

하지만 이는 정국의 상당 부분을 자의적으로 해석한 결과이기도 했다. 당시 상황에서 중요한 것은 효종에 대한 충성심 과시가 아니라 김익훈 같은 공작정치가의 처벌로 대표되는 사회정의의 실현이었다. 이는 또한 당시 정계의 가장 큰 현안이어야 할 남인과의 정치적 화해를 실현하는 길이었다. 또한 변하는 사회 체제에 적절히 대응하기 위한 사회 개혁을 수행하는 일이 중요했다.

남인들이 예론을 이용해 송시열을 역적으로 몰았던 일이 사라져야 할 구태였듯 김석주나 김익훈이 수행했던 공작정치 같은 것도 마찬가지다. 정치공작에 의한 정치보복은 피를 부르는 악순환에 불과한, 버려야 할 유산이었다.

다시 조정에 등장한 대로 송시열은 정치보복을 청산할 만한 위치에 있었다. 남인들과의 화해를 주도할 만한 위치에 있는 유일한 인물이기도 했다. 남인들에게 박해받았던 그가 남인들에게 화해의 손길을 내밀었다면 그는 자신이 어린 시절 그토록 되고자 갈망했던 '성인(聖人)'이 되었을지 모른다. 그러나 지난 세월 유배지를 전전하며 쌓았던 남인들에 대한 증오는 그에게 화해의 손짓을 거부하게 했다. 이는 비단 서인과 남인 사이의 불행이 아니라 그 자신의 불행이기도 했다.

나를 죽일 자는 반드시 윤증이로구나

송시열·박세채 등 유현들과 함께 숙종의 부름을 받은 윤증은 다른 사람들보다 늦은 숙종 9년(1683) 봄에 고향인 충청도 이성을 떠나 서울길에 나섰다. 그의 나이 55세 때였다. 그동안 사헌부 장령을 비롯해 많은 벼슬을 제수받았으나 모두 사양하고 한 번도 벼슬길엔 나서지 않은 윤증이었다. 숙종 8년에 제수된 관직은 정3품 호조참의였다.

중요한 것은 호조참의란 벼슬보다 윤증이란 이름이었다. 학문으로 천거되는 유신들에게는 관직의 높고 낮음도 중요했지만 학식과 덕망이 더욱 중요했다. 학자 사회 조선 지배층의 여론을 이끌어가는 인물들은 바로 이들 유신들이기 때문이다.

경신환국 후 조정을 이끌어가는 두 세력은 집권당인 서인과 척신계열이라고 볼 수 있지만 어떤 구도는 척신 김석주 세력과 이들 유신 세력이라고 볼 수도 있었다. 그런데 조정에 나와 있는 유신의 두 대표인 송시열과 박세채는 서로 갈라져 있었다. 양자가 갈라진 근본적 이유는 김석주가 주도하는 척신정치·공작정치에 대한 견해 차이였다.

박세채는 김석주의 공작정치에 반대했다. 이는 젊은 선비들의 향배에 상당히 중요한 의미를 갖는다. 젊은 선비들은 대로 송시열이 공작정치를 반대해 주기를 바랐고 또 그럴 것으로 믿어 의심치 않았다. 그러나 출사한 송시열이 오히려 김익훈을 옹호하고 김석주와 한편이 되자 크게 실망했다. 젊은 선비들은 송시열이 도의정치를 펼쳐 주기를 희구했지만 송시열에게 5년간의 유배 생활은 뼈저린 것이었다. 언제 사약이 도착할지 모르는 상태에서 탐독한 주희의 명분론은 남인을 이단으로 해석할 수 있는 명분을 주었다. 환국 후 그는 윤휴, 허적 등 이미 죽은 남인 대신들을 '적신(賊臣)'이라고 불렀다. 남인들은 적이자 이단이었던 것이다. 그 이단을 무너뜨릴 수 있는 지략과 현실적 힘을 가진 인물이 김석주였다. 김석주 일가와는 과거의 구원이 있으나 어쨌든 서인 집안이었다. 송시열은 과거의 원한을 잊고 김석주와 타협함으로써 둘은 결합하게 되었다.

그러나 그 결합은 다른 두 유현을 갈라서게 했다. 박세채와 윤증이었다. 송시열에 실망한 젊은 선비들은 그 실망을 박세채와 윤증에 대한 신망(信望)으로 옮겨갔다.

송시열에 실망한 조지겸·오도일(吳道一) 같은 젊은 사류들은 직접 송시열을 비난하고 나섰다. 김석주는 이들의 처벌을 주청하고 나섰다. 김석주의 표적이 된다는 것은 위험한 일이었는데, 이때 젊은 사류

🌲 윤증 초상. 윤증은 임금의 얼굴 한 번 보지 않고 정1품 우의정을 제수받은 유일한 인물이다.

들을 옹호하고 나선 인물이 박세채였다.

박세채는 공자의 말을 인용해 김석주를 비판했다.

"김석주는 굽은 자를 등용하고 곧은 자를 버린다.[擧枉錯直 : 거왕착직]"

이제 송시열에게 쏠렸던 신망은 박세채에게 향했다. 그리고 박세채는 윤증을 기다렸다. 윤증은 숙종 9년 3월 김수항이 그를 다시 불러오도록 청하자, 숙종이 사관에게 특별히 수찰(手札)을 내려서 부를 정도로 명망이 있었다. 또한 부교리 오도일이 윤증에게 대사헌을 제수해 조정의 기강을 바로잡자고 청할 정도로 강직한 인물로 알려져 있었다. 숙종은 사관에게 보낸 수찰에 이렇게 적었다.

"대로도 조정에 나왔고 유신들도 나와서 어려운 시국을 구제하려 하는데 그대도 그만 나와서 슬프고 기쁜 것을 나라와 함께해야 할 것이다."

숙종은 이때 윤증에게 보내는 고신(告身 : 임명장)에 청나라 연호를 쓰지 않았다. 산림(山林) 출신들은 청나라 연호를 쓰면 명나라에 대한 지조를 지킨다는 빌미로 출사를 거부하는 경우가 종종 있었기 때문이다. 그러나 윤증은 보다 현실적인 산림이었다. 그는 나량좌에게 편지를 보내 이렇게 말했다.

"지금 우리들의 출사는 자신의 능력이 일을 할 수 있는가의 여부에 달려 있지 청나라 연호를 쓰고 안 쓰고를 가지고 조건을 삼을 수는 없는 일이오."

윤증은 일단 병을 핑계로 출사를 거부했으나, 숙종이 사관에게 명하여 그를 기다렸다가 반드시 같이 올라오라고 하자 할 수 없이 서울길에 올랐던 것이다. 그는 그 아버지 윤선거처럼 뚜렷한 소신을 가지고 있는 인물이었다. 제1차 예송논쟁 때도 서인이지만 남인의 3년설을 지지했다. 제1차 예송논쟁이 계속되자 그는 이렇게 비판했다.

"3년복을 가지고 서로 싸운 지 10년이 되었는데 혹 이쪽이 옳고 저쪽이 그르다 한들 무슨 큰 해가 있겠는가. 내가 3년복이 옳다는 견해를 바꾸어 1년복을 따르려는 것은 아니다. 하지만 대저 이 일은 이미 판정이 났는데도 서로 공격해 끝없는 화(禍)를 만들어 내고 있다. 그 발단을 살펴보면 별문제도 안 되는 복제설 하나뿐이니 이 어찌 우습고 기괴한 일이 아니겠는가."

윤증은 이처럼 서인이면서도 3년설이 옳다는 이론을 가진 인물이었다. 하지만 복제가 1년복으로 결정 났으면 그대로 따를 것이지 이를 두고 계속 싸울 것은 없다는 실제적인 사고를 가진 인물이기도 했다. 윤증은 당시 이단으로 몰리던 양명학을 공공연히 신봉하던 자신의 제자 하곡(霞谷) 정제두(鄭齊斗)와 평생 교유할 정도로 수용의 폭이 넓은 인물이기도 했다.

주자의 해석에 다른 이론을 보탠 윤휴와 박세당이 사문난적으로 몰리는 판에 양명학은 더욱 위험한 사상이었다.

앞서 말했듯이 윤증은 원래 송시열의 제자였다. 아버지 윤선거는 그를 송시열에게 보내 주자학을 배우게 하면서 이런 주의를 주었다 한다.

"우암의 학문은 따르기 어려울 정도로 높지만 그 병통 또한 적지 않으니 잘 처신하여라."

윤증은 경신환국으로 정권을 잡은 서인의 남인에 대한 정치보복이 그른 처사라고 여겼다. 정치보복에 급급하던 집권 서인이 구원을 잊고 남인과 화해해야 한다고 생각한 그는 이를 비판하고 나섰다.

송시열이 마음만 먹으면 상대를 적으로 보는 공작정치를 청산하고 상대를 인정하는 대화정치의 길로 나갈 수 있다는 자신의 판단도 작용했다. 경신환국 후 송시열이 보인 정치 형태를 비판적으로 바라본 윤증은 송시열에게 편지를 썼다. 마음먹고 쓴 편지였던 만큼 그 내용이 준열했다.

"문하(門下 : 송시열)께서는 한결같이 주자를 종주(宗主)로 하고 사업은 대의(大義)에 두었으나, 자신에게 찬동하는 자는 친밀하게 대하고 바른 말로 뜻을 어기는 자는 화를 당하니 이 때문에 문하의 큰 이름이 온 세상을 덮지만 진실한 덕은 안으로 병듭니다. 굳세다[剛 : 강]는 것은 자신을 이기는 것을 말함인데 문하는 힘으로 남을 복종시키는 것을 굳세다고 하니 이는 참된 굳셈이 될 수 없습니다. 사람들은 문하의 위력을 두려워해서 복종하는 것이지 덕에 복종하는 것이 아니니 이는 완연한 부귀가(富貴家)의 모습일 뿐 유학자의 기상이 없습니다.

문하의 문장에 이르러서는 주자를 인용하지 않으면 그 말을 믿을 수 없는 듯하지만 혹 주자라는 이름만 알고 뜻을 알지 못하기도 하고, 혹은 자신의 의견을 먼저 세워놓고 주자를 끌어내 거기에 빙자하기도 합니다. 심지어는 천자(天子)를 끼고 제후(諸侯)를 호령하다시피 하니 사람들이 모두 겉으로는 대항하지 못하지만 속으로는 불복하는 것입니다.

평생 춘추의 대의를 주창한다 하지만 말로만 하는 체하고 실제로는 하는 일이 없으니 안으로는 백성들의 생활을 안정시키고 밖으로는 수치를 푸는 계획(북벌)이 조금도 진전된 것 없이 다만 문하의 벼슬만 높아지고 이름만 널리 퍼진 것뿐입니다."

이는 스승과 제자 사이의 절교를 결심한 편지였다. 송시열의 사상과 행동 자체를 부정하는 편지이기 때문이다. 윤증은 이 편지 말미에 이런 글도 썼다.

"지금 만일 문하를 위한 계책을 말한다면 위(衛)나라 무공(武公)이 아흔 살에 자신을 경계하였고 증자(曾子)가 임종 때 자리를 바꾼 사실을 예로 들겠습니다. 문하께서 진실로 껍질을 벗어 버리고 냄새를 씻어 버리면 앞 현인들의 도통(道統)을 잇고 처음 뜻한 바를 이루는 것이 수월해질 것입니다."

윤증은 이 편지를 송시열에게 보내기 전에 먼저 박세채에게 보였다. 박세채는 너무 심한 내용이라면서 보내지 말라고 충고했다. 강한 성격의 송시열이 이를 받아들일 리 없으니 둘 사이만 멀어질까 두려웠던 것이다. 박세채의 충고를 받아들인 윤증은 편지를 보내지 않았다. 그러나 이 편지는 송시열에게 전달되고 말았다. 박세채의 사위가 장인의 집에서 이 편지를 훔쳐다 송시열에게 전달했기 때문이다. 박세채의 사위 송순석(宋淳錫)은 송시열의 손자였던 것이다. 편지를 본 송시열은 대노(大怒)해서 소리쳤다.

"나를 죽일 자는 반드시 윤증이로구나."

편지 내용으로 보아 송시열의 이런 반응이 예외는 아니다. '천자(天子)를 끼고 제후(諸侯)를 호령'한다는 말 등은 예송논쟁 때 임금의 종통을 부인했다는 비난과 유사하기 때문이다. 또한 사실상의 독립국인 조선에서 사대부가 천자를 끼고 제후를 호령한다는 혐의를 받으면 이는 역모로 몰릴 수밖에 없었으니 격렬한 반응을 보일 수밖에 없었다.

출사에는 세 가지 조건이 있다

당쟁이 격화되면서 무수한 사람들이 비명에 죽었지만 그중에는 훌륭한 인재들도 많이 있었다. 훗날 남인이 재집권한 후 벽동(碧潼)에 귀양 가 죽는 민정중도 그런 인물 중의 하나였다. 윤증을 힘써 천거한 민정중은 이렇게 말했다.

"내가 힘 있는 자리에 있으면 반드시 정암 조광조와 율곡 이이가 하려다 못 한 일을 하겠다."

이는 조광조와 이이가 하려다 못 한 공납(貢納)과 호포(戶布)의 폐단을 해결하겠다는 말이었다. 공납의 폐단은 대동법이 계속 확대 실시되면서 상당 부분 해결이 되었으나 호포의 폐단은 여전하여 백성들이 이를 피해 유랑하는 등 그 부작용이 심각했다. 일종의 병역세인 호포는 양반들은 면제되고 가난한 시민들만 부담하는 폐단이 가장 컸다. 따라서 호포의 폐단을 해결하는 가장 좋은 방법은 양반들의 호포 부담이었으나 이는 양반들의 커다란 저항을 받았다.

경신환국으로 김수항이 영의정, 김석주가 우의정이 되고 민정중이 드디어 '힘 있는 자리'인 좌의정이 되었다. 김석주가 청나라에 사신으로 간 사이 민정중이 개혁정책을 펼치려고 하자 김수항이 반대하고 나섰다.

"방금 큰 옥사를 치러 나라가 안정되지 못한 이런 때에는 조용히 국가의 명맥을 이어야지 섣불리 개혁에 손을 대 실패하면 안 됩니다."

효종 때 김육은 산당의 반대를 무릅쓰고 대동법을 주창했지만 민정중은 그런 파문을 감수하면서까지 개혁정책을 수행할 여력과 소신은 없었다. 민정중이 주춤하자 개혁을 요구하던 젊은 선비들이 비웃었다.

"민정중이 옛날 말한 것은 모두 허풍이었다. 지금 힘 있는 자리에 올랐는데 어째서 한 가지의 일도 못 하는가."

처지가 곤란해진 민정중은 조정에 동지가 없음을 한탄했다.

"개혁정책을 막는 사람은 영상이다. 산림 선비들이 조정에 있으면 어찌 이렇게 되겠는가."

민정중이 산림 선비들인 송시열·박세채·윤증 등의 출사를 거듭 요청한 것은 이런 이유 때문이었다.

송시열과 박세채가 출사한 뒤에도 한참 뜸들이다 길을 나선 윤증은 그나마 곧바로 서울로 올라오지 않았다. 윤증이 먼저 도착해 여정을 푼 곳은 과천 나량좌의 집이었다. 나량좌는 아버지 윤선거(尹宣擧)의 문인이었던 것이다. 숙종 9년(1683) 5월의 일이다. 윤증은 이곳에서 정국을 관망하며 자신의 구상을 다듬을 뿐 선뜻 서울에 올라오지 않았다. 윤증이 과천에 다다르자 숙종은 승지를 보내 유시했다.

"그대가 나를 멀리하여 버리지 않고 이미 서울 부근까지 왔으니 기쁘고 다행한 마음을 말로 다 표현할 수 없다."

그러나 윤증은 관망만 할 뿐 쉽게 움직이지 않았다. 이에 박세채가 직접 과천까지 찾아갔다. 윤증은 박세채와 함께 정국 현안에 대한 의견을 나누었다. 윤증과 박세채는 3일 동안 함께 숙식을 했는데 이 자리에서 윤증은 박세채에게 자신이 출사하기 위한 세 가지 조건을 제시했다. 이른바 '3대 명분론'이 그것이다.

"지금 잇따른 역옥(逆獄)으로 남인들이 원한을 가지고 있소. 이들의 원한을 풀고 함께 일하려면 역옥을 일으켜 공신이 된 자들을 삭제해야 하는데 그대가 그것을 할 수 있겠소?"

이것이 첫 번째 명분론이었다. 허견의 옥사와 임술옥사 등으로 대거 살육당한 남인들은 서인에게 원한을 가지고 있었다. 옥사의 대가로 공신이 된 자들의 공신록 삭제가 남인과 화해하는 첫 단추란 이야기였다.

한참을 생각하던 박세채는 힘없이 대답했다.

"할 수 없소."

윤증은 다시 두 번째 명분을 제시했다.

"정치에 부당하게 간여하는 세 외척가(外戚家)의 세력을 제거할 수 있겠소?"

이는 외척의 정치 간여 금지에 대한 요구였다. 조선 초기 태종이 민무구 등 자신의 4처남들을 모두 처형한 데서 알 수 있듯이 외척의 정치 간여는 금기였다. 그러나 이 당시 정국을 좌지우지하는 세력은 외척들이었다. 삼척가란 숙종의 외삼촌인 청풍(淸風) 김씨 김석주 가(家)와 숙종의 장인인 광산(光山) 김씨 김만기 가, 그리고 숙종의 계비인 인현왕후 민씨의 숙부인 여흥(驪興) 민씨 민정중 가를 뜻한다.

민정중은 산림 유현들의 출사를 왕에게 거듭 요청하여 성사시키는 등 산림과 우호적인 관계를 유지했으므로 윤증이 실제 문제 삼은 외척은 경신환국과 임술옥사의 주모자인 김석주와 김만기인 셈이었다. 실로 이 당시 외척의 정치 간여는 국왕과 대신 중심인 조선의 정치체제를 위협할 정도로 심각한 문제였다.

박세채는 두 번째 조건에 대해서도, "할 수 없소"라고 대답할 수밖에 없었다.

윤증은 세 번째 명분을 제시했다.

"현재 집권한 사람들의 태도를 보면 자기 당 사람만 등용하고 반대 당 사람은 무조건 배척하는데 이런 풍습을 시정한 후에야 일을 할 수 있겠소. 형이 이를 고칠 수 있겠소?"

《숙종실록》은 이를 "우옹(尤翁)의 세도(世道)를 변화시킬 수 없는 것이 하나이다"라고 적고 있는데, 우옹이란 송시열을 말하는 것이다. 따라서 이는 송시열이 주도하는 정국 운용 방식을 고칠 수 있는지를 물은 것이다. 보다 넓게 보면 서인과 남인을 떠나서 당색에 따라 등용하고 배척하는 붕당정치의 폐해를 시정해야 한다는 요구였다. 그의 세 번째 조건은 서인과 남인 간의 화해를 주창한 것이었다.

윤증은 서인이지만 남인과도 잘 통하는 인물이었다. 그는 남인 권시의 사위이고, 그 아우는 남인 거두 윤휴의 사위였으므로 서인과 남인을 두루 잘 알았다. 그가 보기에 서인과 남인이 서로 원수가 되어 싸울 이유가 없었다. 피지배계급인 농민과 노비를 다스리는 같은 지배계급이었던 것이다.

윤증은 상대 당인을 적으로 여기는 풍토를 극복하지 않고는 정치에 참여할 수 없다고 생각하고 있었다. 이는 약 한 세기 전 율곡 이이가 제기했던 조제론(調劑論)의 재론으로서 아버지 윤선거의 영향을 받은 것이기도 했다. 앞서 말했듯이 아버지 윤선거는 〈기유의서〉에서 율곡이 반대자를 등용한 사례를 들면서 남인과의 화해를 종용하기도 했다.

박세채는 이 세 번째 조건에도 "할 수 없소"라고 힘없이 대답할 수밖에 없었다. 김익훈의 처벌을 요구하는 젊은 서인들은 분명히 공작

♠ 화양동 계곡의 화양서원 터. 화양묵패를 발행하는 등 온갖 행패를 부리다 흥선대원군 때 철폐되었다.

정치의 중지와 화해를 요청하고 있었다. 하지만 권력을 장악한 것은 이들 젊은 선비들이 아니라 송시열과 김석주였다. 이 둘의 자세가 변하지 않는 한 화해는 요원했다. 김석주는 남인들을 대거 살육한 후 생명의 위협을 느껴 서울 시내에 여러 채의 집을 두고 돌아가면서 숙박했다. 아무도 그가 자는 곳을 몰랐다. 대궐에 출입할 때는 항상 호위무사를 거느렸으니 공작정치의 말로란 항상 이런 것인지도 모른다.

세 가지 조건이 무산되자 윤증은 출사하지 않기로 결심했다. 윤증은 숙종에게 회계(回啓)를 올려 사의를 표했다.

"거듭 전교를 내려 주시니 감읍하여 어찌할 바를 모르겠습니다. 하지만 신이 지금 온 이유는 출사하기 위함이 아니라 죄를 받기 위함입니다. 만약 전하께서 관대히 여기셔서 죄를 주시지 않는다면 저는 빨리 시골집으로 돌아가 넓으신 은혜에 감사하면서 전원(田園)에서 의를 지키다가 죽으려 합니다."

윤증은 다시 고향으로 내려가고 말았다.

윤증이 과천까지 왔다가 되돌아간 이 사건은 윤선거의 비문 사건, 기유·신유의서 사건과 함께 서인을 노론과 소론으로 분열시키는 중요한 계기가 되었다. 송시열과 윤증을 중심으로 서인은 노론과 소론으로 나뉘고 말았다. 나이 많은 송시열은 당연히 노론의 영수가 되고 윤증은 소론의 영수가 되었다.

두 사람이 갈린 표면적 이유는 비문이나 의서 사건 같은 개인적 차원의 일들이었으나 이것이 당파의 분열로 이어진 이유는 두 사람이 대표하는 정치세력들의 세계관이 다른 데 있었다. 분당 당시 노론의 중심인물은 영수 송시열을 필두로 척신 김석주와 민정중, 그리고 김익훈을 비롯해서 이선·이수언·이이명·이여 등의 훈신들과 김수항 같은 서인 중진들이었다. 반면 소론은 영수격인 윤증과 박세채를 비롯해서 조지겸·오도일·남구만·한태동·박태보·임영·이상진 등이었다.

박세채는 윤증의 세 가지 명분이 모두 타당한 것임은 수긍했으나 자신에게 이를 해결할 능력이 없음을 알았다. 홀로 서울로 온 박세채는 낙향을 결심하고, 송시열이 제기한 태조의 시호 문제에 대해 반대의 뜻을 밝힌 뒤 파주로 돌아갔다. 세 유현 중 둘이 조정을 버렸으니 송시열도 체면상 서울에 남아 있을 수가 없었다. 이에 송시열도 사직하고 서울을 떠나 고양을 거쳐 금강산에 들렀다가 화양동으로 돌아가고 말았다.

윤증은 스승을 배신했는가

윤증이 과천까지 올라왔다 되돌아간 사건은 조야에 많은 화제를 낳았다. 명분이 우선시되는 조선 성리학 사회에서 송시열이 주도하는 정국의 변화를 요구하고 되돌아간 사건은 윤증의 명성을 한껏 드높여 놓았다. 반면 윤증이 돌아가고 박세채마저 떠남에 따라 할 수 없이 낙향한 송시열은 명분상 큰 타격을 입었다.

송시열의 노론은 윤증과 박세채의 과천 회동에 대해서 많은 말을 만들어 냈다. 윤증이 권시의 사위 이달삼과 이유의 아들 이기에게 들은 말을 박세채에게 전해 그의 마음을 돌려놨다는 내용이다. 이달삼과 이유에게 들은 말이란, "송시열과 함께 정치하다간 큰 화를 당할 것이요"이었다는 것이다. 송시열의 노론은 윤증을 공격한다는 방침을 정했다.

윤증이 다시 고향으로 돌아간 지 1년여가 지난 숙종 10년(1684) 4월, 송시열의 제자인 사옹원(司饔院) 직장(直長) 최신(崔愼)이 상소를 올려 윤증을 공격했다.

"전 대사헌 윤증은 산림에 발붙여 선비라 자처하면서 속으로는 바른 사람을 미워하는 마음을 품고서, 송시열을 헐뜯는 데에 여력을 다했고 이조참판 박세채에게 글을 보내어 방자하게 송시열을 욕하며 없는 것을 있다 하고 흰 것을 검다 하였는데, 그 글이 온 세상에 가득히 전하되었습니다."

최신은 윤증을 격하게 비난했으며, 송시열이 써준 묘비문에 대해 말하면서 윤증의 아버지 윤선거를 비판하기도 하였다.

"윤증의 아비 윤선거는 병자호란 때에 강도(江都)에 들어갔는데, 강도가 함몰되었을 때에 아내 및 벗과 같이 죽기로 약속하여, 그 아내도 죽고 그 벗도 죽었으나 윤선거만 죽지 않았으니, 그 뒤로 문을 닫고서 학문하고 끝내 벼슬하지 않아서 대개 볼 만한 것이 많기는 하나, 완비하기를 책망한다면 어찌 비평할 만한 것이 없겠습니까?"

이 상소가 나오자 소론에서는 헌납(獻納) 김두명(金斗明)이 상소해 윤선거를 옹호하는 등 소론과 노론의 분쟁이 끊이지 않았다. 소론은 송시열이 그 내용을 단속했으나 최신이 일방적으로 상소했다고 방어했다. 송시열이 배후에서 조종했는지는 분명하지 않지만 노론 영수의 한 명인 민정중이 사주한 것은 사실이다. 최신의 상소문을 미리 본 사우(士友)들은 너무 날카롭다며 만류했고 그중 이수실(李秀實)이란 인물이 좌의정 민정중을 만나 말려달라고 요청했는데, 민정중은 오히려 이수실을 꾸짖었다.

이 상소가 나오자 사론(士論)은 둘로 갈라졌으나 수세에 몰린 쪽은 윤증이었다.

"윤증은 송시열에게 젊어서부터 배웠으므로 선생이라 칭하며 스승으로 섬긴 것이 수십 년인데, 하루아침에 잃은 것처럼 버리고 더러운 것처럼 꾸짖으니, 아! 험악합니다."

최신의 상소처럼 노론에서는 윤증이 한때 송시열에게 배운 과거를 들추어 가지고 스승을 배신한 배사(背師)라고 공격했는데, 군사부(君師父)가 하나로 인식되던 조선 사회에서 '배사'라는 말은 혐의 자체만으로도 치명적 약점이 될 수 있었다. 그러나 이는 상대방의 약점을 물고 늘어지는 노론의 일방적인 정치공세였다. 윤증의 자리에서 보면 송시열은 스승이지만 윤선거는 아버지였다. 아무리 군사부일체라지만 스승보다 아버지가 소중할 것은 두말할 나위도 없었다. 게다가 윤선거는 학문적으로도 윤증에게 스승이기도 했다. 송시열에게 사사하기 전 오랫동안 아버지에게 학문을 배웠기 때문이다. 윤증은 아버지 윤선거와 송시열뿐만 아니라 장인 권시를 비롯해 유계 등에게 사사했는데 노론은 이런 관계는 도외시한 채 한때 송시열에게 배운 것만을 가지고 '배사'라고 몬 것이다.

최신이 상소를 올린 지 석 달 후에는 옥천 유생 김엽(金曄)이 다시 윤증을 공격하고 나섰다.

"간사한 무리들이 봉조하(奉朝賀 : 평생토록 녹을 받는 전직 대신) 송시열을 겉으로는 높이는 척하면서 뒤로는 공격하고 있습니다. 윤증이 송시열을 공격하는 것은 10여 년 전 그 아비의 묘비문 때문입니다. 그때는 가만히 있다가 송시열의 위세가 전만 못 하자 간사한 무리들과 합세해 그를 죽일 계책을 꾸몄던 것입니다."

윤증은 숙종 7년 《현종실록》 편찬을 맡은 김수항에게 편지를 보내 윤선거의 강화도 행적을 옹호한 적이 있었다.

"율곡은 입산(入山)했던 실수가 있지만 선인(先人 : 아버지)은 처음부터 죽어야 할 의리가 없었습니다."

김수항에게 보낸 편지가 알려지면서 노론은 윤증이 아버지의 신원을 위해 성현인 이이를 모함했다고 공격하기도 했다.

송시열과 윤증의 논쟁은 고변 사건 처리와 맞물려 이어지다가 숙종 13년 2월 송시열의 상소로 새로운 전기를 맞이했다. 송시열은 윤선거·윤증 부자와 자신이 다투게 된 이유는 모두 윤선거가 사문난적 윤휴를 따랐기 때문이라고 상소했던 것이다. 스승과 직접 다툴 수 없었던 윤증은 이 상소에 침묵했으나 윤증이 과천에 갔을 때 머물렀던 나량좌가 대신 상소를 올려 윤증을 옹호했다. 그는 윤선거가 윤휴 편을 든 것이 아니라 송시열과 윤휴를 화해시키려 한 것인데 양측 모두로부터 배척받았음을 설명하고, 강화도 사건에 대해서도 윤선거의 처신을 옹호하면서 송시열을 비난했다. 이는 윤증의 소론에서 자신의 정당성을 설파하면서 송시열을 정면에서 비난하고 나선 최초의 상소였다.

공론이 격화되자 그 시비의 판정이 불가피하게 되었는데, 천하의 두 유현이 붙은 논쟁이다 보니 그 판정은 국왕 숙종이 내릴 수밖에 없었다. 이미 둘의 논쟁은 학문의 차원을 넘어 정치의 차원으로 전환했기 때문이다.

당시 숙종은 불안한 상태였다. 숙종의 권력을 지탱해 주던 두 외척 김석주와 김만기는 모두 사망한 뒤였다. 그중에서도 숙종 10년 9월 김석주의 사망은 숙종에게 큰 타격이었다. 그가 주도한 공작정치는 옳고 그름을 떠나 왕권강화에는 절대적 구실을 했다. 김석주가 배후에서 때로는 서인을 옹호해 남인을 쫓아내고, 때로는 남인을 편들어 서인을 쫓아내지 않았다면 어린 왕 숙종은 당쟁의 외중에 무너졌을지도 모른다.

서인이 노론과 소론으로 갈린 것이 숙종에게는 다행한 일이었을 것이다. 만약 서인이 송시열 1인 체제로 결집되어 있다면 왕권을 능가하는 세력이 될 것이었다.

숙종은 송시열과 윤증 중 누가 옳은가가 아니라 누가 자신에게 힘이 되는가를 기준으로 선택할 수밖에 없었다. 그 기준에 따르면 두 외척의 빈자리를 대신할 세력은 윤증의 소론이 아니라 송시열의 노론이었으므로 송시열의 손을 들어줄 수밖에 없었다. 충청도 이성에 은거해 있는 윤증의 손을 들어줄 경우 송시열 측 노론의 반발을 막기 곤란했던 것이다. 그리하여 숙종은 송시열을 비난하는 상소를 올린 나량좌를 극변으로 유배 보냈다. 송시열은 윤선거·윤휴 등과 관련된 일의 본말을 설명했음에 불과한데 스승 윤선거를 옹호한다는 구실로 원로대신인 송시열을 배척했다는 것이 나량좌의 죄목이었다.

소론 승지 오도일이 나량좌를 옹호하고 나서자 숙종은 그 역시 파직시켜 버렸다. 그 외에도 조정의 소론 대신들이 나량좌를 옹호하고 나섰을 때도 숙종은 송시열을 편들었다.

"그대들은 윤선거가 있는 줄만 알고 원로대신(송시열)이 있는 줄은 모르는구나."

이처럼 숙종은 양측의 싸움에서 송시열 측의 손을 들어주었다. 나량좌처럼 송시열을 비난하면 극변으로 유배 보내기도 하고, 정언 최석항(崔錫恒)과 지평 권항(權恒)처럼 나량좌를 옹호하면 벼슬을 갈아버릴 정도로 송시열의 권위를 세워주었다. 그것이 왕권 유지에 도움이 되는 한….

남인 소생 왕자가
어찌 임금이…

타당 소생의 임금 탄생은 목숨 걸고 막아야

40년을 그리던 주자의 저서

이 무렵 송시열은 꿈에도 그리던 책을 구하게 된다. 주희가 해석한 《논맹정의(論孟精義)》란 책이다. 당시 조선에도 주희의 《논어혹문(論語或問)》, 《맹자혹문(孟子或問)》은 간행되어 있었지만 그보다 먼저 쓴 《논맹정의》는 아직 입수되지 않은 터였다. 송시열은 이 책들에 대해 이렇게 평가했다.

"우리나라에서 《논어혹문》, 《맹자혹문》을 간행한 지는 오래되었지만 진실로 《논맹정의》가 없으면 《혹문》의 내용을 다 이해할 수 없다. 이는 마치 저울은 있되 가볍고 무거운 것을 달 수 없는 것과 같고, 자는 있되 그 길고 짧은 것을 잴 수 없는 것과 마찬가지이다."

송시열은 《논맹정의》를 구하기 위해 많은 애를 썼다. 청나라에 사신이 갈 때마다 역관(譯官)에게 부탁했으나 그 뜻이 번번이 무산된

지 40여 년이었다. 그러던 중 그의 제자인 이선(李選)이 동지사(冬至使)로 북경에 다녀오면서 드디어 《논맹정의》를 구해 왔던 것이다. 숙종 13년(1687)의 일이었다.

송시열은 밤잠을 이루지 못할 정도로 기뻐했다. 송시열은 이선이 구해온 《논맹정의》의 내용을 《논어혹문》과 《맹자혹문》의 해당 조목 아래 차례대로 인용해 편리하게 비교해 볼 수 있도록 편집해 출간했다. 그 과정이 무려 2년여가 걸렸다. 그는 이렇게 정성을 들인 책을 《논맹혹문정의통교(論孟或問情義通巧)》라 이름 붙이고 서문을 썼다. 그러고는 제자인 권상하(權尙夏)에게 나머지 작업을 맡겼다. 그가 이 책의 서문을 서둘러 쓴 때는 다시 정권이 남인으로 바뀌어 비참한 죽음을 맞기 석 달 전인 숙종 15년 3월이었다. 아마도 송시열은 자신의 비참한 미래를 예측하고 제자에게 나머지 일을 맡겼는지도 모른다.

어쨌든 40여 년간 희구하던 《논맹정의》를 구한 이 시기가 송시열의 인생에서 정치적으로나 학문적으로 절정기였다. 어쩌면 그는 정권보다 《논맹정의》를 얻은 데 더 기뻐했을지도 모른다. 그가 정치 대신 학문만을 닦았다면 많은 비극을 피할 수가 있었을 것이다. 그러나 그가 신봉했던 주자학은 당시 조선에서 이미 학문이 아닌 정치적 도그마가 되어 있었다. 그러므로 그의 비극은 상대성을 인정하지 않는 절대성의 비극이자 상대방뿐만 아니라 자신도 파괴하는 전체성의 비극이었다.

그 비극이 종말을 향해 치닫고 있었다. 그의 운명을 결정하는 사건, 바로 장희빈 소생의 왕자를 원자로 정호(定號)하는 사건이 다가오고 있었던 것이다.

장희빈을 둘러싼 조정의 역학관계

숙종에게는 커다란 문제가 있었다. 바로 후사가 없는 것이었다. 그는 김만기의 딸인 인경왕후와 민유중의 딸인 인현왕후 두 왕비를 두었다. 인경왕후는 경신환국이 이루어지던 숙종 6년(1680) 천연두로 사망하고 그녀가 낳은 세 딸도 모두 일찍 죽고 말았다. 다음 해인 1681년 숙종은 15세의 인현왕후를 맞이했으나 그녀는 20세가 다 되도록 왕자는 물론 공주도 낳지 못했다.

이즈음 숙종은 한 여인을 만나게 된다. 장옥정이란 궁녀 출신의 여인이다. 훗날 장희빈(張禧嬪)이라 불리는 그 여인이다.

희빈 장씨(禧嬪 張氏)는 중인(中人) 역관(譯官) 장형(張炯)의 서녀(庶女)였다. 명문대가들이 득세하던 당시에 중인은 행세할 수 없는 신분이었다. 게다가 그녀는 중인의 적녀(嫡女)도 아닌 서녀였다. 그녀의 어머니는 훗날 우의정이 되는 조사석(趙師錫) 처가의 여종[婢 : 비]이었다.

조선의 신분제는 부모 중 어느 한쪽이 천인이면 그 자손도 무조건 천인이 되는 양천제(兩賤制)였다가 현종 10년(1669)에 어머니의 신분에 따라 자손의 신분이 정해지는 종모법(從母法)으로 바뀌었다. 종모법에 따른다 해도 장옥정은 천인에 불과했다. 자의대비궁 소속의 궁녀로 궁궐에 들어온 장옥정은 곧 숙종의 총애를 받았으나 숙종의 모후인 명성왕후의 반대로 궁에서 쫓겨났다. 그녀가 다시 궁궐에 들어온 때는 명성왕후가 세상을 뜬 숙종 9년(1683)이었다.

숙종은 다시 궁궐에 들어온 장옥정을 총애했다. 하지만 이 총애는 곧 서인들의 강력한 반대에 부딪쳤다. 장옥정의 집안이 남인가와 관계가 있었기 때문이다.

숙종 12년 7월 부교리 이징명(李徵明)은 상소를 올려 장옥정을 쫓아

낼 것을 주청했다.

"폐하의 총애를 받고 있는 궁인 중의 한 사람은 역관 장현(張炫)의 친척입니다. 현(炫) 부자는 허견의 옥사 때 사사당한 복창군 정(楨)에게 붙었던 자인데 이제 전하께서 그 친족을 가까이 하다가는 차후 말할 수 없는 우려가 있을 것입니다. 성상께서 장녀(長女)를 내쫓아서 맑고 밝은 정치에 누를 끼치지 말게 하소서."

서인들이 장씨를 보는 눈은 이 상소에서 잘 드러난다. 즉 국왕 숙종의 개인적인 애정 문제가 아니라 서인과 남인의 역학관계라는 정치적 시각이었다. 역관 장현은 장옥정의 종숙(從叔)이었다. 서인들은 그녀가 복창군 형제와 관계 있던 한 역관의 종서녀(從庶女)라는 이유만으로 숙종과 그녀의 교제를 극력 반대하고 나섰던 것이다.

숙종은 자신의 애정 문제에 신하들이 끼어든 데 분개했다. 왕조 국가에서 국왕의 여성 편력은 단순한 애정 문제를 넘어 후손의 번창을 위한 정치행위이기도 했다. 더구나 그는 아직 왕자가 없었다.

숙종이 이징명을 파직하자 옥당과 여러 신하들이 거듭 나서 이징명을 옹호했다. 그러자 숙종은 소리를 버럭 지르기까지 했다.

"너희들이 이처럼 방자하기 때문에 북인(北人 : 청나라 사람)이 군주는 약하고 신하가 강하다는 말을 한다."

숙종은 나아가 이징명의 상소와는 반대로 그때까지 궁녀로 있던 장옥정을 내명부 종4품 숙원(淑媛)에 봉하려 하였다. 내명부 정5품 상궁(尙宮)까지는 궁녀지만 숙원부터는 궁녀가 아닌 후궁(後宮)이었다. 후궁은 국왕의 합법적인 부인 중의 한 명으로서 신분 자체가 변하였다. 그러자 정언 한성우는 '색(色)', '총애(寵愛)' 같은 원색적 말들을 담은 상소로 반대했다. 숙종은 한성우의 벼슬을 갈아버렸다.

"이는 궁인(宮人) 중에 음흉한 것들이 사대부와 짜고 터무니없는 말

을 꾸며 임금을 모함하는 것이다. 앞으로 비방하는 말을 만드는 궁인
은 바로 목을 베는 것을 내명부의 으뜸가는 법령으로 삼으라."

이처럼 장옥정을 총애하는 숙종의 의지는 단호했다.

숙종은 불안했다. 서인들이 장옥정을 반대하는 이유를 잘 알고 있
었기 때문이다. 서인들은 장옥정을 남인 당인으로 바라보고 반대하는
것이었다. 숙종은 궁중에 장옥정의 세력이 없는 데 불안을 느껴 장씨
의 세력을 궁중에 심으려 했다.

그중 한 명이 숭선군(崇善君)의 아들인 동평군(東平君) 항(杭)이었다. 숙
종이 동평군 항을 혜민서(惠民署) 제조(提調)에 임명한 것은 동왕 13년
6월이었다. 혜민서란 의약에 관한 사항과 백성들의 구호에 관한 사무
를 맡아보는 한직의 부서였다. 종6품 주부(主簿)가 실무의 최고책임자
로 있는 하위 관청이었고, 제조는 종1품이나 정2품으로서 직급은 높
았으나 겸직에 지나지 않았다.

하지만 서인들은 동평군을 한직인 혜민서 제조에 임명한 데 대해
강력히 반발하고 나섰다. 이조에서는 명을 받기를 거부했다.

"사옹원과 종부시(宗簿侍)를 제외하면 종친이 제조에 제수된 예가
없으므로 감히 명을 받들 수 없습니다."

숙종도 물러나지 않았다.

"사옹원에 종친이 제수된 것도 법전에는 없는 일이니 지금 종친이
혜민서에 제수된 것도 불가한 일이 아니다."

혜민서라는 하위 관청 하나를 명목상 관리하게 하는 데 신하들이
강력히 반발하고 나선 이유 중의 하나도 숙원 장씨와 관련이 있었다.
동평군의 어머니 신(申)씨는 숙종의 모후 명성왕후에 의해 쫓겨난 장
옥정을 돌봐주었던 인물이었다. 궁녀 장옥정은 동평군의 집에 머물다
가 명성왕후가 세상을 떠나자 다시 궁중에 들어왔던 것이다. 이 일은

동평군에 대한 숙종의 신임을 굳히는 결정적인 계기가 되었다. 이런 사정이 있었기 때문에 서인들이 그의 혜민서 제조 임명을 반대했던 것이다.

조사석(趙師錫)의 우의정 제수를 반대한 것도 마찬가지 맥락이었다. 우의정 이단하(李端夏)가 좌의정으로 전보해 우의정 자리가 비자 숙종은 영의정 김수항과 좌의정 이단하에게 우의정을 추천하라고 말했다. 그들은 처음 이상(李翔)을 추천했으나 숙종이 윤허하지 않자 이민서(李敏敍), 신정(申晸), 여성제(呂聖齊)를 차례로 추천했다. 그러나 숙종은 이들을 모두 거부했다.

이는 숙종이 따로 심중에 둔 인물이 있다는 뜻이었다. 이런 뜻을 읽은 김수항과 이단하가 청대하자 숙종은 드디어 의중의 인물을 댔다.

"조사석은 어떤가?"

숙종이 이렇게까지 나오는데 신하들이 반대할 수는 없었다. 숙종 13년 5월의 일이었다.

이런 과정을 거쳐 조사석이 우의정에 임명되었으나 반발이 없을 수 없었다. 지사(知事) 김만중이 경연에서 이를 거론했다.

"세상에서 조사석이 우상이 된 것에 대해 '귀인(貴人) 장씨의 외가댁과 친하기 때문에 청탁으로 정승이 되었다'라고 말합니다."

김만중의 말은 귀인 장씨의 어머니가 조사석 처가의 여종이었던 이런 인연으로 조사석이 정승이 되었다는 말이었다. 이 말을 들은 숙종은 크게 화를 냈다.

"내가 한 나라의 임금으로서 한 여자에게 혹하여 뇌물을 받고 정승을 시켰다는 말까지 듣게 되었으니 참으로 면목이 없다. 오늘 안으로 그 말의 출처를 캐어 자수하게 하라."

김만중은 체포당해 세 번이나 엄히 문초를 받았으나 그 말의 출처에 대해서는 한마디도 대지 않았다. 숙종은 김만중을 평안도 선천으로 귀양 보냈다. 그는 기사년에 서인들이 몰락한 후 이 말 때문에 다시 세 차례의 엄한 형벌을 받게 된다.

서인들이 민감하게 반응한 이유는 동평군과 조사석 문제 모두 희빈 장씨와 관련이 있기 때문이었음을 말할 필요도 없었다. 조사석과 동평군 문제에는 소론 이조판서 박세채도 강하게 반박하고 나섰다.

"김만중의 행위는 모두 괘씸히 여기고 있습니다. 하지만 만약 그 말이 항간에서 파다하게 돌아다니는데 전하 혼자만 듣지 못했기 때문에 전해드린 것이라면 어찌 김만중의 죄가 되겠습니까? 또 어느 사람에게만 사랑이 유별나서 봉작(封爵)을 높여주었거나, 대궐에 들어가 전하를 뵙는 것이 다른 사람과 달리 자주 있다면 이는 삼가야 할 일입니다."

'어느 사람에게만 사랑이 유별나서 봉작을 높여주었다'는 말은 장옥정이 1년도 안 되어 내명부 종4품 숙원에서 종1품 귀인으로 승진한 것을 두고 하는 말이었다. 또 '대궐에 들어가 전하를 뵙는 것이 다른 사람과 달리 자주 있다'는 말은 동평군을 두고 한 말이었다. 숙종은 동평군을 총애해 자주 궁궐에 불러 물건을 하사하곤 했던 것이다.

노론, 소론 할 것 없이 서인들이 모두 귀인 장씨와 동평군을 반대하고 나서는 이유는 이 문제가 숙종의 후사, 즉 다음 왕위와 밀접한 관련이 있기 때문이다.

박세채는 위의 상소에서 장씨 문제에 대해 이렇게 말했다.

"남자는 밖에서 그 위치를 바르게 하고 여자는 안에서 그 위치를 바르게 하는 부부의 분별이 엄하므로 집안이 가지런한 것입니다. 처(妻)는 위로서 남편과 동등하며 첩(妾)은 아래로서 명령에 복종하는 적서(嫡庶)의 분별이 정해져야 집안이 가지런히 정비되는 것입니다. 만일 그렇지 않으면 사삿집이나 나라의 근심이 됩니다."

박세채가 우려하는 바는 숙종의 '처(妻)'인 인현왕후와 '첩(妾)'인 귀인 장씨의 분별이 없어지거나 그 처지가 뒤바뀌는 것이었다.

숙종은 유현(儒賢)의 상소에는 이례적이라 할 정도의 엄한 전교를 내렸다. 숙종은 재위 14년 7월 '괴물'이란 용어를 써가며 하교했다.

"내가 변변치 못하여 한 괴물(怪物)을 조정(朝廷)에 불러들였기 때문에 이런 지경에 이르게 되었으니, 불효의 죄에서 진실로 벗어날 수가 없다. 차라리 갑자기 세상을 떠나서 모르는 체하고자 한다."

'괴물'이란 박세채를 지적한 것이다. 이 문제에 관한 한 숙종에게 타협의 여지는 없었다.

서인들은 심지어 숙종의 후사와 관련하여 동평군을 둘러싼 소문이 퍼지고 있다고 주장했다. 즉 동평군이 궁을 자주 드나들자 후사가 없는 숙종이 사망하면 동평군이 뒤를 이으리라는 소문이 있다는 주장이었다. 동평군 문제를 정면에서 제기한 인물은 영의정 남구만이었다. 남구만은 숙종 14년 7월 우의정 여성제(呂聖齊)와 청대하여 이 문제를 제기한다.

"현종대왕이 인평대군의 아들들을 동기처럼 대했기 때문에 복창군 형제들이 점점 교만해져 역모가 일어났습니다. 전하께서 보위에 오르신 지 10년 넘도록 후사가 없으셔서 인심이 안정되지 못한 판국에 가까운 종친을 자주 궁중에 출입시키시니 박세채가 차자를 올리지 않을 수 없었던 것입니다. 그러므로 지금 동평군의 혜민서 제조를 해임하시면 그것이 곧 박세채의 사직을 만류하는 길이 됩니다."

이는 종친 동평군의 총애가 숙종의 후사와 밀접한 관련이 있지 않느냐는 물음이었다. 이 주청에 숙종은 화를 냈다.

"이는 역모를 고변한 것과 같소. 복창군 형제의 일과 결부해 과인의 후사가 없다는 이유로 동평군을 의심하려면 직접 국문을 요청할 일이지 어찌 혜민서 제조의 직만 갈라고 하는가?"

숙종은 남구만을 경흥(慶興), 여성제를 경원(慶源)에 위리안치시켰다.

그러나 서인들이 진정 우려하는 것은 동평군이 아니라 후궁 장씨의 뱃속에 들어 있는 아이였다. 남구만이 문제를 제기할 당시 귀인 장씨는 임신 7개월에 접어들고 있었다. 그녀가 아들을 낳는다면 조정은 격변에 휩싸일 것이었다.

즉위 15년 만에 태어난 왕자에 대한 논란

숙종 14년(1688) 10월 27일, 조정은 긴장에 휩싸였다.

소의 장씨가 진통에 들어간 것이다. 숙종은 그때까지 자식이 없었다. 인경왕후가 낳은 세 딸마저 모두 죽어버려 천지에 숙종의 핏줄이라고는 없는 상황이었다. 장옥정이 아들을 낳을 경우 조정에 엄청난 충격을 가져올 것이었다. 숙종은 왕자이기를 바랐고 서인들은 옹주이기를 바랐다.

이런 양립된 긴장을 뚫고 탄생한 아기는 왕자였다. 숙종은 기뻐 마지않았고 서인들은 탄식해 마지않았다. 즉위한 지 15년 만에 갓 태어난 왕자를 두고 숙종과 서인이 보인 상반된 감정은 중립지대 없는 양측의 충돌이라는 비극을 예고하는 것이었다.

서인들은 어린 왕자에 대해 긴장감을 늦추지 않았다. 그 한 예가 사헌부 지평 이익수(李益壽)·이언기가 사헌부 금리(禁吏)와 조례(皁隷)들을 시켜 산후 몸조리를 돕기 위해 궁궐에 들어오던 귀인 장씨의 어머니를 옥교(屋轎)에서 끌어내리고 옥교를 빼앗아 버린 사건이었다. 이익수는 여기에 그치지 않고 옥교를 때려 부수고 불태워 버렸다. 그리고 사헌부 금리를 시켜 가마를 메고 온 노비들을 치죄하게 했다. 천인이 무엄하게 옥교를 탔다는 구실이었으나 그녀는 단순한 천인이 아니라 하나뿐인 왕자의 외할머니이자 종1품 귀인의 어머니였으므로 그런 잣대로 처리할 수는 없는 터였다. 숙종이 분개한 것은 당연했다.

"후궁의 산실(産室)을 설치하는 것은 궁중의 관례이다. 귀인의 본가에서 간호하러 궁중에 들어올 때 옥교를 타도록 허락한 것은 바로 과인이며 이 또한 전례에 있는 일이다. 궁녀들도 천인이지만 상궁이 되면 법에 따라 가마를 타는데, 하물며 왕자의 외가에서 전교를 받고 출입하는 것을 어찌 이렇게 할 수 있는가."

숙종은 내수사(內需司)에 명해 이익수를 다스리게 했으나 신하들이 반대하고 나섰다. 숙종은 내수사 환관에게 시켜 가마를 불태운 사헌부 금리를 다스리게 했다. 임금의 명령을 받은 환관들은 금리 둘을 장살(杖殺)하고 말았다. 이에 교리 유득일이 상소를 올려 반발하고 나섰다.

"전하의 오늘 행동은 실로 천고에 없는 것입니다. 헌관(獻官 : 사헌부 관리)은 법을 집행했을 뿐인데 금리를 옥에 가두고, 환관에게 다스리게 하여 심한 고문으로 죄 없는 사람이 연달아 목숨을 잃었습니다. 보고 듣는 이가 모두 놀라서, '후궁을 두둔해서 죄 없는 사람을 억울하게 죽인다'고 합니다."

숙종도 사람이 죽어나간 데 당황해 한발 물러섰다.

"칠정[七情 : 사람의 일곱 가지 감정. 유가(儒家)에서는 희(喜)·노(怒)·애(哀)·구(懼)·애(愛)·오(惡)·욕(欲)을, 불가(佛家)에서는 희(喜)·노(怒)·우(憂)·구(懼)·애(愛)·증(憎)·욕(欲)을 든다] 가운데 발동하기는 쉽고 억제하기는 어려운 것이 성내는 것인데 나의 병통이 항상 그 속에 있다. 한때의 분함을 참지 못해 일을 저질렀으니 이는 실로 나의 수양이 부족한 탓이다. 죽은 두 사람을 구휼하라."

원자(元子)의 이름을 둘러싼 논란

이처럼 한발 물러서기는 했지만 숙종은 왕자에 대한 서인들의 반응에 불만이 많았다. 사헌부 관리가 왕자의 외할머니를 끌어내린 사건은 숙종에게 왕자의 미래에 대한 위기위식을 갖게 했다. 숙종은 왕자와 장씨의 지위를 튼튼히 해놓지 않으면 장래 어떤 일이 벌어질지 자신할 수 없었다. 이런 위기의식이 숙종에게 특단의 조치를 강구하게 했다.

숙종은 왕자가 태어난 지 3개월이 채 안 된 동왕 15년 1월 10일 긴급한 지시를 내렸다. 먼저 시·원임대신, 6조판서, 삼사 장관을 긴급 소집했다.

"일이 매우 중요하니 정오가 지나도록 오지 않는 신하가 있을 경우 해당 승지를 중죄로 다스리겠다."

긴급 명령을 받고 영의정 김수항과 이조판서 남용익(南龍翼) 등 아홉 명이 황급히 모였다. 이 자리에서 숙종은 대신들에게 통보했다.

"나라의 근본[國本 : 국본, 세자를 뜻함]이 정해지지 않아 나라의 형세가 고단하며 민심이 의지할 데가 없다. 현재의 가장 큰 계책은 다른 데 있는 것이 아니고 왕자의 명호(名號)를 정하는 일이다. 만일 머뭇거리거나 다른 의도가 있는 사람은 벼슬을 내놓고 물러가는 것이 좋다."

왕자의 명호를 짓는 것은 당연한 일 같지만 여기에는 중대한 의미가 담겨 있었다. 이는 단순한 명호가 아니라 원자(元子)의 명호를 짓겠다는 뜻이기 때문이다. 원자의 다음 수순은 세자이므로 원자 정호(定號) 문제는 왕위 계승과 관련 있는 일이었다. 따라서 비록 정비(正妃)가 아닌 후궁의 소생이라 하더라도 원자로서 정호되면 자연히 다음 세자가 되는 것이었다. 훗날 정비가 왕자를 낳더라도 원자로 먼저 정호된 왕자에게 우선권이 있었다.

후궁 장씨 소생의 왕자가 원자로 정호된다면 다음 왕위는 그의 것이었다. 장씨가 궁녀로 숙종과 교제할 때부터 사사건건 방해하던 서인 정권으로서는 목숨을 걸고 막아야 할 일이었다. 그리고 실제 송시열과 서인들은 여기에 정권의 운명을 걸었다.

이 자리에 참석한 인물 중 가장 먼저 반대하고 나선 인물은 이조판서 남용익이었다.

"왕자 탄생은 신민의 경사지만 오늘의 말씀은 의외이며, 지금 중전께서 춘추 한창이시니 왕자의 명호를 짓는 일은 너무 빠른 감이 있습니다. 반대하려면 물러가라 하시니 물러가겠습니다만 제 생각은 이렇습니다."

남용익의 말대로 인현왕후 민씨의 나이는 23세의 한창 나이였다. 대신들이 기를 쓰고 반대하는 근저에는 서인가의 여인인 인현왕후 민씨가 있었던 것이다.

호조판서 유상운(柳尙運)도 반대였다.

"앞으로 왕비께서 아들을 낳는 경사가 없다면, 나라의 근본은 자연히 현 왕자에게 돌아갈 것인데 오늘날 명호를 정하거나 정하지 않는 것이 무슨 관계가 있겠습니까."

병조판서도 윤지완도 반대였다.

"남용익의 '빠르다'는 말은 참으로 옳습니다. 한(漢)나라 명제(明帝)는 황후가 아들 낳을 희망이 없어진 뒤에야 비로소 장제(章帝)를 아들로 삼았으니 정비의 맏아들을 중하게 여긴 것을 알 수 있습니다. 왕비께서 아들을 낳는 경사가 없으면 자연히 나라의 근본이 정해질 것입니다."

대사간 최규서(崔奎瑞)도 마찬가지였다.

"전하의 춘추 아직 한창이시고 왕자가 탄생한 지 겨우 두어 달밖에 안 됐는데 어찌 이리 서둘러 정호하려 하십니까? 또 오늘 일은 중요한 일로서 조용히 의논해야 할 일인데 벼슬을 가지고 아랫사람들을 위협해서 물러가라는 말씀까지 하시니, 신하를 대우함이 너무 야박할 뿐만 아니라 전하께서도 실언(失言)하셨다는 말을 면할 수 없을 것입니다."

이처럼 대부분의 신하들이 원자 정호를 반대했다. 남인인 공조판서 심재(心材)만이 신중한 자세를 보였다.

"전하의 분부도 일리가 있지만 신하들의 말도 일리가 있으니, 널리 물어서 처리함이 옳을 것입니다."

하지만 널리 물을 경우 대부분이 서인인 신하들이 찬성할 리 없었다. 심재는 비록 남인이지만 서인 정권 속에서 굳이 원자 정호에 찬성해 물의를 일으키고 싶지 않았던 것이다.

숙종은 이들을 설득하기 위해 꿈 이야기까지 동원했다.

"작년 5월에 내가 꿈속에서 어떤 사람을 만나, '내가 언제 아들을 낳겠느냐?'고 물으니, 그 사람이 '이미 잉태하고 계신데 남자(男子)입니다' 하였다. 내가 듣고서 스스로 기뻐하였는데 아들을 낳게 되어서는 내 마음에 믿는 바가 있게 되었다."

그러나 숙종의 꿈과 서인의 꿈은 다른 것이었다. 드디어 입을 연 영상 김수흥도 서인이었다.

"왕자 탄생을 온 나라 신민이 좋아하니, 만일 왕비께서 아들을 낳는 경사가 없으면 나라의 근본이 어디로 가겠습니까? 지금 탄생한 지 두어 달 만에 갑자기 정호하자고 하시니 서두르신다는 말씀을 안 들으실 수 없습니다. 옛 사람들은 태자(太子)에 대해 교양의 함양을 급선무로 하였지 정호를 서둘렀다는 말은 듣지 못했습니다. 또 왕자가 많다면 모르지만 한 분 뿐이니 교양을 함양한 뒤엔들 나라의 근본이 어디로 가겠습니까. 오늘 여러 신하들의 의사가 다른 데 있는 것이 아니라 왕자가 아직 포대기 속에 있기 때문이니 잘 생각해서 처리하십시오."

하지만 숙종에게 대신들의 반대는 이미 각오했던 바였다.

"내 나이 30이 되도록 아들이 없다가 작년에야 왕자를 낳았는데 원자로 정호함이 어찌 빠르다고 하는가. 국세는 외롭고 옆에는 강한 이웃이 있으니 종사의 중대한 계책을 더 미룰 수 없다. 여러 말할 것 없이 예조에 명하여 원자 정호를 예조에 분부하라."

그러나 예조에서도 "원자 정호는 함부로 결단하기 어려운 점이 있으니 널리 대신들과 의논해 결정하기를 바랍니다"라며 사실상 명을

🌲 서울시 석관동에 있는 경종의 의릉. 장희빈의 아들인 그는 재위 4년 만에 급서하는데 소론과 남인들은 노론에서 독살했다고 믿었다.

받들기를 거부했다. 숙종은 다시 명령했다.

"원자로 정호하라."

조정에서는 아무도 원자 정호에 찬성하지 않았다. 이런 상황에서 숙종을 지지하고 나선 인물은 조정 중신이 아니라 남인 유생 유위한(柳緯漢)이었다. 그는 원자 정호에서 한 걸음 더 나아갔다.

"신의 어리석은 생각으로는 원자 정호는 직접 세자로 정하는 것만 못하오니 전하께서 빨리 결단하여 세자로 정하십시오."

그는 원자 정호를 넘어 세자로 책봉하자고 주장한 것이었다. 유위한은 또한 서인들을 비난했다.

"왕자가 탄생하자 온 나라 신민들이 성심으로 기뻐하였으나, 수상을 비롯한 일부 신하들은 성심으로 기뻐하지 않고 있습니다."

그는 또 "권대운(權大運)·이옥(理獄)·권해(勸解)를 풀어주소서"라면서 경신환국 후 귀양 간 남인 대신들의 석방을 요청했다.

서인들이 이 상소를 그냥 둘 리 없었다. 도승지 이언강(李彦綱)이 숙종을 청대해 유위한의 처벌을 요구했다.

"상소 중의 '때가 변하면 일이 달라진다'는 말은 역적을 고변할 때 쓰는 말로서 이는 대신을 모함한 것입니다. 중히 치죄해야 합니다."

숙종이 유적(儒籍)에서 삭제하라고 명하자, 이언강이 다시 반발했다. 이는 유벌(儒罰)에 지나지 않는다는 것이었다. 숙종은 일단 유위한의 절도(絕島)인 해남에 유배 보내는 것으로 서인들의 마음을 달랬다. 유위한의 상소 문제는 장씨 소생의 왕자를 보는 각 당파의 시각을 명확히 드러낸 것이었다.

하지만 숙종의 생각은 이미 결정되어 있었다. 숙종은 결심을 실행하는 데는 주저함이 없는 성격의 인물이었으므로, 서인들의 반대를 무릅쓰고 정호 문제를 거론한 지 5일 후에 장씨가 낳은 아들을 원자로 봉하고 종묘사직에 고했다. 아울러 귀인 장씨를 내명부 정1품 희빈(禧嬪)으로 책봉했다.

왕조 국가에서 어떤 조치를 종묘사직에 고했다는 것은 입법조치가 완료되었다는 뜻이었다. 현대 국가로 말하면 국회에서 통과된 법에 대한 공포 절차가 끝나 효력을 발생하고 있는 현행법임을 의미했다. 이제 후궁 장씨 소생의 왕자는 원자가 되었고, 남인 유생 유위한의 말처럼 '때가 변해 일이 달라지는' 일이 없는 한 원자가 세자가 되어 왕위를 잇게 되었다.

그러나 입법 조치가 완료된 원자 정호에 다시 이의를 제기하고 나선 인물이 있었다. 바로 서인·노론 영수 우암 송시열이었다.

송시열, 숙종에게 정면 도전하다

숙종이 바라던 첫 아들을 낳았을 때 봉조하(奉朝賀) 송시열의 나이 82세였다. 송시열은 고향에서 만년을 보내고 있었다. 임금에 버금가는 위세를 지닌 송시열이 이즈음 고향에서 몰두한 것은 주자학이었다. 《간서잡록(看書雜錄)》에서 송시열은 이렇게 말했다.

"주자는 일찍이 '사서(四書)를 읽다가 모르는 곳이 있으면 적어두었다가 사람에게 물어라', '책을 편찬할 때는 반드시 따로 초부(草簿)를 작성해 그 항목을 표기하여 두라. 이렇게 하면 기억에서 잊힐까 염려하지 않아도 좋을 것이며 이는 또한 마음을 기르는[養心 : 양심] 것이다'라고 말씀하셨다.

나는 선생의 이 두 말씀을 보고는 곧 이 책자를 만들어두고 읽는 대로 적어두고 오고가면서 보니 의심나던 것이 저절로 깨달아지고 생소하던 것도 저절로 익숙해져 마음을 낭비하지 않아도 항상 가슴속에 있으니 마음을 기르는 법이라고 말씀하신 것이 정말 나를 속이지 않았음을 깨달았다."

정국이 파란에 휩싸일 조짐이 보이는 순간에도 그는 고향에 은거해 나오지 않았다. 그러나 이제 은거를 끝낼 때가 되었음을 느끼고 있었다. 그간 배후에서 서인들을 움직여 왔으나 집권 서인은 국왕 숙종의 전광석화 같은 조치에 손 한번 쓰지 못하고 원자 정호라는 일격을 당한 뒤였다. 그는 이 문제에 정면으로 맞서기로 했다.

송시열은 이미 장희빈 소생의 아들이 원자로 정호되고 종묘에 고한 이후라는 시기적 문제를 고려하지 않았다. 그는 종묘 고묘가 끝난 후인 숙종 15년 2월 1일 가인(家人)을 시켜 두 장의 봉(封)한 상소문을 올렸다. 한 본(本)은 이이와 성혼의 사이에 대해 말하며 박태보가 자신의 조부를 헐뜯었다며 비난하는 내용이었다. 다른 한 본의 상소문이 바로 그를 죽음으로 몰고 가는 문제의 그 글이었다. 이 상소는 숙종의 원자 정호와 종묘 고묘에 대한 정면 도전이기도 했다.

"중국 송나라 신종(神宗 : 재위 1067~1085)은 나이 28세에 처음 철종(哲宗 : 재위 1085~1100)을 낳았는데 그 어미는 후궁 주씨(朱氏)였습니다. 그러나 철종은 열 살이 넘도록 번왕(藩王)으로 있다가 신종이 병이 난 다음에야 비로소 태자로 책봉되었습니다. 그때는 신종의 동생들인 가왕(嘉王)과 기왕(岐王)의 협핍(嫌逼)이 있었는데도 이처럼 천천히 한 것은 제왕(帝王)은 큰일을 할 때 항상 여유 있게 천천히 하는 것을 귀하게 여기기 때문입니다."

숙종이 원자 정호를 서두른 것은 중국 송나라의 고사에 비교해 잘못이라는 말이었다.

"신하들이 정후(正后 : 왕비)께서 '아들을 낳는 경사가 있을 때'라고 반대하는 것은 사전에 많은 것을 염려하기 때문입니다. 중종 때에도

'아들을 낳는 경사가 있을 때'란 말이 있었으나 이는 억울하게 쫓겨난 신씨(愼氏)의 복위를 방해하고자 한 것이고 지금은 종사를 위해서 하는 말입니다. 우리나라로 보더라도 인종에게 아들이 없었으니 왕위가 그 동생인 명종에게 돌아가지 어디로 가겠습니까. 그런데도 이기(李芑)가 조정 신하들이 명종을 좋아하지 않는다고 참소해 선비들을 도륙내는 사화를 만들어 냈습니다.

전하께서는 오늘날 여러 신하들의 마음이 중종 때 '아들을 낳는 경사가 있을 때'라고 하여 사화를 엮어내던 마음이 아니라 진실로 종사를 걱정하는 데서 나온 것이라고 생각하셔야 합니다."

송시열은 신하들이 원자 정호를 반대하는 이유가 종사를 위함이라고 말했다. 즉 인현왕후가 득남하기를 기다리라는 말이었다. 인현왕후가 끝내 득남하지 못하면 희빈 장씨 소생의 왕자가 자연히 세자가 될 것이 아니냐는 뜻이다. 송시열의 말이 일리가 없는 것은 아니지만 이는 이미 종묘에 고묘까지 마친 사안이라는 점이 문제였다. 설사 송시열의 말이 백 번 지당하다고 해도 숙종이 다시 종묘에 나가, "지난번 원자 정호한 것은 잘못이었습니다"라고 번복할 수는 없는 노릇이기 때문이다.

숙종의
분노

마침내 몰락의 때가 오다

분노하는 숙종

숙종이 승지들로부터 송시열의 상소를 받아 읽을 때는 이미 날이 어두워 있었다. 숙종은 승정원과 홍문관, 춘추관 등의 입직 관료들을 희정전(熙政殿)으로 불렀다. 숙종이 노기 띤 목소리로 입을 열었다.

"일전에 제신들에게 물은 것은 종사의 큰 계책이었다. 그리고 명호가 이미 정해졌으니 임금과 신하의 분의(分義)를 다시 논하는 것은 부당하거늘, 봉조하 송시열이 '송(宋)의 철종(哲宗)은 열 살이 되도록 번왕(藩王)으로 있었다'면서 은연중에 오늘날의 일을 너무 이르다고 하였다. 하지만 명나라 황제도 황자(皇子)를 낳은 지 넉 달 만에 봉호(封號)한 일이 있었는데, 송시열이 이와 같이 말한 것은 무슨 뜻이냐?"

신하들이 서로 돌아보며 대답하지 못하고 있는 와중에 남인 승지 이현기(李玄紀)가 입을 열었다.

"신(臣)은 그 소(疏)를 자세히 보지는 못하였습니다. 그러나 말이 송(宋) 신종(神宗)에게 미쳤으면, 이는 너무 이르다는 뜻과 비슷합니다. 또 명호가 이미 정해져서 신민들이 기뻐하고 즐거워하는데 누가 감히 이의(異議)를 세우겠습니까?"

승지 윤빈(尹彬)도 이의가 없다고 말했으나 말이 분명하지 못했다. 이현기가 다시 입을 열었다.

"《명사(明史)》를 상고해 보건대, 영종(英宗)은 탄생하자마자 책봉하여 태자로 삼았으니, 오늘날의 일을 어찌 감히 너무 이르다고 의심하겠습니까?"

숙종은 이 대답에 흡족했다.

"일이 아직 정해지기 전에 말하는 것은 진실로 불가(不可)할 것이 없다. 그러나 일이 이미 정해졌는데도 말하는 것은 반드시 그 뜻의 소재(所在)가 있다. 제신들은 그것을 다 전달하여 숨김이 없도록 하라."

서인들은 두려움에 떨었다. 남인 허적과 윤휴를 사사시킨 숙종이었다. 그 분노의 화살이 서인들에게 향하고 있었다. 또한 이번 일은 누가 보아도 송시열의 실수였다. 숙종의 말대로 일이 정해지기 전에 말하는 것은 불가할 것이 없지만 일은 이미 결정된 뒤였다.

"열 살이 되도록 번왕(藩王)에 있었다고 이르니, 그 말이 옳으냐?"

역시 이현기가 답변에 나섰다.

"신민의 소망을 어찌 답답하게 10년이나 늦출 수 있겠습니까?"

숙종은 항상 한쪽을 공격할 때 다른 쪽을 끌어들여 세를 더하는 임금이었다. 이 자리에서 그가 끌어들인 인물은 윤증으로, 숙종 자신이 이미 송시열의 승리로 판정지은 일이었다.

"송시열이 한번 윤증(尹拯)과 서로 반목하여 헤어진 뒤로 조정이 몇 년 동안 어지러웠는데, 이제 어찌 이러한 근심이 없겠느냐?"

이현기가 아뢰었다.

"윤선거의 강도(江都)의 일은 진실로 죽어야 할 만한 의리가 없습니다. 더욱이 그는 문을 닫고 책만 읽으며 세상과 서로 절교하여 뜻을 세운 것이 굳고 확실했습니다. 그런데도 송시열이 의리를 잊고 몸을 욕되게 하였다고 배척하고, 각각 붕당을 나누어 서로 헐뜯었습니다."

한번 말문이 열리자 그간 대로(大老)라는 위세 때문에 움츠러들었던 말들이 쏟아져 나왔다. 옥당의 남치훈(南致熏)도 가세했다.

"이는 사가(私家)의 일인데도 조정에다 올려서 논의를 분열시켰으니, 신은 적이 개탄스럽게 생각합니다."

숙종이 화답했다.

"송시열의 소가 이와 같으니, 그 문하의 제자가 반드시 이어서 일어날 것이다. 만일 윤증이 반드시 그르지 않다면 양문(兩門)이 서로 싸우기를 그치지 않을 것이니, 오늘날의 일 또한 어찌 두려운 것이 없겠느냐?"

옥당의 이익수(李益壽)는 송시열의 본뜻은 다르다고 옹호했다.

"원자의 명호가 정해지자 신민들로서 기뻐하지 않는 이가 없습니다. 만일 반역지신(反逆之臣)이 아니라면 어찌 감히 다른 뜻이 있겠습니까?"

그러나 송시열의 행위는 변호로써 막기에는 이미 늦은 것이었다. 이현기가 다시 입을 열었다.

"윤증의 일은 온 세상이 원통하다고 합니다. 문자를 가지고 그 아비를 욕한다면 그 아들 된 자가 어찌 그대로 가만히 있겠습니까."

옥당의 남치훈이 다시 윤증을 두둔했다.

"윤증은 그 문도들에게 입을 봉하게 해서 송시열의 문도들과 서로 다투지 않게 하고 있습니다."

숙종이 화답했다.

"작은 일도 그러하거늘 큰일은 말해 무엇하겠는가. 송시열은 산림의 영수라지만 그 분의(分義)로 말하면 지극히 한심하다."

수찬 이익수는 노론 계열이었다. 송시열이 일방적으로 성토되는데 한마디 하지 않을 수 없었다.

"송시열의 상소로 어찌 불안한 일이 생기겠습니까?"

숙종은 즉각 이익수를 파직하고 전교를 내렸다.

"슬픈 일이다. 후사를 이미 세워서 임금과 신하의 분의가 정해진 뒤에도 유림의 영수인 송시열이 이제 와서 감히 나라의 근본을 일찍 세웠다고 불만을 나타내는구나. 유위한의 상소 중 '섬심으로 기뻐하지 않는다'는 것이 다른 이야기가 아님을 알겠도다."

송시열에 대한 숙종의 대처는 강경했다.

"송시열을 그대로 두면 그의 문도들이 반드시 뒤따라 일어날 것이다. 그를 마땅히 먼 곳에 유배 보내야겠지만 유신(儒臣)이므로 특별히 은혜를 베풀겠다. 삭탈관작하고 성 밖으로 쫓아내라."

승지 윤빈이 반대하고 나섰다.

"세 조정에서 예우하던 신하를 죄 준다는 것이 어떨지 모르겠습니다."

숙종은 강경했다.

"송시열을 구하려는 자가 있으면 대신이라도 용서하지 않을 것이다. 또한 송시열을 위하는 소를 올려 시끄러운 폐단이 생기면 장차 사설(邪說)이 함부로 행해져서 끝없는 근심거리가 될 것이니, 그를 구하는 상소문은 승정원에서 받지도 말라."

숙종은 상소 자체를 막아버림으로써 원자 정호 문제가 다시 공론으로 떠오르는 것을 막으려 했다. 그러나 송시열 문제가 상소를 막아버림으로써 끝날 문제가 아님을 숙종은 잘 알고 있었다. 정권 자체가 서인 정권인 데다 대다수의 대신들이 송시열의 문인이었다. 숙종은 서인 정권, 즉 송시열의 정권을 갈아 치워야만 원자의 앞날이 보장된다고 생각했다.

서인들의 몰락, 송시열의 몰락의 때가 다가오고 있었다.

뒤바뀌는 정권과 인현왕후, 그리고 송시열

숙종은 바로 그다음 날 영상 김수홍을 파직했다.

"지난번 인대(引對)하였을 때 말하는 기색에 발끈 성내며 삼가는 태도가 없었으니, 인심(人心)이 임금을 섬기는 데 어찌 이와 같을 수 있겠느냐?"

그런데《숙종실록》에는 바로 그 전날 임금이 이미 김수홍의 파직을 결심했음을 시사하는 대목이 있다. 파직 하루 전에 숙종이 이렇게 말했다는 것이다.

"저번에 김수홍이 일을 주청하면서, '예로부터 임금의 무리들은…' 이라고 말했는데, 무리라고 말한 것은 공경하는 것이 아니다. 인신이 되어 그 임금에 대해서 이와 같이 말하는 것이 어찌 심히 교만한 것이 아니겠느냐? 내 이를 자세히 들었으므로, 지금도 잊지 않고 있다."

김수홍은 송시열의 문인으로서 영상으로 있을 때 국사를 먼저 송시열과 상의해 재가를 받고 나서야 처리했다는 인물이었다. 영상이 먼저 제기를 청할 정도이니 사실상 조선의 국왕은 둘인 셈이었다.

숙종은 김수홍이 쫓겨난 자리에 서인인 우의정 여성제를 임명했으나 명목뿐이었고 그나마 일주일도 가지 못해 쫓겨났다. 숙종은 자신이 직접 지중추부사 목내선(睦來善)을 좌의정, 예조판서 김덕원(金德遠)

을 우의정에 제배했는데, 이들은 모두 남인이었다.

남인들의 세상이 도래하는 것이었다. 숙종은 서인 정권을 남인으로 갈아 치우는 것만이 원자의 앞날을 보장할 수 있다고 판단했다.

그는 서인들이 손쓸 틈을 주지 않고 전광석화처럼 정권교체를 단행했다. 송시열의 상소 다음 날 송시열의 삭출 전지 작성을 거부한 도승지 이세백(李世白)을 쫓아냈을 뿐만 아니라 김재현(金載顯), 서문유(徐文裕), 조의징(趙儀徵) 등 나머지 서인계 승지들을 축출했다. 유생 유위한의 상소 때 그의 국문을 요청했던 정언 김덕기와 유명홍도 내쫓았다. 남인들이 정권을 잡는 기사환국은 이렇게 시작되었다.

숙종의 공세는 계속되어 이조판서에 심재(心材), 예조판서 이관징(李觀徵) 등 남인들을 임명하고, 민암(閔黯)을 대사헌에 임명했으며 윤심(尹深)을 공조판서, 민종도(閔宗道)를 이조참판에 임명했다. 2월 10일에는 드디어 서인 영상 여성제를 갈고 남인 권대운을 임명했다. 삼정승이 모두 남인 차지가 된 것이다. 그리고 이조참판 민종도를 대사헌에 임명하고 민암은 좌참찬으로 승진시킴으로써 의정부, 육조, 삼사 모두가 남인들 차지가 되었다.

그중 삼사를 남인들이 차지한 사실은 의정부나 육조의 장악만큼이나 중요하다. 삼사에는 탄핵권이 있기 때문이다. 숙종이 삼사를 남인으로 갈아 치운 것은 서인을 탄핵하라는 뜻이었다. 이들은 숙종의 예상대로 서인들을 탄핵했다. 숙종이 부추기지 않더라도 서인에 대한 남인의 원한은 뿌리 깊었다. 그들은 7년 전인 임술년(숙종 8)에 당한 원한을 잊지 않고 있었다.

대사간 이항(李沆)과 정언 목림일이 송시열에 대한 포문을 열었다.

"송시열은 산림을 빙자하고 세력에 아부해 자신의 당파를 널리 배치해 놓고 자기와 의견이 다른 사람은 반드시 죽이거나 귀양을 보내

거나 가두어 버리고 말았습니다. 그가 평생에 지은 죄는 이루 다 글로 적을 수 없습니다. 원자 정호를 반대한 상소의 원본이 내려오지 않아 직접 보지는 못했으나 그 내용이 어떠했는지는 전하의 말씀으로도 알 수 있는 일입니다. 그의 평소 행동을 왕법(王法)이 용서할 수 없으니 극변에 위리안치시켜야 합니다."

또 사헌부 장령 이윤수(李允修)·지평 이제민(李濟民)도 송시열 공격에 가세했다. 숙종은 전지를 내렸다.

"송시열이 인용한 송나라 철종의 고사는 신하로서 감히 입에 담을 수 없는 일이다. 송나라 철종은 연안왕(燕安王)에 봉해졌다가 신종이 병이 난 후 유언으로 황제에 책봉되었다. 오늘날 인심과 세도가 흉악하다 해도 어찌 송나라의 불행한 일을 오늘날에 비교해 나라의 근본(원자)을 동요시키려 하는가. 이런 무리를 어찌 징계하지 않을 수 있겠는가. 제주에 유배 보내고 엄하게 위리(圍籬)하라."

그때 송시열의 나이 여든세 살이었다. 유배령이 내려졌다는 말을 들은 송시열의 문인들이 집으로 몰려들었다.

"놀랄 만한 일입니다."

우암이 대답했다.

"이런 일이 있을 줄 알고 있은 지 오래인데 어찌 놀라겠는가."

그는 여전히 확신범이었다. 팔순의 송시열은 다시 머나먼 남쪽 섬으로 유배길을 떠났다. 그는 귀양을 떠나며 말했다.

"내 젊은 시절 소원은 사신이 되어 바닷길로 중국에 가게 되면 망망대해의 출렁거리는 풍랑에 흉금을 쾌활하게 하는 것이었다. 지금 망망대해를 보게 되었으니 다행이 아니겠는가. 한 번 한라산을 올라보는 것도 소원이었는데 가는 즉시 위리안치되어 오를 수 없겠으니 이것은 유감이다."

제주도 제주시 오현단에
있는 송시열 적거비.

　　사신의 몸과 죄인의 몸이 같을 수는 없겠지만 그는 이렇게 위안하
며 태연히 귀양길에 올랐다. 경신년에 그랬던 것처럼 다시 부활할 것
이라고 믿었을까? 그러나 다시 부활하기에는 숙종의 인내심이 그리
많지 못했다. 숙종 자신이 여러 차례 말했듯이 그는 칠정(七情) 가운데
성내는 것을 가장 못 참는 인물이었다.

　　송시열이 송나라 고사를 인용해 원자 정호가 빠르다고 주장한 것이
일리 없지는 않았지만 그 반대의 경우도 충분히 많기 때문에 적절한
비유는 아니었다.

유위한의 상소에도 송나라 철종과 반대되는 경우가 여럿 인용되어 있었다.

"명나라 영종(英宗)은 재위 2년에 황자가 태어나니 3년 2월에 태자로 삼았고, 무종(武宗)은 재위 4년에 황자가 태어나니 5년에 태자로 책립했습니다."

장구한 중국 역사에 송나라 철종과 반대되는 사례도 얼마든지 있었다. 즉 이는 상황에 따라 변통할 수 있는 일이지 만고의 법칙은 아니었다.

송시열은 귀양을 떠나며 문인 한 명을 충청도 연산에 있는 김장생의 묘소에 보냈다. 자신이 쓴 글과 함께였다. 이는 지하에 있는 스승 김장생에게 보내는 일종의 고유문(告由文)이었다. 이 글에서 송시열은 이렇게 말했다.

"선생님(김장생)은 항상 '주자가 아니면 공자의 도(道)가 밝혀지지 않았다. 도가 밝혀지지 않았다면 전해지지 않았을 것이다'라고 말씀하셨습니다. 저는 그 말씀을 가슴속에 깊이 간직해 비록 성인(聖人)이 다시 일어나도 그 말씀은 바꿀 수 없다고 생각했습니다."

이는 자신의 유배를 바라보는 송시열의 시각을 잘 말해 준다. 그는 현 상황을 주희에서 율곡, 그리고 김장생과 자신으로 내려오는 도통(道統)에 대한 탄압으로 해석했던 것이다. 즉 정(正)에 대한 사(邪)의 공격으로 바라보았다.

누가 정이고 누가 사인지, 아니면 모두가 정이고 모두가 사인지, 모두 일정 정도의 정과 사를 함께 지니고 있는지는 분명하지 않지만 명확한 것은 지금 정권을 잡은 쪽은 자신의 정적인 남인이라는 사실이었다.

숙종은 송시열에 그치지 않고 김수항까지 공격했다. 숙종이 김수항

공격의 재료로 삼은 것은 윤증의 편지였다.

"저번 노론과 소론이 싸운 것은 윤증의 개인적인 편지를 실록청(實錄廳) 제조 김수항이 공개했기 때문이다. 대신의 직책은 조정을 진정시키는 데 있는 것인데 도리어 풍파를 일으켜 조정 의논이 점점 분열되었으니 대신의 조정(調停)하는 의리가 어디에 있는가. 김수항을 파직하라."

그뿐 아니었다. 전 병조판서 이사명(李師命)을 남해에, 광주유수 이익(李翊)을 장흥에, 이순명을 영해로 귀양 보냈다. 8년 전 남인들에 공작정치를 실행했던 전 어영대장 김익훈도 강계로 유배 가는 신세가 되었다. 김수흥에게도 유배형이 떨어졌다.

서인들이 몰락한 자리는 남인들의 것이었다. 남인 유혁연·이수경의 벼슬이 회복되었으며 억울하게 죽어간 윤휴의 관작도 복구시켰다. 그러나 남인들은 여기서 끝맺지 않고 서인들의 목을 요구했다. 그들은 먼저 김수항의 사형을 요구했다. 남인이 장악한 양사에서 먼저 들고 일어섰다.

"절도에 안치한 죄인 김수항은 8년 동안이나 수상 노릇을 하면서 요소에 부하들을 박아놓고, 한 요망한 역적(허견)을 빙자해 온갖 방법으로 죄를 얽어서 선비인 윤휴를 죽이고 말았습니다. 옥사가 무고로 밝혀진 뒤에도 김익훈을 감싸 안으며, 후궁과 공주의 동향을 엿보아 유언비어의 단서를 만들었습니다. 김석주의 흉한 짓도 김수항 때문에 더욱 심해졌습니다. 죄인 김수항을 법에 의해 처단하소서."

법에 의해 처단하라는 말은 사형시키라는 말이었다. 하지만 김수항을 죽이는 것은 쉬운 일이 아니었다. 귀양 보내는 것과 죽이는 것은 쉬운 일이 아니었다. 귀양 보내는 것과 죽이는 것은 차원이 다른 문제이기 때문이다. 남인들은 서인들을 죽여버려야 재기의 기회를 봉쇄할 수 있지만 숙종으로선 서인들의 목숨이 붙어 있어야 훗날 남인을 견제할 수 있었다.

숙종이 불윤(不允)하자 남인들은 연합상소[聯疏 : 연소]를 올렸다. 육조판서 전원과 참찬·판윤, 그리고 각 조(曹)의 참판·참의와 대사성 등이 참여한 연합상소였다. 이들이 요구하는 것은 송시열과 김수항의 목이었다.

숙종은 일단 김수항의 목숨을 남인에게 주었다. 숙종 15년 4월 9일 김수항은 유배지 진도에서 사약을 받고 말았다. 사실 김수항은 죽어야 할 이유가 없었다. 그래서 누군가 우의정 김덕원에게 이를 항의했다.

"김수항을 죽이는 것은 부당합니다."

김덕원의 답은 이랬다.

"우리 덕이(德而)에 대해 어찌할 수 있겠는가?"

덕이는 청나라 사신들에게 '조선은 신하가 강하다'라는 등의 말을 했다는 이유로 경신환국 후 억울하게 목숨을 잃은 건 우의정 오시수의 자(字)였다.《숙종실록》에서 김덕원의 이 말은 오시수의 죽음에 대한 '당연한 보복이라는 뜻'이라고 적고 있듯이 김수항의 죽음은 경신환국 후 서인들이 남인들을 죽음으로 몬 데 대한 보복이었다. 김수항은 송시열을 탄핵하다 귀양 간 나량좌의 자형이었으니 증오의 정치가 낳은 뫼비우스의 띠였다.

영의정 김수항의 목숨을 가져간 남인들은 이제 송시열의 목을 요구했다. 김수항은 송시열의 문인이었으니 사실상 남인들의 최종 목표는 송시열이었다. 대사헌 목창명(睦昌明)은 이렇게 주청했다.

"송시열은 효묘(孝廟 : 효종)의 죄인이니, 결단코 용서해서는 안 됩니다."

4월 21일 숙종이 희정전에 나가 앉자 대사헌 목창명 등 삼사에서 청대했다.

"요즘 양사에서 청한 일이 많으나 그중 송시열의 죄악은 극도에 찼으니 결단코 용서할 수 없습니다. 그런데 전하께서 윤허하지 않으므로 신 등이 뵙기를 청한 것입니다. 오늘은 반드시 윤허를 얻은 후 물러가겠습니다."

이 주청에 대한 숙종의 대답은 이들의 예상을 뛰어넘는 것이었다.

"중궁(中宮 : 왕비)이 귀인(貴人 : 김수항의 종손녀)과 한 패가 되어 희빈 장씨를 투기한 진상은 실로 다 말할 수 없소. 중궁은 병인년(숙종 12년)에 내게, '꿈에 선왕 선후를 보았는데 저를 가리키며 복록(福祿)이 많아 자손이 번창하겠지만, 숙원(장씨)은 아들이 없을 뿐만 아니라 복도 없어서 오랫동안 궁중에 있으면 반드시 경신년에 뜻을 잃은 사람들(남인)과 결탁하여 국가에 화를 끼칠 것입니다'라고 말했소. 옛날에도 혹 투기하는 자가 있기는 했지만 어찌 선왕 선후를 빙자하여 내 마음을 움직이는 계교를 꺼낼 수 있단 말인가? 과연 숙원에게 아들이 없다면 어떻게 원자를 낳았단 말인가?"

이는 인현왕후를 폐출시키겠다는 뜻이었다. 이 놀라운 말에 우부승지 이시만(李時萬)이 이의를 제기했다.

"놀랍고 황송해 어쩔 줄 모르겠습니다. 신하들은 전하를 아버지같이 섬기는데 이제 어머니로 섬기던 분에 대해 이 같은 하교를 들으니 어찌 마음이 편하겠습니까? 사삿집으로 말하면 부모가 불화한데 자식이 어찌 편하겠습니까? 비록 불만이 있더라도 서서히 진정시킬 일이거늘 어찌 밖으로 드러내서 그런 말씀을 하십니까?"

그러나 마음을 이미 정한 숙종은 계속 인현왕후를 비난했다.

"원자가 탄생한 뒤에 더욱 불평하는 기색이 있어서, '여자 아이가 쓰는 모자를 만들었는데 남자 아이라니 뜻밖이다'라고 말했다. 또 궁인들 중에도 왕자 탄생이 의외라고 말하는 자가 몇 있다. 이 말이 무엇을 뜻하겠는가? 내가 나라의 근본을 일찍 정한 본마음이 바로 여기에 있다."

숙종은 이 자리에서 원자와 왕비·후궁, 그리고 송시열이 뒤얽힌 문제에 대해 고차원의 정치방식을 제시한 셈이었다. 인현왕후는 노론 중진인 영돈녕부사(領敦寧府事) 민유중(閔維重)의 딸이었다. 전 좌의정 민정중은 그녀의 큰아버지이기도 했다. 귀인 김씨는 김수항의 종손녀였다. 왕비 문제를 푸는 해법은 당파간의 역학관계에 있음을 제시한 것이다.

신하들이 왕비 폐출을 찬성할 수는 없었다. 연산군 때의 참사가 떠오르지 않을 수 없었기 때문이다.

"중전께서 국모로 계신 지 10년 동안 무슨 실덕(失德)이 있기에 참으실 도리를 생각하시지 않고 이러십니까? 이는 실로 전하의 실덕이 되리니 신이 어찌 제 한 몸을 아껴 전하를 버리겠습니까. 신은 중궁(中宮)을 위해서가 아니라 전하를 위해서 반대합니다."

숙종은 이시만의 반대에 강경히 대응했다.

"이시만은 나가고 다른 승지를 들게 하라."

이시만 대신 들어온 인물은 좌부승지 김해일(金海一)이었다. 숙종은 김해일에게는 전혀 다른 말을 했다.

"송시열의 일은 윤허한다. 도사(都事)를 보내 잡아다 국문하라."

이는 송시열 문제와 인현왕후 문제가 동전의 양면이라는 강한 시사였다. 박태보 등 86인이 상소해 왕비 폐출을 반대하자 숙종은 화를 내며 한밤중에 직접 국문했다. 그리고 왕비 폐출 문제를 꺼낸 다음 날 김수항의 종손녀인 귀인 김씨의 작호를 삭탈하고 교지를 불태워버렸다.

그다음 날은 공교롭게도 인현왕후의 생일이었다. 전례에 따라 신하들이 물건을 바치는 단자(單子)와 하례하는 단자를 들이자 숙종은 모두 내보냈다. 또 왕비에게 들여간 물건은 모두 후원에 묻게 했다. 나아가 그는 음식을 들인 내시 주빈(朱彬)을 궁중 안의 내옥(內獄)에 가두었다.

드디어 숙종은 민비를 폐출하라는 전지를 내렸다. 민비에게 자신의 생일은 쫓겨나가는 날이 된 것이다. 대신들이 백관을 거느리고 정청(庭請)하였으나 숙종은 전지를 거두지 않았다. 5월 4일 인현왕후 민씨는 하얀 옥교를 타고 경복궁 북쪽의 '금빛 나는 문'이란 뜻의 요금문(曜金門)을 나와 친정으로 돌아갔다. 서인계 유생 수백 명이 길가에 엎드려 곡했고 성균관 유생들은 동맹휴학을 단행했다. 그러나 숙종의 결단은 단호했다. 그는 민비가 쫓겨난 당일로 종묘에 행차해 이 사실을 고했다. 그리고 열흘 후에는 희빈 장씨를 왕비로 책봉해 역시 종묘에 고했다.

이제 남은 문제는 송시열이었다. 송시열의 목숨이 경각에 달린 그 시각에 서인들은 철저하게 당하고 있었다. 임술년(1682)에 남인들을 도륙낸 서인들의 정치보복이 7년 후인 기사년(1689)에는 고스란히 서인들에게 돌아왔던 것이다. 화해의 정치는 간 데 없고 증오만이 판을 쳤다. 공존의 정치는 간 곳 없고 독존만이 횡행했다.

김수항·홍치상(洪致祥)·이사명(李師命) 등 무려 18명이 사사되었다. 7년 전 공작정치를 집행했거나 가담했던 서인들은 남김없이 형장의 이슬로 사라졌다. 김익훈·이입신·김환·김중하·이광한·남두복·박빈·이원성 등이 그들이었다. 7년 전 얻은 보사공신의 공훈록이 이제는 저승의 명부가 된 것이었다. 환관 김현(金鉉)은 척신 김석주에게 궁중의 정보를 제공했다는 죄로 사형당했으며, 궁녀 가을헌(加乙憲)은 김익훈과 내통했다는 혐의로 사형당했다. 살아 있는 대신들이 죽어나가는 판에 죽은 김석주라고 무사할 수는 없었다. 그는 삭탈관작되었다.

목숨은 겨우 건졌지만 중도부처(中途付處), 유배, 위리안치된 사람은 59명, 파직과 삭탈관작 등을 당한 사람은 26명으로 모두 103명에 달했다.

남인들의 복수에는 예외가 없었다. 이이명은 송시열과 친하게 지냈다는 이유로 귀양 갔고, 김만채(金萬埰)는 옛날에 아버지 김익훈을 변호하며 올린 상소가 문제되어 귀양 갔다. 이기주(李冀疇)나 박세휘(朴世輝)같이 송시열을 옹호하는 상소를 올려도 귀양행이었다.

서인들이 모두 처리된 후 남은 인물은 송시열뿐이었다. 송시열은 국문을 위해 서울로 올라오고 있었다. 그러나 남인들은 송시열의 국문을 반대하고 나섰다. 숙종 15년 6월 숙종과 대신, 그리고 비변사(備邊司) 당상관들이 면대했을 때 송시열의 국문을 반대한 남인은 판의금 민암이었다. 물론 용서하자는 말이 아니었다.

"송시열의 죄는 이미 드러났으니 굳이 국문할 필요가 없습니다. 또 조종조(祖宗朝)에서 대신을 국문한 일이 없습니다. 시열의 죄가 극악해도 대신의 반열에 있었으니 전하께서 대신들에게 물어 그냥 처분하시는 것이 좋겠습니다."

국문할 것도 없이 그냥 죽여버리자는 말이었다. 남인들은 송시열의 국문을 겁냈다. 국문받을 경우 그가 죄를 시인할 리는 없었다. 그가 국문에서 자신이 옳음을 당당히 진술할 때 일어날 정치적 파장의 크기는 심작할 수 없었다. 인조반정을 일으켜 임금을 갈아 치운 세력이 서인이었다.

영의정 권대운이 민암의 제안에 찬성하고 나섰다.

"당초 국문을 청한 것은 신이 깨닫지 못하고 한 일입니다. 시열의 죄가 극악하지만 이미 80이 지났으니 굳이 국문할 필요 없이 전하께서 참작하시어 처분하는 것이 좋겠습니다."

좌의정 목내선과 우의정 김덕원도 권대운의 견해에 찬성하고 나섰다. '이미 80이 지난' 노인이 살면 얼마나 살겠느냐고 구원하는 사람은 아무도 없었다. 그들은 송시열이 9년 전 거제의 유배지에서 우뚝 재기했던 사실을 잊지 않고 있었다. 송시열이 살아 있는 한 서인들은 그를 중심으로 모일 것이라는 예측이 그들을 두렵게 했다.

남인들은 공작정치를 주도한 인물은 김석주와 김익훈이지 송시열이 아니며 그는 다만 그들이 저지른 공작정치에 크게 반대하지 않았을 뿐이라는 사실을 굳이 모른 척했다.

남인들은 송시열이 노론 영수라는 이유만으로 죽이려 했다. 남인들은 노론이 재기해 자신들을 제거하지 못하게 막는 유일한 방법은 그들을 도륙내는 것이라고 믿었다. 같이 살 수 있는 화해라는 방법이 있음을 그들은 애써 모른 체했다.

송시열을 국문하지 않으려는 본뜻을 실토한 사람은 유명천이었다.

"근래에 죄인의 괴수 송시열을 구하려는 이른바 유소(儒疏)라는 것이 돌아다니는 해괴한 일이 발생하고 있습니다. 이로써 인심이 그릇되어졌으나 수습할 방법이 없습니다. 이는 대개 훗날(서인의 재집권)을 위한 계책입니다. 지금 시열이 국문받으러 올라온다는 소식을 듣고 그를 맞으러 내려가는 사람들이 길가에 가득해 그치지 않으니 그 기상이 두렵습니다."

남인은 송시열의 국문 도중에 발생할 비상사태를 두려워했던 것이다.

숙종이 결단을 내렸다. 남인과 같은 뜻이었다.

"대신들의 뜻이 이와 같고 또 그의 죄악은 국문하지 않아도 여지없이 나타났으니 사사하라. 도사가 약을 가지고 가다가 그를 만나는 대로 사사하라."

민암이 물었다.

"전지는 어떻게 하리까?"

"전지 속의 '국문(鞫問)'이란 두 자를 '사사(賜死)'로 고치라."

대로의 최후

송시열은 멀리 보이는 물을 바라보았다. 83세의 노구에 제주에서 뭍까지 너무 먼 뱃길이었다. 뭍에는 사람들이 운집해 있었다. 그의 제자·문인들과 서인 사대부들이었다. 대로(大老) 송시열이 뱃전에 나타나자 그들은 눈물을 흩뿌렸다. 물론 기쁨의 눈물이 아니라 남인에 대한 증오의 눈물이며 원한의 눈물이었다.

그의 문인들에게 송시열은 사표(師表) 그대로였다. 정치적인 삶이 아닌 개인적인 삶으로 볼 때 그는 자신들에게 가장 엄격한 인물이었다. 《소학(小學)》은 바로 그의 평생에 걸친 수신 교과서였다. 어릴 때부터 주색(酒色)을 멀리한 것은 물론이다. 또 그는 검소함을 으뜸으로 삼았다. 심지어는 조복(朝服)도 비단이 아닌 무명을 사용할 정도였다. 망건(網巾)에 금관자도 달지 않았다.

그의 가정생활도 《소학》의 실현이었다. 효도는 그에게 성인의 도, 그 자체였다. 효도에 대해 그는 이렇게 말했다.

"부모께서 내게 성명(性命)의 온전함을 주셨으니 이 속에는 모든 선(善)이 다 갖추어졌다. 하나의 선이라도 밝히지 않으면 그것이 곧 불효이고, 하나의 선이라도 행하지 않으면 역시 불효다."

그는 부모가 생전에 가난하여 요도 없이 지낸 일이 있다고 하여 평생 요를 깔지 않았다고 전해질 정도로 효자였다. 부모가 돌아가자 중형(仲兄)을 아버지 섬기듯 하면서도 두 아우에게는 우애와 엄정함으로 가르쳤다. 그는 확고한 가부장제(家父長制) 지지자이지만 부인에 대한 예우는 깍듯했다. 집에서는 부인을 손님같이 대했다. 며칠 이상 바깥 출입을 하러 나갈 때는 부부가 서로 절하고 귀가할 때도 절하였다. 그의 반대자들은 그가 세도(世道)로써 추종자들을 만들었다고 비난했지만 당심(黨心)으로 뭉친 제자들에게 그는 존경과 추종의 대상이었다. 이런 인물이 죽음을 향해 나아가니 그 제자들의 심사가 어떨지 짐작하기는 어렵지 않다.

송시열은 서울로 향했다. 마지막이 될 길이었다. 그가 가는 길마다 노론계 유생들이 나와 눈물을 흘렸다. 그들에게 인현왕후 폐출은 국모를 내쫓은 것으로서 남인 정권을 역당(逆黨)으로 부인할 수 있는 좋은 소재였다. 그들은 왕비 폐출과 송시열의 국문을 같은 시각으로 바라보았다.

그가 서울에 도착하면 수많은 인파들이 몰릴 것이었다. 그는 남인들이 자신을 중도에 죽여버릴지 모른다고 생각했을지도 모른다. 또는 중종 때 조광조를 죽이려 하자 성균관과 사학 유생들이 대궐 안에 난입한 적이 있었는데 그런 사태가 재연될지도 모른다고 생각했을 법도 하다.

서울에 도착하기 전에 죽을지도 모른다고 생각한 송시열은 이승에서 마지막이 될 것이 분명한 상소를 썼다.

"엎드려 아뢰옵건대 신은 압송 명령을 스스로 다행으로 여겼습니다. 이는 하늘보다 무궁하고 땅보다 지극한 원통함을 한 번 어전에 아뢰고 죽으려는 소망이 이루어질 것이기 때문입니다. 신은 지난겨울 섣달부터 위장병에 걸려 곡식을 끊은 지 이미 오래되었고, 귀양길에 나선 후 더위와 바람에 부딪혀 수토병에 걸려 이제 장차 명이 다할 것 같습니다. 그러나 신이 매우 가슴 아파하고 답답해하는 것은 종시 궐하(闕下)에 나가 하소연하지 못할까 여겨지므로 신이 부득이 망극한 죄상을 생각하지 않고 이 같은 소를 올릴 계획을 했습니다.

신을 탄핵하는 자가 또 한층 중한 죄안으로 더 논고할 줄 압니다. 신의 마음이 아프고 답답한 것은 우리 효종대왕께서는 하늘이 내신 성인으로 좋은 기운이 끝나는 세상(명이 망하고 청이 선 것)을 당해 천지가 번복된 것을 아프게 여기셨습니다. 그리하여 머리에 쓰는 갓과 발에 신는 신발이 서로 자리를 바꾼 것(명의 자리에 청이 선 것)을 분하게 여겨 춘추대의를 밝혀 위로는 황제의 원수를 갚고 아래로는 선왕의 수치를 씻으려 하셨습니다."

송시열은 구구한 자기변명을 늘어놓지 않았다. 이미 정권이 바뀌고 자신을 죽이려는 상황에서 자기변명은 구차한 것이었다. 지상에서의 마지막 상소에 남기고 싶은 것은 변명이 아니라 명분이었다. 그래서 그는 효종과 북벌대의를 상소의 주제로 택했다.

"신은 경신년 이후 종적이 불안해 비록 명성왕후께서 언문 편지로 만류하셨지만 조정에 편안히 있지 않았습니다. 이는 윤휴의 여당(餘黨)이 옆에서 엿보기를 마다하지 않기 때문이었습니다."

경신환국으로 서인들이 집권한 후에도 자신은 조정에 거의 있지 않았으니 무슨 죄냐는 항변이었다.

"그래도 부르심을 받고 조정에 나왔을 때는 효종의 세실을 설치할 것을 주창했고 전하께서는 이를 즐겨 들으셨습니다. 그때 대신 김수항이 백관을 거느려서 드디어 백 대가 지나도 옮기지 않는 종호(宗號)를 올렸습니다. 예전에 주자도 고종 때 출사해 섬기다가 고종이 죽은 후 세실을 설치할 것을 주장했습니다. 송나라 고종은 부모의 원수를 잊고 원수를 섬기던 임금이었습니다. 그래도 간고한 때 종사(宗祀)를 끊이지 않은 것을 공로라 하였는데 어찌 감히 우리 효종대왕께서 제 후의 나라로 춘추대의를 밝히신 데 비교하겠습니까?

신이 엎드려 가슴 아프게 여기며 반드시 진술하려는 것은 신을 효종대왕의 죄인으로 만들려 하는 것뿐입니다. 그 외에 신의 죄상을 나열한 것은 비록 지극히 원통하지만 신이 감히 한두 가지로 지껄여 스스로 변명하는 죄과를 더하지 않겠습니다. 이 마음은 단지 하늘과 해가 증명해 줄 것이오니 오직 성명(聖明)께서는 굽어 살피소서."

송시열은 정읍에 도착했다. 숙종 15년(1689) 6월 7일이었다. 많은 문인들이 정읍까지 따라왔다.

그날 밤 송시열을 찾는 사람이 있었다. 얼마 전 사사당한 김수항의 자손이었다. 김수항은 사약을 마시기 직전 이런 유언을 남겼다.

"만일 우암 선생이 나보다 늦게 돌아가신다면 나의 묘지문은 우암 선생께 부탁하라."

역시 죽으러 가는 팔순 노인에게 김수항의 자손은, "묘비명(墓碑銘) 만 써 주십시오"라고 부탁했다. 하지만 송시열은 마지막 길이라고 대강 쓰지는 않았다.

"그럴 수 없네. 이는 후세에 큰 논의의 대상이 될 것이니 어찌 소홀히 할 수 있겠는가."

송시열은 김수항이 도(道)를 지키려다 희생되었다는 내용으로 정성껏 묘비명을 작성했는데, 이는 송시열이 생전에 쓴 약 600여 편의 묘지문 중 백미로 손꼽힌다.

그다음 날 아침 금부도사 권처경(權處經)이 사약을 가지고 정읍으로 내려왔다. 석 달 전인 숙종 15년 3월 서인의 종주인 율곡 이이와 우계 성혼이 문묘(文廟)에서 출향(黜享)되었을 때 송시열은 이미 자신의 죽음을 각오했던 터였다. 어쩌면 송시열은 자신의 죽음보다 율곡과 우계가 문묘에서 출향된 데 더 분노했는지도 모른다. 그는 죽음을 앞두고 제자들에게 말했다.

"흑수(黑水 : 윤휴)는 공자도 부족하다고 말하고 주자도 배척했다. 또한 예송논쟁 때 아들이 왕이 되면 어머니를 신하로 삼을 수 있다고 주장하고 인현왕후을 모욕하였다. 심지어 양현(兩賢 : 율곡과 우계)을 문묘에서 쫓아냈다."

그는 이 모든 사태를 이단(異端)이 사문(斯文 : 주자학)을 공격하는 것으로 해석했다.

그는 사약을 마시기 전 문인들에게 유언을 남겼다. 죽음을 앞둔 스승의 마지막 유언이었다. 제자들은 눈물을 흘리며 듣고 적었다.

"학문은 마땅히 주자를 주(主)로 할 것이며, 사업은 마땅히 효종이 하고자 했던 뜻을 위주로 할 것이다."

주자의 뜻을 받들어 효종의 북벌대의를 수행하라는 말이었다. 이 두 가지의 수행을 자신의 삶으로 규정했다는 뜻도 된다. 그만큼 남인들이 자신을 효종의 죄인으로 본 것을 뼈아프게 생각했다.

"내가 장기에서 완성한《주자대전차의》의 미진한 점을 보완하기 바란다."

주자를 주로 하는 자신의 학문을 후학들이 계속 수행해 달라는 뜻이었다.

그는 수제자 권상하(權尙夏)의 손을 잡고 뒷일을 부탁했다.

"상사에 무슨 예법을 써야 합니까?"

"《주자가례》를 주로 하고 노선생(김장생)이 엮은《상례비요(喪禮備要)》를 참고하라."

"염할 때는 무슨 옷을 입혀야 합니까?"

"심의(深衣)를 입히고 그다음에 주자가 한가할 때 입던 야복(野服)을 입히고, 그다음엔 명나라의 예법인 난삼(襴衫)을 입히라."

그는 주자로 시작해서 주자로 끝나는 인물이었다. 그러나 관에 대해서는 달랐다.

"나의 관(棺)은 덧붙인 널빤지를 사용하라."

효종의 관이 덧붙인 널빤지였음을 미안하게 여긴다는 뜻이었다.

송시열이 사약을 마실 자리에는 거적 한 장만이 깔려 있었다. 제자들이 자리가 추하니 바꾸는 것이 좋겠다고 권유하자 송시열은 "우리 선인(先人 : 아버지)께서는 돌아가실 때 이만한 자리도 못 까셨네"라며 거절했다.

송시열은 사약을 들이켰다. 83세의 파란 많은 생애가 정읍에서 막을 내린 것이었다.

1689년 6월 8일 아침이었다.

그리고,
그들의 나라

편벽한 소인에게 주어진 공허한 찬사

변화의 세상, 불변의 교의

송시열이 살았던 16세기 말에서 17세기 말은 정치적인 격변기였다. 조선 전 역사를 통틀어 이때만큼 정치적 변화가 격심했던 적은 없었다. 정권이 뒤바뀌는 환국(換局)이 거듭된 것이 정치적 격변을 단적으로 말해 준다. 정치권만이 격변에 휩쓸린 것은 아니었다. 이 시기에 다다르면 사회 경제 분야도 거대한 변화의 물결에 휩쓸리고 있었다. 어떻게 보면 사회 경제의 변화가 정치권을 격변시킨 근본요인인지도 모른다. 17세기에 접어들면서 농업 기술은 크게 발전하였다. 조선 전기의 직파법(直播法)이 이앙법(移秧法)으로 변해 갔다. 직파법이 논에 직접 파종해 벼를 기르는 방법이라면 이앙법, 즉 '모내기 법'은 못자리 [苗板 : 묘판]에서 기른 묘(苗)를 논에다 옮겨 심는 방법이었다. 이앙법은 농업생산력을 획기적으로 발전시켰다. 직파법이 일 년에 한 번밖에 농사를 지을 수 없는 '1년 1모작'이라면 이앙법은 두 배인 '1년 2모작'이 가능했기 때문이다. 이앙법은 벼 베기를 한 빈 논에 보리농사를 지을 수 있었다. 즉 봄부터 가을까지는 '벼농사', 가을부터 다음해 봄까지는 '보리농사'를 지을 수 있었다. 직파법은 일 년에 벼농사 한 번밖에 지을 수 없는 반면 이앙법은 벼와 보리 농사, 두 번을 지을 수 있었던 것이다. 직파법에 비해 농업생산력이 두 배 가까이 늘어났을 것임은 말할 필요도 없다. 조선 초기에는 이앙법을 법으로 엄격히 금지시켰다. 직파법은 가뭄이 들어도 그럭저럭 수확할 수 있는 반면에 이앙법은 봄에 가뭄이 들어 모내기를 못 하면 1년 농사를 망치기 때문이다. 그러나 농민들은 1년 2모작이 주는 이익 때문에 실농(失農)의 위험을 무릅쓰고 이앙법을 더욱 널리 사용했다. 이렇게 되니 정부와 농민들은 이앙법 아래에서도 실농하지 않는 방법을 강구하게 되었다. 그것은 바로 수리 시설의 확충이었다.

방죽[堤堰 : 제언] · 보(洑) · 저수지 등을 새로 만들거나 확충한 것은 이 때문이다. 송시열과 윤휴 · 허목 사이의 제1차 예송논쟁이 한창 벌어지던 현종 3년(1662)에 제언사(堤堰司)가 만들어진 것은 이런 농업 기술의 변화에 대응하려는 국가의 적극적인 의지였다. 또한 밭농사도 밭고랑[畎 : 견]과 밭이랑[畝 : 무]으로 나누어 종자를 밭고랑에다 파종(播種)하는 견종법(畎種法)이 발달했다. 이앙법과 견종법은 같은 면적의 토지를 경작하더라도 노동력을 크게 절감시켰다. 농민 한 사람이 경작할 수 있는 토지 면적이 크게 확대되었던 것이다. 이에 따라 넓은 면적의 토지를 한 가구에서 경작할 수 있는 광작(廣作)이 크게 보급되었다. 광작하는 농민들은 단지 먹고살기 위해서가 아니라 내다 팔기 위하여 생산하는 부농(富農)들이었다. 말하자면 이들은 일종의 상업농(商業農)이었다. 잉여생산물을 판매함으로써 여유 자금이 생긴 부농들은 계속

해서 농토를 매입했고 가족의 노동력뿐만 아니라 임금노동자를 고용해 농사를 지었다. 농촌 사회는 이렇게 계급분화가 이루어졌다. 즉 임금노동자를 고용해 농사짓는 부농과 자신의 토지에서 탈락해 이농(離農)하는 임금노동자와 유민(流民)들로 나누어졌던 것이다. 전통적인 농촌 사회는 해체의 길을 걷고 있었다. 농업생산력의 발달은 전주(田主)와 전호(佃戶) 관계도 변화시켰다. 지대 납부가 타조법(打租法)에서 도조법(賭租法)으로 바뀐 것이다. 타조법은 전호가 수확량의 2분의 1을 지대(地代)로 전주에게 냈다. 하지만 도조법은 전호가 미리 정한 양의 수확량을 내는 것이었다. 타조법 아래에서 전호는 농사 전반에 걸쳐 전주의 간섭을 받았다. 수확량이 많아야 전주의 수입이 높아지기 때문이었다. 하지만 도조법 아래에서 전주는 전체 생산량의 양에 상관할 필요가 없었다. 도지(賭地)를 주기 전에 서로 합의한 양만 받으면 되기 때문이었다. 예를 들어 한 결(結)당 10석을 받기로 합의했다면 전체 생산량이 15석이든 30석이든 전주는 상관할 필요가 없었다. 합의한 10석만 받으면 되기 때문이다. 따라서 도조법 아래에서 전주는 전호의 영농에 간섭하지 않았다. 이는 타조법보다 전호의 신분을 보다 자유롭게 했다. 도조법은 또한 지대를 수확물이 아닌 화폐로 내는 도전법(賭錢法), 즉 금납제(金納制)로 넘어가는 과도기의 방식이기도 했다. 실제로 일부 지역에서는 금납제가 이루어지기도 하였다.

상·공업의 발달

농업의 발달은 상·공업의 발달을 수반하였다. 농업생산력 발달에 따른 잉여생산물은 상업 행위에 의해 교환될 수밖에 없었으므로 상업의 발달은 필수적이었다. 농민들은 벼와 보리 등 곡물뿐이 아닌 상업

작물을 재배하기 시작했다. 인삼·담배·목면 등이 광범위하게 재배된 것이다. 이 시기 상업 활동의 중심은 대동법 실시에 따라 나타난 공인(貢人)들이었다. 어용상인인 이들은 서울 종로 중심의 시전(市廛)뿐만 아니라 지방 장시(場市)를 중심으로 활동하였다. 이들은 정부로부터 물품값을 미리 받았으므로 특정 물품을 대량 취급할 수 있는 자금력이 있었다. 이는 공인들을 독점적 도매상인 도고(都賈)로 성장시키는 기본적인 힘이 되었다. 이들은 물품에 따라 공동출자를 하는 계를 조직해 상권을 독점하기도 했다. 또한 영세한 수공업자에게 원료나 자금을 대주고 물품을 만들게 했다. 이것이 바로 선대제(先貸制)이다. 상인들이 원료나 자금으로 수공업자를 지배하는 선대제는 자본주의 발전의 초기 형태, 즉 상업자본주의의 한 모습이었다. 즉 조선 후기 공인은 일종의 상업자본가로 발전한 것이다. 이처럼 상업자본가가 나타날 정도로 조선 후기 상업의 발전은 급격했다. 어용상인인 공인들뿐아니라 사상(私商)의 발전도 눈부셨다. 이들은 농산물 및 수공업 제품을 전국적으로 활발히 유통시켰다. 지방 곳곳에 객주(客主)·여각(旅閣)이 생겼다. 상업 중심지의 이들 상인들도 도매상인 도고(都賈)로 성장해 갔다.

한강의 수로를 이용해 경기·충청 일대에서 미곡·어물·소금 등을 판매한 서울의 경강상인(京江商人 : 경상)과 황해·평안도는 물론 충청·경상도까지 송방(松房)이란 지점을 설치해 인삼을 판매했던 개성의 송상(松商)이 그들이었다. 또한 청나라와 국경지대인 의주(義州)의 만상(灣商)은 중강후시(中江後市)나 책문후시(柵門後市)에서 청나라 상인들과 사무역(私貿易)을 하였고, 동래의 래상(萊商)은 왜(倭)와 사무역을 하였다.

즉 국제무역업으로 발전할 정도로 상업발달은 눈부셨던 것이다. 사상(私商)의 성장은 전국적인 장시(場市)의 발달에 토대를 두었다. 송시열이 사망할 무렵인 17세기 말에는 5일장으로 불리던 전국의 장시(場市)가 무려 1,000여 개에 육박하고 있었다. 이들 장시를 들며 장사하는 전업적인 상인들이 보부상(褓負商)이었다. 이들은 전국적인 조직인 보부상단(褓負商團)을 조직해 자신들의 이익을 옹호하고 단결을 꾀했다. 상업의 이런 발달은 화폐 경제의 발달을 수반했다. 서인과 남인이 격렬하게 싸우던 숙종 4년(1678)에 상평통보(常平通寶)가 만들어진 것은 이 때문이었다. 심지어 숙종 때는 위조화폐가 대량으로 만들어지기도 했다. 숙종 22년 판서 이경중의 손주며느리가 화폐를 밀조하다 적발되기도 했으며 관리들이 위조지폐를 만들다가 체포되기도 하였다. 양반들이 더러운 물건으로 여겨 손으로 잡지도 않았다는 돈을 관리들이 몰래 만들 정도로 조선 사회는 급변하고 있었다.

신분제의 변화

농업생산의 발달과 상업의 발달, 그리고 수공업과 화폐 경제의 발달은 사회계층의 변화, 즉 신분제를 변화시켰다. 앞서 말했듯이 농민들은 전주와 전호, 그리고 임금노동자로 분화되었다. 이러한 변화는 전주-전호 사이의 대립을 격화시켜 항조(抗租)운동이 일어나게 했으며, 때로는 민란으로 발전하기도 했다.

부농으로 성장한 일부 양민들과 여러 가지 방법으로 부를 축적한 노비들은 양반이나 양인으로 신분 성장하기도 하였다. 이들은 공명첩(空名帖)·납속책(納粟策) 등을 통해 양반과 양인의 신분을 획득했으며, 이 외에도 박지원의 양반전에 나오는 족보 매매 등으로 호적을 고쳐 조상을 바꾸거나 유학(幼學)·진사(進士)를 사칭하기도 했다. 서얼(庶孽)이나 중인들도 소통(疏通)운동을 전개했는데 이들은 무관(武官)을 중심으로 관계에 진출하기도 하였다. 부모 양쪽 중 어느 한 쪽이 천인이면 천인이 되던 양천제(兩賤制)가 예송논쟁의 와중인 현종 10년에 어머니의 신분에 따르는 종모법(從母法)으로 바뀐 것도 신분제 변화의 하나였다. 양반들도 이런 변화의 물결에 예외일 수는 없었다. 일부 양반들은 거대한 부를 축적하면서 벌열(閥閱)이 되어 갔으나 다른 양반들은 몰락해 일반 농민들과 비슷한 처지에 떨어졌다. 농민사회가 내부 분화한 것처럼 양반 사회도 내부 분화한 것이다. 이 모두가 급변하는 사회·경제적 변화 때문이었다.

새로운 사회를 향해

이제 변화는 그 누구도 막을 수 없는 대세였다. 송시열이 생에 내내 치열한 당쟁에 휩싸였던 것은 그가 바로 이런 변화의 한가운데에 서 있었음을 뜻한다. 당시 조선은 근본적인 변화를 요구하고 있었다. 사농공상(士農工商)으로 계서화된 조선의 신분질서로는 더 이상 이런 변화를 수용할 수 없었다. 양반의 특권적 지위는 폐지되어야 했다. 농민과 노비들에 대한 신분적 억압은 철폐되어야 했다. 주희가 주자학을 만든 것은 남송(南宋)에서 수전농업의 발달로 성장한 사대부 계급의 이익을 대변하기 위해서였다. 즉, 주자학의 성립에는 사대부 계급의 성장과 이익 추구라는 사회적 배경이 있었던 것이다.

송시열이 활동할 무렵 주자학은 조선에서 이미 그 순기능을 다한 학문이었다. 주자학은 절대적 위치에서 상대적 위치로 내려와야 했다. 사대부의 자리에서 세상을 해석하는 주자학으로는 더 이상 사회를 유지해 나갈 수가 없었다. 이제는 농민의 자리, 백성의 자리에서 세상을 해석해야 했다.

그러나 인조반정으로 집권한 서인들은 이를 거부하고 오히려 주자학을 강화하는 역사의 반동으로 나아갔다. 조선 초·중기 사회 변혁의 사상이었던 조선 성리학은 인조반정 후 수구 사상인 예학(禮學)으로 나갔다.

그 예학을 두고 서인과 남인이 크게 붙은 것이 예송논쟁이었다. 예송논쟁은 신권 중심의 정치를 통해 양반 지주들의 권익을 보호하려는 송시열 등 서인들과 군주권 강화를 통해 농민들의 이익을 보장하려는 윤휴·허목 등 남인들의 견해가 부딪친 것이었다.

송시열은 "다행히 주자 뒤에 나서 학문이 어긋남이 없다"고까지 말했지만 그 주자학이 정치에 적용될 때 어긋남이 너무 컸던 것이 송시열의 비극이었다. 그리고 이는 조선 전체의 비극이기도 했다. 송시열은 주희의 의리론을 조선으로 가져오는 것, 즉 소중화(小中華) 사상을 주자학의 조선화로 생각했을지 모르지만 중요한 것은 시대착오적인 소중화란 명분론이 아니라 사회 발전에 맞게 학문을 변화시키는 것이었다.

유학의 진정한 조선화는 소중화가 아니라 양반 사대부 중심의 중세 유학을 농민을 포함하는 일반 양인 중심의 근세 유학으로 바꾸는 것이어야 했다. 그런 사고 속에서 신분제 철폐를 주장해야 했다. 왕가와 사대부가의 예가 같다는 의미의 천하동례(天下同禮)를 주장할 것이 아니라 사대부와 일반 백성이 같다는 의미의 천하동례를 주장해야 했다.

그러나 송시열에게 중요했던 사대부라는 계급의 이익이었고, 서인·노론이라는 당의 이익이었다. 이를 위해 농민과 여성은 억압 받아야 했다. 심지어 송시열은 현종 10년 1월 동성(同姓) 간에는 본관이 다르더라도 결혼을 금지시키기도 했다.

"혼인할 때 동성(同姓)을 아내로 취하는 것은 예가 아닙니다. 국가에서는 이미 예법을 준행하고 있는데 민속은 구습을 좇고 있습니다. 비록 본관은 같지 않더라도 성의 글자가 같으면 혼인하지 못하게 금하소서."

송시열의 이 주청에 따라 본관이 다르더라도 성이 같으면 결혼이 금지되었다. 물론 모계는 성은 물론 본관이 같아도 상관없었다. 송시열의 예론은 이처럼 철저하게 사대부, 노론, 그리고 남성만을 위한 예론이었다.

그는 이것을 정도(正道)로 생각하고 이에 반대하는 여타 생각들을 사도(邪道)로 여겨 배격했다. 그는 이미 고묘까지 끝난 장희빈 소생의 왕자가 원자로 책봉되는 것을 막는 것이 정도라고 생각했으나 이에 동의하는 세력은 사대부 중에서도 그 자신의 당인 노론뿐이었다. 그는 남인 소생 여인의 아들이 원자가 되는 것을 저지하려는 노론 당론에 목숨을 걸었고, 결국 그 때문에 죽었다. 그러나 그가 죽은 5년 후인 숙종 20년(1694 : 갑술)에 그의 당인 노론은 남인 정권을 무너뜨리고 다시 집권한다. 이른바 갑술환국(甲戌換局)이다. 이후 그의 당 노론은 소론의 도전을 물리친 후 조선이 망할 때까지 일당 전제를 계속한다. 송시열은 무덤 속에서 화려하게 부활해 그가 죽은 지 60여 년 후인 영조 31년(1795)에는 드디어 유학자 최대의 영예인 문묘(文廟)에 종사되었다. 문묘 외에도 그는 전국 23개의 서원과 전국 9개의 사우(祠宇)에 제향되었다. 그중 경기도 여주의 대로사(大老祠)는 한강변에서 효종의 무덤을 마주 보고 서 있다. 송시열이 효묘(孝廟 : 효종)의 죄인이라는 남인들의 비난은 송시열뿐만 아니라 서인 모두에게 뼈아픈 것이었다.

정조(正祖)는 대로사의 비문을 써주고 국비로 《송자대전(宋子大全)》도 간행했지만 이는 집권 노론을 회유하기 위한 것이었다.

노론이 재집권함에 따라 그는 국가적 차원에서 송자(宋子)라는 성현의 일컬음을 받았지만 송자란 찬사는 공허하게 들린다. 송자라는 영예 또한 그의 당인 노론에서 바친 찬사에 불과했다. 사회 변화를 실현시키는 데 자신의 목숨을 걸었다면 송시열은 진정한 성인으로 많은 백성들의 가슴속에 살아 있을 것이다. 그러나 그는 사대부 계급의 이익과 노론의 당익(黨益)을 지키는 데 목숨을 걸었다. 결국 그의 당인 노론은 조선이 망할 때까지 정권을 잡았으나 이는 백성들의 나라가 아니라 그들의 나라에 불과했다.

《논어》〈위정(爲政)편〉의 한 구절을 인용하는 것으로 끝을 대신한다.

공자가 말하였다.

"군자는 두루 통하고 편벽되지 않지만 소인은 편벽되고 두루 통하지 못한다.[子曰 君子 周而不比 小人 比而不周]"

이 책을 쓰는 데 직접 도움을 받은 자료와 책

자료

《숙종실록(肅宗實錄)》

《인조실록(仁祖實錄)》

《현종실록(顯宗實錄)》

《효종실록(孝宗實錄)》

김장생(金長生), 《사계전서(沙溪全書)》

박세당(朴世堂), 《서계집(西溪集)》

송시열(宋時烈), 《송자대전(宋子大全)》

송익필(宋翼弼), 《구봉집(龜峰集)》

윤증(尹拯), 《명재유고(明齋遺稿)》

윤휴(尹鑴), 《백호전서(白湖全書)》

이경석(李景奭), 《백헌집(白軒集)》

이긍익(李肯翊), 《연려실기술(燃藜室記述)》

조경남(趙慶男), 《난중잡록(亂中雜錄)》

저서

강주진(姜周鎭),《이조당쟁사연구》(서울대출판부, 1971)

김용덕(金龍德),《조선후기사상사연구》(을유문화사, 1977)

배종호(裵宗鎬),《한국유학사》(연세대출판부, 1974)

《우암사상연구논총(尤庵思想研究論叢)》(사문학회, 1992)

이건창(李建昌),《당의통략(黨議通略)》

이덕일,《당쟁으로 보는 조선역사》(석필, 1997)

이병도(李丙燾),《한국유학사략(韓國儒學史略)》(아세아문화사, 1986)

이은순(李銀順),《조선후기당쟁사연구》(일조각, 1988)

이태진 편,《조선시대정치사의 재조명−사화·당쟁 편》(범조사, 1985)

이희환(李熙煥),《조선후기당쟁연구》(국학자료원, 1955)

정석종(鄭奭鍾),《조선후기사회변동연구》(일조각, 1984)

최영성(崔英成),《한국유학사상사》(아시아문화사, 1995)

허권수(許捲洙),《조선후기 남인과 서인의 학문적 대립》(법안문화사, 1993)

현상윤(玄相允),《한국유교사》(민중서관, 1949)

논문

강상운(姜尙雲), 〈노소론의 붕당연구〉, 〈예송과 노소분당〉

김길환(金吉煥), 〈허목의 학문과 사상〉

김만규(金萬圭), 〈서계 박세당의 정치사상〉

김상오(金相伍), 〈회니사생론의 시비와 병신처분(丙申處分)에 대하여〉

김용덕(金龍德), 〈근세당쟁사론〉, 〈소현세자 연구〉

배상현(裵相賢), 〈우암 송시열의 인물과 사상〉

성락훈(成樂熏), 〈한국당쟁사〉

유정동(柳正東), 〈예론의 제학파(諸學派)와 그 논쟁〉

윤사순(尹絲淳), 〈박세당의 실학사상 연구〉

이경찬(李京燦), 〈조선 효종조의 북벌운동〉

이영춘(李迎春), 〈우암 송시열의 존주(尊周)사상〉

이이화(李離和), 〈조선조 당론의 전개과정과 그 계보〉

정옥자(鄭玉子), 〈미수 허목 연구〉

조종업(趙鍾業), 〈북벌과 춘추대의〉

지두환(池斗煥), 〈조선 후기 예송 연구〉

최근묵(崔槿默), 〈우암 송시열의 문묘 및 서원종사〉

한우근(韓㳓劤), 〈백호 윤휴의 사단칠정인심도심설(四端七情人心道心說)〉

홍순민(洪順敏), 〈숙종 초기의 정치구조와 환국〉

황원구(黃元九), 〈기해복제론안시말(己亥服制論安始末)〉, 〈이조 예학의 성
립과정〉

송시열과 그들의 나라